Arnold
Wachstumstheorie

Wachstumstheorie

von

Dr. Lutz Arnold

Universität Dortmund

Verlag Franz Vahlen München

Die Deutsche Bibliothek – CIP-Einheitsaufnahme

Arnold, Lutz:
Wachstumstheorie / von Lutz Arnold. – München : Vahlen, 1997
  ISBN 3-8006-2242-4

ISBN 3-8006-2242-4

© 1997 Verlag Franz Vahlen GmbH, München
Satz: DTP-Vorlagen des Autors
Druck und Bindung: Schätzl-Druck, Donauwörth
Gedruckt auf säurefreiem, alterungsbeständigem Papier
(hergestellt aus chlorfrei gebleichtem Zellstoff).

Vorwort

Kaum einem anderen ökonomischen Gebiet ist in der jüngeren Vergangenheit ein solches Interesse widerfahren wie der Wachstumstheorie. Diese momentane Popularität der Wachstumstheorie ist kein Novum, sondern eine Renaissance; in den 60er Jahren stand die Wachstumstheorie – im Anschluß an Solows (1956) bahnbrechende Arbeit – schon einmal im Zentrum der ökonomischen Forschung. Sie blieb zu der Zeit aber in einem sehr unvollkommenen Zustand: Solow hatte gezeigt, daß der Schlüssel zu Wachstum nicht in Kapitalakkumulation liegt, sondern in technischem Fortschritt. Man hatte aber keine treffliche Erklärung für technischen Fortschritt parat. In diesem unvollkommenen Zustand fristete die Wachstumstheorie über 20 Jahre hinweg ein Schattendasein, bis sie Romer Ende der 80er Jahre mit seiner wegweisenden Arbeit zurück ins ökonomische Rampenlicht führte. Romer gelang es, den in seiner zentralen Wichtigkeit zwar erkannten, bis dahin aber unerklärten technischen Fortschritt zu endogenisieren. Seitdem explodiert die Literatur förmlich. Führende ökonomische Zeitschriften (*Journal of Political Economy* 1990, *Quarterly Journal of Economics* 1991, *Journal of Monetary Economics* 1993, *Journal of Economic Theory* 1994) widmeten dem Thema Sonderausgaben.

Die vorliegende Arbeit ist als ein Einstieg in das weite und komplexe Feld der modernen Wachstumstheorie konzipiert. Es wird keinerlei wachstumstheoretische Vorbildung vorausgesetzt; alle Ideen werden von Grund auf in der Ausführlichkeit entwickelt, die die Schwierigkeit des Gebiets erfordert. Sowohl die Entwicklungen der 60er Jahre als auch die Fortentwicklungen in der jüngeren Vergangenheit werden behandelt. Dabei wird versucht, den einzelnen Theorien einen ihrer Wichtigkeit entsprechenden Platz einzuräumen. Damit grenzt die Arbeit sich von anderen neueren Monographien wie folgt ab: Die Betonung von technischem Fortschritt durch Innovationen ist stärker als in Barro und Sala-i-Martin (1995) und in Maußner und Klump (1996). Anders als in Grossman und Helpman (1991a) werden aber auch alternative Theorien ausführlich dargestellt. Auch werden im Vergleich zu Grossman und Helpman (1991a) die Auswirkungen von Politikmaßnahmen stärker betont. Verglichen mit Lessat (1994) wird mehr Aufmerksamkeit auf die Stabilitätseigenschaften der behandelten Modelle und auf internationale Wirtschaftsbeziehungen gerichtet. Grundsätzlicher grenzt sich diese Arbeit von allen existierenden Monographien dadurch ab, daß Jones' (1995a,b) Kritik an der Neuen Wachstumstheorie à la Romer breiten Niederschlag findet: Jones zeigt, daß die in der Neuen Wachstumstheorie omnipräsente Vorhersage, daß durch geeignete Politikmaßnahmen das Wachstums auch langfristig beschleunigt werden kann, an einer stets gemachten, aber „offensichtlich falschen" (Jones (1995b, S.762)) Annahme hängt und daß unter realistischeren Voraussetzungen Politikmaßnahmen keinen bleibenden Einfluß auf Wachstumsraten haben. Daher wird hier, was die Effekte von Wachstumspolitik anbetrifft, ein pessimistischeres, aber eher mit den Daten konformes Bild gezeichnet als in der gesamten bestehenden Literatur.

Während der Anfertigung der vorliegenden Arbeit habe ich in vielerlei Hinsicht von Diskussionen mit und Ratschlägen von Kollegen profitiert, denen dafür mein herzlicher Dank gebührt. Vor allem möchte ich mich bei meinem akademischen Lehrer, Herrn Prof. Dr. Heinz Holländer, bedanken, der stets für hilfreiche Diskussionen bereitstand. Weiter bedanke ich mich bei Herrn Prof. Dr. Wolfgang Leininger, Herrn Prof. Dr. Wolfram Richter und Herrn Prof. Dr. Hans-Werner Sinn.

Dortmund, im August 1997   Dr. Lutz Arnold

Inhaltsverzeichnis

Vorwort   V

I Einleitung   1

1 Wachstum und Wachstumstheorie   3

2 Empirische Analyse   13
  2.1 Produktivitätswachstum 13
  2.2 Kapital und Fortschritt 22
  2.3 Quellen von Wachstum. 26
    2.3.1 Learning by doing 26
    2.3.2 Humankapital. 28
    2.3.3 Forschung und Entwicklung 32
  2.4 Exogenes oder endogenes Wachstum? 41
  2.5 Stilisierte Fakten 43

II Neoklassische Wachstumstheorie   45

3 Solow-Modell   47
  3.1 Einleitung 47
  3.2 Modell. 48
  3.3 Gleichgewicht bei konstanter Sparquote 50
  3.4 Endogene Sparentscheidung 55
  3.5 Wohlfahrt 64
  3.6 Politikmaßnahmen 65
  3.7 Erschöpfliche Ressourcen 70
  3.8 Kapitalmobilität 72
  3.9 Spezifische funktionale Formen 75
  3.10 Exogener technischer Fortschritt 78
        Anhang: Lokale Stabilitätsanalyse 78

4 Learning by doing — 81
- 4.1 Einleitung — 81
- 4.2 Modell — 82
- 4.3 Gleichgewicht — 83
- 4.4 Wohlfahrt — 88
- 4.5 Politikmaßnahmen — 89
- 4.6 AK-Modell — 91
- 4.7 Kritik — 92

5 Humankapitalakkumulation — 95
- 5.1 Einleitung — 95
- 5.2 Modell — 95
- 5.3 Gleichgewicht — 96
- 5.4 Stabilität — 101
- 5.5 Wohlfahrt — 106
- 5.6 Politikmaßnahmen — 107
- 5.7 Kritik — 108
    - Appendix: Lokale Stabilitätsanalyse — 109

6 Grundlagenforschung — 111
- 6.1 Einleitung — 111
- 6.2 Modell — 111
- 6.3 Optimum — 113
- 6.4 Gleichgewicht — 114
- 6.5 Kritik — 115

7 Theorie und Fakten — 117

III Neue Wachstumstheorie — 119

8 Forschung: Das Grundmodell — 121
- 8.1 Einleitung — 121
- 8.2 Modell — 123
- 8.3 Gleichgewicht — 125
- 8.4 Wohlfahrt — 131
- 8.5 Politikmaßnahmen — 134
- 8.6 Produktinnovationen — 137
- 8.7 Ausblick — 139

9 Romer-Modell — 141
- 9.1 Einleitung — 141
- 9.2 Modell — 142
- 9.3 Gleichgewicht — 144

9.4	Wohlfahrt	146
9.5	Dezentralisierung	147
9.6	Ausblick	152

10 Steigende Skalenerträge — 153
- 10.1 Einleitung … 153
- 10.2 Modell … 153
- 10.3 Gleichgewicht … 154
- 10.4 Wohlfahrt … 157
- 10.5 Resümee … 159

11 Außenhandel — 161
- 11.1 Einleitung … 161
- 11.2 Internationale F&E-Spillover … 163
- 11.3 Internationaler Handel … 166
- 11.4 Resümee … 169

12 Neuindustrialisierte Länder — 171
- 12.1 Einleitung … 171
- 12.2 Modell … 172
- 12.3 Learning by doing … 174
- 12.4 Endogene Imitation … 179
- 12.5 Zusammenfassung … 182

13 Learning by doing — 185
- 13.1 Einleitung … 185
- 13.2 Modell … 186
- 13.3 Gleichgewicht … 187
- 13.4 Beispiel … 192
- 13.5 Resümee … 194

14 Grundlagenforschung — 197
- 14.1 Einleitung … 197
- 14.2 Modell … 197
- 14.3 Gleichgewicht … 198
- 14.4 F&E-Subventionen … 202
- 14.5 Wohlfahrt … 203
- 14.6 Dezentralisierung … 207
- 14.7 Schlußbemerkungen … 208

15 Abnehmende Skalenerträge — 209
- 15.1 Einleitung … 209
- 15.2 Modell … 210
- 15.3 Gleichgewicht … 211

15.4 Wohlfahrt 213
15.5 Schlußfolgerungen 216

16 Theorie und Fakten   **217**

IV   Semi-endogene Wachstumstheorie   219

17 Humankapital und Forschung   **221**
17.1 Einleitung 221
17.2 Modell 223
17.3 Steady-state-Gleichgewicht 225
17.4 Stabilität 230
17.5 Konvergenz 233
17.6 Kapitalakkumulation 234
17.7 Ausblick 236
       Anhang: Lokale Stabilitätsanalyse 236

18 Neutralität   **239**
18.1 Einleitung 239
18.2 Wohlfahrt 240
18.3 Forschungssubventionen 240
18.4 Grundlagenforschung 241
18.5 Steuern 243
18.6 Internationale Wissens-Spillover 243
18.7 Internationaler Handel 245
18.8 Interpretation und Schlußbemerkungen 247

19 Theorie und Fakten   **251**

V   Schlußfolgerungen   253

20 Wachstumstheorie: Erkenntnisse und Defizite   **255**

Anhang: Dynamische Optimierung   **263**

Literaturverzeichnis   **271**

Teil I

Einleitung

Kapitel 1

Wachstum und Wachstumstheorie

„Man erklärt mir die Welt mit einem Bild. Jetzt merke ich, daß wir bei der Poesie gelandet sind: nie werde ich wirklich etwas wissen. Habe ich etwa Zeit, darüber entrüstet zu sein? Man ist schon wieder bei einer anderen Theorie. So läuft diese Wissenschaft, die mich alles lehren sollte, schließlich auf eine Hypothese heraus, die Klarheit taucht in einer Metapher unter, die Ungewißheit stellt sich als ein Kunstwerk hinaus."
Albert Camus

Die Frage, warum Ökonomien wachsen, ist so alt wie die Nationalökonomie als wissenschaftliche Disziplin. Sie beschäftigte von der Klassik bis zur Gegenwart (mit zwei Unterbrechungen) die besten Ökonomen ihrer Zeit. Die Klassiker untersuchten dabei, warum das damals einsetzende Wachstum bald zum Stoppen kommen müsse; heute wird analysiert, warum es das nicht tat.

Klassische Wachstumstheorie
Fühlbares ökonomisches Wachstum setzte spätestens im Zuge der Industrialisierung im ausgehenden 18. Jahrhundert ein. Die Klassischen Ökonomen faßten dieses Wachstum als Folge der einsetzenden Maschinisierung von Produktionsprozessen auf, als Folge von Kapitalakkumulation. So schrieb Smith (1776/1963 Band II, S.27):[1]

---

[1] Bei dieser Zitierweise (zwei durch Schrägstrich getrennte Jahreszahlen) gibt die erste Jahreszahl das Erscheinungsjahr der Originalausgabe an und die zweite das Erscheinungsjahr der zitierten Ausgabe.

„In the midst of all the exactions of government, this capital has been silently and gradually accumulated by the private frugality and good conduct of individuals, by their universal, and uninterrupted effort to better their own condition. It is this effort, protected by the law and allowed by liberty to exert itself in the manner that is most advantageous, which has maintained the progress of England towards opulence and improvement in almost all former times, and which, it is to be hoped, will do so in all future times."

Smiths Hoffnung auf anhaltendes Wachstum wurde von ihm selbst wie auch von den anderen Klassischen Ökonomen sehr skeptisch beurteilt: Ein durchgängiges Thema der Klassischen Ökonomie ist die Prognose einer im Akkumulationsprozeß fallenden Profitrate. Und weil, wie obiges Zitat andeutet, Profite als Triebfeder der Akkumualtion sowie Akkumulation als Quelle des Wachstums verstanden wurden, betrachtete man das beobachtete Wachstum als Anpassung an ein neues – industrialisiertes – stationäres Gleichgewicht. Am klarsten wird dies bei Mill (1848/1965 Buch IV, S.738-9) gefaßt (als minimale Profitrate bezeichnet Mill (1848/1965 Buch IV, S.736) die kleinste Profitrate, bei der Anleger noch zu sparen bereit sind):

„When a country has long possessed a large production and a large net income to make savings from, and when, therefore, the means have long existed of making a great annual addition to capital (...); it is one of the characteristics of such a country, that the rate of profit is habitually within, as it were, a hand's breadth of the minimum, and the country therefore on the very verge of the stationary state. By this I do not mean that this state is likely, in any of the great countries of Europe, to be soon actually reached, or that capital does not still yield a profit considerably greater than what is barely sufficient to induce the people of those countries to save and accumulate. My meaning is, that it would require but a short time to reduce profits to the minimum, if capital continued to increase at its present rate, and no circumstances having a tendency to raise the rate of profit in the meantime."

Vehementer Verfechter dieser Prognose war insbesondere Marx, der den Begriff des *Gesetzes vom tendenziellen Fall der Profitrate* prägte. Wegen seiner Prominenz sei dieses Gesetz hier kurz in Marx' eigener Darstellungsweise beschrieben, ich folge dabei Sweezy (1972). Ausgangspunkt ist die Beobachtung, daß es den Kapitalisten gelingt, ihr Vermögen im Produktionsprozeß zu vermehren; der Wert ihrer Produktion übersteigt den Wert von verbrauchtem Kapital und ausgezahlten Löhnen. Dies erklärte Marx wie folgt: Die Arbeiter werden zu Subsistenzlöhnen bezahlt, der Wert ihrer

Kapitel 1. Wachstum und Wachstumstheorie

Arbeit übersteigt aber diese Subsistenzlöhne. Hat beispielsweise der Arbeitstag zwölf Stunden und haben die Arbeiter nach sechs Stunden den zu ihrer Lebenshaltung notwendigen Wert erzeugt (ihren Subsistenzlohn), dann erhöhen sie in den folgenden sechs Stunden den Wert der Produktion *für den Kapitalisten*. Mit anderen Worten: Der Wert der Produktion setzt sich zusammen aus dem Wert des verbrauchten Kapitals, K, den Subsistenzlöhnen, L, und der Surplusarbeit, S, die die Arbeiter *für die Kapitalisten* leisten, d.h. durch die die Kapitalisten die Arbeiter ausbeuten. S ist also der Anteil des Produktionswerts, der den Kapitalisten nach (Subsistenz-) Lohnzahlung und Abgeltung ihres eingesetzten Kapitals verbleibt. Dementsprechend definiert Marx die Profitrate als

$$P \equiv \frac{S}{K+L}.$$

Weiter definiert Marx das Verhältnis von Surplusarbeit und Subsistenzlöhnen als Mehrwertrate, M:

$$M \equiv \frac{S}{L}.$$

Die Mehrwertrate ist demnach ein Maß für die Ausbeutung der Arbeiter: Je höher die Mehrwertrate, desto mehr Arbeit verrichten die Arbeiter für den Profit der Kapitalisten. In obigem Beispiel mit sechs Stunden Subsistenzarbeit bei einem Zwölf-Stunden-Arbeitstag beispielsweise ist $M = 1$. Schließlich definiert Marx die organische Zusammensetzung des Kapitals, Z, als Quotient von verbrauchtem Kapital und Summe von Kapital und Löhnen:

$$Z \equiv \frac{K}{K+L},$$

d.h. als Beitrag der Kapitalisten zum entlohnten Teil des Produktionswerts. Aus diesen Definitionen folgt

$$P \equiv \frac{S}{K+L} = \frac{S}{L}\frac{L}{K+L} = M(1-Z).$$

D.h.: Die Profitrate entspricht dem Produkt von Mehrwertrate zum einen und eins abzüglich der organischen Zusammensetzung des Kapitals zum anderen. Die Profitrate ist um so höher, je stärker die Arbeiter ausgebeutet werden und je weniger kapitallastig die Produktion ist. Marx beobachtete nun eine im Akkumulationsprozeß durch zunehmende Maschinisierung steigende organische Zusammensetzung des Kapitals und unterstellte eine konstante Mehrwertrate. Damit liefert obige Gleichung sein Gesetz vom Fall der Profitrate: Konstanz von M und Ansteigen von Z implizieren zusammen einen Fall der Profitrate, P. Weil Marx (1867/1951 Band III, S.288-9) wie Smith und Mill die Profitrate als „Stachel der kapitalistischen Produktion, und Bedingung wie Treiber der Akkumulation" ansah, folgerte er, daß das Wachstum verebben müsse:

> „Es zeigt sich hier in rein ökonomischer Weise, d.h. vom Bourgeoisstandpunkt, innerhalb der Grenzen des kapitalistischen Verstandes, vom Standpunkt der kapitalistischen Produktion selbst, ihre Schranke, ihre Relativität, daß sie keine absolute, sondern nur eine historische, einer gewissen beschränkten Entwicklungsepoche der materiellen Produktionsbedingungen entsprechende Produktionsweise ist."[2]

Natürlich prognostiziert Marx' Gedankengebäude nicht nur ökonomische, sondern – mehr noch – soziale Probleme. Die Ausbeutung der Arbeiterschaft führt laut Marx früher oder später zur Revolution gegen den Kapitalismus und in den Sozialismus. Daß Marx' Ausbeutungstheorien heute weitgehend verworfen sind, bedeutet nicht, daß seine Stagnationstheorien und genereller die Stagnationstheorien der anderen Klassiker ebenfalls zu verwerfen sind. Man kann Gesetze vom Fall der Profitrate auch in moderneren Begriffen formulieren, etwa wie folgt: Sei angenommen, daß das Sozialprodukt jeweils mit fallenden Grenzproduktivitäten aus Arbeit und Kapital gewonnen wird. Um die Produktion pro Arbeiter zu erhöhen, müsse man die Arbeiter mit zusätzlichem Kapital ausstatten. Dann folgt, daß die Grenzproduktivität des Kapitals fallen muß, soll die Produktion pro Arbeiter steigen. Ist der Abfall hinreichend schnell, dann beseitigt dies über kurz oder lang die Investitionsanreize.

Nun täte man den Klassikern unrecht, wenn man unterstellt, sie hätten ihren Profitratenfallgesetzen gegenüber eine unreflektierte Position eingenommen und entgegenwirkende Effekte ignoriert. Das Gegenteil ist der Fall: Marx (1867/1951 Band III, S.260) diskutiert explizit sechs Gegenargumente (z.B. eine Erhöhung der Mehrwertrate durch eine Verlängerung der Arbeitszeit), „welche die Wirkungen des allgemeinen Gesetzes der Profitrate durchkreuzen und aufheben, und ihm nur den Charakter einer Tendenz geben" – daher die Bezeichnung „Gesetz vom *tendenziellen* Fall der Profitrate". Und auch Mill machte, wie der letzte Halbsatz in obigem Zitat bereits klarmacht, auf gegenläufige Effekte aufmerksam, z.B. auf Kapitalexporte und eine Reduzierung der Subsistenzlöhne bei verbilligten Nahrungsmittelimporten sowie insbesondere auch auf technischen Fortschritt. Mill (1848/1965 Buch IV, S.742) schreibt ausdrücklich, daß verbesserte Produktionsmethoden „es ermöglichen, mehr Kapital zu akkumulieren, ohne die Profitrate zu drücken". D.h.: Die Klassiker waren sich wohl bewußt, daß gegenläufige Effekte am Werke sind, sie machten mit ihrem Gesetz die em-

---

[2] Ricardo entwickelte ein verwandtes, aber logisch unabhängiges Gesetz fallender Profitraten. Ebenfalls von Subsistenzlöhnen ausgehend, vermutete er, daß Wachstum der Industrie Agrarprodukte relativ verteuern würde, die Subsistenzlöhne damit nach oben triebe und so die Profite untergrübe. Auch Smith glaubte an den Fall der Profitrate. Er war der Meinung, daß Kapitalakkumulation über zunehmende Konkurrenz im industriellen Sektor die Profite erodieren müsse.

pirische Prognose, daß die adversen Effekte auf die Profitrate in absehbarer Zeit dominieren würden und so das Wachstum zum Stoppen brächten.

Es dauerte trotz aller Einwände gegen das Gesetz sehr lange, bis das anhaltende Wachstum erste Ökonomen veranlaßte, diese empirische Prognose anzuzweifeln. Als erster entschiedener Fürsprecher der technischen Möglichkeit anhaltenden Wachstums darf Schumpeter angesehen werden. Schumpeter stellte in seinen Arbeiten seit Anfang des 20. Jahrhunderts technischen Fortschritt statt Kapitalakkumulation in das Zentrum des Wachstumsprozesses. Schumpeter sah das Innovationsbemühen gewinnsuchender Unternehmen als Ursprung des technischen Fortschritts an. Anders als bei Kapitalakkumulation erscheinen hier fallende Grenzerträge nicht zwingend, und daher liegt für Schumpeter (1942/1946, S.193) „kein Grund vor, ein Nachlassen des Produktionstempos infolge Erschöpfung der technischen Möglichkeiten zu erwarten". Es ist bemerkenswert, daß Schumpeter dem Kapitalismus dennoch keine Überlebenschance zubilligte. In den Kapiteln 11-14 seines Hauptwerks *Kapitalismus, Sozialismus und Demokratie* vertrat er – mit explizitem Verweis auf Marx – den Standpunkt, daß der Kapitalismus als Gesellschaftsform durch die Zerstörung sozialer Strukturen sein Fundament untergrabe:

> „Indem der Kapitalismus den prä-kapitalistischen Gesellschaftsrahmen zerbrach, hat er nicht nur Strukturen niedergerissen, die seinen Fortschritt hemmten, sondern auch Strebepfeiler, die seinen Einsturz verhinderten"

(Schumpeter (1942/1946, S.225-6)). Fazit: Bis ins 20. Jahrhundert hinein wurde kapitalistisches Wachstum als eine begrenzte Phase der ökonomischen Entwicklung angesehen – teils aus rein ökonomischen Gründen, teils aus eher soziologischen.

Neoklassische Wachstumstheorie
Nachdem Wachstum zentraler Bestandteil der Klassischen Ökonomie war, trat der dynamische Aspekt der Volkswirtschaft mit Beginn der Neoklassik um 1870 stark in den Hintergrund. Die führenden Ökonomen des späten 19. und frühen 20. Jahrhunderts, allen voran Walras, widmeten sich vorrangig der Entwicklung und Mathematisierung der statischen Werttheorie, d.h. der Analyse von Koordinationsfunktion und Effizienzwirkungen des Preissystems. Schumpeters verbal orientierte und dynamisch angelegte Arbeit ist – anders als es der Entstehungszeitpunkt vielleicht vermuten läßt – der Klassischen Theorie verwandter als der frühen Neoklassik. In der nun mathematisierten Wirtschaftstheorie rückte erst Solow mit der Veröffentlichung seines Neoklassischen Modells 1956 die Wachstumstheorie wieder in das Zentrum der Nationalökonomie. In den anfolgenden 15 Jahren veröffentlichte wer Rang und Namen hatte wieder in Wachstumstheorie: unter anderen Arrow, Hicks, Kaldor, Modigliani, Samuelson, Stiglitz, Tobin und

Uzawa. Die entstandene Literatur ist unter dem Titel *Neoklassische Wachstumstheorie* Gegenstand von Teil II der vorliegenden Arbeit. Hauptaussage der Neoklassischen Wachstumstheorie blieb, was Solow bereits 1956 herausgestellt hatte: In einem Modell mit wachsender Bevölkerung und Akkumulation von Kapital kann das Gesetz vom Fall der Profitrate bewiesen werden, es verliert aber seine Gültigkeit, wenn im Zuge technischen Fortschritts auch das technische Wissen anwächst.[3] Hiermit wurde im Grunde nichts mehr geleistet als eine rigorose mathematische Fundierung der Arbeit der Klassiker. Die waren sich ja, wie gesagt, wohl bewußt, daß technischer Fortschritt den Fall der Profitrate konterkarieren kann. Was die Neoklassische Wachstumstheorie von der Klassischen vielmehr trennt als Inhaltliches, ist (neben dem betriebenen formalen Aufwand) die empirische Wertung dieses Resultats: Technischer Fortschritt wurde nun nicht mehr als ein untergeordneter Nebeneffekt verstanden, sondern als persistentes Faktum des Wachstumsprozesses; und Wachstum wurde nicht mehr als Anpassung an ein neues stationäres Gleichgewicht begriffen, sondern als von Fortschritt getriebener andauernder Prozeß.

Neue Wachstumstheorie

Um so überraschender erscheint es zunächst, daß Solow und seine Nachfolger technischen Fortschritt als exogenes Datum hinnahmen, es wurden nur die *Auswirkungen* technischen Fortschritts modelliert, nicht aber seine *Ursachen*. Nachdem diese Auswirkungen gegen Ende der 60er Jahre erschöpfend diskutiert waren, verschwand die Wachstumstheorie ein zweites Mal von der Bildfläche – ohne daß das Zustandekommen technischen Fortschritts in den Modellen nennenswerten Niederschlag gefunden hätte. Dies ist deshalb überraschend, weil auf verbaler Ebene damals wie heute inhaltlich ein breiter Konsens bestand, daß Schumpeter die Genese technischen Wissens – verbal – treffend beschrieben hatte: Es sind die innovativen Anstrengungen profitorientierter Unternehmen, die technischen Fortschritt in Gang halten; das beständige Bemühen, durch Forschung Marktführer zu werden und so Gewinne zu machen, ist die Triebfeder von technischem Fortschritt und damit von Wachstum.[4] Es gelang den versiertesten Ökonomen (in obiger Aufzählung von Wachstumstheoretikern finden sich fünf Nobelpreisträger) aber nicht, diesen Prozeß in die bestehenden Modelle zu integrieren.

---

[3] Eine Darstellung des Solow-Modells und der wichtigsten Erweiterungen im Rahmen der Neoklassischen Theorie findet sich in jedem Lehrbuch zur Wachstumstheorie (z.B. Burmeister und Dobell (1970), Jones (1975), Solow (1970), Vogt (1968) oder Wan (1971)). Siehe auch den umfassenden Survey von Hahn und Matthews (1964).

[4] Bei der Beurteilung von Schumpeters Theorien wird heute oft eine nicht ganz passende Betonung gewählt (ich nehme mich da nicht aus). Schumpeter hielt den Innovationsprozeß für stetiger und exogener, als es heute oft dargestellt wird. Profitgeleitet und sprunghaft ist in seiner Theorie eher die *Vermarktung* der Innovationen. Dies wird besonders in seiner Konjunkturtheorie deutlich (Schumpeter (1939)).

Kapitel 1. Wachstum und Wachstumstheorie

Erst als Ende der 80er Jahre die notwendigen Voraussetzungen hinsichtlich der formalen Handhabbarkeit unvollkommenen Wettbewerbs erfüllt waren, lebte die mathematische Wachstumstheorie ein zweites Mal auf. Etablierte Ökonomen wandten sich wieder der Wachstumstheorie zu (Barro, Grossman, Helpman, Howitt, Lucas, Mankiw), und neue kamen hinzu. Und schließlich gelang es Romer 1990 mit seiner wegweisenden Arbeit *Endogenous Technological Change*, das lange Bekannte und Angestrebte zu modellieren: endogenes Wachstum durch zielgerichtete Innovationsanstrengungen im Rahmen des altbekannten Solow-Modells. Das Romer-Modell mit einigen Vereinfachungen, Erweiterungen und Anwendungen ist Gegenstand von Teil III dieser Arbeit (Neue Wachstumstheorie[5]).

Semi-endogenes Wachstum
Parallel zur Neuen Wachstumstheorie entwickelte sich – anknüpfend bei Abramowitz, Denison, Kuznets und Maddison – eine breite empirische Literatur. Heston und Summers lieferten neue, exaktere Zeitreihen über historisch beobachtete Wachstumsraten; Barro, DeLong, Sala-i-Martin und andere untersuchten, wie welche Einflußgrößen die realisierten Wachstumsraten statistisch erklären können. Die Gegenüberstellung von realisierten Zeitreihen und theoretischen Modellen führte zu einem grundlegenden Widerspruch: Einerseits scheinen sehr wenige Größen einen nachhaltigen Einfluß auf langfristiges Wachstum zu haben, insbesondere versprechen Politikmaßnahmen wenig Erfolg, andererseits messen die theoretischen Modelle der Neuen Wachstumstheorie allerlei erdenklichen Parametern und Maßnahmen Wachstumseffekte bei, z.B. Steuern, Forschungssubventionen, internationaler Wissensdiffusion, etc. Diese Diskrepanz nahm Jones (1995a,b) zum Anlaß, im Rahmen des Romer-Modells (bei einer geeigneten Anpassung der Technologien) von der dort üblichen Annahme eines fixen Arbeitsangebots zu Bevölkerungswachstum à la Solow zurückzukehren. Etwas überraschend erhält er so folgendes plausible Bild des Wachstumsprozesses: Einerseits ist Wachstum in dem Sinne *endogen*, daß es – wie bei Schumpeter und Romer – Resultat zielgerichteter Forschung profitsuchender Unternehmen ist. Andererseits ist Wachstum insofern *exogen*, als die gleichgewichtige Wachstumsrate Politikmaßnahmen nicht zugänglich ist. Jones spricht deshalb von *semi-endogenem* Wachstum. In Teil IV dieser Arbeit zeige ich, daß sich analoge Ergebnisse ergeben, wenn man im Rahmen des Romer-Modells mit endogener Humankapitalakkumulation durch Ausbildung arbeitet statt mit Bevölkerungswachstum. D.h.: Endogenisiert man

---

[5] Der Begriff „Neue Wachstumstheorie" wird nicht allgemein für die Modelle mit Forschung und Entwicklung (F&E) als Quelle von Wachstum reserviert. Meist wird er im chronologischen Sinne auf die wachstumstheoretischen Arbeiten seit Mitte der 80er Jahre angewendet. Surveys über die Neue Wachstumstheorie in diesem weiteren Sinne finden sich zum Beispiel bei Amable und Guellec (1992), Arnold (1995a), Ramser (1993) und Romer (1989a). Einen Überblick über die F&E-Modelle bieten zum Beispiel Aghion und Howitt (1993), Grossman und Helpman (1994) und Helpman (1992).

das Humankapitalangebot im Romer-Modell, dann wird das resultierende Wachstumsgleichgewicht semi-endogen im Sinne von Jones.

Aufbau und Zielsetzung des Buches

Der grobe Aufbau des vorliegenden Buches ist damit bereits umrissen: Es werden in dieser Reihenfolge die Neoklassische, die Neue und die semi-endogene Wachstumstheorie untersucht.

Davor faßt Kapitel 2 im laufenden Teil I die zentralen empirischen Fakten des Wachstumsprozesses zusammen. Teil II zur Neoklassischen Wachstumstheorie beginnt mit der Vorstellung des wegweisenden Solow-Modells. Danach wird das Modell um Learning by doing, d.h. Effizienzgewinne aus Erfahrung (Kapitel 4), Humankapitalakkumulation (Kapitel 5) und Grundlagenforschung (Kapitel 6) erweitert. In Kapitel 7 werden die theoretischen Implikationen der Neoklassischen Theorie an den empirischen Fakten aus Kapitel 2 gemessen. Ausgangspunkt von Teil III zur Neuen Wachstumstheorie ist eine stilisierte Version des Romer-Modells, die auf Grossman und Helpman zurückgeht – unser Grundmodell zu Wachstum durch Innovationen (Kapitel 8). In Kapitel 9 wird dann das etwas kompliziertere Romer-Modell selbst vorgestellt. Kapitel 10 ist ein Exkurs zu Wachstum durch steigende Skalenerträge im Rahmen des Romer-Modells. Danach kehre ich zum Grossman-Helpman-Modell zurück und untersuche internationalen Handel (Kapitel 11), dabei gesondert Nord-Süd-Handel (Kapitel 12). Weiter untersuche ich Learning by doing (Kapitel 13) und Grundlagenforschung (Kapitel 14) im Rahmen des Grossman-Helpman-Modells. Schließlich lockere ich die bis dahin gemachte Annahme, daß Arbeit in der Forschung eine konstante Grenzproduktivität aufweist (Kapitel 15). Im Kapitel 16, Theorie und Fakten II, wird die Neue Wachstumstheorie den stilisierten Fakten des Wachstumsprozesses aus Kapitel 2 gegenübergestellt. Teil IV zu semi-endogenem Wachstum endogenisiert dann das Humankapitalgebot. Kapitel 17 konzentriert sich dabei auf die technische Seite des Modells, Kapitel 18 stellt die zentralen ökonomischen Implikationen heraus, die in Kapitel 19 dann wiederum mit den empirischen Daten verglichen werden. In Teil V finden sich Schlußfolgerungen (Kapitel 20). Ein Appendix faßt die verwendeten Theoreme aus der mathematischen Kontrolltheorie zusammen.

Die Modelle sind oft nicht einfach (weder hinsichtlich ihrer Struktur noch bezüglich der formalen Handhabbarkeit), und ihre Darstellung nimmt daher einigen Platz in Anspruch. Gegeben die Platzrestriktion, ergibt sich damit ein Tradeoff zwischen der Ausführlichkeit der Darstellung und der Anzahl vorzustellender Modelle. Ohne eine Randlösung realisieren zu wollen, habe ich den Schwerpunkt auf die Ausführlichkeit gelegt. Ich arbeite in jedem Kapitel die zentralen Aussagen anhand eines repräsentativen Modells aus dem betreffenden Themenkreis rigoros heraus. Die Ableitung der Resultate erfolgt lückenlos, Schritt für Schritt. Insbesondere richte ich großes Augenmerk auf die Stabilitätseigenschaften der Modelle – was nutzt eine

Steady-state-Analyse ohne einen Beleg, daß das untersuchte Steady state die asymptotische Lösung des Modells repräsentiert? Auf zusätzliche oder widersprüchliche Ergebnisse aus erweiterten oder modifizierten Modellen wird verbal hingewiesen, meist in Fußnoten. Indem der Schwerpunkt auf Ausführlichkeit gelegt wird, soll ein gründliches Verständnis der behandelten Modelle gewährleistet werden. Hierin spiegelt sich die Auffassung wider, daß mathematische Modelle für das Verständnis von Wachstum ein zwar nützliches, aber sicherlich allenfalls grobes Gedankengerüst bieten können – und nicht treffgenaue Beschreibungen der Realität, in denen durch Hinzufügen zusätzlicher Variablen reale Effekte Stück für Stück nachgezeichnet werden können. In diesem Sinne soll dieses krude Gedankengerüst zumindest auf ein solides Fundament gestellt werden.

Bearbeitungsvorschläge
Weil das Buch zugleich ausführlich und recht umfassend ist, nimmt eine komplette Bearbeitung einige Zeit in Anspruch (auch wenn aufgrund der Ähnlichkeit vieler Modelle untereinander sicherlich steigende Skalenerträge beim Lesen vorliegen – ist erstmal eine Hälfte bearbeitet, dann liest sich die zweite Hälfte in kürzerer Zeit). Daher hier einige Hinweise, wo „abgekürzt" werden kann.

Es wird regelmäßig das Maximumprinzip der dynamischen Optimierung verwendet. Eine einfache Herleitung findet sich im Anhang am Ende des Buchs. Lesern, die mit den Modellen von Solow und Uzawa bewandt sind, erschließt sich damit die Grundbotschaft der Arbeit aus den Kapiteln 8, 11, 17 und 18: Die Kapitel 8 und 11 zeigen, wie endogener technischer Fortschritt modelliert werden kann und wie die Neue Wachstumstheorie zur Vorhersage von Wachstumsrateneffekten von Politikmaßnahmen und internationalen Wirtschaftsbeziehungen kommt. Die Kapitel 17 und 18 zeigen, wie die semi-endogene Wachstumstheorie bezüglich der Wirksamkeit von Politikmaßnahmen bei weiterhin endogendem technischen Fortschritt das gegenteilige Ergebnis produziert. Ohne die Vorkenntnis der Modelle von Solow und Uzawa bieten die Kapitel 3, 5, 8, 11, 17 und 18 ein Gerüst, an dem man entlanggehen kann. Man kann sich auch nach dem Bearbeiten der Kapitel 8 und 11 darauf beschränken, die Kritik an der dort verwendeten Forschungstechnologie in Kapitel 17 nachzuvollziehen. Man kennt dann die wichtige Jones-Kritik an der Neuen Wachstumstheorie, nicht aber den konstruktiven Alternativvorschlag, den die semi-endogene Wachstumstheorie macht. Möchte man sich in erster Linie über die wegweisenden Grundmodelle der Wachstumstheorie informieren, so kann man sich auf das Solow-Modell in Kapitel 3 sowie das Romer-Modell in Kapitel 9 konzentrieren (für das hier keine Analyse von Politikmaßnahmen durchgeführt wird, weil nur die Ergebnisse aus Kapitel 8 reproduziert werden würden).[6] Schließlich

---

[6] Die Gleichgewichtsanalysen im Rahmen dieser letzten beiden Vorschläge setzen, wie

vereinfacht sich die Bearbeitung der einzelnen Kapitel stets, wenn man die Stabilitätsanalysen zunächst einmal vernachlässigt.

---

an entsprechender Stelle vermerkt, keinerlei Kenntnisse in dynamischer Optimierung voraus. D.h.: Hierfür braucht der Anhang nicht bearbeitet zu werden.

Kapitel 2

Empirische Analyse langfristigen Wachstums

„Productivity growth isn't everything, but in the long run it's almost everything."

Paul R. Krugman

Dieses Kapitel macht zwei wichtige Punkte. Zuerst wird anhaltendes Produktivitätswachstum als zentrales empirisches Faktum der ökonomischen Entwicklung während der vergangenen 200 Jahre herausgestellt. Zweitens wird Forschung und Entwicklung als entscheidende Quelle dieses Wachstums charakterisiert.

Beobachtungen zu Produktivitätswachstum werden in Abschnitt 2.1 zusammengefaßt. Abschnitt 2.2 zeigt, daß nicht Kapitalakkumulation, sondern technischer Fortschritt Ursache anhaltenden Wachstums ist. In Abschnitt 2.3 werden Lerneffekte, Ausbildung und Forschung als potentielle Quellen technischen Fortschritts untersucht. In Abschnitt 2.4 wird argumentiert, daß die Auswirkungen von Politikmaßnahmen auf langfristiges Wachstum sehr begrenzt erscheinen, Abschnitt 2.5 faßt die wichtigsten Ergebnisse zu einem Satz stilisierter Fakten zusammen, der als Leitfaden für die Modellbildung in den folgenden Kapiteln dient.

2.1 Produktivitätswachstum

Produktivitätswachstum und steigende Lebensstandards

Die Arbeitsproduktivität, y, ist definiert als Sozialprodukt pro geleistete Arbeitsstunde, d.h. $y \equiv Y/L$ mit Y als gesamtwirtschaftlicher Produktion und L als Arbeitseinsatz. Je nachdem, welche Daten verfügbar sind, wird teils auch die Produktion pro Kopf als Näherungswert für die Arbeitsproduktivität angeführt (bei konstanter Beschäftigtenquote und Arbeitszeit hat die Unterscheidung natürlich keinen Einfluß auf Wachstumsraten). Produktivitätswachstum ist deshalb von so zentraler Bedeutung, weil es die zentrale Determinante materiellen Wohlergehens ist. Ausgangspunkt dieser Aussage ist die Prämisse, daß materielle Lebensstandards durch die individuellen Konsummöglichkeiten beschrieben werden können. Die zentrale Bedeutung von Produktivitätswachstum ergibt sich dann aus der Beobachtung, daß der Konsum pro Kopf durch die Produktion pro Kopf einer natürlichen oberen Schranke unterworfen ist. Wachstum des Pro-Kopf-Konsums und damit der materiellen Lebensstandards wird erst durch Produktivitätswachstum möglich.[1]

In den heutigen Industrienationen wächst der Output pro Kopf seit rund 200 Jahren mit einer durchschnittlichen jährlichen Rate von knapp 2%.[2] Das entspricht einer Verdopplung alle rund 35 Jahre oder einer Versiebenfachung alle 100 Jahre. Im Sinne obiger Argumentation ist dieses anhaltende Produktivitätswachstum der Garant für die heute in den Industrienationen erreichten Lebensstandards. Dieses anhaltende Wachstum der Produktionsmöglichkeiten in den heutigen Industrienationen ist der vorrangige Untersuchungsgegenstand der vorliegenden Arbeit. Bei kurzfristigerer Betrachtung unterliegen Wachstumsraten bekanntermaßen erheblichen Schwankungen. Der üblichen Methodologie folgend, nehme ich implizit eine gedankliche Trennung in einen stabilen Trend und konjunkturelle Zyklen vor. Gegenstand dieser Arbeit ist ausschließlich der Trend, nicht die Zyklen.[3]

Drei Zitate (von denen die ersten zwei nicht von Wachstumstheoretikern stammen) mögen dem Eindruck vorbeugen, mit der starken Betonung von Produktivitätswachstum würden hier falsche Akzente gesetzt:

---

[1] Streng genommen gilt dieser Satz natürlich nur für geschlossene Volkswirtschaften. Für eine offene Volkswirtschaft ist das Argument zu relativieren, weil ein Land ohne eigenes Produktivitätswachstum dann einen wachsenden Pro-Kopf-Konsum realisieren kann, wenn seine Exporte es ihm erlauben, laufend mehr Konsumgüter zu importieren. Man denke an die ölexportierenden Länder.

[2] Rostow (1962) argumentierte, daß der „Take-off" in die Industrialisierung in den heutigen Industrienationen nach dem Vormarsch Großbritanniens gestaffelt erfolgte, beginnend mit Frankreich (zwischen 1830 und 1860) und endend mit Kanada (zwischen 1896 und 1914). Diese Sichtweise gilt heute als verworfen (Maddison (1982, S.43)), der Industrialisierungsprozeß begann relativ simultan im ausgehenden 18. und frühen 19. Jahrhundert.

[3] Dazu zwei Bemerkungen. Erstens: Nelson und Plosser (1982) argumentieren, daß die Trend-Zyklen-Aufspaltung nicht unkritisch ist und daß langfristige Outputreihen vielleicht besser als nichtstationäre stochastische Prozesse abgebildet werden können. Zweitens: Wachstum und Konjunktur sind nicht unabhängig voneinander. So macht zum einen Wachstum Konjunkturzyklen moderater, weil mit steigendem Einkommen Ressourcen vom industriellen Sektor in den weniger volatilen Dienstleistungssektor wandern (s. z.B. Zarnowitz (1992, S.33 ff.)). Zum anderen wird argumentiert, daß eine hohe Volatilität der Nachfrage Wachstum abträglich ist, weil sie die Erträge aus Investitionen unsicher macht.

2.1. Produktivitätswachstum

„The dominant macroeconomic fact in the developed economies in the last two centuries is that of output growth" (Blanchard und Fischer (1989, S.1)).

„Compared with the problem of slow productivity growth, all our other long-term economic concerns (...) are minor issues" (Krugman (1990, S.18)).

„Economic growth (...) is the part of macroeconomics that really matters (Barro und Sala-i-Martin (1995, S.5)).

Schon Kaldor (1961) stellte dieses Produktivitätswachstum an Position 1 seiner höchst einflußreichen Stilisierten Fakten. Man beachte aber auch, daß mit der Konzentration auf Produktivitätswachstum eine etwas einseitige Mehr-ist-besser-Sichtweise eingenommen wird. Auf die Grenzen dieser Perspektive wird in den Schlußfolgerungen ausführlicher hingewiesen.

Betrachten wir den Wachstumsprozeß der vergangenen Jahrzehnte etwas genauer. Es gibt im wesentlichen zwei wichtige Datensätze zu langfristigem Wachstum: Zum einen Maddisons (1982, 1987) Zeitreihen über die Arbeitsproduktivitäten der 16 reichsten Industrienationen seit 1820 (inklusive einiger bis 1700 zurückreichender Daten).[4] Zum anderen den von Heston, Kravis und Summers entwickelten und in wechselnder Besetzung mehrfach erweiterten Penn World Table. Die derzeit aktuelle (fünfte) Version findet sich bei Summers und Heston (1991) und liefert die Entwicklung des Sozialprodukts pro Kopf zwischen 1960 und 1988 für 138 Länder – grob gesagt: die ganze nichtsozialistische Welt. In vielen Artikeln wird auch die 98 Länder umfassende Vorgängerversion (Summers und Heston (1988)) verwendet.

Maddison

Untenstehende Tabelle gibt die von Maddison (1982) ermittelten Werte für die durchschnittliche Wachstumsrate des Sozialprodukts pro Arbeitsstunde in den 16 reichsten Industrieländern zwischen 1870 und 1979 wieder. Die Wachstumsrate des Sozialprodukts pro Kopf erhält man – überschlagen – als das 0,8fache. Sie ist etwas niedriger, weil die Arbeitszeiten über diesen langen Zeitraum rückläufig sind. Der ungewogene Durchschnitt der Arbeitsproduktivitätswachstumsraten beträgt 2,4%, damit ergibt sich ein Wachstum des Sozialprodukts pro Kopf von $(0,8 \cdot 2,4\%$, d.h.) knapp 2%, wie eingangs bereits bemerkt.

Mit dem Sozialprodukt wuchs der Kapitalstock, K, mit der Arbeitsproduktivität die Kapitalausstattung pro Arbeiter (die Kapitalintensität), $k \equiv K/L$. In der Tat verlief das Wachstum von Produktion und Kapital weitgehend parallel, mit einheitlicher Rate, so daß das Verhältnis von Kapital und Produktion (der Kapitalkoeffizient, K/Y) relativ konstant blieb

---
[4] Maddison (1982, S.21) versteht seine Arbeit als Fortführung der „Pionierarbeit" von Kuznets (1966, 1973).

(Maddison (1982, S.54)). Diese Beobachtung, die ebenfalls bereits in Kaldors (1961) Stilisierten Fakten festgehalten ist, kann man sich leicht deutlich machen: Die Profitquote $\Pi_K \equiv rK/Y$ (r bezeichnet den Zinssatz) liegt in den Industrienationen recht konstant bei einem Wert von circa 1/3. D.h.: Zwei Drittel des Volkseinkommen entfallen auf Lohneinkommen, ein Drittel auf Zinseinkommen. Da der Zins relativ konstant ist, folgt Konstanz des Kapitalkoeffizienten.

Produktivitätswachstumsraten für 16 Länder 1870-1979[a]

g_y	Länder
1,5%	Australien
1,8%	Großbritannien
2,1%	Niederlande, Schweiz, Belgien
2,3%	Kanada, USA, Dänemark
2,4%	Italien, Österreich
2,6%	Deutschland, Frankreich, Norwegen
2,7%	Finnland
2,9%	Schweden
3,0%	Japan

[a]Quelle: Maddison (1982, Tabelle 3.1).

Summers und Heston

In der nächsten Tabelle werden die Summers-Heston-Ergebnisse zum Wachstum des Sozialprodukts pro Kopf 1960-85 wiedergegeben. Für die 16 Länder aus der Maddison-Studie sind die Wachstumsraten genau angegeben. Ansonsten habe ich mich der Übersichtlichkeit halber auf die Einordnung in Halbprozentintervalle beschränkt. Sozialproduktswachstumsraten erhält man, indem man die Bevölkerungswachstumsraten von – überschlägig – einem Prozent für Industrienationen und drei Prozent für Entwicklungsländer hinzuaddiert. Auffälliges Merkmal der Daten ist die ungemein breite Streuung der Wachstumsraten: Während ein Großteil der afrikanischen Länder schrumpfte, wuchsen die westlichen Industrieländer mit einer durchschnittlichen Rate von rund 3%, die neuindustrialisierten Länder Ostasiens sogar mit rund 6% jährlich. Ein zweites wichtiges Resultat ergibt sich aus einem Vergleich der beiden Tabellen von Maddison einerseits sowie Summers und Heston andererseits. Man stellt nämlich fest, daß zwischen 1960 und 1985 die durchschnittliche Pro-Kopf-Wachstumsrate der 16 Maddison-Länder (ungewogen) 2,9% beträgt, die langfristige Wachstumsrate über das Intervall 1870-1979 (1,9%) also deutlich übertrifft. D.h.: Bei sehr langfristiger Betrachtungsweise besteht in den Industrienationen keine Tendenz zu fallenden Wachstumsraten. Im Gegenteil: Die Nachkriegszeit war durch außerordentlich dynamisches Wachstum gekennzeichnet.

2.1. Produktivitätswachstum

Wachstum des Sozialprodukts pro Kopf 1960-1985 für 117 Länder[a]

g_y	Länder
< 0%	Angola, Benin, Burundi, Zentralafrikanische Republik, Tschad, Ghana, Madagaskar, Mauretanien, Mosambik, Somalia, Uganda, Sambia, Zaire, Haiti, Guyana, Uruguay, Venezuela
0 – 0,5%	Burkina Faso, Äthiopien, Guinea, Mali, Niger, Senegal, Nicaragua, Chile
0,5 – 1%	Komoren, Gambia, Guinea-Bissau, Kenia, Liberia, Zimbabwe, El Salvador, Guatemala, Jamaika, Argentinien, Peru, Irak
1 – 1,5%	Malawi, Ruanda, Tansania, Honduras, Bangladesch, Indien, Nepal, Philippinen, Neuseeland, Papua Neuginea
1,5 – 2%	Luxemburg, Schweiz (1,8%), Elfenbeinküste, Mauritius, Nigeria, Südafrika, Costa Rica, Bolivien, Surinam, Iran, Fidschi
2 – 2,5%	Schweden (2,3%), Großbritannien (2,2%), Algerien, Swasiland, Togo, Dominikanische Republik, Trinidad und Tobago, USA (2,1%), Kolumbien, Sri Lanka, Australien (2,2%)
2,5 – 3%	Belgien (2,9%), Dänemark (2,6%), Frankreich (2,9%), Deutschland (2,5%), Niederlande (2,6%), Türkei, Kamerun, Mexiko, Ecuador, Paraguay, Birma, Pakistan
3 - 3,5%	Österreich (3,1%), Finnland (3,3%), Irland, Island, Italien (3,4%), Spanien, Kongo, Gabun, Marokko, Barbados, Kanada (3,1%), Panama, Brasilien, Israel, Jordanien
3,5 – 4%	Norwegen (3,7%), Portugal, Kapverden, Ägypten, Seychellen, Tunesien, Indonesien, Syrien, Thailand
4 – 4,5%	Griechenland, Jugoslawien, Malaysia
4,5 – 5%	Zypern, Lesotho
> 5%	Malta, Botswana, Hongkong, Japan (5,6%), Südkorea, Singapur, Taiwan

[a]Quelle: Summers und Heston (1988).

Der Productivity slowdown nach 1973

Vom Nachkriegsboom lange Zeit in den Hintergrund gedrängt, trat dennoch die Diskussion um fallende Wachstumsraten Mitte der 70er Jahre wieder auf die Tagesordnung. Grund dafür ist eine relativ abrupte Verlangsamung des Produktivitätswachstums um das Jahr 1973, der sogenannte *Productivity slowdown*. Die nächste Tabelle (aus Maddison (1987)) veranschaulicht den Productivity slowdown für sechs der 16 Länder aus der Maddison-Tabelle durch eine Aufteilung des Zeitraums 1870 bis 1984 in vier Abschnitte mit 1973 als Trennlinie zwischen den letzten beiden Perioden.

Produktivitätswachstumsraten 1870-1984[a]

Land	1870-1913	1913-50	1950-73	1973-84	Durchschnitt
Deutschland	1,9%	1,0%	6,0%	3,0%	2,5%
Frankreich	1,7%	2,0%	5,1%	3,4%	2,6%
Japan	1,8%	1,7%	7,7%	3,2%	3,1%
Großbritannien	1,2%	1,6%	3,2%	2,4%	1,8%
USA	2,0%	2,4%	2,5%	1,0%	1,7%

[a]Quelle: Maddison (1987).

Man erkennt deutlich, daß das Wachstum zwischen 1973 und 1984 merklich langsamer war als in den 20 Jahren zuvor. Man sieht aber auch, daß in Deutschland, Frankreich, Großbritannien und Japan die Wachstumsrate nach 1973 noch über dem Mittel 1870-1984 lag. Angesichts dessen bemerkt Griliches (1988, S.19), daß sich die Suche nach dem „Täter" schwierig gestalten mag, weil sich „bleibende Zweifel am Verbrechen selbst" nicht ausräumen lassen. Und weiter:

> „[P]erhaps the 1970s were not so abnormal after all. Maybe it's the inexplicably high growth rates in the 1950s and early 1960s are the real puzzle."

Dies steht im Einklang mit den Ergebnissen, die bereits beim Vergleich der Maddison- mit den Summers-Heston-Daten erzielt wurden. Der Hauptgrund für die dennoch starke Betonung des Productivity slowdown in der Literatur dürfte darin liegen, daß er das Land der einflußreichsten Ökonomen, die USA, wie die Tabelle zeigt, am härtesten trifft. Es sei aber auch bemerkt, daß mittlerweile in den USA eine Diskussion darüber im Gange ist, ob sich der Productivity slowdown überhaupt so abrupt darstellt, wie es zunächst den Anschein hat. Im Herbst 1996 legte eine Gruppe renommierter Ökonometriker (u.a. Boskin, Griliches und Jorgenson) ein Gutachten vor, nach dem der beim Errechnen des realen Sozialprodukts aus dem nominalen verwendete Preisindex die wirkliche Inflationsrate derzeit um gut 1% überschätzt. Grund: Bei der Ermittlung des Preisindex werden Qualitätsverbesserungen und die Einführung neuer Produkte – vor allem im Dienstleistungssektor – nicht adäquat verarbeitet. Stimmt das, dann wird folglich das reale Wachstum derzeit um gut 1% unterschätzt, und man hat eigentlich gar keinen Productivity slowdown. Unabhängig davon, wie ernst man diese Zahl nimmt, verdeutlicht die Debatte, daß die Messung des Sozialprodukts schwieriger wird.

2.1. Produktivitätswachstum

Konvergenz

Es ist eine alte Idee, daß sich die ökonomischen Strukturen verschiedener Länder langfristig einander angleichen sollten, weil sich überlegene Produktionsmethoden langfristig in allen Ländern gleichermaßen durchsetzen sollten. Insbesondere ist in diesem Sinne eine Angleichung der Arbeitsproduktivitäten zu erwarten. Dieses Phänomen nennt man *Konvergenz*. Konvergenz setzt natürlich voraus, daß anfangs unproduktivere Länder schneller wachsen als weiter entwickelte. Zwei Mechanismen sind dabei denkbar: Erstens können rückständige Länder aufholen, indem sie technisches Wissen adaptieren, das in den weiter entwickelten Nationen bereits bekannt ist. Dieser Punkt wird mit Vehemenz in der sogenannten Technology-gap-Literatur vertreten (s. insbesondere Abramowitz (1986) und den Survey von Fagerberg (1994)). Zweitens ist in Ländern mit kleinem Kapitalstock schnelles Wachstum zu erwarten, weil dort (bei fallender Grenzproduktivität des Kapitals) gleiche Investitionen einen höheren Outputzuwachs bewirken. Dieser Mechanismus wird insbesondere von der Neoklassischen Wachstumstheorie betont (s. Kapitel 3). Würde man Konvergenz nachweisen können, so hätte man eine systematische Komponente in der (in obiger Summers-Heston-Tabelle dokumentierten) breiten Streuung der Wachstumsraten gefunden.

In die moderne wachstumstheoretische Literatur wurde Konvergenz von Barro (1984), Abramowitz (1986) und insbesondere von Baumol (1986) eingebracht. Baumol überprüfte die Konvergenzhypothese anhand der Maddison-Daten. Ausgehend von den Arbeitsproduktivitäten in 1979, y, schätzte er die kumulierte Wachstumsrate eines Landes zwischen 1870 und 1979, $\bar{g}_y \equiv y/y_0 - 1$, als Funktion der Arbeitsproduktivität in 1870, y_0. Als Regressionsgerade erhielt Baumol (1986, S.1076)

$$\bar{g}_y = 5,25 - 0,75 \ln y_0$$

mit einem Bestimmtheitsmaß von $R^2 = 0,88$; d.h. 88% der beobachteten Streuung von $\bar{g}_y$ um den Mittelwert werden von der Regression erklärt. Der negative Koeffizient der Anfangsproduktivität zeigt, daß die anfangs reichen Maddison-Länder tendenziell langsam wuchsen, die anfangs armen – spiegelbildlich – aufholten. Die implizierten Größenordnungen sind beachtlich: Betrachtet man zwei Länder, von denen das eine in 1870 eine halb so hohe Arbeitsproduktivität hat wie das andere, so ist die kumulierte Wachstumsrate zwischen 1870 und 1979 für das rückständige Land im Mittel um $0,75 \cdot \ln 2 = 52\%$ höher als die des vorauseilenden, das entspricht 0,4%-Punkten pro Jahr.

Dieses Ergebnis ist in seiner Deutlichkeit zunächst überraschend. De Long (1988) stellte aber heraus, daß es in erster Linie irreführend ist. Erstens, weil durch die Beschränkung auf die heute reichsten Länder der Welt ein systematischer Selektionsfehler entsteht: Es ist wenig überraschend, daß man eine relativ einheitliche Arbeitsproduktivität in 1979 und damit Konvergenz konstatiert, wenn man die führende Nation mit den 15 nächstproduktiven Ländern vergleicht. Und zweitens, weil Meßfehler bei der Ermittlung der Arbeitsproduktivität in 1870 die Regression systematisch zugunsten von Konvergenz verzerren: Wird nämlich y_0 bei gegebenem y unterschätzt, so wird die kumulierte Wachstumsrate $\bar{g}_y = y/y_0 - 1$ gleichzeitig überschätzt, und umgekehrt; anfangs als relativ arm deklarierte Länder realisieren damit tendenziell hohe Wachstumsraten. De Long zeigt, daß Baumols Konvergenzresultat zusammenbricht, wenn man als Grundgesamtheit statt Maddisons Ländergruppe die 22 im Ausgangspunkt 1870 reichsten Länder wählt (d.h. Japan durch Argentinien, Chile, Irland, Neuseeland, Ostdeutschland, Portugal und Spanien ersetzt). In der so erhaltenen 22-Länder-Gruppe läßt sich kein signifikant negativer Zusammenhang zwischen Anfangswerten und anfolgendem Wachstum der Arbeitsproduktivitäten feststellen. Unterstellt man ferner plausible Größenordnungen für den Meßfehler von y_0, dann wird der Zusammhang sogar positiv, es ergibt sich Divergenz statt Konvergenz. Die Konvergenzhypothese hat also für die in 1870 reichsten Industrienationen keine Gültigkeit.[5] Um Konvergenz zu verwerfen, muß gar nicht erst angeführt werden, daß viele Entwicklungsländer Lateinamerikas und insbesondere Afrikas die weltweit niedrigsten Wachstumsraten realisierten (vgl. die Ergebnisse von Summers und Heston).[6]

Steady-state-Wachstum

Die Maddison-Daten zeigen, daß sich die Arbeitsproduktivität in den heutigen Industrienationen – abgesehen von der außergewöhnlich dynamischen Nachkriegszeit – *einigermaßen gleichmäßig* mit der eingangs erwähnten Rate von knapp 2% wuchs. Hierzu zwei Bemerkungen. Erstens: Diese grobe

---

[5] In einer Reihe von Veröffentlichungen stellen Barro und Sala-i-Martin *regionale Konvergenz* als ein zentrales Faktum des Wachstumsprozesses heraus (Barro und Sala-i-Martin (1991, 1992a, 1995 Kap.11), Sala-i-Martin (1996a)). Sie zeigen, daß die Bundesstaaten der USA, 90 europäische Regionen (darunter die deutschen Bundesländer), die Provinzen Kanadas und auch die Präfekturen Japans mit einer bemerkenswert einheitlichen Rate von 2% konvergierten. D.h.: Ist das (logarithmierte) Pro-Kopf-Einkommen einer Region kleiner als das einer anderen, dann wächst erstere um 2% der Differenz schneller als zweitere. Quah (1996) zeigte aber, daß dies zu einem großem Teil eine statistische Illusion darstellen kann, die die Schätzung mit sich bringt. Ich beschränke die Sichtweise in dieser Arbeit auf Wachstum auf Länder- oder internationaler Ebene.

[6] Beachte auch, daß ein negativer Koeffizient von y_0 nicht Konvergenz der Wachstumsraten (oder der Arbeitsproduktivitäten) impliziert. Es ist denkbar, daß ein Land mit niedriger langfristiger Wachstumsrate bei niedrigem Anfangseinkommen vorübergehend schnell wächst.

Ein anderes Argument gegen Konvergenz ist, daß die technologische Führerrolle im Wachstumsprozess zumindest zweimal wechselte – ein Phänomen, das nicht erklärbar ist, wenn Wachstumsratendifferenzen lediglich Aufholprozesse widerspielgeln –, um 1780 von den Niederlanden an Großbritannien und um 1890 von Großbritannien an die USA. Teils wird der Standpunkt vertreten, daß die USA die technologische Führung an Japan abgeben werden (oder bereits abgegeben haben). Vgl Maddison (1982, Kap.2).

2.1. Produktivitätswachstum

Konstanz ist Resultat der langfristigen Mittelung. Bei kurzfristigerer Betrachtung stellt man eine sehr hohe Volatilität der Wachstumsraten fest.[7] So bemerken Easterly et al. (1993), daß für die Summers-Heston-Länder der Zusammenhang zwischen Wachstum im Zeitraum von 1960 bis 1973 und Wachstum 1974-88 durch einen bemerkenswert niedrigen Korrelationskoeffizienten in der Größenordnung von 0,2 gekennzeichnet ist. Zweitens: Die formalen Modelle in den folgenden Kapiteln prognostizieren in der Regel eine monotone Entwicklung der Wachstumsrate der Arbeitsproduktivität hin zu einem *Steady state* mit konstanter Wachstumsrate. Es bestehen dann im Kern zwei Möglichkeiten: Entweder ist eine Ökonomie in ihrem Steady state, oder sie ist auf dem monotonen Weg dorthin. Damit stellt sich die Frage, ob beobachtetes Wachstum eher mit Steady-state-Wachstum oder eher mit Anpassung daran zu vergleichen ist. Die Maddison-Beobachtung, nach der langfristig kein stabil (fallender oder steigender) Trend vorliegt, wird hier als Anlaß genommen, langfristiges Wachstum als Steady-state-Phänomen zu interpretieren. Damit müssen die Wachstumsmodelle in der Lage sein, *differierende Steady-state-Wachstumsraten* hervorzubringen, sollen sie Wachstumsratendifferenzen erklären.

Größeneffekte

Eine *denkbare* Erklärung für differierende Wachstumsraten ist, daß Länder um so schneller wachsen, je größer ihr Arbeitsangebot ist. Dieses Muster findet sich aber nicht in den Summers-Heston-Daten wieder. Die bevölkerungsreichen afrikanischen Länder wuchsen gleichfalls langsam wie Indien und die Philippinen; Honkong, Malta und Singapur gehörten zu den „Spitzenreitern". Und die USA zählten trotz ihrer Größe zu den am langsamsten wachsenden OECD-Nationen. Nun läßt sich einwenden, daß die Länderebene unpassend ist, um Wachstumsratendifferenzen festzustellen, daß statt dessen Wirtschaftsräume betrachtet werden müssen, innerhalb derer Produktionsfaktoren mobil sind oder technisches Wissen frei diffundiert. Bei Längsschnittbetrachtung von Regionen wird die Absenz von Größeneffekten aber noch deutlicher: Die Wachstumsrate der Weltbevölkerung stieg von 0,4% zwischen 1800 und 1850 über 0,8% von 1850-1900 und 1,0% im Zeitraum 1900-1940 auf seitdem rund 1,8%, ohne daß ein (vergleichbarer) Anstieg der Produktivitätswachstumsraten erkennbar wäre (Kremer (1993)). Ein Blick auf die Maddison-Daten zeigt, daß diese Beobachtung nicht nur auf die Welt als ganze zutrifft, sondern auch auf wie auch immer gewählte Teilgebiete, z.B. Westeuropa. D.h.: Die Größe eines Landes oder einer Region ist keine wichtige Determinante für sein Wachstumstempo.[8]

---

[7] Auch ohne Berücksichtigung von Konjunkturschwankungen.

[8] Romer (1996) argumentiert, daß die Größe der US-Wirtschaft hauptverantwortlich dafür war, daß die USA Großbritannien um die Jahrhundertwende als ökonomische Führernation überholen konnten. Heute ist aber eher das Einkommen pro Kopf für die Größe eines Marktes verantwortlich als die Anzahl von Köpfen (weil die in der Regel

Diese Erkenntnis erscheint wenig verblüffend, und deshalb hätte ich sie erst gar nicht erwähnt, wenn nicht eine Vielzahl von Wachstumsmodellen Größeneffekte prognostizieren würde. Im Lichte der Daten ist eine derartige Vorhersage ein Aufhänger für Kritik.

2.2 Kapitalakkumulation und technischer Fortschritt

Bisher wurde nur über Zahlen geredet, nicht über Kausalitäten. Bevor in den folgenden Kapiteln mit der Formulierung von Wachstumsmodellen begonnen werden kann, die Kausalitäten abbilden, muß entschieden werden, welche Faktoren als Quellen von Wachstum in die Modelle eingehen sollen. In diesem Abschnitt sollen zunächst die Rollen diskutiert werden, die Kapitalakkumulation und technischer Fortschritt zu spielen haben. In einem Vorgriff auf Kapitel 3 wird formal - nicht empirisch - gezeigt, daß Kapitalakkumulation allein Produktivitätswachstum nicht erklären kann. Um Produktivitätswachstum erklären zu können, muß man technischen Fortschritt einbeziehen. Eine empirische Abschätzung der individuellen Beiträge von Kapitalakkumulation und Fortschritt zum beobachteten Wachstum wird im abschließenden Unterabschnitt über Growth accounting vorgenommen.

Kapitalakkumulation

Wie in Kapitel 1 gesagt, hatten klassische Ökonomen meist Kapitalakkumulation als treibende Kraft des Wachstumsprozesses im Kopf. Sie vertraten dabei zumeist den oben beschriebenen Standpunkt, daß die Anhäufung von Kapital Wachstum nicht langfristig aufrechterhalten kann, weil eine im Akkumulationsprozeß fallende Grenzproduktivität des Kapitals auf lange Sicht die Investitionsanreize erodiere. Nun ist dieses Gesetz vom Fall der Profitrate durch die im vorigen Abschnitt zitierten Beobachtungen zum Wachstumsprozeß *empirisch* falsifiziert. Dies kommt aber nicht einer *logischen* Falsifikation gleich. Es ist tatsächlich so, daß in einer Ökonomie mit Kapitalakkumulation als em einziger Quelle von Wachstum Produktivitätswachstum langfristig verebben muß.

Um dies zu erkennen, wird ein aggregiertes makroökonomisches Modell betrachtet, in dem die Produktion, Y, eine Funktion $F(K, L)$ der Inputs Kapital, K, und Arbeit, L, ist. Eine identische Replikation der Produktionsanlagen, d.h. eine Verdoppelung des Einsatzes beider Faktoren, möge den Output verdoppeln; es liegen konstante Skalenerträge vor. Ein konstanter Anteil $s \in (0,1)$ des Sozialprodukts Y werde gespart und investiert[9],

---

deutlich langsamer wächst).

[9]Indem angenommen wird, daß stets ein konstanter Anteil des Sozialprodukts investiert wird, wird hier - streng genommen - nicht über Investitionsanreize geredet, sondern über die Outputeffekte gegebener Investitionen.

2.2. Kapital und Fortschritt

und Abschreibungen werden vernachlässigt, so daß die Ersparnis in vollem Umfang den Kapitalstock vergrößert: $\dot{K} = sF(K, L)$. Das Arbeitsangebot wachse mit Rate $n \geq 0$. Wegen konstanter Skalenerträge gilt

$$y \equiv \frac{Y}{L} = \frac{F(K, L)}{L} = F\left(\frac{K}{L}, 1\right) = f(k)$$

mit $f(k) \equiv F(k, 1)$ als faktorintensiver Produktionsfunktion. Man sieht, daß Produktivitätswachstum Wachstum der Kapitalintensität voraussetzt; die Arbeiter müssen mit zunehmenden Mengen Kapital pro Kopf ausgestattet werden, soll ihre Produktivität wachsen. Nun gilt aber

$$g_k = g_K - n = \frac{sF(K, L)}{K} - n = \frac{sF(K/L, 1)}{K/L} - n = \frac{sf(k)}{k} - n. \qquad (2.1)$$

Hier sieht man, daß langfristiges Wachstum der Kapitalintensität und damit der Arbeitsproduktivität nicht möglich ist, wenn die durchschnittliche Kapitalproduktivität $Y/K = f(k)/k$ mit steigender Kapitalintensität gegen Null fällt:[10] Bei $g_k > 0$ würde nämlich mit der Durchschnittsproduktivität auch $sf(k)/k$ langfristig gegen Null gehen, das impliziert aber $g_k = -n < 0$, ein Widerspruch. Nochmals also: Kapitalakkumulation ist per se nicht in der Lage, Produktivitätswachstum zu erklären.

Technischer Fortschritt

Im nun folgenden Abschnitt wird gezeigt, daß Produktivitätswachstum möglich wird, wenn man technischen Fortschritt einbezieht. Technischer Fortschritt verhindert den Fall der Profitrate auf ein Niveau, bei dem zusätzliche Investitionen stetiges Wachstum nicht mehr gewährleisten können. Sei A eine Maßzahl „arbeitsvermehrenden" technischen Wissens, die Produktionsfunktion laute damit $Y = F(K, AL)$. Technischer Fortschritt komme darin zum Ausdruck, daß das technische Wissen, A, mit konstanter, exogen vorgegebener Rate $m > 0$ wächst. Die Arbeitsproduktivität läßt sich dann als

$$y \equiv \frac{Y}{L} = F\left(\frac{K}{L}, A\right) = F(k, A) \qquad (2.2)$$

schreiben. Damit gilt

$$g_k = g_K - n = \frac{sF(K, AL)}{K} - n = \frac{sF(k, A)}{k} - n.$$

Mit $A = 1$ erhielte man (2.1), hier wächst aber stattdessen A mit positiver Rate m. Dieser Unterschied ist wichtig. Gemäß (2.1) ist $g_k > 0$ nicht möglich, wenn die Durchschnittsproduktivität des Kapitals hinreichend stark fällt. Diese Unvereinbarkeit gilt hier nicht: Wächst die Kapitalintensität hier mit der Fortschrittsrate m, dann wächst wegen konstanter Skalenerträge auch die Arbeitsproduktivität $F(k, A)$ mit Rate m, und

---

[10] Es reicht natürlich bereits, daß $f(k)/k$ mit wachsendem k unter n/s fällt.

damit sind $sF(k,A)/k$ und schließlich g_k konstant. Wachstum von Kapitalintensität und Arbeitsproduktivität ist hier möglich, weil das parallele Wachstum des technischen Wissens ein Absinken der Kapitalproduktivität $F(k,A)/k$ verhindert. Technischer Fortschritt setzt das Gesetz vom Fall der Profitrate außer Kraft.

Steigende Skalenerträge
Im Fortlauf dieser Arbeit steht in diesem Sinne die Erklärung von Wachstum durch technischen Fortschritt im Mittelpunkt. Es sei allerdings an dieser Stelle darauf hingewiesen, daß ein zweiter Mechanismus denkbar ist, der das Gesetz vom Fall der Profitrate aussetzt: die Ausnutzung steigender Skalenerträge. Das oben beschriebene kleine Modell zeigt, streng genommen, nur, daß Kapitalakkumulation ohne technischen Fortschritt *bei konstanten Skalenerträgen* Wachstum nicht erklären kann. Erlaubt dagegen die Akkumulation von Kapital eine sich im Zeitablauf verbessernde Arbeitsteilung, dann folgt auch ohne technischen Fortschritt nicht zwingend Stagnation. Und in der Tat ist ja der Wachstumsprozeß von einem ständigen Voranschreiten der Massenproduktion gekennzeichnet. In Kapitel 10 wird ein Modell entworfen, in dem Wachstum aus der Ausnutzung steigender Skalenerträge resultiert. Bis dahin beschränke ich die Sichtweise ohne weiteren Hinweis auf technischen Fortschritt. Diese Schwerpunktsetzung soll keine Wertung der relativen Wichtigkeiten von Skalenvorteilen und Technologiewandel widerspiegeln, sie ergibt sich vielmehr aus dem Umstand, daß letzterer Themenkreis vielschichtiger ist.

Growth accounting
Betrachten wir obiges kleine Modell etwas genauer. Gemäß (2.2) wächst in diesem Modell die Arbeitsproduktivität durch Wachstum von Kapitalintensität und technischem Wissen. Eine Reihe namhafter Autoren hat sich mit der Frage beschäftigt, welcher Anteil des beobachteten Produktivitätswachstums der verbesserten Kapitalausstattung der Arbeiter zuzurechnen ist und welcher technologischen Neuerungen. Die entsprechende Literatur ist unter der Bezeichnung *Growth accounting* berühmt geworden. Ausgangspunkt sind zwei unveröffentlichte Studien von Fabricant (1954) und Kendrick (1956), die zentralen Journal-Arikel stammen von Abramowitz (1956) und Solow (1957), Verfeinerungen nahm insbesondere Denison (1962, 1967) vor. Ich folge hier im wesentlichen Solows klassischem Artikel.

Um eine Zurechnungsformel aufstellen zu können, wird zunächst (2.2) nach der Zeit abgeleitet: $\dot{y} = \partial F/\partial K \cdot \dot{k} + \partial F/\partial L \cdot \dot{A}$. Unter der Annahme, daß die Unternehmen Faktoren nachfragen, bis das Grenzprodukt den Faktorkosten entspricht, gilt $\partial F/\partial K = r$ und $A \cdot \partial F/\partial L = w$ mit w als Lohnsatz. Damit folgt $\dot{y} = r\dot{k} + wg_A$ und

$$g_y = \frac{rk}{y}g_k + \frac{w}{y}g_A = \Pi_K g_k + \Pi_L g_A \qquad (2.3)$$

2.2. Kapital und Fortschritt

mit $\Pi_L \equiv wL/Y$ als Lohnquote (Anteil der Lohneinkommen am Volkseinkommen). D.h.: Die Wachstumsrate der Arbeitsproduktivität ergibt sich als gewichtete Summe der Wachstumsraten von Kapitalintensität und technischem Wissen, wobei die Gewichte Profit- und Lohnquote entsprechen. Nun liegen für g_y, g_k, Π_K und Π_L Datenreihen vor. Damit kann die Fortschrittsrate aus

$$g_A = \frac{g_y - \Pi_K g_k}{\Pi_L} \qquad (2.4)$$

geschätzt werden. Aufgrund dieser Ermittlung als durch vermehrte Kapitalausstattung nicht erklärtes Produktivitätswachstum wird die Fortschrittsrate g_A auch als *Solow-Residuum* bezeichnet. Der technischem Fortschritt zurechenbare Anteil des Wachstums wird schließlich gemäß (2.3) als $\Pi_L g_A / g_y$ definiert, der Kapitalintensitätswachstum zuzuordnende Teil des Wachstums entspricht dann $\Pi_K \cdot g_k / g_y$.

Wachstum in den USA 1909-49[a]

Jahr	g_y	g_k	g_A	$\Pi_L g_A / g_y$
1909-19	2,1%	1,8%	2,2%	71%
1919-29	1,6%	2,2%	1,3%	54%
1929-39	1,5%	-1,4%	2,9%	132%
1939-49	2,1%	0,2%	3,1%	98%
1909-49	1,8%	0,7%	2,4%	87%

[a]Quelle: Solow (1957).

Obenstehende Tabelle aus Solow (1957) gibt das Wachstum von Arbeitsproduktivität, y, und Kapitalintensität, k, in den USA zwischen 1909 und 1949 an. Die Profitquote lag während dieses Zeitraums, wie oben erwähnt, relativ konstant bei $\Pi_K = 1/3$, die Löhne machten den verbleibenden Teil des Volkseinkommens aus: $\Pi_L = 2/3$. Damit erhält man aus (2.4) das Solow-Residuum, g_A, wie es in der Tabelle notiert ist, und schließlich den Anteil des technischen Fortschritts am Produktivitätswachstum, wie er in der letzten Spalte der Tabelle angegeben ist. Das vielleicht überraschende Ergebnis ist, daß der überwiegende Anteil des Produktivitätswachstums technischem Fortschritt zuzurechnen ist, im Mittel 87%. Abramowitz (1956, S.11) kommentiert:

> „This result is surprising in the lopsided importance which it appears to give to technical progress (or the Residual)."

Einige Autoren relativierten dieses Ergebnis in der Folgezeit, indem sie Qualitätsanpassungen bei den Inputs vornahmen.[11] Die Grundbotschaft

---
[11]Siehe insbesondere Jorgenson und Griliches (1967)). In Denisons oben angesprochenen Verfeinerungen des Growth accounting wird im wesentlichen das Solow-Residuum aufgespalten in Wachstum aus der Ausnutzung steigender Skalenerträge, Beseitigung von Ineffizienzen, etc.

des Growth accounting bleibt aber, daß ein Großteil des beobachteten Produktivitätswachstums technischem Fortschritt zuzurechnen ist.

Beachtet werden sollte, daß im Sinne der Argumentation der vorangegangenen Abschnitte Solows 87%-Ergebnis aber noch *untertrieben* erscheint. Denn dort wurde gezeigt, daß technischer Fortschritt für anhaltendes Produktivitätswachstum 100%ig unabdingbar ist: Ohne technischen Fortschritt wäre gar nicht in dem Maße Kapital akkumuliert worden, daß die Kapitalintensität steigt; Wachstum von Kapitalintensität und Arbeitsproduktivität kann sich erst bei Vorliegen technischen Fortschritts ergeben. Barro und Sala-i-Martin (1995, S.352):

> „[I]n fact, no growth could have occured without this progress. The problem is that the growth of capital (...) is endogenous in the sense that it is driven by the technical progress."

Ausblick
Es hat sich gezeigt, daß langfristiges Produktivitätswachstum nicht aus Kapitalakkumulation allein resultieren kann, sondern erst aus technischem Fortschritt. Die Modellierung von Produktivitätswachstum setzt die Modellierung technischen Fortschritts voraus, und die Suche nach den Quellen von Produktivitätswachstum ist nichts anderes als die Suche nach den Quellen technischen Fortschritts. Verschiedene Quellen technischen Fortschritts sind denkbar und werden im folgenden Kapitel sukzessive abgehandelt. Zunächst kann man unterscheiden, ob technischer Fortschritt im Produktionsprozeß mit zunehmender Erfahrung „automatisch" anfällt oder ob zielgerichtet Ressorcen eingesetzt werden müssen, um das technische Wissen zu erweitern. Im ersten Fall spricht man von *Learning by doing*, im zweiten Fall wird weiter unterschieden, ob die Ressourcen zur Ausbildung der Individuen (d.h. zu Humankapitalbildung) oder zur Entwicklung neuer oder verbesserter Produktionsverfahren (d.h. personenungebundenem technischen Wissen) verwendet werden. Als potentielle Quellen von Fortschritt und Wachstum werden im folgenden also in dieser Reihenfolge Learning by doing, Humankapitalakkumulation sowie Forschung und Entwicklung analysiert.

2.3 Quellen von Wachstum

2.3.1 Learning by doing

Es ist altbekannt, daß Produkte im Laufe ihres Lebenszyklus fortschreitend billiger herstellbar sind. Ineffizienzen werden erkannt und ausgeräumt, verbesserte Organisationsformen werden realisiert, die Arbeiter verinnerlichen mit zunehmender Erfahrung mehr und mehr ihre jeweiligen Aufgaben, usw. Diese Produktivitätsgewinne aus zunehmender Vertrautheit mit

2.3. Quellen von Wachstum

der Herstellung eines Produkts bezeichnet man als *Learning by doing*. Seit Jahrzehnten werden empirische Untersuchungen über derlei Lerneffekte unternommen. Dabei werden in der Regel die Stückkosten als Funktion des kumulierten Outputs oder der Zeit ermittelt, und man erhält infolge zunehmender Erfahrung charakteristischerweise eine fallende Kurve, die sogenannte *Lernkurve*. Als Faustregel gilt, daß eine Verdopplung des kumulierten Outputs die Arbeitskosten um 20% senkt (Argote und Epple (1990, S.920)). Die Pionierarbeit auf diesem Gebiet ist Wrights (1936) Untersuchung im Flugzeugbau, mittlerweile wurden in verschiedensten verarbeitenden Industrien fallende Lernkurven nachgewiesen.[12]

Es ist allerdings zu kurz gegriffen, folgert man aus diesen Beobachtungen, daß Learning by doing eine Quelle langfristigen Wachstums ist. Man muß sich nur vorstellen, es würden immer die gleichen Produkte hergestellt. Natürlich würde man für einen gewissen Zeitraum fallende Lernkurven erwarten, nach einer gewissen Zeit wären aber die Lernmöglichkeiten in den gegebenen Produktreihen erschöpft, und es bestünde kein Raum mehr für weitere Produktivitätsgewinne aus Learning by doing. In der Tat stellen sorgfältige empirische Analysen fest, daß Lernkurven bei einem positiven Stückkostenniveau waagerecht werden (s. vor allem Baloff (1971)). Dieser Punkt wird überzeugend von Young (1991) unterstrichen. Sind aber die Lernmöglichkeiten in gegebenen Produktreihen erschöpflich, dann müssen ständig neue Produktreihen eingeführt werden, soll Learning by doing langfristig wirksam bleiben. Mit anderen Worten: Erst die Entwicklung neuer Produkte eröffnet Raum für Lerneffekte. Learning by doing ist per se nicht Quelle von Wachstum.

Zu relativieren ist dieses Argument für technologisch rückständige Nationen. Solange im Ausland genügend Lernmöglichkeiten eröffnet worden sind und werden, kann ein technologisch rückständiges Land durch Lernen dieses ausländischen Wissens wachsen. In der Tat legt ein Blick auf den Wachstumsprozeß der südostasiatischen Boom-Länder nahe, daß neuindustrialisierte Länder gerade diese Strategie verfolgen.[13] (Offen bleibt bis

---

[12] Einen kurzen Überblick gibt Lieberman (1984, Abschnitt 2). Es gibt auch einige makroökonomische Versuche, Learning by doing nachzuweisen. Ein früher Ansatz stammt von Sheshinski (1967a), viel zitierte neuere Arbeiten gehen auf Caballero und Lyons (1989, 1990, 1992) zurück.

[13] In zwei viel beachteten Artikeln wendet sich Young (1994, 1995) gegen diese Sichtweise. Er argumentiert anhand einer Growth-accounting-Studie des oben beschriebenen Typs, daß das rapide Wachstum der vier „Tiger"-Nationen, Hongkong, Singapur, Südkorea und Taiwan, nicht auf schnellen technischen Fortschritt zurückzuführen ist, sondern auf außergewöhnliche Faktorakkumulationsraten: Partizipationsraten stiegen um rund ein Drittel, der Anteil von Absolventen weiterführender Schulen an einem Geburtenjahrgang verdreifachte sich, und Investitionsquoten stiegen auf Werte um 40%. Dies hat sich allerdings nicht als allgemein akzeptierte Sichtweise durchgesetzt (auch wenn Young mit Krugman einen gewichtigen und engagierten Fürsprecher gewonnen hat). Alternative Studien (z.B. Sarel (1996)) ermitteln im Gegensatz zu Youngs Arbeiten beträchtliche

hierhin aber, wie das erlernte Wissen im Ausland entstanden ist. Dazu später mehr.)

2.3.2 Humankapital und andere Determinanten von Wachstum

Der nun folgende Abschnitt verfolgt zwei Zielsetzungen. Primäres Anliegen ist es, die Relevanz von Humankapitalakkumulation für Produktivitätswachstum empirisch zu belegen. Das Vorgehen der betreffenden Literatur (z.B. Kormendi und Meguire (1985), Dowrick und Nguyen (1989), Barro (1991), Mankiw et al. (1992)) ist sehr schematisch: Es werden länderweise Absolventenzahlen für Grund- und weiterführende Schulen als Index für Humankapitalinvestitionen gesammelt; teils wird aus diesen Stromgrößen noch ein Humankapitalstock geschätzt (die ausführlichsten Datenreihen liefern Barro und Lee (1993, 1996)). Dann wird statistisch überprüft, ob die erhobenen Daten zur Erklärung der oben zitierten Summers-Heston-Produktivitätswachstumsdaten beitragen können. Griliches (1994, S.15) ist angesichts dieser Einförmigkeit dieses Forschungsstrangs „viel angetaner von Arbeiten (...), wo Forscher neue Datensätze sammeln und ausarbeiten, als von der 20000sten Regression auf den Summers-Heston-Datensatz, so erhellend der auch sein mag". Würde man bei diesem Vorgehen die Absolventenzahlen als einzige unabhängige Variable wählen, so würde eine unplausible Monokausalität vorgespiegelt (und es bestünden keine Variationsmöglichkeiten für 20000 Arbeiten). Daher werden Regressionsgleichungen mit weiteren erklärenden Variablen geschätzt, z.B. der Sparquote oder der Staatsquote. Die zweite Zielsetzung dieses Abschnitts ist es dementsprechend, – neben Humankapital – weitere potentielle Determinanten von Wachstum zu untersuchen.

Die einflußreichste Arbeit auf diesem Gebiet ist Barros (1991) Analyse *Economic Growth in a Cross Section of Countries*. Um einen Einblick in die einschlägige Literatur zu verschaffen, möchte ich hier die wichtigsten Ergebnisse dieser Arbeit vorstellen. Barro (1991, Tabelle IV, Regression (24)) schätzt die durchschnittliche jährliche Wachstumsrate, g_y, des Sozialprodukts pro Kopf zwischen 1960 und 1985 für die 98 Marktwirtschaften aus dem Summers-Heston-(1988)-Datensatz als Funktion folgender acht erklärender Variablen (in Klammern die Durchschnittswerte in der 98-Länder-Grundgesamtheit):

- *PRIM*, dem Anteil eines Geburtenjahrgangs, der eine Grundschule besucht (0,78);

- *SEC*, dem Anteil eines Geburtenjahrgangs, der eine weiterführende Schule besucht (0,23);

Fortschrittsraten für die „Tiger".

2.3. Quellen von Wachstum

- y_0, dem Pro-Kopf-Einkommen im Ausgangspunkt 1960 in 1000 US-Dollar zu Preisen aus 1980 (1,92);

- s, dem durchschnittlichen Anteil privater *und* öffentlicher Investitionen am Sozialprodukt zwischen 1960 und 1985 (0,19);

- G, dem Anteil des Staats*konsums*, d.h. der Staatsausgaben abzüglich der öffentlichen Investitionen, am Sozialprodukt (0,197);

- REV, der Anzahl von Revolutionen und Staatsstreichen während des Zeitraums 1960-85 (0,18);

- MUR, der durchschnittlichen jährlichen Anzahl von Morden pro Million Einwohner (0,031); und

- DIS, der relativen Abweichung der aktuellen Preise eines Landes von Kaufkraftparitäten (0,23)

(g_y betrug durchschnittlich $0{,}022 = 2{,}2\%$). Diese Variablen sollen fünf übergeordnete potentielle Determinanten von Wachstum erfassen: (i) $PRIM$ und SEC repräsentieren *Investitionen in Humankapital*. Grundlegende Frage dieses Kapitels ist, ob diese Größen einen signifikant positiven Koeffizienten erhalten. (ii) Ein negativer Koeffizient von y_0 implizierte, daß arme Länder *ceteris paribus* tendenziell schneller wachsen als reiche. Man erwartet hier einen negativen Koeffizienten, denn insoweit, wie sich in einem niedrigen Anfangseinkommen technologische Rückständigkeit oder eine geringe Kapitalausstattung widerspiegeln, besteht die Möglichkeit, durch Adaption vorhandenen Wissens und Investitionen die bestehende Lücke zu verkleinern. Man spricht dann von *bedingter Konvergenz*.[14] Man beachte, daß sich die Barro-Regression als eine direkte Erweiterung der oben beschriebenen Baumol-Konvergenzanalyse auffassen läßt, die neben dem Anfangseinkommen weitere erklärende Variable berücksichtigt. Es sei ferner beachtet, daß dabei Barros Beobachtung bedingter Konvergenz nicht im Widerspruch zum – oben erwähnten – Ausbleiben von (unbedingter) Konvergenz steht: Es ist ohne weiteres denkbar, daß zwar Aufholprozesse im gange sind, die aber von gegenläufigen Effekten überlagert und dominiert werden. Zum Beispiel kann man sich vorstellen, daß sich beobachtete Einkommensdifferenzen nicht verkleinern, weil die bedingt konvergierenden Länder sehr niedrige Humankapitalinvestitionen tätigen. Bedingte Konvergenz ist ferner kompatibel mit differierenden langfristigen Wachstumsraten: Daß rückständige Länder mit Spielraum für Aufholprozesse schneller wachsen als ohne, schließt in keiner Weise aus, daß sich Steady-state-

---
[14]Teilweise spricht man von bedingter Konvergenz, wenn sich Ökonomien Steady states mit zwar verschiedenen Arbeitsproduktivitäten, aber einheitlicher Wachstumsrate nähern. Die hier gewählte Definition von bedingter Konvergenz erscheint aber für meine Zwecke operativer.

Wachstumsraten länderweise unterscheiden, wie es oben unterstellt wurde. (iii) s steht für die Investitionsneigung der Ökonomien. Man vermutet daher einen positiven Koeffizienten. (iv) REV und MUR sollen *politische Instabilität* erfassen, ein negativer Koeffizient wird erwartet. (v) G und DIS schließlich repräsentieren Maße für *Verzerrungen des Marktgeschehens*. Hält man Staatstätigkeit für schädlich, so erwartet man einen negativen Koeffizienten. All diese Vermutungen werden von einer einfachen Kleinste-Quadrate-Regression bestätigt. Als Schätzfunktion erhält Barro (bei statistischer Signifikanz aller erklärenden Variablen):

$$\begin{aligned}
g_y = \ & 0,0229 \\
& +0,0181 PRIM + 0,0225 SEC \\
& -0,0072 y_0 + 0,068 s \\
& -0,0159 REV - 0,0315 MUR \\
& -0,119 G - 0,0119 DIS.
\end{aligned} \tag{2.5}$$

Wichtigstes Ergebnis ist hier für uns, daß $PRIM$ und SEC die erwarteten positiven Koeffizienten erhalten. Dies bestätigt die Hypothese, daß Humankapitalinvestitionen ökonomischem Wachstum tendenziell zuträglich sind. Z.B. wächst ein Land, in dem jeder weiterführende Schulen besucht ($SEC = 1$), um 0,0225 = 2,25%-Punkte schneller als ein Land ohne weiterführende Schulen ($SEC = 0$). Ein weiteres wichtiges Resultat ist das Vorliegen bedingter Konvergenz: 1000$ weniger Pro-Kopf-Einkommen bedeuten unter sonst gleichen Umständen ein um jährlich 0,72%-Punkte schnelleres Wachstum. Ferner kostete eine Revolution zwischen 1960 und 85 ($REV = 1$) 1,59%-Punkte Wachstum, und ein Prozentpunkt mehr Staatskonsum senkte die jährliche Wachstumsrate um im Schnitt 0,12%-Punkte. Schließlich wuchsen Länder mit einer Sparquote von 20% ($s = 0,2$) um durchschnittlich 0,68%-Punkte schneller als Länder mit 10% Ersparnis ($s = 0,1$). De Long und Summers (1991) sowie Jones (1994) nahmen eine Disaggregation der Investitionen in Maschineninvestitionen und andere Investitionen vor und zeigten, daß nur erstere eine signifikante Determinante von Wachstum sind.[15]

So viel zu Barros Untersuchung. Andere Autoren verwendeten noch andere unabhängige Variablen, wobei der Phantasie wenig Grenzen gesetzt scheinen. Kormendi und Meguire (1985, S.147-48) halten Geldwertstabilität für die wichtigste Determinante von Wachstum. Sie finden heraus, daß eine Erhöhung der Standardabweichung des Geldmengenumlaufs um 10%-Punkte zu jährlich 3%-Punkten weniger Sozialproduktswachstum führt.[16]

---

[15] Die Nicht-Maschinen-Investitionen erhalten in einer Barro-Regression teils einen negativen Koeffizienten (De Long und Summers (1991, S.454)).

[16] Weil eine stark fluktuierende Geldmenge zu schlecht prognostizierbarer Inflation führt und so Investitionen bremst. Einen inversen Zusammenhang zwischen Inflation und

2.3. Quellen von Wachstum

De Long (1988, S.1146) zeigt, daß vornehmlich protestantische Industrienationen deutlich schneller wachsen als überwiegend katholische. Und Romer (1989a, S.44) wählt die Anzahl von Radios pro 1000 Einwohner als Humankapitalindex.

Levine und Renelt (1992, S.96) zählen über 50 verschiedene als signifikant herausgestellte Determinanten von Wachstum in der Literatur, Sala-i-Martin (1997) kommt fünf Jahre später auf über 60. Grossman und Helpman (1994, S.29) charakterisieren die Forschungsstrategie in diesem Sinne als Hinzufügen der „Lieblingsvariablen der Autoren" zu den obligatorischen Größen wie Anfangseinkommen und Sparquote. Daß dieses Vorgehen bedenklich ist, stellen Levine und Renelt (1992) mit ihrer einflußreichen Arbeit *A Sensitivity Analysis of Cross-Country Growth Regressions* heraus. Sie zeigen, daß bei geeigneter Kombination fast jede der unabhängigen Variablen ihre statistische Signifikanz und oft auch das „richtige" Vorzeichen verliert. Nur wenige Variablen erweisen sich als in dem Sinne statistisch robuste Quellen von Wachstum, daß dies bei ihnen nicht zutrifft: hohe Humankapitalinvestitionen, eine hohe Sparquote und ein niedriges Anfangseinkommen.[17] Vergleichbare Resultate erhält Sala-i-Martin (1997) in seiner Studie *I Just Ran Two Million Regressions*. Sala-i-Martin argumentiert, daß der Levine-Renelt-Robustheitstest zu anspruchsvoll ist; er hält es für „nicht überraschend" (Sala-i-Martin (1997, S.178)), daß man zu den meisten Variablen geeignete Variablenkombinationen finden kann, bei denen erstere ihre Signifikanz verlieren, und schlägt daher folgenden alternativen Robustheitstest für Wachstumsregressionen vor:

Wähle zunächst drei Variablen, die allgemein als robuste Erklärende von Wachstum akzeptiert sind: das Anfangseinkommen, die Lebenserwartung und eine Größe für Humankapitalinvestitionen. Begrenze die Anzahl der unabhängigen Variablen auf insgesamt sieben. Bilde dann aus der kompletten Liste von vorhandenen Variablen (ohne die drei a priori als robust angesehenen) alle möglichen Viererkombinationen. Lasse für jede Viererkombination eine Wachstumsregression mit eben diesen vier Variablen und den drei a priori robusten Variablen laufen. Bezeichne eine Variable als robust, wenn ihr geschätzter Koeffizient in mindestens 95% der Regressionen ein einheitliches Vorzeichen hat.

Anders als beim Levine-Renelt-Test wird eine Variable hier also als

---

Wachstum findet auch Fischer (1993), allerdings eher im Sinne eines Threshold-Effekts: Bis zu 20% jährliche Inflation sind verkraftbar, darüber hinausgehende Preissteigerungsraten bremsen Wachstum signifikant.

[17] Oft findet sich in den Regressionen auch ein Indikator für die Öffnung der Länder zu internationalem Handel. Ein Standard-Indikator ist die Wachstumsrate des Anteils der Exporte am Sozialprodukt (z.B. Romer (1989b, S.66)). Geht man davon aus, daß solche Quoten langfristig konstant sind, ihre Wachstumsrate mithin Null, dann können so natürlich nur transitorische Effekte erfaßt werden. Da das Hauptanliegen hier die Erklärung langfristiger Wachstumsraten ist, lasse ich derartige Größen außen vor.

robust angesehen, wenn sie „fast immer" das richtige Vorzeichen erhält; Nicht-Robustheit kann hier nicht anhand eines einzelnen Gegenbeispiels festgestellt werden. Sala-i-Martin (1997) verwendet Zeitreihen für 58 Variablen neben den drei a priori robusten. Daraus lassen sich knapp zwei Millionen Viererkombinationen bilden – daher der Titel der Arbeit. Sala-i-Martin findet mit seinen zwei Millionen Regressionen 22 robuste Variablen und schließt:

> „[T]he picture emerging from the empirical growth literature is not the pessimistic 'nothing is robust' obtained with the extreme bound analysis. Instead, a substantial number of variables can be found to be strongly related to growth"

(Sala-i-Martin (1997, S.182)). Es ist aber bemerkenswert, welche Variablen robust sind und welche nicht: Robust sind regionale Indikatoren (ein Dummy für afrikanische Länder südlich der Sahara und die Entfernung eines Landes vom Äquator), politische Größen (z. B. ein Kriegs-Dummy), religiöse Variablen sowie ein Index für den Grad kapitalistischer Organisation des Wirtschaftslebens. Nicht robust sind dagegen Staatsausgaben, die Inflationsrate, deren Varianz, Zölle, etc. Unter den als robust herausgestellten Variablen sind nur drei, die als im engeren Sinne ökonomisch zu bezeichnen sind: Maschineninvestitionen, andere Investitionen (dies im Gegensatz zu obigem Resultat von De Long und Summers (1991)) und die Anzahl von Jahren, die ein Land bereits eine offene Volkswirtschaft ist (wohingegen ein Index für den Grad an Offenheit wiederum nicht robust ist). Das heißt: Der Verzicht auf eine marktwirtschaftliche Ordnung und/oder ein Krieg mindern ökonomisches Wachstum (das überrascht nicht), gleiches gilt für eine niedrige Investitionsquote (das bestätigen auch Levine und Renelt). Aber gegeben eine marktwirtschaftliche Grundordnung und politische Stabilität, führt kein anderer Weg als hohe Investitionen in Humankapital und physisches Kapital zu schnellem Wachstum. In diesem Sinne bestätigt Sala-i-Martin, auch wenn er das nicht betont, das Levine-Renelt-Ergebnis: Es gibt wenige ökonomische Einflußgrößen, die Wachstum robust erklären. Für die Theorie wirft dies Vorbehalte gegenüber Modellen auf, in denen die Wachstumsrate demgegenüber von sehr vielen Größen abhängt.

2.3.3 Forschung und Entwicklung

Die gerade vorgestellte Barro-Regression liefert ein beachtliches Bestimmtheitsmaß von 0,59 (mit einigen Dummies oder einer Beschränkung auf homogenere Ländergruppen, z.B. OECD-Länder, erreicht man schnell 2/3). D.h.: 59% der beobachteten (quadrierten) Abweichungen der Wachstumsraten vom Mittelwert werden durch die Regressionsgerade (2.5) erklärt. Weil dies ohne eine Variable für Forschung und Entwicklung (F&E) gelang,

2.3. Quellen von Wachstum

folgern einige Ökonomen – allen voran Mankiw et al. (1992) –, daß es nicht notwendig ist, F&E in Wachstumsmodelle zu integrieren.[18] Diesem Standpunkt wird im laufenden Abschnitt entgegengetreten. Nachdem einige Besonderheiten von technischem Wissen als ökonomischem Gut geklärt sind, wird zunächst gezeigt, daß Forschung in den modernen Industrienationen eine quantitativ nicht zu vernachlässigende Komponente des Sozialprodukts darstellt. Danach wird argumentiert, daß F&E *die* entscheidende Quelle von Wachstum ist. Schließlich wird gezeigt, daß diese Sichtweise durch statistische Untersuchungen à la Barro (1991) und Mankiw et al. (1992) nicht zu widerlegen ist. Regressionen mit F&E-Indikatoren als erklärenden Variablen liefern vergleichbar gute Ergebnisse, die Daten diskriminieren nicht zwischen den verschiedenen Theorien.

Forschung und technisches Wissen
Forschung und Entwicklung bezeichnet die zielgerichtete Herstellung und marktliche Verwertung technischen Wissens. Unter technischem Wissen ist dabei die Kenntnis von Produktionsmethoden zu verstehen. Ein eminent wichtiges Merkmal von F&E ist die *untrennbare Verbundenheit mit unvollkommenem Wettbewerb*: Bei vollkommenem Wettbewerb machen Unternehmen Nullgewinne, so daß sich Forschungskosten niemals amortisieren. Erst die Aussicht auf positive Gewinne in unvollkommen kompetitiven Märkten macht F&E zu einer profitablen Aktivität.

Das wirft ein Problem auf: Unvollkommener Wettbewerb setzt voraus, daß die innovierenden Firmen etwas verkaufen, das andere Firmen nicht oder zumindest nicht so billig verkaufen können, und das konfligiert mit der oft eingenommenen Betrachtungsweise von technischem Wissen als öffentliches Gut. Ist technisches Wissen ein rein öffentliches Gut, dann kann keine Firma einen Wissensvorsprung besitzen, der ihr positive Gewinne ermöglicht. Nun liegt bei technischem Wissen in der Tat keine Rivalität in der Nutzung vor, es gibt keine (physische) Beeinträchtigung, wenn mehrere Firmen parallel auf gegebenes technisches Wissen zurückgreifen. Daß es innovativen Firmen dennoch gelingt, ihre Erfindungen gewinnbringend zu vermarkten, liegt daran, daß technisches Wissen in gewissem Maße ausschlußfähig (und somit kein öffentliches Gut) ist. Zwei Mechanismen stellen Ausschlußfähigkeit her.

Zum einen *können* konkurrierende Firmen oft technisches Wissen anderer Unternehmungen nicht nutzen, weil es denen gelingt, ihr Wissen geheimzuhalten. So kommt Mansfield (1985) mit einer Fallstudie über 100 forschungsintensive US-amerikanische Unternehmen zu dem Ergebnis, daß es im Mittel rund ein Jahr dauert, bis neues technisches Wissen ersten außenstehenden Firmen zugänglich ist, die Beobachtungen variieren größtenteils

---
[18] Koman und Marin (1996) kommen mit einer analogen Studie für Deutschland und Österreich allerdings zum entgegengesetzten Ergebnis.

zwischen sechs und 15 Monaten. Wissen über Produktionsverfahren diffundiert dabei langsamer als Wissen über Produkte, weil Verfahren in der Regel von der innovierenden Firma selbst eingesetzt werden, während Produkte „öffentlich" gehandelt werden. In einigen Branchen, z.B. der Computerproduktion und der Elektronikindustrie, sind diese Verzögerungen bei der Wissensdiffusion der primäre Schutz vor Imitation. Der zweite Mechanismus zur Herstellung von Ausschlußfähigkeit ist Patentschutz. Gewährte Patente sichern dem Inhaber für einen festgelegten Zeitraum, in Westeuropa 20 Jahre, das Recht auf alleinige Vermarktung der patentierten Erfindung zu (in der GATT-Uruguay-Runde verpflichteten sich die Teilnehmerländer, spätestens ab dem Jahr 2000 gleichfalls mindestens diese 20 Jahre Patentschutz zu garantieren). Es liegt dann Ausschlußfähigkeit vor, weil konkurrierende Firmen das Produkt nicht herstellen *dürfen*. Vor allem in der chemischen und in der pharmazeutischen Industrie sind Patente der Hauptgarant für Ausschlußfähigkeit: 60% bzw. 38% der beobachteten Innovationen wären hier in einer anderen Mansfield-Fallstudie (Mansfield (1986)) ohne Patentschutz nicht gemacht worden. Zwei wichtige Anmerkungen sind zu machen. Erstens: Patentschutz ist unvollkommen. Er untersagt das Kopieren von Erfindungen, kann aber nicht verhindern, daß „am Patent vorbei" enge Substitute entwickelt werden. Auf diesem Wege wurden in einer weiteren Mansfield-Fallstudie (Mansfield et al. (1981)) 60% der betrachteten Innovationen innerhalb von vier Jahren imitiert. Man kann in diesem Sinne Patentschutz als eine Anhebung von Imitationskosten begreifen. In der Pharmaindusrie ist Patentschutz deshalb so wichtig, weil er die Imitationskosten um 30% anhebt, gegenüber nur 7% in der Elektronikbranche (Mansfield et al. (1981)). Die Probleme des Patentschutzes potenzieren sich, wenn kein international wirksames Patentrecht existiert. Zweitens: Patente haben nicht nur eine Schutz-, sondern auch eine Offenlegungsfunktion. In der – öffentlich zugänglichen – Patenturkunde ist obligatorisch eine detaillierte Beschreibung der betreffenden Erfindung enthalten. Dies beschleunigt tendenziell die Wissensdiffusion und wirkt somit dem erstgenannten Ausschließungsmechanismus entgegen. Dieser gegenläufige Effekt scheint allerdings nicht sehr stark zu sein. Denn auch in den Branchen, in denen eher verzögerte Diffusion als Patente Schutz vor Imitation bieten, ist der Anteil patentierter Erfindungen an den patentierbaren Erfindungen mit 70-80% durchschnittlich (Mansfield (1986)).[19]

Wissens-Spillover
Erfindungen bauen stets auf vorangegangenen Erfindungen anderer auf, bei der Entwicklung neuen technischen Wissens wird stets auf einen Stock vorhandenen technischen Wissens zurückgegriffen, Wachstum des Wissens

---

[19] Der Gebrauch von Patentstatistiken für ökonomische Analysen wurde durch Schmookler (1966) popularisiert. Griliches (1989, 1990) bietet einen umfassenden Überblick über die Aussagekraft von Patentstatistiken.

2.3. Quellen von Wachstum

ist ein kumulativer Prozeß. Arrow (1962a, S.618) formuliert dies wie folgt:

> „Information is not only the product of inventive activity, it is also an input – in some sense, the major input apart from the talent of the inventor."

Es gibt dabei verschiedene Wege, über die sich Forscher das Wissen anderer aneignen. Ein sehr wichtiger Weg wurde bereits genannt: Offenlegung bei Patentierung. In Anbetracht der Tatsache, daß – wie gesagt – diese Offenlegung für potentielle Imitatoren oft von untergeordneter Bedeutung ist, darf die Weitergabe des Wissens an zukünftige Erfinder als ihr primärer Zweck angesehen werden. Als Bestätigung für diese These werden oft Patentzitierungszahlen herangezogen[20] (in der Patenturkunde müssen alle früheren Patente angeführt werden, von denen Gebrauch gemacht wurde). Caballero und Jaffe (1993, S.32-4) beispielsweise zählen für 12 592 zufällig ausgewählte US-Patente aus den Jahren 1975-92 81 777 Zitierungen, durchschnittlich also 6,5 pro Patent. Dies deutet darauf hin, daß technisches Wissen in der Tat von anfolgenden Forschern intensiv genutzt wird. Weitere Kanäle, durch die technisches Wissen diffundiert, sind Personalbewegungen, informelle Kommunikationsnetzwerke, formeller Kommunikationsaustausch, Zulieferer-Abnehmer-Beziehungen, Reverse engineering und natürlich Ausbildung (Mansfield (1985, S.221)).

Damit ist klar: Wissen hat außermarktliche Spillover-Effekte auf zukünftige Forscher, Forschung übt positive externe Effekte auf spätere Forschung aus.[21] Technisches Wissen hat neben der ausschlußfähigen Komponente, die Investitionsaneize schafft, auch Züge eines öffentlichen Gutes. Romer (1990a) hat daher in Abgrenzung von rein öffentlichen Gütern eine Charakterisierung von technischem Wissen als „nicht-rivales und teilweise ausschlußfähiges Gut" vorgeschlagen.

Daß Forschung heute in diesem Sinne Forschung morgen zugute kommt, darf nicht darüber hinwegtäuschen, daß in jedem gegebenen Zeitpunkt aktive Forscher in Konkurrenz zueinander stehen. Man könnte sich zwar vorstellen, daß konstante Skalenerträge in der Forschung vorliegen, so daß bei 1% mehr Forschungsaufwand auch 1% mehr Erfindungen gelingen. Empirische Beobachtungen deuten aber deutlich auf fallende Skalenerträge hin. So schätzt Kortum (1993), daß 1% mehr F&E 0,1 bis 0,6% mehr Erfindungen (gezählt als Patente) liefert. D.h.: Von gegebenem F&E-Aufwand ausge-

---

[20] Dieses Vorgehen geht auf Trajtenberg (1990) zurück, der eine ausführliche Analyse für das Fallbeispiel Computertomographie vornimmt.

[21] Es gibt eine umfangreiche Literatur, die versucht, diese Wissens-Spillover zu quantifizieren. Sie beginnt mit Griliches' (1963) Untersuchungen in der Landwirtschaft. Als Klassiker gilt Mansfield (1977). Originellster Beitrag ist Jaffes (1986) Arbeit, in der sauber zwischen internen und externen Erträgen differenziert wird. Jaffe trägt zudem dem Umstand Rechnung, daß Spillover-Effekte mit zunehmender technologischer Distanz schwächer werden. Der Standard-Survey ist Griliches' (1992) *Search for R&D Spillovers*.

hend, ist es zusätzlichen Forschern offenbar nicht möglich, bereits aktiven Forschern auf ähnlich profitable Projekte auszuweichen. Vielmehr konkurrieren die Zutreter mit den bereits aktiven Forschern um einen Pool von Erfindungen, der bei zunehmendem F&E-Einsatz nur mit abnehmenden Skalenerträgen zunimmt.

F&E als Quelle von Wachstum

Wie einleitend angekündigt, wird als nächstes gezeigt, daß F&E-Investitionen in makroökonomisch nennenswertem Umfang betrieben werden (die folgenden Angaben sind aus Grossman und Helpman (1991a, S.8-10) zusammengestellt). In den G7-Nationen sind die realen F&E-Ausgaben zwischen 1960 und 85 mit einer jährlichen Rate ($g_{F\&E}$) von rund 6% gewachsen, ungefähr doppelt so schnell also wie die gesamte Wirtschaftsleistung. Dies hob bis 1985 den Anteil von F&E am Sozialprodukt ($F\&E/Y$) in einigen Ländern auf deutlich über 2%.[22] Die Anzahl von Beschäftigten in F&E-Labors verfünffachte sich in den USA zwischen 1950 und 1988 (von 160 000 auf eine Million), in Japan verdreieinhalbfachte sie sich zwischen 1965 und 1987 (von 120 000 auf 400 000).

F&E in den G7-Nationen 1960-85[a]

Land	$F\&E/Y$	$F\&E/I$	$g_{F\&E}$
Deutschland	2,4%	12%	5,6%
USA	2,3%	21%	5,9%
Kanada	0,9%	6%	9,0%
Großbritannien	2,2%	15%	-
Japan	2,2%	13%	-
Frankreich	1,8%	14%	4,6%
Italien	0,9%	-	6,3%

[a]Quelle: Grossman und Helpman (1991a).

Diese Zahlen täuschen über sektorale Differenzen noch hinweg. Während in der Nahrungsmittelindustrie und in der Textilbranche z.B. kaum geforscht wird, sind die F&E-Intensitäten ($F\&E/Y$) in innovativen Branchen wie Elektrotechnik und Chemie mit rund 10% wesentlich höher. Der Anteil der Forschungsausgaben an den gesamten Investitionen ($F\&E/I$) beträgt in den G7-Ländern circa 14%. Wieder verbirgt sich dahinter eine breite Streuung: High-tech-Konzerne wie Siemens, Daimler-Benz und Bayer investieren mehr Geld in F&E als in Sachanlagen. Obenstehende Tabelle faßt diese Zahlen zusammen. Als Fazit ist festzuhalten, daß

---

[22] Es gibt hier einige Meßprobleme, weil F&E nicht immer explizit als F&E deklariert wird – vor allem in kleinen Firmen ohne eigene F&E-Abteilungen (Griliches (1989, S.1676)). Deshalb dürfte der Anteil von F&E am Sozialprodukt noch unterschätzt werden. Andererseits wird die Wachstumsrate überschätzt, wenn ein Teil des Wachstums nicht auf wirkliche Zunahmen, sondern auf eine im Zeitablauf vollständiger werdende Erfassung zurückgeht.

2.3. Quellen von Wachstum

immaterielle Investitionen in den G7-Nationen in der Tat eine bedeutsame Komponente des Sozialprodukts sind. Ähnliches gilt für die anderen OECD-Nationen (Fagerberg (1987)). Außerhalb dieses Kreises wird nicht in nennenswertem Umfang Forschung betrieben.

Ich komme damit zum zentralen Punkt dieses Kapitels. Es hat sich unter Ökonomen ein relativ breiter Konsens herausgebildet, daß das Hervorbringen von Innovationen durch F&E in den modernen Industrienationen *die entscheidende Quelle von Wachstum* ist:[23] Ökonomisches Wachstum setzte Ende des 18. Jahrhunderts mit der Erfindung von Dampfmaschine und Webstuhl ein und wird seitdem durch ein ständiges Fortschreiten der Technik im Zuge von Innovationen vorangetrieben.

Prominentester Fürsprecher von F&E als zentralem Antrieb von Wachstum ist Schumpeter. Schon vor über 50 Jahren schrieb Schumpeter (1942/1946, S.137), der evolutionäre Charakter des Kapitalismus sei

> „nicht einer quasi-automatischen Bevölkerungs- oder Kapitalzunahme (...) zuzuschreiben (...). Der fundamentale Antrieb, der die kapitalistische Maschine in Bewegung setzt und hält, kommt von den neuen Konsumgütern, den neuen Produktions- oder Transportmethoden, den neuen Märkten, den neuen Formen der industriellen Organisation, welche die kapitalistische Unternehmung schafft".

Mit Vehemenz wird dieser Standpunkt auch von Schmookler (1965, 1966) vertreten. Schmookler (1965, S.333) hält es für völlig selbstverständlich, daß Innovationen Motor des Wachstums sind, auch wenn theoretische Ökonomen mangels einer brauchbaren Theorie zum Thema lange brauchten, um sich mit dieser Idee anzufreunden:

> „[E]conomists have shown that the production, diffusion, and use of new knowledge are more important for the growth of output per head than is the accumulation of physical capital. It seems safe to say that this discovery occasioned more surprise among economists than among educated men generally. The differential surprise is an instructive example of how damaging to the understanding professional knowledge can sometimes be."

---

[23] Dies ist ein makroökonomisches Argument. Eine breite Literatur untersucht die mikroökonomischen Effekte von F&E. Das Vorgehen ist dabei recht schematisch: Man definiert einen F&E-Kapital-Stock als kumulierte F&E-Investitionen, nimmt ihn als Argument in die Industrieproduktionsfunktion auf und testet, ob und in welchem Umfang er zur Erklärung des Industrieoutputs beitragen kann. In aller Regel stellt man einen signifikanten Zusammenhang fest. Der Standard-Survey stammt von Griliches (1979), eine Vielzahl einschlägiger Arbeiten ist in Griliches (1984) zusammengestellt. Eine interessante Arbeit auf einer stark vergrößerten Datenbasis liefern Lichtenberg und Siegel (1991).

Kuznets (1973, S.249, 251) schreibt:

> „[M]odern economic growth marks a distinct economic epoch. If the rates of aggregate growth and the speed of structural transformation in the economic, institutional, and perhaps even in the ideological, framework are so much higher than in the past as to represent a revolutionary acceleration, and if the various regions of the world are for the first time in history so closely interrelated as to be one, some new major growth source, some new epochal innovation, must have generated these radically different patterns. And one may argue that this source is the emergence of modern science as the basis of advancing technology – a breakthrough in the evolution of science that produced a potential for technology far greater than existed previously. (...) Thus, modern economic growth reflects an interrelation that sustains the high rate of advance through the feedback from mass applications to further knowledge. And unless some obstacles intervene, it produces a mechanism for self-sustaining technological advance, to which, given the wide expanse of the universe (relative to mankind on this planet), there are no obvious proximate limits."

Nach Grossman und Helpman (1994, S.32) braucht man sich nur folgende Frage zu stellen, um sich die Wichtigkeit von Erfindungen vor Augen zu führen:

> „What would the last century's growth performance have been like without the invention and refinement of methods for generating electricity and using radio waves to transmit sound, without Bessemer's discovery of a new technique for refining iron, and without the design and development of products like the automobile, the airplane, the transistor, the integrated circuit, and the computer?"[24]

In der Tat: Wachstum durch Learning by doing sind Grenzen gesetzt, wenn nicht die Erfindung neuer Produkte neue Lernmöglichkeiten eröffnet. Wachstum durch Investitionen in Ausbildung erscheint unplausibel, solange das resultierende Humankapital an immer gleichen Maschinen immer gleiche Produkte herstellt; erst wenn das Humankapital genutzt wird, um neue Verfahren und Produkte einzuführen, kann plausibel davon ausgegangen werden, daß anhaltendes Wachstum realisiert wird. Dieses Bild wird auch von dem oben zitierten Ergebnis gestützt, wonach Investitionen

---

[24] Fogel (1964) schätzt, daß das US-Sozialprodukt 1890 allein ohne die Erfindung der Eisenbahn um 5% niedriger gewesen wäre.

2.3. Quellen von Wachstum

in neue Maschinen eine wichtige Determinante von Wachstum sind. Jedenfalls befindet man sich mit Schumpeter, Schmookler, Kuznets, Grossman, Helpman und Romer in guter Gesellschaft, wenn man Forschung für den Schlüssel zu Wachstum hält.

Neben diesen argumentativen Belegen gibt es auch einige wenige statistische Arbeiten, die – analog zum Vorgehen von Barro und Mankiw et al. – den Einfluß von Forschung auf Wachstum anhand von Regressionsanalysen untermauern wollen. Die wichtigsten Arbeiten auf diesem Gebiet stammen von Fagerberg (1987, 1988, 1994).[25] Fagerberg betrachtet 25 Länder, darunter 19 OECD-Nationen, über den Zeitraum 1960-83. Abhängige Variable seiner Regression ist die durchschnittliche jährliche Wachstumsrate des Sozialprodukts (nicht pro Kopf oder pro Arbeitsstunde), g_Y, in Prozent. Als erklärende Variablen wählt Fagerberg:

- PAT, die durchschnittliche Wachstumsrate der im Ausland beantragten Patente in Prozent;

- y_0, das Pro-Kopf-Einkommen in 1000 US-$ zu 1980er-Preisen; und

- s, die Sparquote in Prozent.

Die Patentzahl gilt dabei als ein Indikator für Forschungserfolge, ein positiver Koeffizient wird erwartet. Es werden Patente statt F&E-Ausgaben gewählt, weil die Daten hierfür verläßlicher sind. Es werden beantragte statt gewährte Patente gezählt, weil letztere in starkem Maße die jeweilige Ausstattung der Patentbehörde widerspiegeln (Griliches (1989, S.1691; 1990, S.293)).[26] Es werden nur im Ausland beantragte Patente gezählt, um den Einfluß von Besonderheiten der nationalen Patentsysteme zu reduzieren. In die gleiche Richtung wirkt die Betrachtung von Wachstumsraten statt Niveaus.[27] Am Koeffizienten des Pro-Kopf-Einkommens wird wieder bedingte Konvergenz überprüft, die Sparquote erfaßt die Investitionsneigung. Als Regressionsgerade erhält Fagerberg (1987, Tabelle 4):

$$g_Y = 2,04 + 0,18 PAT - 0,19 y_0 + 0,13 s.$$

Alle unabhängigen Variablen sind statistisch signifikant, das Bestimmtheitsmaß beträgt $R^2 = 0,67$. Die prognostizierte Wachstumsrate eines

---

[25] Startpunkt der Literatur ist Pavitt und Soete (1982). Siehe auch Romer (1989c) und Lichtenberg (1992).

[26] Z.B. ist der scharfe Rückgang an gewährten Patenten in den USA 1979 nicht auf einen Rückgang an Anmeldungen zurückzuführen, sondern darauf, daß das Budget des Patentbüros erschöpft war, bevor die letzten Urkunden gedruckt wurden.

[27] Von Japanern beispielsweise wird regelmäßig um ein Vielfaches mehr patentiert als von Deutschen. Dahinter verbirgt sich *auch* eine größere Patentierungsneigung, die durch die Betrachtung von Wachstumsraten außen vor bleibt.

Landes beträgt 2,04% zuzüglich 0,18%-Punkte pro Prozentpunkt Patentzahlenwachstum, zuzüglich 0,13%-Punkten für jeden Prozentpunkt Ersparnis, abzüglich 0,19% pro 1000 US-$ Pro-Kopf-Einkommen. Oder kürzer: Es wuchsen die Länder schnell, die ein niedriges Anfangseinkommen hatten (d.h. es liegt bedingte Konvergenz vor), aber viel sparten und erfanden. Die prognostizierte Wachstumsrate erfaßt 67% der beobachteten (quadrierten) Abweichungen vom Mittelwert. Das heißt: Bereits eine bewußt einfach gehaltene Regression mit einer erklärenden Variablen, die als Indikator für Forschungserfolge dient, erzeugt ein vergleichbar gutes Ergebnis wie die Regressionen von Barro und anderen ohne F&E-Indikatoren. Ebenso gut, wie Mankiw et al. (1992) meinen, bei der Erklärung von Wachstum auf Forschung verzichten zu können, braucht man sich nach Fagerberg (1987) um Humankapital nicht zu kümmern. Beide Standpunkte klingen nicht gerade plausibel, die Daten diskriminieren nicht zwischen den Theorien, und man ist auf die argumentative Ebene zurückverwiesen.

Wieder ist das Gesagte für Entwicklungsländer zu relativieren. Technologisch rückständige Länder brauchen nicht innovativ zu sein, um Wachstum zu realisieren. Sie können anstelle dessen – wenn ihnen das Wissen des Auslands nicht wie oben beschrieben durch Learning by doing zufällt – ihre Anstrengungen auf die Imitation von im Ausland bekannten Technologien richten. Die Beobachtung, daß rückständige Länder Wachstum realisieren können, ohne selbst innovativ zu sein, ist wichtig. Denn innovative Forschung wird ja, wie gesagt, in nennenswertem Umfang nur in den OECD-Nationen durchgeführt. Eine Wachstumstheorie, die in ihrem Erklärungsanspruch über diesen engen Kreis hinausgeht, muß Mechanismen beinhalten, die Wachstum ohne Forschung möglich machen.

Grundlagenforschung
Bisher wurde Grundlagenforschung gänzlich außen vor gelassen, Forschung also, die kein ausschlußfähiges und damit vermarktbares Wissen liefert, sondern ausschließlich allgemeines technisches Wissen, das als öffentliches Gut angewandten Forschern zugute kommt. Weil definitionsgemäß keine marktlichen Anreize geboten sind, wird Grundlagenforschung zum überwiegenden Teil staatlich finanziert. Private Firmen wenden nur 5% ihres Forschungsbudgets für Grundlagenforschung auf (und zwar um ihre „absorptive Kapazität" für staatliche Grundlagenforschung zu steigern). Staatliche Forschung miteinbezogen, beansprucht Grundlagenforschung aber rund ein Siebtel der gesamten Forschungsausgaben (Mowery und Rosenberg (1989, S.126-32), David et al. (1994, S.74)).

Die Erträge aus Grundlagenforschung sind naturgemäß sehr schwer zu erfassen. Mansfield (1991, 1992) liefert einige interessante Einblicke anhand einer Fallstudie unter 76 forschungsintensiven US-amerikanischen Firmen. Mansfield (1991, S.2,3) stellt fest, daß 10% der erfaßten Innovationen nicht ohne konkrete Grundlagenforschungsprojekte aus den vergangenen 15 Jahren möglich gewesen wären und daß weitere 7% der Innovationen ohne Grundlagenforschung wesentlich teurer geworden wären. Weil Effekte von mehr als 15 Jahre alter Grundlagenforschung dabei ausgeklammert sind, sind dies recht vorsichtige Schätzungen (zumal Grundlagenwissen erst nach durchschnittlich sieben Jahren aufgegriffen wird, s. Mansfield (1991, S.5)).

Größenordnung und Wirksamkeit legen es mithin nahe, Grundlagenforschung in Modellen zu Wachstum durch F&E nicht außen vor zu lassen.

2.4 Exogenes oder endogenes Wachstum?

Wachstum wird in der vorliegenden Arbeit als Ergebnis zielgerichteter Innovationsanstrengungen profitorientierter Unternehmer begriffen. Es ist endogenes Produkt rationaler Entscheidungen privater Agenten. Dies legt die Vermutung nahe, daß Politikmaßnahmen, die Innovationsentscheidungen in geeigneter Weise lenken, signifikanten Einfluß auf langfristiges Wachstum nehmen; endogen bestimmte Wachstumsraten sollten reagibel sein:

> „[W]henever economies feature endogenous long-run growth we expect the growth rate to depend on economic policies"

(Helpman (1992, S.258)). Das widerspräche aber aller Erfahrung. Es scheint für hochentwickelte Industrienationen sehr schwierig zu sein, Wachstumsraten durch Politikmaßnahmen nachhaltig zu steigern, Wachstumsraten sind aus Sicht des Politikers relativ exogen.

Krugman (1990, S.41) schreibt zur Machtlosigkeit der Politiker (auch bezüglich Einkommensverteilung und Beschäftigung):

> „If you want to ask what really matters for the economic welfare of large numbers of Americans, productivity, income distribution, and employment are probably 90 percent of the story. If you ask what motivates actual legislation and administration initiatives, however, these issues are probably less than 5 percent of the agenda. The reason is not that policymakers don't appreciate the importance of these central issues; it is that they see little within the normal range of policy that they can do about them".

Jones (1995a, S.521) formuliert prägnanter: „Nichts im US-Wachstumsprozeß des vergangenen Jahrhunderts scheint einen bleibenden Einfluß auf das Wachstum gehabt zu haben". Jones (1995a, S.497) pointiert dies anhand eines Beispiels: Hätte ein Ökonom vor Beginn der Weltwirtschaftskrise 1929 das Wachstum seit 1880 einfach bis 1987 extrapoliert, so wäre seine Prognose für das US-Bruttoinlandsprodukt 1987 um nur 5% vom tatsächlichen Wert abgewichen! Eine instruktive Fallstudie liefern Stokey und Rebelo (1995). Sie zeigen, daß kein signifikantes Absinken der Wachstumsrate zu beobachten war, nachdem in den USA Anfang der 40er Jahre der Anteil des Einkommensteueraufkommens am Sozialprodukt von 2% auf 15% gestiegen war. Easterly und Mitautoren fragen im Titel ihres 1993er Artikels (Easterly et al. (1993)) provozierend, ob dynamisches Wachstum guter Politik zuzuschreiben oder eher Glückssache ist: „Good policy or good luck?"

Auch statistische Arbeiten tun sich in der Regel schwer damit, anhaltende Wachstumseffekte von Politikmaßnahmen nachzuweisen. Landau (1983) beispielsweise kommt zwar mit einer Länder-Querschnittsanalyse zu dem Schluß, daß eine hohe Staatsquote ökonomischem Wachstum abträglich ist; und auch Barros (1991) einflußreiche Studie prognostiziert ja 0,12%-Punkte Wachstumseinbuße pro zusätzlichen Prozentpunkt Staatsquote. Wie bereits erwähnt, stellen Levine und Renelt (1992) und Sala-i-Martin (1997) aber heraus, daß dieses Ergebnis nicht robust ist: „Zwar liegen ökonometrische Spezifikationen vor, die einen signifikanten Zusammenhang zwischen bestimmten fiskalischen Indikatoren und Wachstum liefern, die Koeffizienten der betreffenden Variablen werden aber insignifikant, sobald man die Wahl der unabhängigen Variablen geringfügig ändert" (Levine und Renelt (1992, S.952)). Zum gleichen Schluß kommen auch Easterly und Rebelo (1993). Sie fassen die Ergebnisse der Weltbank-Konferenz *National Policies and Economic Growth* bündig wie folgt zusammen:

> „The evidence that tax rates matter for growth is disturbingly fragile"

(Easterly und Rebelo (1993, S.442)). Sie beurteilen die Fragilität des Zusammenhangs zwischen Staatstätigkeit und Wachstum deshalb als „störend", weil die Neue Wachstumstheorie, wie in der Einleitung bereits gesagt, in aller Deutlichkeit obige Vermutung stützt, daß endogen bestimmte Wachstumsraten reagibel sind:

> „This empirical fragility contrasts sharply with the robustness of the theoretical predictions"

(Easterly und Rebelo (1993, S.442)). Diese Diskrepanz zwischen robusten theoretischen Implikationen und schwachen empirischen Korrelationen nehme ich in Teil IV dieser Arbeit zum Anlaß, ein semi-endogenes Wachstumsmodell zu entwerfen: ein Modell, in dem Wachstum *endogen* erzeugt wird und in dem dennoch die gleichgewichtige Wachstumsrate relativ *exogen* bezüglich Politikmaßnahmen ist. Im Lichte eines solchen Modells ist die Fragilität des Zusammenhangs zwischen Staatstätigkeit und Wachstum nicht störend, sondern vielmehr genau das, was die Theorie erwarten läßt! Es sei bereits hier bemerkt, daß dies weitreichende Konsequenzen für den Wert dynamischer Theorien hat: Akzeptiert man, daß Politikmaßnahmen auf langfristiges Wachstum keinen Einfluß haben, dann ist man für die Auswertung von Politikmaßnahmen auf die statische Ebene zurückverwiesen,

2.5 Stilisierte Fakten

„Without stylized facts to aim at theorists would be shooting in the dark."
Paul M. Romer

In diesem abschließenden Abschnitt sollen die getanen Überlegungen zu einer Liste stilisierter Fakten verdichtet werden.

1. Die Arbeitsproduktivität wächst in den Industrienationen seit langem mit einer jährlichen Rate von durchschnittlich knapp 2%, der Kapitalkoeffizient bleibt dabei konstant, der Productivity slowdown ist eher eine Rückkehr zum Alltag als ein Bruch im Trend.

2. Es wird nicht Konvergenz beobachtet, Länder wachsen auch langfristig mit differierenden Raten. Wohl aber liegt bedingte Konvergenz vor; es gibt für rückständige Länder Raum für Aufholprozesse. Es liegt kein Größeneffekt vor.

3. F&E ist Quelle von Wachstum, F&E setzt unvollkommenen Wettbewerb voraus, F&E übt positive externe Effekte aus, F&E weist fallende Skalenerträge auf, Grundlagenforschung erleichtert F&E, die Ausgaben für F&E stiegen im letzten halben Jahrhundert drastisch. In technologisch rückständigen Ländern kann Imitation die Rolle von F&E einnehmen.

4. Hohe Investitionen, in erster Linie Investitionen in Maschinen, bedingen tendenziell schnelles Wachstum, aber Kapitalakkumulation ist nicht per se Quelle von Wachstum.

5. Lernkurven fallen, aber in Industrienationen kann Learning by doing nicht Quelle anhaltenden Wachstums sein. Nur in Entwicklungsländern ist Wachstum durch Learning by doing möglich.

6. Hohe Bildungsinvestitionen bedingen tendenziell schnelles Wachstum, aber Humankapital ist nicht per se Quelle von Wachstum. Die Kausalität läuft über ein großes Innovationspotential.

7. Langfristiges Wachstum ist in den Industrienationen durch Politikmaßnahmen nicht nachhaltig beeinflußbar.

Teil II

Neoklassische Wachstumstheorie

Kapitel 3

Solow-Modell

„*For almost two decades, from the early 1950s through the late 1960s, growth theory dominated economic theory, and Bob Solow dominated growth theory.*"
Joseph E. Stiglitz

3.1 Einleitung

Ich beginne in diesem Kapitel mit der Formulierung mathematischer Wachstumsmodelle. Ausgangspunkt meiner Analyse ist der Ausgangspunkt der modernen, mathematisch geprägten Wachstumstheorie, Solows (1956) Neoklassisches Modell.[1] Solows Modell zeigt, daß *bei* Vorliegen technischen Fortschritts und *nur bei* Vorliegen technischen Fortschritts anhaltende Kapitalakkumulation langfristiges Produktivitätswachstum bei einer konstanten Profitrate stützen kann. D.h.: Es wird der Beweis angetreten, daß Marx' Gesetz vom tendenziellen Fall der Profitrate bei technischem Fortschritt seine Gültigkeit verliert. Dieses Ergebnis wurde bereits im vorigen Kapitel abgeleitet. Insofern ist die Frage berechtigt, was hier noch zu tun bleibt. Weil die Frage berechtigt ist, ist die Antwort: „nicht viel" – ich werde die Annahmen genauer spezifizieren, als ich das bisher getan habe, und dann Existenz- und Stabilitätsbeweise für das oben bereits beschriebene Wachstumsgleichgewicht führen. Man mag diese Formalismen für wenig interes-

---

[1] Nur Monate nach Solow veröffentlichte Swan (1956) praktisch das gleiche Modell. Vorläufer stammen von Harrod (1939) und Domar (1946). Deren Modelle sind durch limitationale Produktionsfunktionen gekennzeichnet, ignorieren also die Möglichkeit, Kapital und Arbeit füreinander zu substituieren. Damit scheinen sie nicht einen geeigneten Rahmen für die Analyse langfristigen Wachstums zu bieten. Das ist aber auch nicht ihr zentrales Anliegen. In keynesianischer Tradition stehend, zeigen sie vielmehr auf, wie die Interaktion von erwarteten, erwünschten und tatsächlichen Wachstumsraten kumulativ instabile Prozesse auslösen kann.

sant halten.² Die Darstellung scheint aber geboten, weil der überwiegende Teil der anfolgenden Literatur direkt bei Solow anknüpft. Insofern bietet das Modell einen Rahmen, der auch für das Verständnis der folgenden Modelle hilfreich ist.

In Abschnitt 3.2 wird das Modell detailliert dargestellt, Abschnitt 3.3 analysiert das Gleichgewicht unter einer sehr einfachen Annahme an das Sparverhalten der Individuen. In Abschnitt 3.4 wird Rationalverhalten der Individuen eingebracht, das resultierende Wachstumsgleichgewicht wird in Abschnitt 3.5 einer Wohlfahrtsanalyse unterzogen, die in Abschnitt 3.6 zu den Wirkungen von Politikmaßnahmen führt. Abschnitt 3.7 zeigt, daß erschöpfliche Ressourcen nicht notwendigerweise eine natürliche Wachstumsgrenze darstellen. In Abschnitt 3.8 wird gezeigt, wie eine geringe Ersparnis zu Leistungsbilanzdefiziten führt. Einige Formalitäten werden in Abschnitt 3.9 und im Appendix nachgetragen. 3.10 liefert Kritik am Modell und einen Ausblick.

3.2 Modell

Das Solow-Modell zeigt auf, wie Kapitalakkumulation und technischer Fortschritt zu anhaltendem Produktivitätswachstum führen können.³

Grundstein ist dementsprechend eine gesamtwirtschaftliche Produktionsfunktion

$$Y = F(K, AL), \tag{3.1}$$

die angibt, wieviel Output, Y, aus Kapital, K, und Arbeit, L, bei technischem Wissen, A, gewonnen wird.⁴ Alle Variablen sind natürlich Funktionen der Zeit, t, so daß korrekt $Y(t) = F[K(t), A(t)L(t)]$ geschrieben

---

²Man kann sie aber auch als eine alternative Motivation für Solows Modell auffassen: Es wird gezeigt, daß unter gewissen Annahmen die Marktkräfte zu gleichgewichtigem Wachstum führen. Damit wird eine deutliche Gegenposition zur keynesianischen Harrod-Domar-Theorie bezogen.

³Das Solow-Modell wird oft auch Neoklassisches Modell genannt. Ebenfalls als Neoklassisches Modell wird häufig – in Abgrenzung von der Keynesianischen Theorie – die statische makroökonomische Theorie geräumter Märkte bezeichnet (siehe z.B. Felderer und Homburg (1984)). Diese Gleichnamigkeit ist nicht unbedingt unpassend: Das Solow-Modell kann als rigorose Fassung interpretiert werden, in der zum einen nicht eine Ad-hoc-Sparfunktion $S(r)$ unterstellt wird, sondern die Ersparnis explizit dynamisch ermittelt wird, und in der zum anderen der Kapazitätseffekt von Investitionen explizit Niederschlag findet.

⁴Scott (1989) entwickelt in seinem Buch *A New View of Economic Growth* eine alternative Wachstumstheorie, die nicht auf einer Produktionsfunktion aufbaut. Damit antwortet er auf Kaldors Kritik am Konzept technischen Fortschritts in der Produktionsfunktion („[A]ny sharp or clear-cut distinction between the movement *along* a 'production function' with a given state of knowledge, and a *shift* in the 'production function' caused by a change in the state of knowledge, is arbitrary and artificial", Kaldor (1957, S.595-6)). Vielleicht hätte dieser Ansatz mehr Aufmerksamkeit gewonnen, wenn nicht praktisch zeitgleich mit dem Erscheinen des Buches die Neue Wachstumstheorie ins Leben gerufen

3.2. Modell

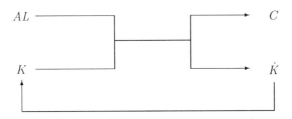

Abbildung 3.1: Struktur des Solow-Modells

werden müßte. Das Zeitargument, t, wird aber hier und im folgenden stets unterdrückt, wenn Mißverständnisse ausgeschlossen sind.

Um die Analyse zu vereinfachen, werden einige Regularitätsforderungen an F gestellt: F sei zweimal stetig differenzierbar und konkav. Die Grenzproduktivitäten beider Faktoren seien positiv und fallend: $\partial F(K,AL)/\partial x > 0 > \partial^2 F(K,AL)/\partial x^2$ für $x = K, AL$. Beide Faktoren seien zwar essentiell: $F(0, AL) = F(K, 0) = 0$; ihre Grenzproduktivität im Ursprung sei aber unendlich groß: $\lim_{x \to 0} \partial F(K, AL)/\partial x = \infty$ für $x = K, AL$. Mit unbegrenztem Einsatz eines Faktors möge unbegrenzte Produktion möglich sein: $\lim_{x \to \infty} F(K, AL) = \infty$ für $x = K, AL$; die Grenzproduktivität gehe aber gegen Null: $\lim_{x \to \infty} \partial F(K, AL)/\partial x = 0$ für $x = K, AL$. Weiterhin sei F linearhomogen, d.h. es liegen konstante Skalenerträge vor: Durch eine Ver-λ-fachung ($\lambda > 0$) des Einsatzes der tangiblen Faktoren, Arbeit und Kapital, wird der Output ver-λ-facht ($F(\lambda K, \lambda AL) = \lambda F(K, AL)$). Diese Annahmen an die Produktionsfunktion werden zusammengefaßt im folgenden als *Inada-Bedingungen* bezeichnet (weil sie Inada (1963) übersichtlich zusammenfaßte, verwendet wurden sie schon lange vorher). Sie werden nicht nur in diesem Kapitel gemacht, sondern auch in allen weiteren, in denen die Produktionsfunktion (3.1) verwendet wird. Man beachte, daß F steigende Skalenerträge in den Faktoren Kapital, Arbeit *und* technisches Wissen aufweist.

Technischer Fortschritt kommt darin zum Ausdruck, daß das technische Wissen, A, im Zeitablauf mit konstanter Rate $g_A \equiv m \geq 0$ wächst. (Wie üblich wird die Zeitableitung einer Variablen x als $\dot{x}$ geschrieben. Die entsprechende Wachstumsrate $\dot{x}/x$ wird wahlweise als $\hat{x}$ oder g_x bezeichnet.) Man beachte, daß der technische Fortschritt *exogen* ist: Kein Faktoreinsatz wird benötigt, um ihn herbeizuführen; hierauf wird zurückzukommen sein.[5]

---

worden wäre.

[5] Ein weiterer Einwand läßt sich gegen die hier verfolgte Modellierung technischen Fortschritts hervorbringen. Technischer Fortschritt kommt hier allen Arbeitern zugute, egal wie alt die Maschinen sind, an denen sie arbeiten. Solow (1960) machte die realistischere Annahme, daß Maschinen jeweils den Stand des technischen Wissens *im Zeitpunkt ihrer Installation* verkörpern. Phelps (1962) zeigte aber, daß diese sogenannte Vintage-Struktur keinen Einfluß auf die gleichgewichtige Wachstumsrate nimmt.

Es gebe L Individuen in der Ökonomie, die Bevölkerung wächst ebenfalls exogen, mit Rate $\hat{L} \equiv n \geq 0$. Jedes Individuum bietet lohnunelastisch je eine Einheit Arbeit an. Das aggregierte Arbeitsangebot entspricht also L und ist durch demographische Faktoren determiniert.[6] Indem sowohl das Arbeitsangebot als auch die Beschäftigung mit L bezeichnet wurde, wurde implizit bereits unterstellt, daß der Arbeitsmarkt stets geräumt wird.

Output Y kann entweder konsumiert oder investiert werden.[7] Abschreibungen werden vernachlässigt, so daß die Investition der Änderung des Kapitalstocks entspricht. Mit C als Konsum gilt also

$$\dot{K} = Y - C = F(K, AL) - C. \tag{3.2}$$

Gemäß (3.2) determiniert die Wahl eines Konsumpfads C die Trajektorien aller Variablen des Modells. Weil A und L nämlich exogen sind, wird durch (3.2) die Evolution des Kapitalstocks bestimmt, der gemeinsam mit A und L dann wiederum die Produktion Y festlegt. Das Modell wird also über eine beliebige Spezifizierung eines Konsumpfades geschlossen. Im folgenden werden drei verschiedene Annahmen über den Zeitpfad C gemacht. Zunächst wird eine konstante Sparquote unterstellt, dann Nutzenmaximierung dezentral agierender Individuen, schließlich Wohlfahrtsmaximierung. Die Struktur des Modells wird von Abbildung 3.1 illustriert.

3.3 Gleichgewicht bei konstanter Sparquote

Zunächst soll untersucht werden, wie in einem bewußt sehr einfach gehaltenen Fall das Marktgleichgewicht im Solow-Modell aussehen kann. Dazu übernehmen wir die Annahme an die Sparfunktion, die Solow (1956) selbst in Anlehnung an Kaldors stilisierte Fakten machte: Die Individuen mögen eine im Zeitablauf konstante Sparquote $s = \dot{K}/Y$ haben, wobei $s \in (0,1)$. D.h.: Sie konsumieren stets $C = (1-s)Y$. Mit dieser Annahme läßt sich leicht folgendes Resultat zeigen (ist für eine Variable x der Anfangswert $x(0)$ physisch vorgegeben, so bezeichne ich ihn mit x_0):

---

[6] Das Arbeitsangebot kann endogenisiert werden, siehe hierzu Barro und Sala-i-Martin (1995, Abschnitt 9.3). Becker und Barro (1988) endogenisieren die Fertilitätswahl.

[7] Es gibt hier also nur ein Gut, das zugleich Investitions- und Konsumgut ist. Das Solow-Modell wird deshalb teils als „Ein-Gut-Parabel" bezeichnet. Uzawa (1963) zeigte, daß ein Zweisektorenmodell mit einem eigenständigen Investitionsgütersektor keine neuen Aufschlüsse gibt. Interessante Einsichten bieten dagegen die auf Hahn (1966) zurückgehenden Mehrsektorenmodelle, sobald es mindestens zwei verschiedene Kapitalgüter gibt. In diesen Modellen ergeben sich ernste Stabilitäts- und Eindeutigkeitsprobleme, wenn die Individuen nicht perfekte Voraussicht über alle zukünftigen Perioden haben. Insbesondere können hier Marktunvollkommenheiten wie die Absenz von Märkten für gebrauchtes Kapital stabilisierend wirken (wenn sie Spekulationsmöglichkeiten verschließen, s. insbesondere Shell und Stiglitz (1967)). Hinsichtlich einer Klärung der Frage nach den Quellen des Wachstums liefern die Mehrsektorenmodelle allerdings auch keine neuen Einsichten. Interessant ist nicht ihr Gleichgewicht, sondern die Frage, ob es erreicht wird.

3.3 Gleichgewicht bei konstanter Sparquote

SATZ 3.1 *(Solow (1956))*: *Sei $k_0 > 0$ und $m + n > 0$. Im Solow-Modell mit konstanter Sparquote wachsen dann Kapitalstock, Produktion und Konsum langfristig mit konstanter einheitlicher Rate $g \equiv g_K = g_Y = g_C = m + n$. Die Arbeitsproduktivität und die anderen Pro-Kopf-Größen wachsen entsprechend mit der Rate technischen Fortschritts, m.*

Beweis: Definiere $k \equiv K/(AL)$ als Kapitalintensität „in Effizienzeinheiten" und analog $y \equiv Y/(AL)$ als Arbeitsproduktivität in Effizienzeinheiten. Wegen Linearhomogenität von F gilt $Y = F(K, AL) = AL \cdot F(k, 1) \equiv AL \cdot f(k)$, d.h. $y = f(k)$ mit $f(k) \equiv F(k, 1)$ als faktorintensiver Produktionsfunktion. f hat per Definition in bezug auf k die gleichen Eigenschaften wie F in bezug auf K. Gemäß den Inada-Bedingungen ist f demnach konkav und steigend, f' fällt von Unendlich auf Null. Definitionsgemäß ist $\hat{k} = \hat{K} - (m+n)$. Mit $\hat{K} = \dot{K}/K = sY/K = sy/k = sf(k)/k$ folgt

$$\dot{k} = sf(k) - (m+n)k \equiv \varphi(k). \tag{3.3}$$

Diese Differentialgleichung bestimmt für jeden beliebigen Anfangswert $k_0 \equiv K_0/(A_0 L_0)$ den Zeitpfad für k (und damit die Pfade aller anderen Variablen des Modells). Eine anschauliche Interpretation dieser Gleichung läßt sich für den Fall geben, daß es keinen technischen Fortschritt gibt ($m = 0$). In diesem Fall kann die Normierung $A = 1$ getroffen werden, und k entspricht der Kapitalintensität. (3.3) besagt dann, daß die Arbeiter in dem Maße mit zusätzlichem Kapital ($\dot{k}$) versehen werden, wie die Investitionen pro Kopf ($sf(k)$) nicht benötigt werden, um nachwachsende Generationen mit Kapital auszustatten (nk).

Suchen wir zunächst eine Steady-state-Lösung, d.h. eine Lösung der Gleichung (3.3), die eine konstante Wachstumsrate von k beinhaltet. Gemäß (3.3) muß in einem Steady state $f(k)/k$ und damit auch k konstant sein. Konstanz von k impliziert aber $g_K = m + n$ und $g_k = m$. D.h. im Steady state wächst der Kapitalstock mit Rate $m + n$, die Kapitalintensität mit Rate m. Mit k ist ferner auch $y = f(k)$ konstant, so daß Y und $C = (1-s)Y$ ebenfalls mit Rate $m + n$ wachsen. Die Arbeitsproduktivität wächst ebenso wie die Kapitalintensität mit der Fortschrittsrate m. Satz 3.1 macht formal eine Existenz- und eine Stabilitätsaussage: Es wird behauptet, daß eine Kapitalintensität k^* existiert, die $\varphi(k^*) = 0$ liefert, und daß die Kapitalintensität langfristig gegen diesen Wert konvergiert.

Zunächst zur Existenz eines Steady states. φ beginnt im Ursprung mit unendlicher Steigung. φ' bleibt positiv, solange $sf'(k) > m + n$ ist. Im weiteren Verlauf fällt φ und wird schließlich für $k > k^*$ negativ, wobei $sf(k^*) \equiv (m+n)k^*$ (vgl. Abbildung 3.2). Es existiert also eine eindeutige positive stationäre Kapitalintensität in Effizienzeinheiten, k^* ($k = 0$ ist auch ein Steady state, für uns aber nicht interessant).

Damit zur Stabilität des Systems. Wenn die Anfangsausstattung an Kapital in Effizienzeinheiten, k_0, mit k^* übereinstimmt, dann verfolgt die

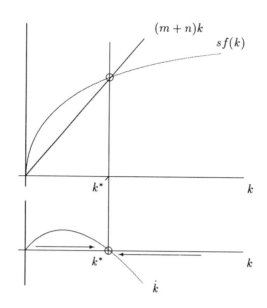

Abbildung 3.2: Gleichgewicht im Solow-Modell mit konstanter Sparquote

Solow-Ökonomie sofort ihren Steady-state-Pfad. Ist dagegen $k_0 \in (0, k^*)$, dann ist $\dot{k} > 0$, und das Modell konvergiert asymptotisch gegen sein Steady state (d.h. auch, daß das Steady state $k = 0$ instabil ist, es wird bei $k_0 > 0$ nie erreicht). Im spiegelbildlichen Fall $k_0 > k^*$ ist $\dot{k} < 0$, und wieder erkennt man, daß k gegen das Steady state konvergiert (vgl. Abb. 3.2). D.h.: Das Steady-state-Gleichgewicht ist global stabil.[8] q.e.d.

Überraschend ist hier, daß die gleichgewichtige Wachstumsrate unabhängig von der Sparquote s ist. Eine Erhöhung der Sparquote verschiebt die $sf(k)$-Kurve in Abbildung 1 aufwärts. Das Steady state verschiebt sich dann nach rechts, die gleichgewichtige Kapitalintensität und die gleichgewichtige Arbeitsproduktivität (jeweils in Effizienzeinheiten) steigen also, die langfristige Wachstumsrate bleibt aber unberührt bei $g = m + n$. Allerdings führt die Erhöhung der Ersparnis *vorübergehend* zu beschleunigtem Wachstum. Weil mit s nämlich die gleichgewichtige Kapitalintensität steigt, ist nach der Erhöhung der Ersparnis zunächst die Kapitalintensität kleiner als ihr Steady-state-Wert. Während der Anpassung an das neue Steady state ist gemäß Abbildung 3.2 $g_k > 0$, so daß die Arbeitsproduktivität in

---

[8] In diskreter Zeit ist bei leichten Modifikationen des Modells Stabilität nicht sicher. Es sind Zyklen wie auch Chaos möglich. Diese Einsicht entwickelte Day (1982) in einem Modell mit negativen Externalitäten in der Produktion. Der einfachste Weg, eine solche komplexe Dynamik zu erzeugen, besteht darin, die konstante Sparquote durch eine klassische Sparfunktion (d.h. Ersparnis nur aus Zinseinkommen) zu ersetzen (s. Woodford (1989)).

3.3 Gleichgewicht bei konstanter Sparquote

Effizienzeinheiten mit Rate $g_y = [f(\hat{k})] > 0$ wächst. Die Arbeitsproduktivität wächst aber definitionsgemäß stets mit Rate $g_y + m$. Und damit folgt: Während der Anpassung an das neue Steady state wächst die Arbeitsproduktivität mit einer Rate, die die Fortschrittsrate m übertrifft.[9]

Anstatt das Sparverhalten der Konsumenten aus einer Nutzenfunktion abzuleiten, wurde hier die (Ad-hoc-) Annahme einer konstanten Sparquote gemacht. Auch ohne Nutzenfunktion kann man aber eine (schwache) Effizienzaussage treffen. Dazu fragen wir zunächst, welches Steady-state-Gleichgewicht den Pro-Kopf-Konsum in Effizienzeinheiten, $\tilde{c} \equiv C/(AL)$, maximiert; das betreffende Gleichgewicht nennt man *Goldene-Regel-Steady-state* (Phelps (1961)). Diese Frage mag man aus zwei Gründen für wenig interessant halten. Erstens, weil die Anpassung an dieses Gleichgewicht ungleich mühsam sein kann, so daß eine Steady-state-Analyse nicht aufschlußreich ist.[10] Und zweitens, weil die Maximierung des Pro-Kopf-Konsums *in Effizienzeinheiten*, $\tilde{c} \equiv C/(AL)$, nicht als ein erstrebenswertes Ziel angesehen werden mag, denn als plausibler Wohlfahrtsindikator kommt allenfalls der Konsum pro Kopf, $c \equiv C/L$, infrage.[11] Die Definition des Goldene-Regel-Steady-states ist aber trotz dieser zwei Einwände sinnvoll, weil sie die Identifikation *dynamisch ineffizienter* Wachstumsgleichgewichte erlaubt. Darunter versteht man Steady states, von denen ausgehend durch eine Reallokation von Ressourcen der Pro-Kopf-Konsum, $c(t) \equiv A(t)\tilde{c}(t)$, in allen folgenden Zeitpunkten gesteigert werden kann (Phelps (1965), Diamond (1965)). Weil der Zeitpfad für technisches Wissen, $A(t)$, exogen vorgegeben ist, liegt dynamische Ineffizienz immer dann vor, wenn der Pro-Kopf-Konsum in Effizienzeinheiten, $\tilde{c}(t)$, in allen Perioden gesteigert werden kann. Ich werde nun zeigen, daß das wiederum gerade dann der Fall ist, wenn mehr gespart wird als im Goldene-Regel-Steady-state:

SATZ 3.2 *(Phelps (1961, 1965)): Das Goldene-Regel-Gleichgewicht wird erreicht, wenn gerade soviel gespart wird, daß Grenzproduktivität des Kapitals und Wachstumsrate übereinstimmen. Bei höherer Ersparnis gelangt*

---

[9]Stiglitz (1969) zeigt, daß, wenn Individuen mit gleicher Sparquote verschiedene Anfangsvermögen haben, sich langfristig die Vermögen doch angleichen. Piketty (1997) zeigt, daß dies bei Unsicherheit über die Technologie und asymmetrischer Information nicht der Fall sein muß. Ein analoges Resultat leiten Galor und Zeira (1993) in einem Modell ab, in dem Individuen kreditfinanziert Ausbildung in Anspruch nehmen können In Stiglitz' (1969) Modell kann die Ungleichheit während der Anpassung an ein Steady state *vorübergehend* zunehmen. Eine solche Entwicklung – zunächst zunehmende, dann abnehmende Ungleichheit im Wachstumsprozeß – wird graphisch durch die sogenannte *Kuznets-Kurve* illustriert. S. hierzu Glomm und Ravikumar (1994) (und auch Aghion und Bolton (1997)).

[10]Deshalb plaziert Phelps (1961) seine originäre Arbeit zu diesem Thema in einer Märchenwelt, in der das Land „Solovia" einen beliebigen Kapitalstock wählen darf unter der Auflage, daß anfolgend Steady-state-Wachstum vollzogen wird.

[11]Dieses zweite Problem kann man wegdefinieren, indem man technischen Fortschritt ignoriert und dann ohne weitere Beschränkung der Allgemeinheit $A = 1$ setzt, so daß der Pro-Kopf-Konsum, c, dem Pro-Kopf-Konsum in Effizienzeinheiten, $\tilde{c}$, entspricht.

man zu einem dynamisch ineffizienten Steady state.[12]

Beweis: Per Definition gilt $\tilde{c} = f(k) - sf(k)$ und in einem Steady state weiterhin $sf(k) = gk$. Zusammengenommen folgt der Steady-state-Konsum $\tilde{c} = f(k) - gk$. Maximierung in bezug auf k liefert $f'(k) = g$, Grenzproduktivität des Kapitals und Wachstumsrate müssen übereinstimmen. Da die Steady-state-Kapitalintensität eine streng monoton steigende Funktion der Sparquote ist, determiniert diese Gleichung eindeutig die Sparquote, die zu Goldene-Regel-Wachstum führt. Graphisch ist diese Bedingung aus Abbildung 3.2 einsichtig: Der Pro-Kopf-Konsum (ich verzichte im folgenden auf den Zusatz „in Effizienzeinheiten", wenn Mißverständnisse ausgeschlossen sind) entspricht dort der vertikalen Differenz von $f(k)$ und gk im oberen Teil der Zeichnung. Diese vertikale Differenz ist da maximal, wo die Kuven parallel sind, d.h. wo $f'(k) = g$ gilt.

Betrachte nun ein Gleichgewicht mit höherer Sparquote und mithin höherer Kapitalintensität. Die Ineffizienz eines solchen Gleichgewichts liegt auf der Hand: Die Ökonomie ist überkapitalisiert; senkt sie ihre Sparquote auf das Goldene-Regel-Niveau, dann steigert sie ihren Pro-Kopf-Konsum im Steady state (denn der ist im Goldene-Regel-Gleichgewicht maximal), *und* sie steigert ihren Pro-Kopf Konsum während des Übergangs dorthin (denn während des Übergangs ist die Kapitalintensität, k, und damit der Pro-Kopf-Konsum, $\tilde{c} = (1-s)f(k)$, noch höher als im Goldene-Regel-Gleichgewicht). D.h.: Ausgehend vom überkapitalisierten Gleichgewicht steigt der Pro-Kopf-Konsum in allen folgenden Perioden, das ursprüngliche Steady state ist dynamisch ineffizient. q.e.d.

Wird Kapital nach seiner Grenzproduktivität entlohnt ($r = \partial F(K, AL)/\partial K = f'(k)$)[13], dann läßt sich das Goldene-Regel-Steady-state äquivalent durch die Bedingung $rK = sY$ charakterisieren, denn mit $sf(k) = gk$ und $r = g$ gilt $Kr = Kg = Ksf(k)/k = KsY/K = sY$. D.h.: Der Pro-Kopf-Konsum wird dann maximiert, wenn die Ersparnis dem Umfang der Profiteinkommen entspricht. Dynamische Ineffizienz ($r < g$) liegt dann analog bei $rK < sY$ vor. Diese Charakterisierung ist sehr nützlich, weil sie erstens intuitiv und zweitens leicht empirisch überprüfbar ist (Abel et al. (1989)). Intuitiv besagt sie, daß dynamische Ineffizienz dann vorliegt, wenn ständig über Investitionen mehr Kapital (sY) in den Produktionssektor eingebracht wird als an Kapitaleinkommen (rK) wieder hinausströmt, m.a.W.: wenn der Cash flow *in* den Produktionssektor größer

---

[12] Allgemeinere Sätze, die dynamische Ineffizienz auch außerhalb von Steady states thematisieren, finden sich bei Cass (1972) und Abel at al. (1989).

[13] $r = f'(k)$ ergibt sich wie folgt:

$$r = \frac{\partial F(K, AL)}{\partial K} = AL\frac{\partial F\left(\frac{K}{AL}, 1\right)}{\partial K} = \frac{\partial F\left(\frac{K}{AL}, 1\right)}{\partial \left(\frac{K}{AL}\right)} = f'(k).$$

3.4. Endogene Sparentscheidung 55

ist als der Geldfluß nach Lohnzahlung *aus* dem Produktionssektor. Leicht empirisch prüfbar ist die Cash-flow-Bedingung, weil über die Profitquote, $\pi_K \equiv rK/Y$, und über die Sparquote, s, verläßliche Zeitreihen vorliegen. Die Profitquote entspricht, wie erwähnt, rund 1/3, die Sparquote liegt in einer Größenordnung von 10-20%. So ist es nicht überraschend, daß Abel et al. (1989) aus Datenreihen für die OECD-Länder zwischen 1960 und 1984 dynamische Ineffizienz ausschließen können. In Deutschland beispielsweise lag $\pi_K - s$ bei durchschnittlich rund 10%, der Cash flow aus dem Produktionssektor war mithin deutlich positiv.[14] Diese Kalkulation bestätigt die Intuition, daß in der Regel nicht Übererspanis ein Problem zu sein scheint, sondern – im Gegenteil – allenfalls eine hohe Konsumneigung.

3.4 Gleichgewicht mit endogener Sparentscheidung

Die Annahme einer konstanten Sparquote bietet einen einfachen Weg, das Solow-Modell von der Konsumseite her zu schließen. Ein Nachteil dieses Ansatzes ist es, daß er kein Maximiererverhalten modelliert und keinen *allgemeinen* Effizienzmaßstab für das Marktgleichgewicht liefert. Dieser Schwachpunkt soll nun behoben werden, indem angenommen wird, daß die L Individuen ihre individuellen Konsumprofile so wählen, daß ihr intertemporaler Nutzen maximiert wird.[15] Dieser Nutzen ist gleichzeitig ein probater Maßstab, um Wohlfahrtsaussagen zu treffen. Die Individuen seien stets in jeder Hinsicht identisch, so daß sie stets denselben Pro-Kopf-Konsum $c \equiv C/L$ haben und ihr Nutzenmaximierungskalkül anhand eines repräsentativen Konsumenten untersucht werden kann. Man beachte, daß bei positivem Bevölkerungswachstum implizit angenommen wird, daß die Individuen ihr Vermögen stets gleichmäßig mit ihren Nachfahren teilen. Ansonsten könnten nicht stets alle Individuen identisch sein. Konkret wird angenommen, daß das repräsentative Individuum die intertemporale Nutzenfunktion

$$U = \int_0^\infty e^{-\rho t} \frac{c^{1-\sigma} - 1}{1 - \sigma} dt, \quad \rho, \sigma > 0. \tag{3.4}$$

---

[14] Der hier vorgestellte Cash-flow-Ansatz ist (verglichen mit der Bedingung $r < g$ aus Satz 3.2) nützlich, weil der Vergleich von Zins- und Wachstumsraten Interpretationsprobleme aufwirft: Die Renditen von Staatsanleihen sind oft kleiner als die Wachstumsrate, während Schätzungen der Grenzproduktivität von Kapital mit rund 10% deutlich höher sind. Das Solow-Modell mit seinem einheitlichen Zinssatz bietet keinen Anhaltspunkt, welcher Vergleich nun relevant ist (alle Schätzungen deuten aber auch auf diesem Weg auf die Abwesenheit dynamischer Ineffizienz hin, siehe z.B. Mankiw (1994, S.103)). Auch erscheint auf diesem Weg die hier getroffene Vernachlässigung von Abschreibungen unkritisch, denn im Sinne des Cash-flow-Kriteriums ist die Aufteilung der Bruttoinvestitionen auf Re- und Nettoinvestitionen irrelevant.

[15] Die parallele Analyse für das Uzawa-Zwei-Sektoren-Modell nehmen bei linearer Nutzenfunktion Uzawa (1964) und Srinivasan (1964) vor.

maximiert. $(c^{1-\sigma} - 1)/(1 - \sigma)$ gibt den Nutzen an, den das Individuum im Zeitpunkt $t \geq 0$ aus Konsum $c(t)$ zieht. ρ bezeichnet die Diskontrate für Zukunftsnutzen, ist also ein Maß für die Zeitpräferenz der Individuen. Je größer ρ ist, desto stärker werden zukünftige Nutzen diskontiert, desto geringer ist die Sparbereitschaft. D.h.: Ein hohes ρ wird tendenziell mit niedriger Ersparnis einhergehen. Gleiches gilt für den zweiten Paramter in der Nutzenfunktion, σ. σ gibt die (absolute) Elastizität der Grenznutzenfunktion, $c^{-\sigma}$ an. Für alle $c > 1$ gilt: Mit steigendem σ fällt der Grenznutzen des Konsums. Folglich werden die Konsumenten im Wachstumsprozeß mit steigendem σ in geringerem Maße bereit sein, Konsum in die Zukunft zu verlagern; ihre Ersparnis sinkt. Ein großes σ geht also ebenso wie eine hohe Diskontrate ρ mit wenig Ersparnis einher. Kurz kann man formulieren, daß ein hohes ρ ebenso wie ein hohes σ eine starke Präferenz für ebene Konsumprofile widerspiegelt.[16] Im Fall $\sigma = 1$ erhält man den Spezialfall logarithmischen Nutzens. Das ergibt sich aus L'Hôpitals Regel (vgl. Varian (1984, S.31)):

$$\lim_{\sigma \to 1} \frac{c^{1-\sigma} - 1}{1 - \sigma} = \lim_{\sigma \to 1} \frac{\frac{d(c^{1-\sigma})}{d\sigma}}{-1} = -\lim_{\sigma \to 1} \frac{d}{d\sigma}\left[e^{(1-\sigma)\ln c}\right]$$

$$= \ln c \cdot \lim_{\sigma \to 1} e^{(1-\sigma)\ln c} = \ln c.$$

Ich verzichte darauf, die Fallunterscheidung $\sigma \neq 1$ und $\sigma = 1$ jedesmal explizit anzuführen. Der intertemporale Nutzen U ergibt sich als diskontierte Summe der Periodennutzen. Dabei wird einfachheitshalber ein unendlicher Zeithorizont gewählt. D.h. es wird unterstellt, daß die Individuen unendliche Lebzeiten haben. Alternativ kann angenommen werden, daß die Individuen den Nutzen ihrer Nachfahren bis in alle Ewigkeit genauso bewerten wie eigenen. Natürlich ist weder die eine noch die andere Interpretation zufriedenstellend, das Modell hat in dieser Form keinen Anspruch, auf intergenerative Verteilungsfragen anwendbar zu sein. Es geht vielmehr darum, die einfachstmögliche Annahme an das Konsumentenverhalten zu machen, um die technologische Seite des Wachstums möglichst kompakt abhandeln zu können.[17] Man beachte, daß bestimmte Annahmen an σ und

---

[16] Man kann zeigen, daß $1/\sigma$ der Substitutionselastizität zwischen Konsum in aufeinanderfolgenden Zeitpunkten entspricht (Blanchard und Fischer (1989, S.40)). Bei hoher Substitutionselastizität verlagern die Individuen viel Konsum in die Zukunft, d.h. hohes $1/\sigma$ bedeutet viel Ersparnis.

[17] Etwas mehr Struktur läßt sich in das Modell hineinbringen, indem man unterstellt, daß jedes Individuum – bei diskreter Zeit – zwei Perioden lebt. Diese Idee geht auf Allais (1947) und Samuelson (1958) zurück. Diamond (1965) integrierte solche sich überlappenden Generationen endlich lebender Konsumenten in das Neoklassische Wachstumsmodell. Drei Bemerkungen dazu: Erstens tauchen hier ernste Eindeutigkeits- und Stabilitätsprobleme auf (Azariadis (1993), Blanchard und Fischer (1989, Abschnitt 3.1)). Zweitens kann die Analyse auch in stetiger Zeit vorgenommen werden, indem konstante Sterbe-

3.4. Endogene Sparentscheidung

ρ gemacht werden müssen, damit das Integral konvergiert (d.h. einen endlichen Wert annimmt). Das Konzept der intertemporalen Nutzenfunktion geht auf Ramsey (1928) zurück. Ich folge im weiteren Cass (1965) und Koopmanns (1965).

Um die Budgetbeschränkung der Individuen aufstellen zu können, müssen die Faktoreinkünfte berechnet werden. Die beiden Faktoren, Arbeit und Kapital, mögen zu Wertgrenzprodukten entlohnt werden, wobei das Endprodukt als Numérairegut dient. D.h. der Zinssatz entspricht $r = \partial F(K, AL)/\partial K = f'(k)$, wie schon im Abschnitt zu dynamischer Ineffizienz verwendet. Die Faktoreinkünfte schöpfen wegen Linearhomogenität von F den Produktionswert voll aus:[18] $Y = rK + wL$. Der Lohnsatz entspricht daher $w = \partial F(K, AL)/\partial L = A(Y - rK)/(AL) = A[f(k) - kf'(k)]$.

Ferner gilt $\dot{K} = wL + rK - C$ oder in faktorintensiver Schreibweise:[19]

$$\dot{k} = [r - (m+n)]k + \frac{w-c}{A}. \tag{3.5}$$

Dies ist die gesuchte Budgetgleichung.[20] Die Konsumenten maximieren nun (3.4) unter der Nebenbedingung (3.5). Mit der Hamilton-Funktion

$$\mathcal{H} \equiv \frac{c^{1-\sigma} - 1}{1 - \sigma} + \lambda \left\{ [r - (m+n)]k + \frac{w-c}{A} \right\}$$

---

wahrscheinlichkeiten unterstellt werden, wie Blanchard (1985) – aufbauend auf Yaari (1965) – zeigte. Drittens zeigte Barro (1974) im Modell sich überlappender Generationen explizit, daß vollständiger intrafamiliärer intergenerationaler Altruismus äquivalent zu Maximierung über einen unbegrenzten Horizont ist: „current generations act effectively as though they were infinitely-lived when they are connected to future generations by a chain of operative intergenerational transfers" (Barro (1974, S.1097)).

[18] *Beweis:* Wegen konstanter Skalenerträge gilt für alle positiven λ: $\lambda F(K, AL) = F(\lambda K, \lambda AL)$. Weil dies für alle positiven λ gilt, kann nach λ abgeleitet werden:

$$F(K, AL) = K \frac{\partial F(\lambda K, \lambda AL)}{\partial (\lambda K)} + AL \frac{\partial F(\lambda K, \lambda AL)}{\partial (\lambda AL)}.$$

Insbesondere gilt also für $\lambda = 1$: $F(K, AL) = K \cdot \partial F/\partial K + AL \cdot \partial F/\partial (AL)$. Die Produktion entspricht der mit Grenzproduktivitäten gewichteten Summe der Faktoreinsatzmengen (das ist ein Spezialfall des Euler-Theorems über homogene Funktionen). Ohne technischen Fortschritt folgt das Faktorausschöpfungsergebnis durch $A = 1$-Setzen. Mit technischem Fortschritt ergibt es sich aus $\partial F/\partial L = A \cdot \partial F/\partial (AL)$.

[19] Man beachte, daß der Pro-Kopf-Konsum, c, nicht faktorintensiv definiert wurde. Man beachte auch, daß das Solow-Modell bei konstanter Sparquote ohne eine Annahme an die Faktorentlohnungen gelöst werden konnte. Unterstellt man auch dort die hier verwendete Grenzproduktivitätstheorie, dann ergeben sich r und w gemäß obigen Formeln aus dem Gleichgewichtspfad für die Kapitalintensität, k.

[20] Indem die verzinslichen Anlagen der Konsumenten mit dem Kapitalstock, K, gleichgesetzt wurden, wurde implizit angenommen, daß es keine „Seifenblasen" gibt, d.h. Wertpapiere, die nicht einen Anspruch auf ein physisches Gut verbriefen, sondern nur deshalb gekauft werden, weil erwartet wird, daß sie auch wieder verkauft werden können. Tirole (1982, 1985) zeigt, daß es derartige Wertpapiere in der hier beschriebenen Ökonomie mit unendlich lebenden Individuen tatsächlich nicht geben kann, wohl aber im Diamond-Modell sich überlappender Generationen.

ergeben sich die notwendigen Bedingungen aus dem Maximumprinzip (Theorem A.3 im Anhang):

$$\frac{\partial \mathcal{H}}{\partial c} = c^{-\sigma} - \frac{\lambda}{A} = 0 \tag{3.6}$$

$$\dot{\lambda} = \rho\lambda - \frac{\partial \mathcal{H}}{\partial k} = \lambda(\rho + m + n - r) \tag{3.7}$$

$$0 = \lim_{t \to \infty} e^{-\rho t} \lambda k. \tag{3.8}$$

λ gibt den Schattenpreis von Kapital an. (3.6) besagt dann, daß Output in seinen beiden Verwendungen, Konsum und Investition, den gleichen marginalen Nutzen bringen muß. (3.7) liefert die Veränderung des Schattenpreises von Kapital im Zeitablauf. (3.8) ist eine Transversalitätsbedingung. Man beachte, daß Konsum zunächst einen unendlichen Grenznutzen hat: $\lim_{c \to 0} c^{-\sigma} = \infty$. Folglich muß für alle $t \geq 0$ auf dem gleichgewichtigen Pfad $c(t) > 0$ sein. Schließlich sei beachtet, daß sowohl $(c^{1-\sigma} - 1)/(1-\sigma)$ als auch die Nebenbedingung (3.5) konkav in (c, k) ist. Damit sind die notwendigen Optimalitätsbedingungen (3.6)-(3.8) nach Mangasarians Theorem (Theorem A.2 im Anhang) hinreichend für ein Maximum.

Zunächst suchen wir wieder Pfade, die mit der Prämisse konstanter Wachstumsraten vereinbar sind. Aus (3.6) und (3.7) folgt zunächst

$$g_c = -\frac{\hat{\lambda} - m}{\sigma} = \frac{r - n - \rho}{\sigma}.$$

Dies ist die sogenannte *Ramsey-Regel*.[21] Sie beschreibt das Verhalten nutzenmaximierender Konsumenten im intertemporalen Kontext: Deren Pro-Kopf-Konsum wächst um so schneller, je höher der Ertrag r auf Ersparnis ist, je kleiner die Parameter ρ und σ sind und je weniger Individuen sich zukünftigen Konsum teilen müssen. (In allen folgenden Kapiteln wird $n = 0$ gewählt, womit sich die Ramsey-Regel zu $g_c = (r - \rho)/\sigma$ vereinfacht.) Um das System handhabbar zu machen, wird wie oben $\tilde{c} \equiv c/A$ als Pro-Kopf-Konsum in Effizienzeinheiten definiert. Mit $r = f'(k)$ folgt dann

$$g_{\tilde{c}} = \frac{f'(k) - (\sigma m + n) - \rho}{\sigma} \tag{3.9}$$

---

[21] Man kann die Ramsey-Regel auch ohne Rückgriff auf Verfahren der dynamischen Optimierung ermitteln, indem man (3.4) unter der Nebenbedingung maximiert, daß die Summe von Anfangsvermögen und Barwert der Arbeitseinkommen dem Barwert der Konsumausgaben entspricht: $K_0 + \int_0^\infty (wL - cL)e^{-R(t)}dt = 0$, wobei $R(t) \equiv \int_0^t r(\tau)d\tau$ der kumulierte Zins ist. Mit μ als Lagrange-Multiplikator erhält man als notwendige Bedingungen $e^{-\rho t}c^{-\sigma} - \mu L e^{-R(t)} = 0$ für alle $t \geq 0$. Logarithmisches Differenzieren liefert $g_c = (r - n - \rho)/\sigma$ (denn μ ist konstant). Die Sparentscheidung der Konsumenten ist in dieser Arbeit in allen Modellen *ausgenommen die, in denen endogen Humankapital akkumuliert wird*, das einzige dynamische Optimierungsproblem. Man kann dann die Gleichgewichtsanalyse nachvollziehen, ohne die kontrolltheoretischen Grundlagen aus dem Anhang zu kennen. Bei endogenem Humankapital braucht man aber die Kontrolltheorie, ohne die auch alle Wohlfahrtsanalysen nicht nachzuvollziehen sind.

3.4. Endogene Sparentscheidung

Eine zweite Differentialgleichung in $\tilde{c}$ und k erhält man, indem man $\tilde{c} = (1-s)f(k)$ in (3.3) berücksichtigt ((3.3) wurde ohne die Annahme einer konstanten Sparquote hergeleitet):

$$\dot{k} = f(k) - (m+n)k - \tilde{c}. \tag{3.10}$$

(3.9) und (3.10) bilden zusammen ein System von zwei autonomen Differentialgleichungen in $\tilde{c}$ und k, dessen Lösung die gleichgewichtigen Trajektorien des Modells beschreibt. Zunächst betrachte ich wieder ein Steady state, in dem alle Variablen mit konstanter Rate wachsen. Soll $\tilde{c}$ mit konstanter Rate wachsen, so muß nach (3.9) die Kapitalintensität in Effizienzeinheiten, k, konstant sein. (3.10) verlangt dann, daß $\tilde{c}$ ebenfalls konstant ist. Wie im einfacheren Modell mit konstanter Sparquote wachsen dann Kapital und Konsum mit der gleichen Rate wie Arbeit in Effizienzeinheiten, $m+n$. Gemäß $Y = \dot{K} + C$ wächst auch die Produktion mit Rate $m+n$. Die entsprechenden Pro-Kopf-Größen wachsen demnach, wie gehabt, mit der Fortschrittsrate, m. Man beachte, daß Konvergenz des Integrals (3.4) im Steady state mithin $(1-\sigma)m < \rho$ verlangt. Diese Bedingung wird im folgenden als erfüllt vorausgesetzt (hinreichend dafür ist $\sigma \geq 1$).

Existenz eines solchen Steady states verlangt, daß es positive Werte von $\tilde{c}$ und k gibt, so daß $g_{\tilde{c}}$ in (3.9) und $\dot{k}$ in (3.10) simultan verschwinden. $g_{\tilde{c}} = 0$ gilt für $k = k^*$, wobei k^* durch $f'(k^*) \equiv \rho + (\sigma m + n)$ definiert ist. Weil die linke Seite dieser Gleichung gemäß den Inada-Bedingungen von Unendlich auf Null fällt, existiert eine eindeutige Lösung k^*. $\dot{k}$ verschwindet für

$$\tilde{c} = f(k) - (m+n)k \equiv \chi(k).$$

Die Existenz eines Steady states folgt also aus $\tilde{c}^* \equiv f(k^*) - (m+n)k^* > 0$. Betrachte Abbildung 3.3, um zu sehen, daß diese Bedingung erfüllt ist. Die Kurve $\chi(k)$ ähnelt formal $\varphi(k)$. Sie beginnt im Ursprung mit unendlicher Steigung, erreicht ein Maximum, wo $f'(k) \equiv m+n$ gilt, und wird negativ, wo $f(\tilde{k}) = (m+n)\tilde{k}$ gilt. Wegen Konkavität von f und der Bedingung für Konvergenz von (3.4), $\rho + \sigma m > m$, gilt

$$f'(k^*) = \rho + (\sigma m + n) > m + n = \frac{f(\tilde{k})}{\tilde{k}} > f'(\tilde{k})$$

und mithin $k^* < \tilde{k}$. Es gibt folglich in Abbildung 3.3 ein eindeutiges Steady state $(k^*, \tilde{c}^*)$.

Es bleibt zu zeigen, daß dieses Steady state stabil ist. Dies geht wiederum aus dem Phasendiagramm in Abbildung 3.3 hervor. Gemäß (3.9) ist $\tilde{c}$ auf der Vertikalen k^* konstant, steigt links davon und sinkt rechts davon. Ferner ist $\dot{\tilde{c}} = 0$ für $\tilde{c} = 0$, entlang der k-Achse also. (3.10) impliziert $\dot{k} = 0$ auf $\chi(k)$, $\dot{k} > 0$ darunter und $\dot{k} < 0$ darüber. Die beiden stationären Loki teilen den positiven Orthanten in vier Regionen ein. Die Richtung der Trajektorien in den einzelnen Bereichen ist in Abbildung 3.3 durch

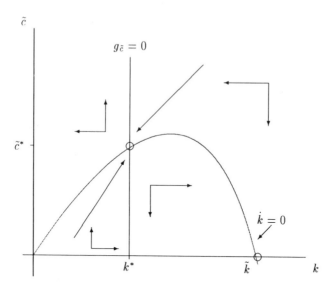

Abbildung 3.3: Gleichgewicht bei endogener Sparentscheidung

die rechtwinkligen Doppelpfeile illustriert. Man sieht, daß ein Sattelpfad in das Steady state $(k^*, \tilde{c}^*)$ existiert. D.h.: Für jede Anfangsausstattung k_0 existiert eine Trajektorie, auf der sich die Ökonomie asymptotisch dem Steady state nähert.[22]

Nun kann in der Tat ausgeschlossen werden, daß die Ökonomie *nicht* den Sattelpfad verfolgt. (a) Betrachte zunächst Trajektorien $(k, \tilde{c})$, die unterhalb des Sattelpfades beginnen. Gemäß Abbildung 3.3 konvergieren all diese Pfade gegen den Punkt $(\tilde{k}, 0)$ (denn die k-Achse ist ein $\tilde{c} = 0$-Lokus). Nach endlicher Zeit t ist also auf diesen Pfaden $\tilde{c}(\tau) < \tilde{c}^*$ und $k(\tau) > k^*$ für alle $\tau \geq t$. Eine solche Strategie kann natürlich nicht optimal sein. Es wäre vorteilhaft, das Planungsproblem zu unterbrechen, sobald dieser Fall eintritt, und dann auf dem Sattelpfad neu zu beginnen. So würde ein höheres Nutzenniveau realisiert, denn wegen $k > k^*$ wäre der fallende Teil des Sattelpfads relevant, so daß $\tilde{c}(\tau) > \tilde{c}^*$ für alle τ ist, während ohne diese Planrevision $\tilde{c}(\tau) < \tilde{c}^*$ gälte. (Wie bei der Erörterung des Problems dynamischer Ineffizienz ist mit dem Pro-Kopf-Konsum *in Effizienzeinheiten*, $\tilde{c}$,

---

[22] Man kann den Sattelpfad in linearer Approximation explizit berechnen (siehe z.B. Barro and Sala-i-Martin (1992a)) und einer empirischen Überprüfung unterziehen. Man sieht dann, daß der Anteil von Arbeit am Volkseinkommen rund 1/3 betragen muß, damit sich die richtige Anpassungsgeschwindigkeit ergibt. Diese Beobachtung kann als eine Motivation für die Neue Wachstumstheorie verstanden werden: Weil der Anteil der Kapitaleinkommen auch rund 1/3 ist, bleibt eine Lücke von 1/3. Die läßt sich durch externe Effekte von Kapital (Kapitel 4) oder durch die Einbringung von Humankapital (Kapitel 5) füllen (siehe Romer (1987, 1994) und Mankiw (1995)).

3.4. Endogene Sparentscheidung

auch der Pro-Kopf-Konsum, $c \equiv A\tilde{c}$, stets größer, weil A exogen ist.) (b) Betrachte nun Trajektorien $(k, \tilde{c})$, die über dem Sattelpfad beginnen. Diese Pfade erreichen nach endlicher Zeit t die Ordinate (die kein $\dot{k} = 0$-Lokus ist), mithin $k = 0$. Dann ist aber $(k(\tau), \tilde{c}(\tau)) = (0,0)$ für alle $\tau \geq t$, weil ohne Kapital Produktion gemäß den Inada-Bedingungen nicht möglich ist. Das kann wiederum nicht optimal sein, weil, wie gesagt, der Konsum wegen zunächst unendlicher Grenznutzen in jedem Zeitpunkt positiv sein muß.

Gemäß (3.6) ist im Steady state $\hat{\lambda} = (1-\sigma)m \cdot e^{-\rho t}\lambda$ wächst folglich mit Rate $(1 - \sigma)m - \rho < 0$. Da ferner k langfristig konstant ist, ist die Transversalitätsbedingung (3.8) erfüllt. Damit ist folgendes Resultat bewiesen[23] (ein Beweis lokaler Stabilität findet sich im Appendix zu diesem Kapitel):

SATZ 3.3 *(Cass (1965), Koopmanns (1965)): Auch bei endogener Sparentscheidung existiert im Solow-Modell ein eindeutiges und global stabiles Steady-state-Gleichgewicht, in dem Kapitalintensität und Arbeitsproduktivität mit der Fortschrittsrate m wachsen.*[24]

An dieser Stelle seien noch einige Worte zum Konsumentenverhalten, zur Stabilität des Gleichgewichts und zu Steady-state-Wachstum gesagt.

Perfekte Voraussicht oder rationale Erwartungen

Das Nutzenmaximierungskalkül der Konsumenten ist recht komplex. Das Steady state kann nur erreicht werden, wenn die Ökonomie auf ihrem Sattelpfad entlanggeht (alle anderen Trajektorien divergieren kumulativ vom Steady state). Das setzt natürlich voraus, daß die Gestalt des Sattelpfads bekannt ist. Wörtlich genommen müssen die Konsumenten also genau die Stabilitätsanalyse durchführen, die hier den laufenden Abschnitt 3.4 füllte. Sie müssen dann den Sattelpfad bei der vorhandenen Kapitalintensität auswerten und entsprechend den anfänglichen Konsum wählen. M.a.W.: *Die Konsumenten müssen das Modell, das sie bevölkern, kennen und durchschauen* (oder zumindest sich so verhalten, als ob sie das könnten). Diese hier implizit unterstellte Eigenschaft bezeichnet man als *perfekte Voraussicht* oder als *rationale Erwartungen*.[25] Das vorliegende Modell ist eben-

---

[23] Koopmanns (1965) weist darauf hin, daß dieser Satz unabhängig von dem russischen Ökonomen Pugachev (1963) abgeleitet wurde.

[24] Es gibt im hier vorgestellten Modell kein Geld. Die Faktorpreise sind durch die reale Sphäre der Ökonomie vollständig bestimmt (relativ zum Konsumgüterpreis ausgedrückt), Geld ist neutral. Sidrauski (1967) erweitert das Modell um Geld in der Nutzenfunktion und erhält als Resultat „Superneutralität": Die realen Größen sind unabhängig von der Wachstumsrate der Geldmenge. Benhabib und Nishimura (1979) beweisen, daß bei Vorliegen mehrerer Produktionssektoren das Gleichgewicht Zyklen aufweisen kann. Etwas leichter handhabbar ist zyklische Dynamik bei intertemporaler Maximierung in zeitdiskreten Mehrsektorenmodellen (s. Benhabib und Nishimura (1985)).

[25] Unterstellt man in einem Modell mit Unsicherheit, daß die Individuen das Modell kennen und verstehen, so spricht man von rationalen Erwartungen, nicht aber von perfekter Voraussicht; perfekte Voraussicht kann nur in nicht-stochastischen Modellen vorliegen, rationale Erwartungen auch bei Unsicherheit. Fürsprecher von rationalen Erwartungen

sowenig einfach zu handhaben wie die Modelle in den folgenden Kapiteln. Dennoch habe ich hier perfekte Voraussicht unterstellt und werde das auch in allen folgenden Modellen tun. Gegeben den Umstand, daß Volkswirte existieren, die nicht Experten in Wachstumstheorie sind, und – schlimmer noch – Konsumenten, die nicht Volkswirte sind, ist es schwer, ernsthaft zu behaupten, diese Annahme sei vernünftig.[26] Will man aber im intertemporalen Kontext Maximiererverhalten modellieren, so ist man auf derartige Annahmen angewiesen. Zudem erscheint, gemessen an perfekter Voraussicht, im Wachstumskontext jede andere Annahme über Erwartungsbildung nicht weniger kritisch: Wenn die Individuen nicht rationale Erwartungen haben, d.h. wenn sie „falsche" Erwartungen über das Modell, in dem sie sich befinden, haben, in welcher Hinsicht irren sie sich, was entgeht ihnen? Man sollte daher die Ergebnisse nicht zu wörtlich nehmen und das unterstellte Konsumentenverhalten als simplifizierende Arbeitshypothese begreifen, die es erlaubt, einen positiven Zusammenhang zwischen Zinssatz und Ersparnis herzustellen.[27] Solow (1994, S.49) selbst hält angesichts dessen die Endogenisierung der Sparquote für „wertlos", weil sie keine neuen Aufschlüsse liefert. Bezogen auf das Solow-Modell ist das richtig. Sobald aber eine weitere Entscheidung, z.B. über Humankapitalakkumulation, zu treffen ist, scheint man um einen solchen intertemporalen Bewertungsmaßstab nicht umhin zu können.

Sattelpunktstabilität

Das Steady-state-Gleichgewicht im Solow-Modell ist ein Sattelpunkt, d.h. es existiert für jede gegebene Anfangsausstattung an Kapital exakt ein Pfad,

---

halten die im Text eingeklammerte Als-ob-Annahme für schwächer. Sie vergleichen nutzenmaximierende Konsumenten mit Billardspielern, die spielen, als ob sie diverse physikalische Gesetzmäßigkeiten kennen, die sie aber explizit nie gelernt haben. Bringt man, Brock und Mirman (1972) folgend, Unsicherheit über die Produktionsfunktion in das Modell ein, so gelangt man zur sogenannten Real-business-cycle-Theorie (Kydland und Prescott (1982), Long und Plosser (1983), Blanchard und Fischer (1989, Kap.7)), die eine (unbefriedigende) Verbindung von Wachstum und Konjunkturzyklen herstellt. Ein interessantes Ergebnis zu Erwartungsbildungsprozessen liefert die sogenannte Sonnenflecken-Theorie (Azariadis (1981), Cass und Shell (1983)): Angenommen die Fundamentaldaten (Präferenzen, Technologien und Faktorausstattungen) einer Überlappende-Generationen-Ökonomie sind nicht stochastisch, aber die Individuen *glauben* dennoch, daß die Marktpreise von einer Zufallsvariablen abhängen, z.B. der momentanen Anzahl von Sonnenflecken, dann kann dieser Glaube selbsterfüllend sein, und die gleichgewichtige Allokation hängt tatsächlich von dem eigentlich irrelevanten Zufallsmechanismus ab.

[26] Schwerer noch wiegt dieses Argument in Modellen mit komplexerer, z.B. zyklischer, Dynamik wie dem oben angesprochenen Benhabib-Nishimura-Modell (s. auch Futugami (1993) und Greiner und Semmler (1996)). Zu Wachstumsmodellen mit zyklischer Dynamik sei zudem angemerkt, daß das Vorhandensein langfristiger (Kondratieff-) Zyklen nicht nachgewiesen ist und stark angezweifelt wird (s. Maddison (1982, S.83)).

[27] Schließlich geht es im Wachstumskontext auch mehr um die technologische Seite der Ökonomie. Wichtiger ist die Frage, ob Erwartungen rational sind oder nicht, z.B. bei der Beantwortung der Frage, ob es einen Trade-off zwischen niedriger Arbeitslosigkeit und geringer Inflation, d.h. eine fallende Phillips-Kurve, gibt (s. Lucas (1977)).

3.4. Endogene Sparentscheidung

der in das Steady state führt. Alle anderen Trajektorien divergieren kumulativ. D.h. startet die Ökonomie ein kleines Stück abseits des Sattelpfads, dann landet sie schlußendlich nicht ein kleines Stück abseits des Steady states, sondern entfernt sich weiter und weiter davon. Man mag daher Sattelpunktstabilität für ziemlich instabil (in einem umgangssprachlichen Sinne) halten. Und dieser Eindruck würde nicht nur auf das Solow-Modell zutreffen, sondern auch auf alle weiteren Modelle, die hier im folgenden entwickelt werden, denn auch die Wachstumsgleichgewichte in den folgenden Kapiteln sind allesamt Sattelpunkte. Bei näherem Hinsehen erweist sich Sattelpunktstabilität aber als natürliche Stabilitätseigenschaft in den hier geschilderten Modellen. Die Alternative wäre Stabilität in dem Sinne, daß nicht einer, sondern *alle* Pfade in einer Umgebung des Steady states gegen das Steady state konvergieren. Dann hätte man aber ein ernstes Uneindeutigkeitsproblem: Wenn in Abbildung 3.3 alle Pfade um das Steady state konvergieren würden – und alle diese Pfade erfüllen ja per Konstruktion alle Gleichgewichtsbedingungen –, wie wäre dann der Konsum zu wählen? Allgemeiner: Wenn in einem Wachstumsmodell das Steady state im oben beschriebenen Sinne stabil ist, wie ist dann, gegeben die Faktorausstattungen, der Konsum zu wählen? Bei Vorliegen eines sattelpunktstabilen Steady states stellt sich diese Frage nicht; Konvergenz ist *möglich*, und das dazu notwendige Verhalten ist *eindeutig* bestimmt. Sattelpunktstablität bedeutet in einem dynamischen Kontext mit einer frei wählbaren Variablen Eindeutigkeit des gleichgewichtigen Pfades.

Planrevisionen

Eine weitere Bemerkung: Ich habe unterstellt, daß die Konsumenten ihr Nutzenmaximierungskalkül im Zeitpunkt $t = 0$ lösen und sich anfolgend dementsprechend verhalten. Damit stellt sich die Frage, ob eine Planrevision nicht nutzbringend sein kann. Die Antwort ist „nein". Angenommen, die Konsumenten folgten, wie in $t = 0$ geplant, eine Zeitlang dem Sattelpfad in Richtung Steady state. Was passiert, wenn sie nun die Ausführung ihres optimalen Programms abbrechen und sich fragen, was optimal zu tun ist? Der Einfachheit halber beginnen sie eine neue Zeitrechnung und erklären das aktuelle Datum wieder zu $t = 0$. Sie maximieren nun ihren intertemporalen Nutzen bis in alle Zukunft, gegeben den inzwischen akkumulierten Kapitalstock. Als Lösung dieses Maximierungskalküls erhalten sie den Sattelpfad, dem sie bis dahin schon gefolgt sind (denn die Parameter der Ökonomie haben sich nicht geändert), und die Anweisung, auf dem durch den vorhandenen Kapitalstock determinierten Punkt des Sattelpfades zu starten. Das ist aber genau der Punkt, an dem die Ausführung des ursprünglichen Plans abgebrochen wurde (denn die Entscheidung, neu zu optimieren, beläßt den Kapitalstock unverändert). D.h.: Nach der neuen Planung agieren die Konsumenten exakt so, wie es ohnehin geplant war.

Eine Planrevision ist nicht nutzbringend.[28]

Steady-state-Wachstum

Im Laufe der Zeit balancieren also die hochintelligenten Konsumenten gemäß ihrer $t = 0$-Planung auf dem Sattelpfad in Richtung Steady state. Asymptotisch wachsen schließlich alle Variablen mit konstanter Rate. Auch diese Eigenschaft wird sich in allen folgenden Modellen wiederfinden. Daher die Frage: Wie sinnvoll ist diese Konzeption langfristigen Wachstums? Die Antwort wurde bereits in Abschnitt 2.1 gegeben. Hier soll der Trend der Entwicklung des Sozialprodukts erklärt werden. Die wohl beste Beschreibung, die stilisierte mathematische Modelle dabei leisten können, ist Wachstum mit konstanten Raten, d.h. Steady-state-Wachstum.

3.5 Wohlfahrt

Satz 3.3 ist nicht besonders interessant. Denn im Steady state des Modells mit Nutzenmaximierung ist die Sparquote $s^* \equiv 1 - \tilde{c}^*/f(k^*)$ konstant, und man ist praktisch zurück im Solow-Modell mit *annahmegemäß* konstanter Sparquote. Das Konzept der intertemporalen Nutzenmaximierung ist aber in der Wachstumstheorie von zentraler Bedeutung, weil es einen probaten Maßstab für Wohlfahrtsanalysen darstellt: Ein Wachstumspfad wird als *effizient (optimal)* bezeichnet, wenn er die intertemporale Nutzenfunktion (3.4) gegeben die technologischen Restriktionen und Anfangsausstattungen maximiert. Weil wir stets annehmen, daß alle Individuen identisch sind, ist dies gleichbedeutend mit Pareto-Effizienz.

Als dritte und letzte Annahme über den Konsumpfad c nehmen wir nun an daß er optimal gewählt wird. Es läßt sich dann zeigen:

SATZ 3.4: *Das Gleichgewicht mit endogenem Sparverhalten ist effizient.*

Beweis: Gemäß obiger Definition besteht das Optimierungskalkül darin, (3.4) unter den Nebenbedingungen (3.10) und $k(0) = k_0$ zu maximieren. Die Hamilton-Funktion für dieses Problem lautet

$$\mathcal{H} = \frac{c^{1-\sigma} - 1}{1 - \sigma} + \lambda \left[f(k) - (m+n)k - \frac{c}{A} \right].$$

Notwendige Optimalitätsbedingungen sind mithin

$$\frac{\partial \mathcal{H}}{\partial c} = c^{-\sigma} - \frac{\lambda}{A} = 0 \tag{3.11}$$

$$\dot{\lambda} = \rho\lambda - \frac{\partial \mathcal{H}}{\partial k} = \lambda[\rho + m + n - f'(k)] \tag{3.12}$$

---

[28] Das macht auch der Beweis des Maximumprinzips im Anhang klar. Bei Vorliegen von Unsicherheit müssen die Individuen dagegen in jedem Zeitpunkt neu planen, um die Abweichungen von realisierten Zufallsvariablen und A-priori-Erwartungen zu verarbeiten. Die hier vorgestellten Modelle enthalten aber, wie gesagt, allesamt keine (nicht wegzudiversifizierende) Unsicherheit.

sowie die übliche Transversalitätsbedingung. Weil neben der Nutzenfunktion auch die Nebenbedingung (3.10) konkav ist, sind diese Bedingungen erneut hinreichend für ein Maximum. Aus (3.11) und (3.12) folgt

$$g_{\tilde{c}} = -\frac{\hat{\lambda} - m}{\sigma} = \frac{f'(k) - (\sigma m + n) - \rho}{\sigma},$$

d.h. Gleichung (3.9). Ebenso wie das Wachstumsgleichgewicht wird also der optimale Pfad durch das System (3.9), (3.10) determiniert. Folglich sind optimaler und gleichgewichtiger Pfad identisch. q.e.d.

Dieses Ergebnis ist nicht überraschend, denn es wurde ein System vollkommener Märkte vorausgesetzt. In vielen Modellen ohne Marktunvollkommenheiten wird deshalb das Marktgleichgewicht von vornherein als Lösung des Wohlfahrtsmaximierungsproblems *definiert*.

Kommen wir abschließend nochmals kurz auf die Goldene Regel und dynamische Ineffizienz zurück. Zur Erinnerung: Die Goldene Regel gab als Bedingung für maximalen Steady-state-Konsum Gleichheit von Zins und Wachstumsrate an: $f'(k) = g$, bei höherer Kapitalintensität liegt dynamische Ineffizienz vor. Im gerade abgeleiteten Optimum des Solow-Modells (und damit auch im Gleichgewicht) ist die langfristige Kapitalintensität direkt durch die Lage des $g_{\tilde{c}} = 0$-Lokus bestimmt: $f'(k^*) = g + \rho$. Das hat zwei interessante Implikationen. Erstens: Wegen fallender Grenzproduktivitäten und $\rho > 0$ ist k^* kleiner als die Goldene-Regel-Kapitalintensität. Im Optimum liegt also – natürlich – nie dynamische Ineffizienz vor.[29] Zweitens: Wird ρ klein, so nähert sich k^* mehr und mehr der Goldenen-Regel-Kapitalintensität an (die Diskontierung darf hier nicht auf Null sinken, weil dann der Nutzen (3.4) nicht mehr endlich wäre).[30]

3.6 Politikmaßnahmen

Das Wachstumsgleichgewicht des Solow-Modells in der oben dargelegten Form ist effizient, daher besteht kein Anlaß zu staatlicher Intervention und damit kein Bedarf, Steuern zu erheben. Das ändert sich natürlich in dem Moment, in dem öffentliche Güter, defizitäre öffentliche Unternehmen oder der Wunsch nach Umverteilung eingebracht werden. In diesem Sinne untersuche ich in diesem Abschnitt, wie sich Staatstätigkeit auf das Wachs-

---

[29] Im Diamond-Modell kann dagegen trotz Nutzenmaximierung dynamische Ineffizienz vorliegen.

[30] Ramsey (1928, S.543) hielt Diskontierung des Nutzens zukünftiger Generationen für „ethisch nicht vertretbar". Ihm gelang es, auch ohne Diskontierung einen optimalen Pfad zu berechnen, indem er den intertemporalen Nutzen als Abweichung vom Nutzen im Goldene-Regel-Gleichgewicht kalkulierte. Die Ökonomie konvergiert dann langfristig gegen das Goldene-Regel-Steady-state, wie es der $\rho \to 0$-Grenzfall hier bereits andeutet (vgl. auch Koopmanns (1965 Abschnitt 6, Shell (1969) sowie Barro und Sala-i-Martin (1995, S.507-8)).

tumsgleichgewicht auswirkt. Ich folge dabei im wesentlichen Blanchard und Fischer (1989, Abschnitt 2.3).

Pauschalsteuern und Staatskonsum
Möge der Staat zunächst einen exogen vorgegebenen und im Zeitablauf konstanten Anteil $\gamma \in (0,1)$ der Produktion Y als ein öffentliches Gut (öffentlichen Konsum) G bereitstellen.[31] Das öffentliche Konsumgut gehe nicht in die Nutzenfunktion (3.4) ein. Dies ist die einfachste Möglichkeit, Steuern in das Modell zu integrieren. Streng genommen folgt aus dieser Annahme, daß die Bereitstellung sinnlos ist. Will man diese Implikation umgehen, so muß man unterstellen, daß nicht U aus (3.4) den intertemporalen Nutzen der Haushalte angibt, sondern $U + \Gamma$, wobei Γ eine Funktion des Staatskonsums, $G(t)$ ($t \geq 0$), ist. Das hat erstens zur Folge, daß – wegen der additiven Separierbarkeit der Nutzenfunktion – das Nutzenmaximierungskalkül der Konsumenten Gültigkeit behält. Und zweitens ist nun die Bereitstellung des öffentlichen Konsums dann sinnvoll, wenn Γ eine hinreichend starke Präferenz dafür widerspiegelt. Ich verzichte hier und in den folgenden Kapiteln auf den Hinweis auf diese Interpretation.

Als direkte Konsequenz variiert die Übergangsgleichung für den Kapitalstock zu

$$\dot{K} = Y - G - C = (1-\gamma)Y - C. \tag{3.13}$$

Investiert wird der Teil der Produktion, der nicht konsumiert *und nicht staatlich absorbiert* wird. Die Übergangsgleichung für die Kapitalintensität in Effizienzeinheiten, $k \equiv K/(AL)$, lautet damit analog zu (3.10)

$$\dot{k} = (1-\gamma)f(k) - (m+n)k - \tilde{c}. \tag{3.14}$$

Wir nehmen zunächst an, daß der Staat sich mit *Pauschalsteuern (Lumpsumsteuern)* finanzieren kann, d.h. er kann individuelle Steuerzahlungen fixieren, die nicht an Aktionsparameter der Individuen gebunden sind. Ferner gebe es kein Budgetdefizit, so daß die Steuereinnahmen, T, stets den Ausgaben, G, entsprechen müssen. Die Budgetrestriktion der Konsumenten variiert damit zu $\dot{K} = rK + wL - T - C$ oder in faktorintensiver Schreibweise

$$\dot{k} = [r - (m+n)]k + \frac{w - t_l - c}{A},$$

wobei $t_l \equiv T/L$ die Pauschalsteuerzahlung pro Kopf bezeichnet. Wie oben liefert die Maximierung des intertemporalen Nutzens (3.4) die Ramsey-Bedingung $g_c = (r - n - \rho)/\sigma$ und damit Gleichung (3.9) für die Änderung des Konsums im Zeitablauf:

$$g_{\tilde{c}} = \frac{f'(k) - (\sigma m + n) - \rho}{\sigma},$$

---

[31] Hier wird implizit die Annahme gemacht, daß öffentlicher Konsum durch die gleiche Produktionsfunktion gekennzeichnet ist wie privater. Das ist für die Ergebnisse natürlich nicht essentiell.

denn die Berücksichtigung von Steuern berührt weder die Ableitung der Hamilton-Funktion nach c noch die nach k. (3.9) und (3.14) bestimmen gemeinsam das Gleichgewicht des Modells im $(k,\tilde{c})$-Raum. Das Gleichgewicht ist wieder von Abbildung 3.3 illustriert. Mit (3.9) bleibt der $g_{\tilde{c}} = 0$-Lokus im Vergleich zum Fall ohne Steuern unverändert, er ist weiterhin durch die Vertikale bei $k = k^*$ beschrieben. Der $\dot{k} = 0$-Lokus ist nach (3.14) als $\tilde{c} = (1-\gamma)f(k) - (m+n)k$ gegeben. Er verschiebt sich bei Einführung von steuerfinanzierten Staatsausgaben ($\gamma > 0$) nach unten. Damit folgen zwei wichtige Ergebnisse für das Wachstumsgleichgewicht. Erstens: Das Steady state in Abbildung 3.3 verschiebt sich (bei qualitativ unveränderter Anpassungsdynamik) entlang des (vertikalen) $g_{\tilde{c}} = 0$-Lokus nach unten. D.h.: Die gleichgewichtige Kapitalintensität bleibt gleich, aber der Pro-Kopf-Konsum (jeweils in Effizienzeinheiten) wird von Staatskonsum 1:1 verdrängt. Zweitens: Im Steady state sind weiterhin k und $\tilde{c}$ konstant, Kapitalstock, Konsum und Sozialprodukt wachsen wie gehabt mit Rate $m+n$. Die Lumpsumsteuer hat also keine langfristigen Wachstumsrateneffekte. Man beachte auch, daß eine Arbeitseinkommensteuer wie eine Pauschalsteuer wirkt, weil das Arbeitsangenot annahmegemäß unelastisch ist.

Staatsverschuldung
Im nun folgenden Abschnitt wird die Forderung fallen gelassen, daß das Staatsbudget ausgeglichen ist. Neben Lumpsumsteuern T möge sich der Staat durch die Emission von Wertpapieren verschulden können. Die resultierende Staatsverschuldung wird mit D bezeichnet. Die Wertpapierhaltung, B, der Konsumenten entspricht dann der Summe von Ansprüchen auf Kapital, K, und Staatsverschuldung, D: $B \equiv K + D$. Damit seine Wertpapiere nachgefragt werden, muß der Staat die Verzinsung r leisten, die auch mit Ansprüchen auf Kapital realisiert wird. Damit lautet die Budgetrestriktion der Konsumenten: $\dot{B} = rB - T - C$. Wieder erhält man als Bedingung für ein optimales Konsumprofil die Ramsey-Regel $g_c = (r - n - \rho)/\sigma$ und damit (3.9). Mit der Übergangsgleichung (3.13) behält aber auch (3.14) Gültigkeit, und wie im Fall ohne Staatsverschuldung beschreibt das System (3.9), (3.14) den gleichgewichtigen Wachstumspfad. Mit Staatsverschuldung ergibt sich also das gleiche Gleichgewicht wie ohne. Mit anderen Worten: Es ist unerheblich, zu welchen Teilen ein gegebenes Budget G durch Lumpsumsteuern und zu welchem Teil durch Staatsverschuldung finanziert wird. Dies ist das berühmte *Ricardianische Äquivalenztheorem*.

Intuitiv läßt sich das Theorem wie folgt erklären. Bei gegebenem Staatsausgabenprofil, $G(t), t \geq 0$, ist auch der Barwert der Staatsausgaben fixiert. Da Staatsverschuldung aus dem Staatshaushalt bedient werden muß, entspricht der Barwert der Staatsausgaben auch dem Barwert der Steuereinnahmen $T(t), t \geq 0$. Rationale Individuen antizipieren mithin, daß eine Defizitfinanzierung von Staatsausgaben heute zu erhöhtem Steuerbedarf morgen führt. Dieser Einschränkung ihres Budgets in der Zukunft begegnen sie mit Mehrersparnis und Minderkonsum in der Gegenwart, sie erhöhen ihre private Ersparnis um genau den Betrag öffentlicher Verschuldung. Mit anderen Worten: Bei ihrer intertemporalen Maximierung lassen sie sich vom Staat nicht „dazwischenfunken".

Dieses Argument macht auch direkt die Grenzen des Äquivalenztheorems deutlich. Erstens wird von den Individuen ein unrealistisches Maß an Rationalität verlangt; sie müssen den beschriebenen Mechanismus verarbeiten. Und zweitens hängt das Resultat entscheidend davon ab, daß über einen unendlichen Zeithorizont maximiert wird; ist dies nicht der Fall, dann hat das Staatsbudget einen Einfluß auf die individuellen Budgets, sofern Teile der Staatsschuld jenseits des individuellen Horizonts getilgt werden.[32] D.h.: Wird die Annahme unendlicher Lebzeiten oder vollständigen intrafamiliären Altruismus aufgegeben, dann verliert das Staatsschuldneutralitätstheorem seine Gültigkeit. Dies bekräftigt die oben eingenommene Sichtweise, daß das vorgestellte Modell nicht geeignet ist, um intergenerative Verteilungsfragen zu behandeln.

Rentenversicherung

Man kann sich auch leicht die Auswirkungen eines umlagefinanzierten Rentensystems auf das Wachstumsgleichgewicht klarmachen. Staatlich garantierte Rentenzahlungen vermindern die Anreize, durch eigene Ersparnis Altersvorsorge zu treffen. Bei Umlagefinanzierung, d.h. Zahlung der Renten aus laufenden Einnahmen, wird diesem Rückgang an Ersparnis nicht durch staatliche Ersparnis entgegengewirkt (wie beim Kapitaldeckungsverfahren). Man kann die Einführung eines umlagefinanzierten Rentensystems also – grob – als eine Reduktion der Sparquote, s, im Solow-Modell (mit konstanter Sparquote) abbilden. Gemäß Abbildung 3.2 reduziert das Rentensystem den Steady-state-Kapitalstock, k, und damit die Steady-state-Arbeitsproduktivität, $y = f(k)$, ohne allerdings die gleichgewichtige Wachstumsrate nachhaltig zu beeinflussen.[33]

Kapitaleinkommensteuer

Von besonderem Interesse sind in Wachstumsmodellen Steuern, die direkt die Akkumulationsanreize beeinflussen. Daher sei hier abschließend eine Kapitaleinkommensteuer betrachtet: Die Kapitaleinkünfte der Konsumenten,

---

[32] In den oben angesprochenen Modellen mit sich überlappenden Generationen endlich lebender Konsumenten gibt es dementsprechend keine Ricardianische Äquivalenz. Hier wirkt Staatsverschuldung ersparnismindernd. Diamond (1965) stellte heraus, daß damit der Überkapitalisierung bei dynamischer Ineffizienz entgegengewirkt werden kann.

[33] Feldstein (1974, 1982) bemerkt, daß die Einrichtung eines Rentensystems auch einen ersparniserhöhenden (Einkommens-) Effekt hat: Die Verrentung erfolgt früher, daher wird für eine längere Rente gespart. Mit empirischen Schätzungen kommt Feldstein aber zu dem Ergebnis, daß der ersparnismindernde (Substitutions-) Effekt klar dominiert. Für eine interessante Analyse von Rentensystemen im Rahmen des Überlappende-Generationen-Modells siehe Samuelson (1975).

3.6. Politikmaßnahmen

rK, mögen dem konstanten Steuersatz $t_K > 0$ unterworfen sein.[34] Da die resultierenden Steuereinnahmen $Z \equiv t_K rK$ nicht im Zeitablauf konstant sind, wird nun die Annahme aufgegeben, daß ein vorgegebenes Budget G zu finanzieren ist. Statt dessen möge das Steueraufkommen als Lumpsumzahlung an die Konsumenten zurückgegeben werden (so daß das staatliche Budget ausgeglichen ist). Zum einen bewirkt dies, daß wieder $\dot{K} = Y - C$ als Übergangsgleichung für den Kapitalstock gilt, damit – wie im Solow-Modell – (3.10) die Änderung der Kapitalintensität im Zeitablauf angibt und so der $\dot{k} = 0$-Lokus in Abbildung 3.3 unberührt bleibt. Zum anderen erhält man als Budgetrestriktion der Individuen $\dot{K} = (1 - t_K)rK + wL + Z - C$ oder

$$\dot{k} = [(1 - t_K)r - (m+n)]k + \frac{z+w-c}{A}$$

mit $z \equiv Z/L$ als Pro-Kopf-Transferzahlung aus dem Steueraufkommen. Weil die Besteuerung die Verzinsung des Kapitals betrifft, ergibt sich hier als Bedingung für ein optimales Konsumprofil die modifizierte Ramsey-Regel $g_c = [(1-t_K)r - n - \rho]/\sigma$. In dieser Bedingung tritt der Nettozinssatz $(1-t_K)r$ an die Stelle von r, was zu einer Abflachung des Konsumprofils führt. Der $g_{\tilde{c}} = 0$-Lokus ist damit durch $f'(k) = (\sigma m + n - \rho)/(1 - t_K)$ definiert. Der Übergang von $t_K = 0$ zu positiver Kapitalbesteuerung macht die rechte Seite dieses Ausdrucks größer und damit über fallende Grenzproduktivitäten k kleiner, d.h. der $g_{\tilde{c}} = 0$-Lokus in Abbildung 3.3 verschiebt sich nach links. Wie bei Pauschalbesteuerung erhält man weiterhin ein eindeutiges Steady-state-Gleichgewicht mit unveränderter Wachstumsrate $m + n$ und qualitativ unveränderter Anpassungsdynamik. Anders als bei Pauschalbesteuerung sinkt aber hier mit den Akkumulationsanreizen die gleichgewichtige Kapitalintensität.[35]

Die Ergebnisse zu Staatstätigkeit im Solow-Modell lassen sich damit wie folgt zusammenfassen:[36]

---

[34] Nochmals der Hinweis: Eine Arbeitseinkommensteuer ist hier eine Lumpsum-Steuer. Daher die Konzentration auf die Besteurung der Kapitaleinkommen.

[35] Chamley (1986) zeigt, daß bei endogenem Arbeitsangebot und Finanzierung eines vorgegebenen Budgets durch Arbeits- und Kapitaleinkommensteuern der langfristige Second-best-Steuersatz auf Kapitaleinkommen Null ist. In derartigen Zweitbestanalysen bei Kapitalbesteuerung stößt man stets auf ernste Zeitkonsistenzprobleme (Kydland und Prescott (1977), siehe auch Blanchard und Fischer (1989, Abschnitt 11.4)): Weil bereits akkumuliertes Kapital unelastisch angeboten wird, haben Steuern darauf keine Verzerrungswirkungen. Das macht Kapitalbesteuerung attraktiv; und wenn der Staat kein glaubhaftes Versprechen abgeben kann, die Besteuerung akkumulierten Kapitals in Grenzen zu halten, werden vorausschauende Individuen entsprechend wenig investieren.
Bernheim und Bagwell (1988) pointieren das Ricardianische Äquivalenztheorem, indem sie zeigen, daß auch (normalerweise) verzerrende Steuern wie eine Kapitaleinkommensteuer keinen Einfluß auf das Wachstumsgleichgewicht haben, wenn sich der Altruismus der Individuen nicht nur auf ihre direkten Nachfahren erstreckt, sondern auch auf entferntere Verwandte.

[36] Es sei beachtet, daß in diesem Abschnitt implizit stets unterstellt wurde, daß die

SATZ 3.5: *Besteuerung hat im Solow-Modell keinen Einfluß auf die gleichgewichtige Wachstumsrate, $g \equiv m + n$. Staatskonsum verdrängt bei unveränderter Kapitalintensität im gleichen Maße privaten Konsum, wenn er mittels Pauschalsteuern finanziert wird. Äquivalent ist eine Finanzierung durch Staatsverschuldung. Eine Kapitaleinkommensteuer führt dagegen zu einer niedrigeren Kapitalisierung der Arbeiter.*[37]

Es sei beachtet, daß die Prognose, daß Politikmaßnahmen keinen bleibenden Effekt auf die gleichgewichtige Wachstumsrate haben, im Einklang steht mit der empirischen Exogenität von Wachstumsraten (Punkt 7 der stilisierten Fakten im vorigen Kapitel). Es sei aber auch beachtet, daß dieses Resultat relativ trivial aus der Exogenität des technischen Fortschritts folgt. Ich werde in den folgenden Kapiteln einiges Augenmerk auf die Frage richten, inwieweit sich derartige Resultate in Modelle mit endogenem technischen Fortschritt übertragen lassen.[38]

3.7 Erschöpfliche Ressourcen

Weil das Solow-Modell Produktivitätswachstum erzeugt, ohne die Produktivitätswachstumsrate zu erklären, kann zwar nicht der Einfluß bestimmter Größen auf das Wachstumstempo untersucht werden, wohl aber der Einfluß des Wachstumstempos auf diverse Größen. In diesem und dem nächsten Abschnitt zeige ich, wie Wachstum sich auf natürliche Wachstumsgrenzen in Form erschöpfbarer Ressourcen und auf die Leistungsbilanz auswirkt.

Es ist nicht sehr überraschend, daß im Solow-Modell anhaltendes Wachstum möglich ist, denn alles, was für Wachstum gebraucht wird, ist akkumulierbar: Kapital wird durch Ersparnis angehäuft, und effektive Arbeit nimmt durch Bevölkerungswachstum und/oder arbeitsvermehrenden technischen Fortschritt fortwährend zu. Diese Beobachtung wurde in den 70er-Jahren von Forrester (1972) und insbesondere im Club-of-Rome-Report von Meadows et al. (1972) zum Anlaß genommen, eine Generalkritik der Neoklassischen Wachstumstheorie vorzunehmen: Die Prognose, anhaltendes Wachstum sei möglich, sei Resultat der irrigen Annahme, alle relevanten Faktoren könnten akkumuliert werden. Trage man stattdessen dem

---

Individuen von den betrachteten Politikmaßnahmen „überrascht" werden; sie realisieren zunächst ein optimales Ramsey-Programm ohne Steuern, dann wird die Steuer erhoben, die Individuen revidieren ihre Pläne und verfolgen dann ein neues Ramsey-Programm mit den neu erhobenen Steuern als Parametern. Howitt und Sinn (1989) zeigen, daß die Ergebnisse sich ändern können, wenn Steueränderungen antizipiert werden. Antizipierte Schocks in einem allgemeineren Sinn behandeln Auernheimer und Lozada (1990).

[37] King und Rebelo (1990) liefern einige Simulationen der Effekte von Steuern während der Anpassung an das neue Steady state.

[38] Einen interessanten Survey über die im Rahmen der Neuen Wachstumstheorie verfolgten Ansätze liefern Barro und Sala-i-Martin (1992b).

3.7. Erschöpfliche Ressourcen

Umstand Rechnung, daß die Produktionsprozesse in den modernen Industrienationen essentiell auf den fixen Bestand fossiler Energien angewiesen sind, so folge direkt, daß das Wachstum natürlichen Grenzen unterliege.

Dieser Standpunkt ist natürlich logisch nicht haltbar, denn er ignoriert die Möglichkeit, daß Ressourcen durch Kapital und ressourcenvermehrenden technischen Fortschritts substituiert werden können (man erinnere sich an das Kuznets-Zitat in Kapitel 2). Das kann man sich leicht anhand des Solow-Modells klarmachen, wenn man von Arbeit abstrahiert, L als Einsatz einer erschöpflichen Ressource reinterpretiert und Wachstum von A als ressourcenvermehrenden technischen Fortschritt begreift. Bezeichne $R(t)$ den (nicht reproduzierbaren) Bestand der Ressource im Zeitpunkt $t \geq 0$. $R(0) = R_0 > 0$ ist historisch vorgegeben. Damit ist die Ökonomie in jedem Zeitpunkt $t \geq 0$ der Ressourcenrestriktion $R(t) \geq \int_t^\infty L(\tau)d\tau$ unterworfen; es kann von der Ressource in Zukunft nicht mehr verwendet werden als noch vorhanden ist. Es gilt $\dot{R}(t) = -L(t)$; der Ressourcenbestand vermindert sich in jedem Zeitpunkt um die abgebaute Menge. Nehmen wir nun an, daß in jedem Zeitpunkt t ein konstanter Anteil α des dann noch vorhandenen Bestands verbraucht werde: $L(t)/R(t) = \alpha$ für alle $t \geq 0$. Dann folgt

$$\hat{R} \equiv \frac{\dot{R}}{R} = -\frac{L}{R} = -\alpha$$

und, weil L/R ($= \alpha$) konstant ist, $g_L = -\alpha$. Der Bestand R nimmt zwar kontinuierlich ab, verschwindet aber in endlicher Zeit nicht völlig: $R(t) = R_0 e^{-\alpha t} > 0$. Aus den vorangegangenen Abschnitten ist nun bekannt, daß Kapital und Produktion langfristig mit der gleichen Rate wachsen wie AL, das hieß oben wie Arbeit in Effizienzeinheiten und heißt hier wie der Rohstoffeinsatz in Effizienzeinheiten. Aus den Sätzen 3.1 und 3.3 folgt mithin:

SATZ 3.6: *Wird die erschöpfbare Ressource mit konstanter Rate $\alpha < m$ abgebaut, dann wächst die Ökonomie mit positiver Rate $g_K = g_Y = m - \alpha > 0$.*

Dies ist die grundlegende Botschaft der auf Forrester und Meadows folgenden Literatur. Sie formalisiert das Selbstverständliche: Werden natürliche Ressourcen im Zeitablauf in zunehmendem Maße durch Kapital und technischen Fortschritt substituiert, dann folgt aus der Existenz erschöpfbarer Rohstoffe nicht die Unmöglichkeit von Wachstum, verebbendes Wachstum ist nicht eine theoretische Notwendigkeit, sondern allenfalls eine empirische Prognose.[39]

---

[39] Das vorgestellte Modell gibt natürlich einen nur rudimentären Einblick in die komplexe Literatur erschöpflicher Ressourcen. Kernstück all dieser Theorien ist die *Hotelling-Regel* (Hotelling (1931)), die die hier exogene Abbaurate, α, endogenisiert. Sie besagt,

Natürliche Ressourcen werden in allen folgenden Modellen ausgeklammert, weil ihre Integration in die ohnehin schon komplizierten Modelle zu dieser Erkenntnis nichts Wesentliches hinzuzufügen hat.

3.8 Kapitalmobilität

Viele Nationen sehen sich anhaltenden Leistungsbilanzdefiziten gegenüber, sie importieren bleibend mehr Güter, als sie exportieren. Den resultierenden Devisenbedarf müssen sie sich am Kapitalmarkt beschaffen, indem sie sich beim Ausland verschulden – zu jedem Leistungsbilanzdefizit existiert (bei unveränderten Devisenreserven der Notenbank) ein gleich großer Nettokapitalimport.[40] Anders gesagt: Wenn die inländische Ersparnis nicht ausreicht, um die nationalen Investitionen zu finanzieren, dann muß dies durch Verschuldung beim Ausland geschehen. Dies führt dazu, daß ein im Zeitablauf steigender Teil des nationalen Kapitals in ausländischem Besitz ist. Oft wird dies als unerwünscht begriffen, und es wird der Vorwurf erhoben, die Kapitalübernahme sei Ergebnis strategischer Handelspolitik des Auslands. Im Rahmen des Solow-Modells mit konstanter Sparquote kann gezeigt werden, daß derartige Vorwürfe durchaus völlig unbegründet sein können. Ich zeige in diesem Abschnitt, daß in einer Zwei-Länder-Solow-Ökonomie mit perfekter internationaler Kapitalmobilität das Land mit der niedrigeren Sparquote im Steady state Nettokapitalimporteur ist.[41] Lang-

---

daß bei wohldefinierten Eigentumsrechten und Abwesenheit von Unsicherheit die Preissteigerungsrate für die Ressource dem Zinssatz entspricht, weil dann Wertpapierhaltung und Ressourcenhaltung perfekte Substitute sind. Stiglitz (1974a) analysiert das hier vorgestellte Modell mit dieser Endogenisierung des Ressourcenverbrauchs bei konstanter Sparquote. Stiglitz (1974b) sowie Dasgupta und Heal (1974) zeigen, daß das Marktgleichgewicht bei endogener Sparentscheidung effizient ist, wenn die Individuen über einen unendlichen Zeithorizont maximieren. Solow (1974) untersucht intergenerationale Gerechtigkeit, wenn das nicht so ist. Das Standard-Lehrbuch stammt von Dasgupta und Heal (1979). Man beachte, daß Ressourcen-Modelle mit Hotelling-Regel, die Effizienz und Wachstum prognostizieren, offen für Kritik sind: In der Realität inflationieren fossile Energien relativ zu Konsumgütern nicht mit einer Rate, die dem Zinssatz entspricht, wie es die Hotelling-Regel prognostiziert. Bei den realen Ölpreisen beispielsweise ist trotz der Ölpreisschocks der 70er und 80er Jahre langfristig kein positiver Trend zu erkennen (s. z.B. Mankiw (1994, S.136)). Das weist darauf hin, daß nicht genügend schonend mit den fossilen Ressourcen gehaushaltet wird.

[40] Dies folgt auch aus der Gleichgewichtsbedingung für den Devisenmarkt: Das Devisenangebot aus Exporten und Kapitalimporten (Wertpapierverkäufen an das Ausland) muß der Devisennachfrage aus Importen und Kapitalexporten (Wertpapierkäufen im Ausland) entsprechen.

[41] Ein gutes Beispiel ist die Situation der USA in den 80er und 90er Jahren. Hier geht eine extrem niedrige Sparquote (und ein großes Haushaltsdefizit, das noch Ersparnis absorbiert) mit einem großen Leistungsbilanzdefizit einher, und dies wird japanischem Protektionismus angelastet.

Die Annahme perfekter Kapitalmobilität ist heroisch. Feldstein und Horioka (1980) zeigen regressionsanalytisch, daß zwischen 1960 und 1974 rund 90% der Ersparniszunahmen

3.8. Kapitalmobilität

fristig ist dann ein gleichbleibender Anteil seines Kapitalstocks in ausländischem Besitz. Ich folge dabei Ruffin (1979).[42]

Die zwei Länder werden durch einen Index $i = 1, 2$ unterschieden. Ohne Beschränkung der Allgemeinheit sei Land 1 das Land mit der höheren Sparquote: $s_1 > s_2$. Die beiden Länder mögen mit identischen Produktionsfunktionen, F, operieren, wegen freier Wissensdiffusion sei das technische Wissen, A, ebenfalls in beiden Ländern gleich. Wegen vollkommener internationaler Kapitalmobilität herrscht dann ein einheitlicher Zinssatz, $r = f'[K_i/(AL_i)]$, und folglich müssen die Kapitalintensitäten, $k = K_1/(AL_1) = K_2/(AL_2)$, gleich sein.[43] Die Bevölkerungswachstumsraten, n, seien ebenfalls einheitlich, die beiden Länder können sich aber in ihren Arbeitsangeboten, L_i, und ihren Kapitalstöcken, K_i, (proportional) unterscheiden.

Bezeichne Z_i das Nettoauslandsguthaben von Land i (per Definition gilt also $Z_1 = -Z_2$) und Y_i (nicht die Produktion in, sondern) das Einkommen von Land i. Das Einkommen von Land i entspricht seiner Produktion $F(K_i, AL_i)$ zuzüglich seiner Netto-Zinszahlungen aus dem Ausland: $Y_i \equiv F(K_i, AL_i) + rZ_i$; aus diesem Einkommen wird ein Anteil s_i gespart. Bezeichne weiter $B_i \equiv K_i + Z_i$ die Wertpapierhaltung der Individuen in Land i, d.h. die Summe von inländischem Kapital und Nettoauslandsguthaben. Die Änderung der Wertpapierhaltung entspricht der Ersparnis: $\dot{B}_i = s_i Y_i$. Definiere nun analog zum Solow-Modell einer geschlossenen Volkswirtschaft $y_i \equiv Y_i/(AL_i)$, $b_i \equiv B_i/(AL_i)$ sowie $z \equiv Z_1/(AL_1)$ (beachte, daß z die Nettoauslandsguthaben *von Land 1 in effizienten Arbeitseinheiten von Land 1* ausdrückt). Analog zu (3.3) erhält man die Änderung der Wertpapierhaltung in Effizienzeinheiten:

$$\dot{b}_i = s_i y_i - g b_i \tag{3.15}$$

---

in den OECD-Ländern im Inland blieben.

[42] Das Modell wurde vor Ruffin – weniger präzise – bereits von Hamada (1966) und Negishi (1975) untersucht. Ein verwandtes Modell einer kleinen offenen Volkswirtschaft stammt von Fischer und Frenkel (1974). Oniki und Uzawa (1965) leiten ähnliche Resultate in einem Uzawa-Zwei-Sektoren-Modell ab. Eine sehr einfache statische Darstellung des Zusammenhangs zwischen Sparneigung und Leistungsbilanzdefiziten findet sich bei Mankiw (1994, Kap.7). Man kann ferner auch den Standort des anderen Faktors, Arbeit, endogenisieren, d.h. Migration modellieren. Siehe hierzu Barro und Sala-i-Martin (1995, Abschnitt 9.1).

[43] An dieser Stelle stößt man auf Probleme, wenn man eines der beiden Länder als Entwicklungsland interpretiert, denn das Modell prognostiziert mit einem einheitlichen Zinssatz über einheitliche Kapitalintensitäten gleiche Arbeitsproduktivitäten in beiden Ländern. Es stellt sich damit die Frage, warum nicht reiche Länder in dem Umfang Kapital in Entwicklungsländer exportieren, daß sich die Arbeitsproduktivitäten angleichen. Einige Erklärungsansätze liefert Lucas (1990a) in seinem Artikel *Why Doesen't Capital Flow from Rich to Poor Countries?* Zum Beispiel: Die Arbeitsproduktivität in reichen Ländern ist wegen besser ausgebildeter Arbeiter und besserer Infrastruktur höher, Entwicklungsländer reglementieren ihre Kapitalimporte, Investoren sehen sich politischen Risiken ausgesetzt, etc.

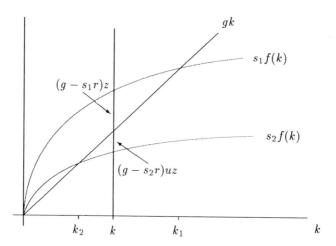

Abbildung 3.4: Steady state bei Kapitalmobilität

mit $g \equiv m + n$. Ich betrachte nur das Steady state des Modells.[44] Im Steady state sind wie gehabt die Pro-Kopf-Größen in Effizienzeinheiten konstant, d.h. Kapital, Produktion und Konsum wachsen mit der natürlichen Wachstumsrate, g. Gemäß (3.15) ist das Steady state durch $s_i y_i = g b_i$ gekennzeichnet. Für Land 1 gilt nun $b_1 = k + z$ und $y_1 = f(k) + rz$, so daß

$$s_1 f(k) - gk = (g - s_1 r)z. \qquad (3.16)$$

Für Land 2 gilt (mit $Z_2 = -Z_1$) $b_2 = k - uz$ und $y_2 = f(k) - ruz$, wobei $u \equiv L_1/L_2$. Die Steady-state-Bedingung lautet damit

$$s_2 f(k) - gk = (s_2 r - g)uz. \qquad (3.17)$$

Abbildung 3.4 zeigt das Steady-state-Gleichgewicht bei vollkommener Kapitalmobilität. Die langfristigen Autarkie-Kapitalintensitäten sind durch $s_i f(k_i) = g k_i$ gekennzeichnet. Land 1 hat wegen seiner höheren Sparquote die größere Kapitalintensität und damit den niedrigeren Zinssatz. Damit besteht ein Anreiz zu Kapitalexporten. Ich nehme an, daß das Steady state bei Kapitalverkehr durch eine Kapitalintensität, k, zwischen den beiden Autarkiewerten charakterisiert ist. Dann gilt $s_2 f(k) < gk$, Land 2 bringt nicht die für Konstanz seines Kapitalstocks notwendigen Investitionen auf. Mit der Konkavität der Produktionsfunktion folgt $s_2 r = s_2 f'(k) < s_2 f(k)/k < g$. Damit impliziert (3.17) $z > 0$. D.h. gemäß der Definition von $z \equiv Z_1/(AL_1)$: Land 1 ist Nettokapitalexporteur, und seine Auslandsguthaben wachsen mit der natürlichen Wachstumsrate, g. Mit anderen Worten:

---

[44] Ruffin (1979) beweist lokale Stabilität

3.9. Spezifische funktionale Formen

SATZ 3.7 (Ruffin (1979)): *Bei freiem internationalen Kapitalverkehr ist das Land mit der höheren Sparquote im Steady state Nettokapitalexporteur. Langfristig befindet sich in dem Land mit der niedrigeren Sparquote ein konstanter Anteil des Kapitalstocks in ausländischem Besitz.*

Hier fehlt der Nachsatz „wenn ein Gleichgewicht existiert". Die Existenz eines eindeutigen Gleichgewichts läßt sich aber schnell nachweisen. Dazu wird (3.16) durch (3.17) dividiert:

$$\frac{s_1 f(k) - gk}{s_2 f(k) - gk} = \frac{1}{u} \frac{g - s_1 f'(k)}{s_2 f'(k) - g}.$$

Diese Gleichung determiniert die Steady-state-Kapitalintensität, k. Bezeichne die linke Seite als $\chi(k)$ und die rechte als $\psi(k)$. χ und ψ sind für $k > k_2$ stetig. Weil k_2 nämlich das Autarkie-Steady-state von Land 2 ist, gilt $s_2 f(k_2) = gk_2$ und deshalb wegen fallender Durchschnittsproduktivität des Kapitals für alle $k > k_2$:

$$s_2 f'(k) < s_2 \frac{f(k)}{k} < g,$$

so daß die Nenner von χ und ψ jeweils verschieden von Null, nämlich negativ sind. Es gilt $s_1 f(k_1) = gk_1$, weil k_1 das Autarkie-Steady-state von Land 1 ist. Damit folgt $\chi(k_1) = 0$. Ferner ist

$$\chi'(k) = \frac{(s_1 - s_2)(f/k - f')gk}{(s_2 f' - g)^2} > 0.$$

Wie in Abbildung 3.4 dargestellt, steigt χ also zwischen k_2 und k_1 auf Null. Wegen der Stetigkeit der beiden Funktionen folgen Existenz und Eindeutigkeit, wenn ψ über $[k_2, k_1]$ auf einen negativen Wert fällt. Daß ψ fällt, ist aus

$$\psi'(k) = \frac{1}{u} \frac{(s_1 - s_2)g f''}{(s_2 f' - g)^2} < 0$$

ersichtlich. Daß $\psi(k_1) < 0$ ist, folgt aus $g = s_1 f(k_1)/k_1 > s_1 f'(k_1)$. Der Gleichgewichtswert von z ist dann eindeutig aus (3.16) oder (3.17) bestimmt.

3.9 Spezifische funktionale Formen

Die Wachstumstheorie wird oft dahingehend kritisiert, daß sie bei der Ableitung ihrer Ergebnisse spezifische funktionale Formen voraussetzt. Dies war in diesem Kapitel an zwei Stellen der Fall: Zum einen wurde angenommen, daß der technische Fortschritt rein arbeitsvermehrend (Harrod-neutral) ist, zum anderen wurde eine isoelastische intertemporale Nutzenfunktion

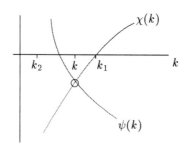

Abbildung 3.5: Existenz eines Steady-state-Gleichgewichts

gewählt. In diesem Abschnitt wird gezeigt, daß diese Formulierungen *vorausgesetzt werden müssen*, will man dem empirischen Faktum Steady-state-Wachstum Rechnung tragen. Zunächst zur Harrod-Neutralität des technischen Fortschritts:

SATZ 3.8 *(Uzawa (1960)). Damit Steady-state-Wachstum möglich ist, muß der technische Fortschritt rein arbeitsvermehrend sein.*[45]

Der *Beweis* erfolgt in Anlehnung an Wan (1971, S.59): Der allgemeinste Weg, technischen Fortschritt in das Solow-Modell einzubringen, besteht darin, die Zeit t neben Arbeit und Kapital als drittes Argument der Produktionsfunktion aufzunehmen, die jetzt als $\tilde{F}$ bezeichnet sei: $Y = \tilde{F}(K, L, t)$. Faktorvermehrender, insbesondere rein arbeitsvermehrender technischer Fortschritt sind als Spezialfälle enthalten. Die Ökonomie befinde sich im Zeitpunkt $t = 0$ in einem Steady state, in dem – im Einklang mit Kaldors stilisierten Fakten – Output, Y, und Kapitalstock, K, mit konstanter und einheitlicher Rate $g \geq 0$ wachsen. Dann zeigen einige Umformungen sofort, daß der technische Fortschritt Harrod-neutral sein muß:

$$Y(t) = e^{gt}Y(0) = e^{gt}\tilde{F}[K(0), L(0), 0] = \tilde{F}[K(0)e^{gt}, L(0)e^{gt}, 0]$$
$$= \tilde{F}[K(t), L(t)e^{(g-n)t}, 0] \equiv F(K, AL)$$

mit $A \equiv e^{(g-n)t}$ und $F(K, AL) \equiv \tilde{F}(K, AL, 0)$. q.e.d.

Gemeinsam besagen die Sätze 3.1 (oder 3.3) und 3.8, daß rein arbeitsvermehrender technischer Fortschritt notwendig und hinreichend für anhaltendes Produktivitätswachstum bei konstantem Kapitalkoeffizienten ist.

Damit zur Nutzenfunktion (3.4). Verallgemeinern wir die Nutzenfunktion dahingehend, daß wir eine zweimal stetig differenzierbare, steigende

---
[45] Kennedy (1964) sowie – formaler – Samuelson (1965) und Drandakis und Phelps (1966) zeigten, daß unter gewissen Bedingungen (insbesondere muß die Substitutionselastizität zwischen Kapital und Arbeit kleiner als eins sein) kostenminimierende Unternehmen tatsächlich nur arbeitsvermehrenden technischen Fortschritt *wählen*, wenn sie sich einem Trade-off zwischen arbeits- und kapitalvermehrendem technischen Fortschritt gegenübergestellt sehen.

3.9. Spezifische funktionale Formen

und konkave Periodennutzenfunktion $u(c)$ unterstellen. Die isoelastische Formulierung $u(c) = (c^{1-\sigma} - 1)/(1 - \sigma)$ ist wiederum als Spezialfall enthalten, der intertemporale Nutzen ergibt sich weiterhin als diskontierte Summe der Periodennutzen (an dieser Annahme muß festgehalten werden, um die Ergebnisse der mathematischen Kontrolltheorie anwenden zu können).

SATZ 3.9. *Soll bei positivem Produktivitätswachstum ($m > 0$) Steady-state-Wachstum möglich sein, so muß $u(c)$ für große c die isoelastische Form aus (3.4) haben.*

Beweis: Die Hamilton-Funktion für den allgemeinen Fall lautet

$$\mathcal{H} \equiv u(c) + \lambda \left\{ [r - (m + n)]k + \frac{w - c}{A} \right\}.$$

Anstelle von (3.6) erhält man hier

$$\frac{\partial \mathcal{H}}{\partial c} = u'(c) - \frac{\lambda}{A} = 0, \qquad (3.18)$$

während (3.7) und (3.8) unverändert bleiben. Logarithmisches Differenzieren von (3.18) zeigt

$$\frac{u''(c)\dot{c}}{u'(c)} = \hat{\lambda} - m, \quad -\sigma \equiv \frac{u''(c)c}{u'(c)} = \frac{\hat{\lambda} - m}{g_c}.$$

Bei Steady-state-Wachstum, d.h. konstanten $\hat{\lambda}$ und g_c, muß die Elastizität des Grenznutzens u' konstant sein; sie sei hier mit $-\sigma$ bezeichnet. Es folgt $u'(c) = vc^{-\sigma}$.[46] v muß dabei positiv sein, damit der Grenznutzen positiv ist. Integrieren liefert schließlich die Nutzenfunktion

$$u(c) = v\frac{c^{1-\sigma}}{1-\sigma} + z$$

mit z als einer Integrationskonstanten. q.e.d.

In (3.18) taucht nur der Grenznutzen u', nicht u selbst auf. Daher kann ohne Beschränkung der Allgemeinheit $z = -1/(1-\sigma)$ gesetzt werden. Ferner wird von (3.18) bei der Ableitung des Gleichgewichts nur nach logarithmischer Differentiation Gebrauch gemacht, so daß auch $v = 1$ gewählt werden kann. Dann ist man aber bei der isoelastischen Form, wie sie in (3.4) verwendet wurde, angelangt. Wenn nun $u(c)$ für große c isoelastisch sein muß und wir uns für Wachstum von c interessieren, erscheint es wenig restriktiv, von vornherein die isoelastische Formulierung zu verwenden. (In Abwesenheit von technischem Fortschritt, d.h. bei $m = 0$, ist die isoelastische Spezifizierung abdingbar, weil c dann im Steady state konstant ist, was direkt Konstanz der Elastizität $-u''c/u'$ impliziert.)

---

[46] Um dies formal zu zeigen, beachte $d \ln u'(c) = -\sigma d \ln c$ und definiere $p \equiv \ln u'(c)$ sowie $q \equiv \ln c$, so daß $dp = -\sigma dq$ und $p = -\sigma q + z'$ mit z' als einer Integrationskonstanten. D.h.: $\ln u'(c) = -\sigma \ln c + z'$. Entlogarithmieren liefert $u'(c) = vc^{-\sigma}$ mit $v \equiv e^{z'} > 0$.

3.10 Exogener technischer Fortschritt

Das Solow-Modell liefert eine Einsicht, die für das Verständnis von ökonomischem Wachstum fundamental ist: Es stellt technischen Fortschritt als (in Abwesenheit von Anpassungsprozessen) notwendige und unter den oben gemachten Annahmen auch hinreichende Bedingung für Produktivitätswachstum heraus.[47] Gleichzeitig entwertet es sich damit aber selbst, denn es macht keine Aussagen über das Zustandekommen technischen Fortschritts: Der technische Fortschritt wird exogen, unerklärt in das Modell eingebracht, er setzt keinen Faktoreinsatz voraus. Das Solow-Modell wirft somit die zentrale Frage auf, ohne sie beantworten zu können: Wie vollzieht sich technischer Fortschritt?

Die Exogenität des technischen Fortschritts wirft ein weiteres Problem auf: Betrachten wir mehrere Länder. Wenn technisches Wissen als freies Gut verfügbar ist, muß man davon ausgehen, daß es länderweise einheitlich ist. Insbesondere sind dann die Fortschrittsraten $g_A = m$ international einheitlich, und das Modell prognostiziert einheitliche Wachstumsraten der Arbeitsproduktivität – dies im Widerspruch zur oben beschriebenen breiten Streuung von Wachstumsraten.

Anhang: Lokale Stabilitätsanalyse

SATZ 3.10: *Das Steady-state-Gleichgewicht $(k^*, \tilde{c}^*)$ ist lokal sattelpunktstabil.*

Beweis: Das Steady state ist definiert als Ruhepunkt des Systems (3.9), (3.10): $f'(k^*) = (\sigma m + n) + \rho$, $\tilde{c}^* = f(k^*) - (m+n)k^*$. Linearisieren des Systems um das Steady state liefert

$$\begin{pmatrix} \dot{k} \\ \dot{\tilde{c}} \end{pmatrix} = \begin{pmatrix} \rho + (\sigma - 1)m & -1 \\ \frac{f''(k^*)\tilde{c}^*}{\sigma} & 0 \end{pmatrix} \begin{pmatrix} k - k^* \\ \tilde{c} - \tilde{c}^* \end{pmatrix}.$$

Die charakteristische Gleichung für dieses System ist

$$q^2 - [\rho + (\sigma - 1)m]q + \frac{f''(k^*)\tilde{c}^*}{\sigma} = 0.$$

---

[47] Eine nette Illustration dieser Einsicht liefert Krugman (1994): In den 50er Jahren wuchs die Sowjetunion dreimal so schnell wie die USA, und in den 60ern glaubte man nicht nur in der Sowjetunion, sondern auch im Westen, daß die sowjetische Planwirtschaft schnelleres Wachstum „produzieren" könne als die westliche Marktwirtschaft. Unvergessen Chrustschows „We will bury you" vor den Vereinten Nationen. Dann aber deckte Powell (1968) mit einer Growth-accounting-Studie auf, daß das rapide Wachstum in der Sowjetunion allein Folge enormer Faktorakkumulation war. Wie später noch klarer wurde, bot das System keine Anreize für Forschung. Die Folge: Das vorübergehend schnelle Wachstum der UdSSR stellte sich als neoklassische Anpassungsdynamik an ein Gleichgewicht ohne nennenswerten technischen Fortschritt heraus, langfristig wuchs der Westen mit seinem fortschrittsförderlichen System schneller.

Anhang: Lokale Stabilitätsanalyse

Die Lösungen dieser Gleichung entsprechen den Eigenwerten der Koeffizientenmatrix des linearisierten Systems:

$$q_{1/2} = \frac{\rho + (\sigma - 1)m}{2} \pm \sqrt{\frac{[\rho + (\sigma - 1)m]^2}{4} - \frac{f''(k^*)\tilde{c}^*}{\sigma}}.$$

$\rho + (\sigma - 1)m > 0$ ist durch die Annahme impliziert, daß das Nutzenintegral konvergiert. Wegen Konkavität von f ist ferner der Wurzelterm real und größer als $[\rho + (\sigma - 1)m]/2$. Daraus folgt, daß beide Eigenwerte real sind, einer positiv und einer negativ. Dies belegt nach Theorem A.4 im Anhang die Sattelpunkteigenschaft des Steady states. q.e.d.

Kapitel 4

Learning by doing

„When I look back on my work on growth, my greatest satisfaction comes from having rejected the first round of external effects models that I tried."
Paul M. Romer

4.1 Einleitung

Die erste wichtige Endogenisierung technischen Fortschritts gelang Arrow (1962b) mit seinem Learning-by-doing-Modell.[1] Grundidee bei Learning by doing ist, wie in Kapitel 2 ausgeführt, daß im Zeitablauf die Produktivität der Arbeiter mit zunehmender Erfahrung steigt. So motiviert Arrow (1962b, S.157) selbst seine Arbeit mit Wrights (1936) Beobachtungen aus dem Flugzeugbau. Das Modell erfuhr im Laufe der Zeit einige Modifikationen.[2] Ich folge hier Romer (1986, 1989b).[3] In Abschnitt 4.2 wird das Modell vorgestellt, in Abschnitt 4.3 das Gleichgewicht berechnet, in Abschnitt 4.4 eine Wohlfahrtsanalyse vorgenommen, die zu einer Analyse von Politikmaßnahmen in Abschnitt 4.5 führt. Abschnitt 4.6 stellt eine weiter vereinfachte Variante des Modells vor, Abschnitt 4.7 übt Kritik am Learning-by-doing-Modell.

---

[1] Kaldor und Mirrlees (1962) hatten bereits vorher endogenes Wachstum modelliert, allerdings in einem sehr abstrakten Rahmen, u.a. ohne eine Produktionsfunktion. Ihr Modell erfuhr vergleichsweise wenig Interesse.

[2] Arrows (1962b) originäres Modell ist extrem unübersichtlich, weil er ein Vintage-Modell à la Solow/Phelps und eine limitationale Produktionsfunktion à la Harrod/Domar verwendet. Einige Klarstellungen finden sich bei Levhari (1966a). Levhari (1966b) ersetzte in einem anderen Artikel die limitationalen durch neoklassische Produktionsfunktionen. Als moderne Darstellung von Arrows Modell darf heute die Arbeit von Sheshinski (1967b) gelten, der neben den fixen Koeffizienten auch die Vintage-Formulierung aufgab.

[3] Stauvermann (1997) analysiert solche Modelle mit sich überlappenden Generationen statt mit Individuen mit unendlicher Lebzeit.

4.2 Modell

Gemäß Wrights Beobachtung und den meisten anderen empirischen Untersuchungen zu Learning by doing wäre der Zuwachs technischen Wissens als eine Funktion des Outputs zu modellieren. Der Handhabbarkeit halber wird aber in Anlehnung an Arrow (1962b, S.158) der aggregierte Kapitalstock, K, als Index für die gesammelte Erfahrung gewählt.[4] Diese Formulierung soll die Idee erfassen, daß die Installation neuen Kapitals neue Lernmöglichkeiten eröffnet. Auch wenn empirische Untersuchungen die Erfahrung immer am kumulierten Output messen (oder an Kalenderzeit), scheint diese Modellierung nicht weniger geeignet, um Learning by doing abzubilden. Der Kapitalstock als Index technischen Wissens übernimmt nun die Rolle des exogenen technischen Wissens, A, in der neoklassischen Produktionsfunktion (3.1). Mit $A = K$ gilt hier

$$Y = F(K, AL) = F(K, KL) = KL\, F(L^{-1}, 1) = KL\, f(L^{-1}),$$

wobei $f(k) \equiv F(k, 1)$ wie gehabt die faktorintensive Produktionsfunktion bezeichnet. An dieser Formulierung sind drei Punkte bemerkenswert. Erstens: F weist konstante Skalenerträge in bezug auf Kapital allein auf, die Grenzproduktivität des Kapitals fällt nicht mit zunehmendem Kapitaleinsatz. D.h.: In diesem Modell ist die Möglichkeit eines tendenziellen Falls der Profitrate von vornherein „wegdefiniert". Es kann nicht überraschen, daß dieses Modell Produktivitätswachstum liefern wird. Zweitens: Erfahrung wird genauso modelliert wie technisches Wissen im Solow-Modell – als öffentliches Gut. Tätigt eine beliebige Unternehmung eine Investition, so steigt nicht nur ihre eigene Produktivität, sondern die Produktivität *aller* existierenden Firmen. Learning by doing ist hier also eine reine Externalität. Das klingt zwar nicht gerade plausibel, vereinfacht die Analyse aber drastisch, weil weiterhin vollkommener Wettbewerb unterstellt werden kann: Jede einzelne Firma nimmt die Entwicklung des Erfahrungsindex als gegeben hin, weil ihr eigener Einfluß klein ist. Damit liegen weiterhin konstante Skalenerträge in bezug auf die privaten Inputs, Arbeit und Kapital, vor und es kann von vollkommenem Wettbewerb ausgegangen werden. Die Faktoren werden zu Grenzproduktivitäten entlohnt, und die Firmen machen Nullgewinne.[5] Drittens: In Kapitel 2 wurde der Standpunkt vertreten,

---

[4] Arrow wählte die kumulierten Bruttoinvestitionen als Erfahrungsindex. In Abwesenheit von Abschreibungen ist dies natürlich äquivalent. In einer Ökonomie ohne Kapital kann man Wrights Beobachtung wörtlich folgen: Sei $Y = AL$, wobei das Arbeitsangebot L exogen und konstant ist und das technische Wissen A gemäß $\dot{A} = aY$ ($a > 0$) mit dem Output steigt. Dann folgt $\hat{Y} = \hat{A} = aY/A = aL$. Auf Grundlage eines solchen Modells haben Krugman (1987) und Brezis et al. (1993) instruktive Außenhandelsmodelle aufgestellt. Einen sehr interessanten Survey für derartige Modelle bieten Grossman und Helpman (1995, Abschnitt 2).

[5] Dieses Vorgehen geht auf Marshall (1890) zurück. Es findet sich auch in der Außenhandelstheorie. Auch dort wurden steigende Skalenerträge zunächst dadurch gehandhabt,

daß in gegebenen Produktreihen die Lernmöglichkeiten begrenzt sind. Hier gilt gerade das Gegenteil – obwohl es nur ein einziges homogenes Gut gibt, wird bei steigender Erfahrung die Arbeitsproduktivität bei dessen Herstellung immer größer. Mit der Erklärung von Wachstum durch Learning by doing in einem solchen Modell begibt man sich folglich auf dünnes Eis.[6]

Im vorigen Abschnitt kostete es einige Mühen, das unterstellte Bevölkerungwachstum zu verarbeiten. Dabei erwies sich die Wachstumsrate der Bevölkerung als unerheblich für die Wachstumsrate der Produktivität. Hier und in allen folgenden Modellen wird auf die Berücksichtigung von Bevölkerungswachstum verzichtet. Anstelle von L Individuen mit je einer Einheit Arbeit soll es hier und im folgenden stets ein Kontinuum $[0,1]$ von identischen Konsumenten geben, die je L Einheiten Arbeit unelastisch anbieten. Die Annahme eines Kontinuums $[0,1]$ identischer Konsumenten macht jede Pro-Kopf-Größe x mit der entsprechenden aggregierten Größe $X \equiv \int_0^1 x\,di = x \int_0^1 di = x$ austauschbar. (Äquivalent ist die Annahme, daß es einen repräsentativen Konsumenten gibt, der sich als Preisnehmer verhält.) Insbesondere erhält man ein aggregiertes Arbeitsangebot, L, das im Zeitablauf konstant ist. Ferner ist Produktivitätswachstum äquivalent zu Produktionswachstum, weil der Output pro Kopf dem Gesamtoutput entspricht. Kapital wird wie im Solow-Modell als nicht konsumierter Output akkumuliert, und das Sparverhalten der Konsumenten ergibt sich aus der Maximierung der intertemporalen Nutzenfunktion (3.4). Die formale Struktur des Modells läßt sich durch Abbildung 4.1 veranschaulichen.

4.3 Gleichgewicht

Gleichgewicht mit konstanter Sparquote
Der Einfachheit halber kann man wie im Solow-Modell zunächst das Gleichgewicht des Modells bei einer konstanten Sparquote $s \in (0,1)$ berechnen. In diesem Fall ist

$$g_K = g_Y = \frac{sY}{K} = sF(1,L).$$

---

daß der über konstante Skalenerträge hinausgehende Teil „externalisiert" wurde (Kemp und Negishi (1970), Helpman und Krugman (1985, Kapitel 3)). Und auch dort hat man mittlerweile – wie in der Wachstumstheorie – bessere Modelle mit unvollkommenem Wettbewerb (Krugman (1979a), Helpman und Krugman (1985, Teil III)). Eine rigorose industrieökonomische Analyse des Falls, in dem die Lerneffekte zumindest teilweise intern sind, findet sich bei Dasgupta und Stiglitz (1988). Dort wird gezeigt, daß unter plausiblen Bedingungen die anfangs produktivste Firma durch strategische Investitionen in Learning by doing langfristig alle anderen Unternehmen aus dem Markt verdrängt.

[6] Ein interessantes Modell, in dem Learning by doing die Produktion qualitativ höherwertiger Produkte bedingt, liefert dagegen Stokey (1988). Eine eingängige Version ihrer Arbeit mit einer fruchtbaren Anwendung auf Außenhandel stammt von Young (1991). S. hierzu auch den erwähnten Überblicksartikel von Grossman und Helpman (1995).

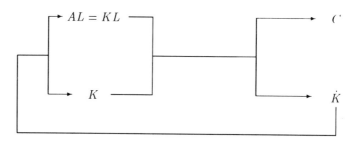

Abbildung 4.1: Struktur des Learning-by-doing-Modells

Unabhängig von den Anfangsausstattungen an Kapital und Arbeit wachsen Kapital und Sozialprodukt und damit auch Kapitalintensität und Arbeitsproduktivität sofort mit der konstanten Rate $sF(1, L)$, um so schneller also, je höher die Sparquote, s, ist, je größer das Arbeitsangebot, L, ist und je mehr Output mit Arbeit L an einer Einheit Kapital gewonnen wird (je größer $F(1, L)$ ist). Das bedeutet: Learning-by-doing-Effekte, die konstante Skalenerträge in Kapital allein herstellen, haben einschneidende Konsequenzen. Es resultiert Produktivitätswachstum ohne exogenen technischen Fortschritt, und hing im Solow-Modell die Wachstumsrate allein von exogenen Faktoren ab, so sind es nun Sparneigung und technologische Parameter die die gleichgewichtige Wachstumsrate bestimmen. Diese Erkenntnis wird in den folgenden Abschnitten weiter ausgeführt.[7]

Das Modell mit konstanter Sparquote kann genutzt werden, um zu zeigen, daß die Annahme, daß A proportional zu K ist (so daß F konstante Skalenerträge in K allein aufweist), von ganz zentraler Bedeutung ist. Ist demgegenüber $A = K^\gamma$ mit $\gamma \in (0,1)$, dann ist anhaltendes Wachstum mit positiver Rate nicht möglich. Es gilt nämlich

$$g_K = \frac{sY}{K} = sF\left(1, \frac{L}{K^{1-\gamma}}\right),$$

und mit wachsendem K geht dann, egal wie hoch die Sparquote ist, g_K gegen Null, weil $L/K^{1-\gamma}$ gegen Null geht.[8]

---

[7]Man könnte auch unterstellen, daß die externen Effekte von der Kapital*intensität*, k, ausgehen statt vom Kapital*stock*, K, so daß $Y = F(K, kL) = F(K, K) = KF(1,1)$ und $g_K = g_Y = sY/K = sF(1,1)$. Diese Spezifizierung macht das Gleichgewicht realistischer, weil der Größeneffekt ausgeschaltet wird: L taucht nicht mehr in der Wachstumsrate auf. Allerdings ist der Ansatz mit dem Kapitalstock als Parameter für Lerneffekte intuitiver: Neue Investitionen schaffen neue Lernmöglichkeiten.

[8]Sowohl Arrow als auch Levhari und Sheshinski machten gerade die Annahme $A = K^\gamma$ mit $\gamma \in (0,1)$. Romers (1986, 1989b) Analyse grenzt sich also dahingehend ab, daß sie sich auf den Grenzfall $\gamma = 1$ konzentriert, in dem endogenes Wachstum möglich ist (zum Fall $\gamma = 1$ in Arrows Vintage-Rahmen s. d'Autume und Michel (1993)). Für den Fall

4.3. Gleichgewicht

Ebensowenig brauchbar ist der Fall $A = K^\gamma$ mit $\gamma > 1$, in dem steigende Skalenerträge im Kapital allein vorliegen. Betrachte eine Cobb-Douglas-Produktionsfunktion ($Y = K^\alpha(AL)^{1-\alpha} = K^{1+\delta}L^{1-\alpha}$ mit $\delta \equiv (\gamma - 1)(1 - \alpha) > 0$) und normiere der Einfachheit halber L ($= s^{1/(1-\alpha)}$) so, daß $g_K = sY/K = sK^\delta L^{1-\alpha} = K^\delta$ oder $K^{-(1+\delta)}\dot{K} = 1$ gilt. Die linke Seite dieser letzten Gleichung ist die Zeitableitung von $K^{-\delta}/(-\delta)$. Integrieren zwischen 0 und t liefert daher $K(\tau)^{-\delta}|_0^t/(-\delta) = t$ oder

$$t = \frac{1}{\delta}\left[\frac{1}{K_0^\delta} - \frac{1}{K(t)^\delta}\right].$$

Mit $t \to 1/(\delta K_0^\delta)$ folgt $1/[\delta K(t)^\delta] \to 0$ und damit $K(t) \to \infty$. Das heißt: Nach endlicher Zeit $1/(\delta K_0^\delta)$ ist ein unendlicher Kapitalstock akkumuliert, und die Güterproduktion ist folglich gleichfalls unendlich groß – das Ende der Knappheit ist erreicht.[9]

Fazit: Anhaltendes Wachstum ohne unendliche Produktion nach endlicher Zeit setzt den Spezialfall konstanter Skalenerträge in Kapital allein voraus. Ich werde im folgenden durchweg von dieser Annahme ausgehen. Es soll allerdings nicht unterschlagen werden, wie kritisch sie ist. Konstante Skalenerträge in privaten Inputs lassen sich durch ein Replikationsargument rechtfertigen (baut man eine bestehende Firma nach, so verdoppelt man den Output). Dagegen läßt sich eine inhaltliche Plausibilisierung dafür, daß externe Effekte von Kapital gerade konstante Skalenerträge herstellen, schwerlich finden.

Gleichgewicht mit endogener Sparentscheidung

Wegen vollkommener Konkurrenz und rein externen Lerneffekten betrachtet jedes individuelle Unternehmen nicht nur die Marktpreise, sondern auch den Stand technischen Wissens, A, als gegeben. Als Preisnehmer zahlen die Unternehmen einen Zins $r = \partial F(K, AL)/\partial K = f'(k) = f'(L^{-1})$, wobei Kapitalintensität, $k \equiv K/(AL) = L^{-1}$, und Zinssatz, $r = f'(L^{-1})$, Konstanten sind. Es wird angenommen, daß $f'(L^{-1}) > \rho$ ist. Diese Annahme wird positives Wachstum garantieren.

Die Konsumenten maximieren nun, wie gehabt, ihre intertemporale Nutzenfunktion (3.4). Die Budgetbeschränkung des repräsentativen Individuums lautet wie üblich $\dot{K} = rK + wL - c$: Nicht für Konsum verwendetes Einkommen wird mit Rate r verzinslich angelegt. Die notwendigen und

---

einer konstanten Sparquote, s, kann man auch leicht den Arrow-Levhari-Sheshinski-Fall $A = K^\gamma$ mit $\gamma < 1$ und positivem Bevölkerungswachstum abhandeln. Mit $k \equiv K/(AL)$ ist hier $g_k = (1-\gamma)g_K - n$. Mit f als faktorintensiver Produktionsfunktion folgt $\dot{k} = g_k k = (1-\gamma)sf(k) - nk$. Diese Gleichung ist strukturell identisch zu (3.3). Wie in Kapitel 1 konvergiert k gegen ein Steady state mit $\dot{k} = 0$, mithin $g_Y = g_K = n/(1-\gamma)$ und $g_y = \gamma n/(1-\gamma)$. Es gibt kein Produktivitätswachstum ohne Bevölkerungswachstum.

[9] Romer (1986) kann steigende Skalenerträge in Kapital allein unter der Voraussetzung handhaben, daß die über Linearität hinausgehenden Erträge begrenzt sind. Asymptotisch liegt dann allerdings wieder Linearität vor. Ein instruktives Beispiel liefert Xie (1991).

hinreichenden Optimalitätsbedingungen ergeben sich aus der Hamilton-Funktion

$$\mathcal{H} \equiv \frac{c^{1-\sigma}-1}{1-\sigma} + \lambda(rK + wL - c)$$

als

$$\frac{\partial \mathcal{H}}{\partial c} = c^{-\sigma} - \lambda = 0 \qquad (4.1)$$

$$\dot{\lambda} = \rho\lambda - \frac{\partial \mathcal{H}}{\partial K} = \rho\lambda - \lambda r \qquad (4.2)$$

$$0 = \lim_{t \to \infty} e^{-\rho t} \lambda K. \qquad (4.3)$$

(4.1) impliziert $g_c = -\hat{\lambda}/\sigma$. (4.2) besagt $\hat{\lambda} = \rho - r$. Zusammengenommen folgt die Ramsey-Regel $g_c = (r - \rho)/\sigma$ und mit $r = f'(L^{-1})$:

$$g_c = \frac{f'(L^{-1}) - \rho}{\sigma} \equiv g. \qquad (4.4)$$

D.h.: Der Pro-Kopf-Konsum wächst mit Rate $g > 0$; dies ohne Anpassungsdynamik. Wie im Solow-Modell muß hier eine zusätzliche Annahme gemacht werden, um Konvergenz des Nutzenintegrals (3.4) zu sichern. $c^{1-\sigma}$ muß langsamer wachsen als $e^{\rho t}$, d.h. $\rho > (1 - \sigma)g$. Der Einfachheit halber wird die hierfür hinreichende Bedingung $\sigma \geq 1$ als erfüllt angenommen. Dann gilt:

SATZ 4.1 *(Romer (1986))*: *Im Learning-by-doing-Modell wachsen Pro-Kopf-Konsum, Arbeitsproduktivität und Kapitalintensität sofort mit konstanter Rate $g = [f'(L^{-1}) - \rho]/\sigma$. Weil Bevölkerungswachstum vernachlässigt wird, wachsen Konsum, Output und Kapitalstock mit der gleichen Rate.*

Beweis: $g_c = g$ wurde bereits bewiesen. Was zu zeigen bleibt, ist, daß der Kapitalstock ebenfalls sofort mit Rate g wächst. Wegen $Y = KF(1, L)$ wächst der Output dann auch mit der Rate g. Gemäß $g_K = F(1, L) - c/K$ (aus $\dot{K} = Y - c$) erscheint es selbstverständlich, daß c und K mit gleicher Rate wachsen. Es sei hier jedoch der Vollständigkeit halber ein formaler Beweis geführt.

Bezeichne $\varphi \equiv dF(K, KL)/dK = d[KF(1, L)]/dK = F(1, L)$ die (konstante) soziale Grenzproduktivität des Kapitals. Wegen Konkavität von f ist $\varphi = Lf(L^{-1}) = f(L^{-1})/L^{-1} > f'(L^{-1}) = r$; die soziale Grenzproduktivität des Kapitals ist größer als die private, weil Investitionen über die externen Learning-by-doing-Effekte außenstehende Firmen begünstigen. Definiere weiter $\chi \equiv c/K$ als Konsum-Kapital-Verhältnis. Da c sofort mit Rate g wächst, ist die sofortige Anpassung von g_K gezeigt, wenn gezeigt wird, daß χ sofort konstant ist. χ variiert im Zeitablauf gemäß

$$\hat{\chi} = g - g_K = \chi - (\varphi - g).$$

4.3. Gleichgewicht

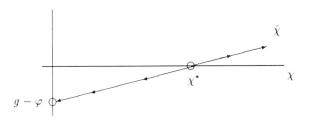

Abbildung 4.2: Stabilität im Learning-by-doing-Modell

Man beachte, daß wegen $\varphi > r$ und $\sigma \geq 1$ hierbei $\varphi - g > r - (r-\rho)/\sigma > 0$ ist. In Abbildung 4.2 ist die Entwicklung von χ illustriert. Es existiert ein Steady state mit $\chi^* = \varphi - g > 0$. Daß die Ökonomie sofort in dieses Steady state springt, folgt nun aus der Tatsache, daß ansonsten rationale Erwartungen verletzt werden. Ist nämlich $\chi(0) < \chi^*$, dann konvergiert χ gegen 0 und $\hat{\chi}$ gegen $-(\varphi - g)$ (die Ordinate in Abbildung 4.2 wird nur asymptotisch erreicht, weil $\dot{\chi} = 0$ ist, wenn χ sich Null nähert). Es folgt $g_K = g - \hat{\chi} \to \varphi$, so daß $e^{-\rho t}\lambda K$ mit Rate $-\rho + (\rho - r) + \varphi = \varphi - r > 0$ wächst, was die Transversalitätsbedingung (4.3) verletzt. Intuitiv: $\hat{\chi} < 0$ bedeutet, daß das Kapital schneller wächst als der Konsum. Die Transversalitätsbedingung schließt diese Überakkumulation aus. Ist dagegen $\chi(0) > \chi^*$, so wachsen χ und $\hat{\chi}$ stetig. Näherungsweise gilt dann $\hat{\chi} = \chi$, und gemäß dem Argument im Abschnitt zum Gleichgewicht bei exogener Sparquote gilt $\chi = \infty$ nach endlicher Zeit. (Im Abschnitt zum Gleichgewicht bei exogenem Sparen wurde gezeigt, daß $\hat{K} = K^\delta$ ($\delta > 0$) zu $K = \infty$ nach endlicher Zeit führt. Hier liegt nun der $\delta = 1$-Spezialfall vor.) Wegen $K(t) \equiv c(t)/\chi(t) = c(0)e^{gt}/\chi(t)$ impliziert das $K = 0$ nach endlicher Zeit. Weil dann auch kein Konsum mehr möglich ist, wird (4.1) verletzt. In Worten: Der nach rechts divergierende Pfad ist nicht aufrechtzuerhalten, weil der Konsum zu schnell wächst.[10]
q.e.d.

Satz 4.1 zeigt, daß im Learning-by-doing-Modell die gleichgewichtige Wachstumsrate von der Größe der Ökonomie, der zur Verfügung stehenden Technologie und der Sparneigung abhängt. Je größer die Arbeitskraft, L, desto höher der Zins, $r = f'(L^{-1})$, desto größer g. Je größer f' bei gegebenem L, desto höher sind Zins und Wachstumsrate. Je niedriger schließlich die Diskontrate und damit die Sparquote $s \equiv \dot{K}/Y = g/F(1,L)$ ist, desto

---

[10] Man könnte sich vorstellen, daß Investitionen um so weniger Lerneffekte bieten, je weiter sie zurückliegen. Mit $I(t)$ als Investition in t und $\kappa > 0$ legt dies die Formulierung $A(t) = \kappa \int_{-\infty}^{t} I(\tau)e^{-\kappa\tau}d\tau$ nahe. Greiner und Semmler (1996) zeigen, daß bei dieser Disaggregierung das Modell eine zyklische Dynamik haben kann. Das ist wenig überraschend, denn die Einführung derartiger Lags bringt auch die Multiplikator-Akzelerator-Modelle à la Samuelson (1939) und Hicks (1950) zum Schwingen (s. Allen (1968, Kap.17)).

schneller das Wachstum. D.h.: Die Modellierung einer konstanten Grenzproduktivität des Kapitals hebt die überraschenden Neutralitätsergebnisse aus dem Solow-Modell auf. Diese Erkenntnis ist allerdings nicht neu: Solow wies schon 1956 in seinem wegweisenden Artikel darauf hin, daß bei von unten beschränkter Grenzproduktivität des Kapitals Produktivitätswachstum möglich ist, führte diese Idee aber nicht weiter aus (Solow (1956, S.72-3 und 77)). Auch andere Arbeiten in den 60er Jahren verwendeten eine konstante Grenzproduktivität und erhielten damit endogenes Wachstum, betonen aber nicht diese Implikation ihres Modells.[11] Insofern erscheint der Learning-by-doing-Ansatz der Neuen Wachstumstheorie weniger originell als mutig – er liefert nicht neue Einsichten, sondern betont alte, die vormals für uninterssant befunden wurden.

4.4 Wohlfahrt

Im Solow-Modell gibt es vollkommene Märkte und ein effizientes Marktgleichgewicht. Hier üben dagegen Investoren positive Externalitäten aus: Das private Grenzprodukt von Kapital, $r = \partial F(K, AL)/\partial K = f'(L^{-1})$, ist, wie oben gezeigt, niedriger als das soziale Grenzprodukt, $\varphi = dF(K, AL)/dK = Lf(L^{-1})$. Es ist mithin wenig überraschend, daß sich zeigen läßt, daß der im vorigen Abschnitt errechnete gleichgewichtige Pfad nicht optimal ist. Den optimalen Pfad erhält man, indem man (3.4) unter der Nebenbedingung $\dot{K} = Y - c = KLf(L^{-1}) - c = \varphi K - c$ maximiert. Die zugehörige Hamilton-Funktion lautet

$$\mathcal{H} \equiv \frac{c^{1-\sigma} - 1}{1 - \sigma} + \lambda(\varphi K - c).$$

Die notwendigen Optimalitätsbedingungen sind

$$\frac{\partial \mathcal{H}}{\partial c} = c^{-\sigma} - \lambda = 0$$

$$\dot{\lambda} = \rho\lambda - \frac{\partial \mathcal{H}}{\partial K} = \rho\lambda - \lambda\varphi$$

und eine Transversalitätsbedingung. Es folgt $\hat{\lambda} = \rho - \varphi$ und

$$g_c = -\frac{\hat{\lambda}}{\sigma} = \frac{\varphi - \rho}{\sigma}. \tag{4.5}$$

---

[11] Phelps und Pollak (1968) beispielsweise untersuchen in einem solchen Modell die Auswirkungen von „unvollkommenem Altruismus" auf das Sparverhalten (sie zeigen im Rahmen eines Überlappende-Generationen-Modells, daß das Wachstums sozial zu langsam ist, wenn jede Generation zwar altruistisch gegenüber ihren Kindern ist, nicht aber gegenüber ihren Enkeln, und antizipiert, daß die Kinder den Enkeln Erbschaften hinterlassen werden. Nur am Rande bemerken Phelps und Pollak (1968, S.187): „[W]e have geometric growth of capital and consumption beginning in period 1". S. auch Schneider und Ziesemer (1995) zur Frage, was neu ist in der Neuen Wachstumstheorie.

4.5. Politikmaßnahmen

Wie im vorigen Abschnitt gilt $\hat{\chi} = \chi - (\varphi - g_c)$. Gemäß dem Argument oben folgt, daß das Kapital, K, und damit auch die Produktion, Y, ohne Anpassungsdynamik mit der gleichen Rate wachsen wie c. Weil das soziale Grenzprodukt von Kapital das private übertrifft, gilt:

SATZ 4.2 (Romer (1986)): *Das Wachstumsgleichgewicht im Learning-by-doing-Modell ist nicht effizient. Die Wachstumsrate entlang des gleichgewichtigen Pfades ist zu gering.*

4.5 Politikmaßnahmen

Anders als im Solow-Modell ist das Wachstumsgleichgewicht im Learning-by-doing-Modell suboptimal. Die positiven externen Effekte, die von Investitionen ausgehen, bedingen eine zu langsame Kapitalakkumulation. Damit ist klar, daß der Staat durch eine Subventionierung von Investitionen Wohlfahrtsgewinne realisieren kann. Ich werde in diesem Abschnitt zunächst untersuchen, wie Steuern und Subventionen im Learning-by-doing-Modell wirken, und dann zeigen, wie der Staat die Ökonomie auf ihren optimalen Wachstumspfad führen kann.

Pauschalsteuern und Staatskonsum

Nehmen wir zunächst an, der Staat stelle – durch Pauschalsteuern finanziert – ein öffentliches Konsumgut bereit, das aus dem homogenen Endprodukt gewonnen wird. D.h.: Der Staat erhebt eine Lumpsum-Steuer von den Haushalten, kauft mit dem Aufkommen dem Endproduktsektor einen Teil der Produktion ab und stellt diesen als öffentlichen Konsum bereit. Dies beeinflußt die gleichgewichtige Wachstumsrate nicht, denn die Pauschalsteuer berührt nicht die Ramsey-Bedingung $g_c = (r - \rho)/\sigma$, und die Beschäftigung im Endproduktsektor ist weiterhin durch das Arbeitsangebot, L, gegeben, so daß sich der gleichgewichtige Zinssatz, $r = f'(L^{-1})$, nicht ändert. Eine Arbeitseinkommensteuer ist eine Pauschalsteuer, weil das Arbeitsangebot unelastisch ist.

Anders liegen die Dinge, wenn der Staatskonsum nicht aus dem Endprodukt gewonnen wird. Werde stattdessen ein Pauschalsteueraufkommen erhoben, das verwendet wird, um einen vorgegebenen Anteil $\gamma \in (0,1)$ der Arbeiter in der Herstellung von Staatskonsum zu beschäftigen (Kapital werde dabei einfachheitshalber nicht benötigt). Das beläßt zwar weiterhin die Ramsey-Bedingung ($g_c = (r - \rho)/\sigma$) unverändert, aber der Zins sinkt, weil nur noch $(1-\gamma)L$ Arbeiter bei der Herstellung des Endprodukts Y mitwirken: $r = f'[L^{-1}/(1-\gamma)]$. Die gleichgewichtige Wachstumsrate von Konsum, Kapital und Produktion sinkt damit auf

$$g \equiv \frac{f'\left(\frac{L^{-1}}{1-\gamma}\right) - \rho}{\sigma}.$$

Weil die Wachstumsrate mit der Größe der Ökonomie steigt und weil die privat verfügbare Ressourcenbasis mit zunehmender Beschäftigung in der Produktion von Staaskonsum sinkt, fällt in diesem Szenario – anders als im Solow-Modell – die Wachstumsrate mit zunehmendem Staatskonsum.

Staatsverschuldung und Ricardianische Äquivalenz
Wie im Solow-Modell liegt Ricardianische Äquivalenz vor: Es ist unerheblich, ob gegebener Staatskonsum durch Pauschalsteuern oder durch Staatsverschuldung finanziert wird. Bei gegebenem Staatskonsum ist nämlich der Zins ($r = f'(L^{-1})$, wenn der Staatskonsum aus Y gewonnen wird, $r = f'[L^{-1}/(1-\gamma)]$, wenn er aus L hergestellt wird) vorgegeben, und Staatsverschuldung berührt analog zu Kapitel 3 nicht die Ramsey-Sparregel ($g_c = (r-\rho)/\sigma$), so daß auch die Wachstumsrate unbeeinflußt bleibt. Dieses Äquivalenzergebnis hängt nicht von der (hier veränderten) Technologie ab, sondern von der (unveränderten) Struktur des Haushaltssektors.

Kapitaleinkommensteuer
Betrachte nun eine Steuer t_K auf die Kapitaleinkommen, rK. Bei Lumpsumrückführung des resultierenden Steueraufkommens, $Z \equiv t_K rK$, lautet die Budgetrestriktion der Konsumenten wie im vorigen Kapitel $\dot{K} = (1-t_K)rK + wL + Z - c$, und die Ramsey-Regel ist zu modifizieren: $g_c = [(1-t_K)r - \rho]/\sigma$. Mit $r = f'(L^{-1})$ erhält man die gleichgewichtige Wachstumsrate des Learning-by-doing-Modells bei Kapitaleinkommensbesteuerung:

$$g \equiv \frac{(1-t_K)f'(L^{-1}) - \rho}{\sigma} \qquad (4.6)$$

(gemäß der Übergangsgleichung wächst der Kapitalstock und damit auch der Output mit der gleichen Rate wie der Konsum). Der Netto-Zins, $(1-t_K)r$, tritt hier an die Stelle, die bisher der Zins, r, einnahm. Anders als im Solow-Modell schlagen sich hier die durch Besteuerung ($t_K > 0$) verminderten Akkumulationsanreize in einer sinkenden Wachstumsrate nieder.[12] Man beachte schließlich, daß bei $t_K < 0$ eine Subventionierung von Kapitaleinkommen mit Rate $-t_K > 0$ vorliegt und $Z < 0$ das zum Budgetausgleich notwendige Lumpsumsteueraufkommen repräsentiert. Obiger Ausdruck für die gleichgewichtige Wachstumsrate besagt, daß durch eine Kapitaleinkommensubventionierung die Wachstumsrate gesteigert werden kann.[13]

---

[12] Auf derartigen Modellen aufbauend, argumentieren einige Autoren (z.B. Alesina und Rodrik (1993), Bertola (1993), Persson und Tabellini (1994)), Umverteilung wirke dann wachstumshemmend, wenn Kapitaleinkommen besteuert werden, so daß Einkommensgleichheit (d.h. mangelnder Bedarf umzuverteilen) wachstumsförderlich ist.

[13] Uhlig und Yanagawa (1996) analysieren eine Überlappende-Generationen-Version des hier vorgestellten Modells. Sie nehmen an, daß die Konsumenten in der ersten Lebensperiode nur Arbeitseinkommen beziehen und in der zweiten nur Zinseinkommen und weiter daß ein vorgegebenes Budget aus einer Arbeitseinkommen- und einer Kapitalein-

Dezentralisierung

Der optimale Wachstumspfad ist durch die Übergangsgleichung $\dot{K} = F(K, KL) - c$ und die Bedingung (4.6) an ein optimales Konsumprofil gekennzeichnet: $g_c = (\varphi - \rho)/\sigma$. Weil die Übergangsgleichung auch im Gleichgewicht Gültigkeit besitzt, folgt, daß gleichgewichtiger und optimaler Pfad genau dann übereinstimmen, wenn im Gleichgewicht der Konsum mit Rate $(\varphi - \rho)/\sigma$ wächst. Das ist gemäß (4.6) aber genau dann der Fall, wenn die private Grenzproduktivität des Kapitals (nach Subvention), $(1 - t_K)r$, mit der sozialen Grenzproduktivität, φ, übereinstimmt, d.h. wenn Kapitaleinkommen mit Rate $-t_K = \varphi/r - 1 > 0$ subventioniert werden:

SATZ 4.3: *Werden Kapitaleinkommen mit Rate $\varphi/r - 1$ subventioniert, so wird der optimale Wachstumspfad dezentralisiert.*

Staatseingriffe haben also eine ungleich größere Bedeutung als im Solow-Modell, sie versprechen hier sowohl Wachstumseffekte als auch Wohlfahrtsgewinne. Hierzu werden jedoch einige kritische Anmerkungen zu machen sein.

4.6 AK-Modell

Was im Learning-by-doing-Modell für anhaltendes Wachstum verantwortlich zeichnet, ist, wie gesagt, die Linearhomogenität von F in bezug auf K allein. Man kann das Modell weiter vereinfachen, indem man sich vorstellt, daß es keine Arbeit gibt, so daß Kapital einziger Produktionsfaktor ist und $Y = AK$ mit $A > \rho$ als einer Konstanten gilt. Das resultierende Modell nennt man $AK-Modell$. (Das AK-Modell wird meist Rebelo (1991) zugeschrieben. Es ist aber im Grunde schon recht alt. Schon Solow (1956) erwähnte, wie gesagt, die theoretische Möglichkeit einer von unten begrenzten Kapitalproduktivität.) In diesem Fall stimmen private und soziale Grenzproduktivität des Kapitals überein: $r = \varphi = A$. Gleichgewichtiges und optimales Problem bestehen somit darin, (3.4) unter der Nebenbedingung $\dot{K} = AK - c$ zu maximieren. Dieses Problem ist das gleiche wie das optimale Problem im Modell mit Externalitäten mit $A = \varphi$. Die gleichgewichtige und optimale Wachstumsrate entspricht also gemäß Satz 4.2 $g = (A - \rho)/\sigma$.

Das AK-Modell bringt auf den Punkt, wie es hier zu endogenem Wachstum kommt: Gemäß der Ramsey-Regel, $g_c = (r - \rho)/\sigma$, muß dazu die Grenzproduktivität des Kapitals langfristig über der Diskontrate der Individuen liegen. Im Solow-Modell ohne technischen Fortschritt erwies sich das als

---

kommensteuer zu finanzieren ist. Bei geeigneter Nutzenfunktion (z.B. im Cobb-Douglas-Fall) steigt dann die Wachstumsrate mit steigender Besteuerung von Kapitaleinkommen, denn im Gegenzug kann die Arbeitseinkommensteuer gesenkt werden, und das erhöht die Wachstumsrate, weil nur aus Arbeitseinkommen gespart werden kann.

unmöglich, im AK-Modell dagegen ist gemäß Konstruktion der Produktionsfunktion $r = A$ (ohne daß sich Abgrenzungsprobleme zwischen privater und sozialer Grenzproduktivität ergäben), und solange $A > \rho$ ist, kommt es zu endogenem Wachstum (im Learning-by-doing-Modell gilt das gleiche Argument mit $f'(L^{-1})$ anstelle von A). Es ist also nicht schwer, endogenes Wachstum zu modellieren. Im folgenden Abschnitt soll kurz hinterfragt werden, ob die einfache Antwort, die Learning-by-doing- und AK-Modell geben, eine gute Antwort ist.[14]

4.7 Kritik

Das Learning-by-doing-Modell liefert endogenes Produktivitätswachstum (nämlich Produktionswachstum bei stationärer Bevölkerung) und weist auf effizienz- und wachstumsfördernde Staatseingriffe hin. Beide Punkte verdienen Kritik. Zunächst zur Wohlfahrtsaussage. Um die Modellierung unvollkommenen Wettbewerbs zu umgehen, wurde Learning by doing als reine Externalität eingebracht. Dies ermöglichte es, an der Annahme vollständiger Konkurrenz festzuhalten, Dasgupta und Stiglitz (1988, S.250) bezeichnen dieses Vorgehen aber zu Recht als „nicht ernstzunehmen". Lerneffekte in der Güterproduktion begünstigen sicherlich nicht als Externalität alle Produzenten in einer Volkswirtschaft gleichermaßen; sie werden in erster Linie da wirksam, wo sie anfallen. Nachdem also – der Not gehorchend – die vollständige Konkurrenz durch positive Externalitäten gerettet wurde, stellt man fest, daß wegen positiver Externalitäten Ineffizienzen vorliegen. Politikanweisungen auf Basis eines solchen Modells stehen auf tönernen Füßen. Damit zur Erklärung von Produktivitätswachstum. Wachstum resultiert hier, weil die Individuen mit steigender Erfahrung das eine vorhandene Gut immer kostengünstiger produzieren können. Diese Idee konfligiert direkt mit der Beobachtung, daß Lernmöglichkeiten in gegebenen Gebieten erschöpflich sind. Learning by doing ist unbestreitbar ein reales Phänomen, aber es kann nur dann langfristig wirksam sein, wenn mit neuen Produktreihen neue Lernmöglichkeiten erschlossen werden. Zu Recht bezeichnet Helpman (1994, S.369) den Learning-by-doing-Ansatz als Irrweg:

> „The initial efforts in the new wave of studies that attempted to provide a better framework for dealing with productivity growth have been misdirected. By this I refer to studies that focused on economy-wide economies of scale in the use of capital."

Man erinnere sich auch an das Romer-Zitat am Anfang dieses Kapitels. Daß dennoch viele Autoren – der Einfachheit halber – ihre Analysen auf Grund-

---

[14] Jones und Manuelli (1990) untersuchen Wachstum bei Produktionsfunktionen des (die Inada-Bedingungen verletzenden) Typs $Y = K^\alpha L^{1-\alpha} + AK$, $\alpha \in (0,1)$. Mit wachsendem Kapitalstock konvergieren diese Modelle gegen das AK-Modell.

4.7. Kritik

lage des Learning-by-doing-Modells oder des noch simpleren AK-Modells durchführen, ist dem Ansehen der Neuen Wachstumstheorie sicherlich nicht zuträglich.

Kapitel 5

Humankapitalakkumulation

5.1 Einleitung

Weder im Solow-Modell noch im Learning-by-doing-Modell resultiert technischer Fortschritt aus *zielgerichteten* Aktivitäten: Bei Solow ist er gänzlich exogen, bei Learning by doing fällt er als ungeplantes Nebenprodukt der Kapitalakkumulation an. Ein erster Ansatz zu endogenem Wachstum durch zielgerichtete Aktivitäten rationaler Agenten geht auf Uzawa (1965) zurück.[1] Uzawa zeigte, wie anhaltendes Wachstum resultieren kann, wenn Individuen einen Teil ihrer Arbeitszeit (in einem weiteren Sinne) für Ausbildung verwenden können, d.h. wenn sie Humankapital akkumulieren können.[2] Die Humankapital-Modelle à la Uzawa wurden im Rahmen des Wiederauflebens der Wachstumstheorie von Lucas (1988) populär gemacht. In diesem Kapitel wird das Grundmodell vorgestellt.

Nach der Schilderung der Modellannahmen (Abschnitt 5.2) wird wie gewohnt zunächst das Steady-state-Gleichgewicht abgeleitet (Abschnitt 5.3). Weil es nicht ganz einfach ist, die Stabilität des Systems zu belegen, erfolgt der Beweis in einem gesonderten Abschnitt (5.4). Wie üblich führen dann Wohlfahrtsanalyse (Abschnitt 5.5) und Politikanalyse (Abschnitt 5.6) zu einigen kritischen Bemerkungen (Abschnitt 5.7).

5.2 Modell

Statt wie bisher von Arbeit wird nun von Humankapital die Rede sein. Der wesentliche Unterschied zwischen Arbeit im Sinne der vorangegange-

---

[1] Im *AK*-Modell resultiert Wachstum aus zielgerichteten Investitionen in physisches Kapital. Das Modell krankt aber an den oben angegebenen Mängeln.

[2] Uzawa (1965, S.18-9) spricht nicht ausdrücklich von Humankapital, sondern von „technischem Wissen", möchte seine Arbeit aber „in erster Linie als eine Basis für die Diskussion der ökonomischen Auswirkungen von Ausbildung" verstanden wissen und verweist explizit auf Schultz' (1961) Artikel *Investment in Human Capital*.

nen Abschnitte und Humankapital liegt in der zielgerichteten Akkumulierbarkeit des Humankapitals durch Ausbildung. Bezeichne H das Humankapital der Ökonomie und H_Y das in der Güterproduktion eingesetzte Humankapital. Damit lautet die gesamtwirtschaftliche Produktionsfunktion $Y = F(K, H_Y)$. F genüge wiederum den Inada-Bedingungen. Nicht konsumierter Output wird als Kapital akkumuliert: $\dot{K} = Y - c$. Das nicht in der Produktion eingesetzte Humankapital wird zu Ausbildung verwendet. Konkret liefern H_δ Einheiten Humankapital in der Ausbildung zusätzliches Humankapital im Umfang

$$\dot{H} = \delta H_\delta, \quad \delta > \rho \tag{5.1}$$

(die Annahme $\delta > \rho$ wird positives Wachstum sichern). Es gibt also im Uzawa-Modell eine zweite Investitionsmöglichkeit: Es kann nicht nur in physisches Kapital investiert werden, sondern auch in Humankapital; es wird dann auf Faktoreinkünfte heute verzichtet, um in der Zukunft mit vermehrtem Humankapital mehr Einkommen zu erzielen. Chamley (1993) spricht daher in Abgrenzung zu den Arbeiten im vorigen Kapitel von „Learning-or-doing-Modellen."[3] Wie im vorigen Kapitel gesagt, gibt es hier und in allen folgenden Modellen ein Kontinuum $[0, 1]$ von identischen Konsumenten. H bezeichnet daher sowohl das gesamtwirtschaftliche Humankapital als auch das Humankapital pro Kopf. Bei dieser Spezifizierung ist Humankapital ein rein privates Gut. Jedes einzelne Individuum muß, um $\dot{H}$ Einheiten neues Humankapital zu erlangen, $\dot{H}/\delta$ Einheiten seines bestehenden Humankapitals einsetzen.

Hier und in allen folgenden Kapiteln werde ich ferner, wie bereits angekündigt, annehmen, daß die Konsumenten eine in dem Sinne starke Präferenz für ebene Konsumprofile haben, daß die Grenznutzenfunktion, $c^{-\sigma}$, stark gekrümmt ist: $\sigma \geq 1$. Die Struktur des Uzawa-Modells ist in Abbildung 5.1 illustriert.

5.3 Gleichgewicht

Exogene Investitionsentscheidungen
Man kann sich leicht klar machen, daß dieses Modell anhaltendes Wachstum zuläßt, indem man unterstellt, daß der Anteil des Humankapitals, der in der Ausbildung eingesetzt wird, $H_\delta/H \equiv u \in (0, 1)$, exogen vorgegeben und

---

[3] Partialanalytisch werden Investitionen in Humankapital im Rahmen der sogenannten Humankapitaltheorie behandelt. Klassische Quelle ist hier Becker (1964), eine nützliche Kurzübersicht stammt von Rosen (1987). Rebelo (1991) sowie Barro und Sala-i-Martin (1995, Kap.5) untersuchen den Fall, daß bei der Akkumulation von Humankapital auch Kapital eingesetzt werden muß (wobei die Produktionsfunktion sich von der Technologie der Güterherstellung unterscheiden kann). Die hier gewählte einfachere Modellierung soll pointiert zum Ausdruck bringen, daß Produktion im Vergleich zu Ausbildung relativ kapitalintensiv ist.

5.3. Gleichgewicht

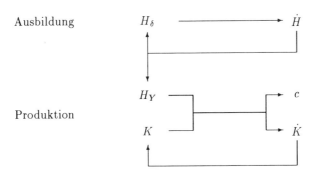

Abbildung 5.1: Struktur des Uzawa-Modells

konstant ist. Gemäß (5.1) wächst dann der Humankapitalbestand mit Rate $g_H = \delta H_\delta / H = \delta u$, das Humankapital in der Produktion, $H_Y = (1-u)H$, wächst mit der gleichen Rate. Das endogene Wachstum von H_Y übernimmt die Rolle exogenen technischen Fortschritts im Solow-Modell. Unterstellt man einfachheitshalber, daß auch die Sparquote s konstant und exogen ist, so folgt aus Satz 3.1, daß die ökonomisch relevanten Größen langfristig ebenfalls mit Rate $\delta u > 0$ wachsen, um so schneller also, je effektiver und je intensiver sich Ausbildung vollzieht. In den folgenden Abschnitten sollen u und s endogenisiert werden.

Zunächst aber noch der Hinweis, daß (ähnlich wie im Learning-by-doing-Modell) Linearität von $\dot{H}$ in H_δ notwendig für Steady-state-Wachstum ist. Gälte demgegenüber $\dot{H} = \delta H_\delta^\gamma$ mit $\gamma \in (0,1)$, so wäre $g_H = \delta u / H^{1-\gamma}$. Selbst wenn die gesamte verfügbare Arbeitszeit für Ausbildung verwendet würde ($u = 1$), ginge g_H mit wachsendem H gegen Null. Damit könnte das Wachstum von H aber nicht die Rolle einnehmen, die exogener technischer Fortschritts im Solow-Modell innehat, es würde langfristig zu Stagnation kommen. Bei $\dot{H} = \delta H_\delta^{1+\gamma}$ mit $\gamma > 0$ würde dagegen analog zum vorigen Kapitel der Humankapitalbestand und damit die Produktion nach endlicher Zeit unbegrenzt groß: Integriert man $\delta u = H^{-(1+\gamma)} \dot{H}$ zwischen 0 und t, so ergibt sich $H(\tau)^{-\gamma}|_0^t/(-\gamma) = \delta u t$ oder

$$t = \frac{1}{\gamma \delta u} \left[\frac{1}{H_0^\gamma} - \frac{1}{H(t)^\gamma} \right].$$

Mit $t \to 1/(\gamma \delta u H_0^\gamma)$ geht $H(t) \to \infty$.

Steady-state-Gleichgewicht

Wegen konstanter Skalenerträge wird das Sozialprodukt Y durch die Faktoreinkommen $rK + wH_Y$ gerade ausgeschöpft. Demnach unterliegen die Individuen der Budgetbeschränkung

$$\dot{K} = rK + wH_Y - c, \tag{5.2}$$

sie maximieren (3.4) unter den Nebenbedingungen (5.1) und (5.2) durch geeignete Wahl von H_δ und c.[4] Mit $H = H_Y + H_\delta$ lautet die Hamilton-Funktion für dieses Problem

$$\mathcal{H} \equiv \frac{c^{1-\sigma}-1}{1-\sigma} + \lambda[rK + w(H-H_\delta) - c] + \mu\delta H_\delta.$$

Damit erhält man die notwendigen und hinreichenden Optimalitätsbedingungen

$$\frac{\partial \mathcal{H}}{\partial c} = c^{-\sigma} - \lambda = 0 \tag{5.3}$$

$$\frac{\partial \mathcal{H}}{\partial H_\delta} = -\lambda w + \mu\delta \leq 0, \quad =, \text{falls } H_\delta > 0 \tag{5.4}$$

$$\dot{\lambda} = \rho\lambda - \frac{\partial \mathcal{H}}{\partial K} = \rho\lambda - r\lambda \tag{5.5}$$

$$\dot{\mu} = \rho\mu - \frac{\partial \mathcal{H}}{\partial H} = \rho\mu - \lambda w \tag{5.6}$$

$$0 = \lim_{t\to\infty} e^{-\rho t}\lambda K \tag{5.7}$$

$$0 = \lim_{t\to\infty} e^{-\rho t}\mu H. \tag{5.8}$$

(5.3) besagt, wie üblich, daß Output in Konsum und Investition den gleichen Grenznutzen stiften muß. (5.4) verlangt, daß auch Humankapital in seinen zwei Verwendungen (Produktion und Akkumulation) den gleichen Grenznutzen liefern muß. (5.5) und (5.6) geben die Abschreibungsraten für die Bewertungen von Kapital und Humankapital auf dem optimalen Pfad an. (5.7) und (5.8) sind die üblichen Transversalitätsbedingungen.

An dieser Stelle muß kurz etwas intensiver auf die Faktorentlohnungen eingegangen werden. Sei $k_Y \equiv K/H_Y$ die Kapitalintensität in der Güterproduktion und $f(k_Y) \equiv F(k_Y, 1)$ die faktorintensive Produktionsfunktion. Der Lohn beträgt $w = f(k_Y) - k_Y f'(k_Y) \equiv w(k_Y)$ (dies ergibt sich aus der entsprechenden Formel in Kapitel 3 mit $A = 1$ und k_Y statt k). Er ist eine stetige, streng monoton steigende Funktion der Kapitalintensität $(dw/dk_Y = -k_Y f''(k_Y) > 0)$. Folglich existiert die Inverse $k_Y = k_Y(w)$, sie ist ebenfalls stetig und streng monoton steigend. Da ferner der Zins $r = f'(k_Y)$ eine (fallende) Funktion der Kapitalintensität ist $(dr/dk_Y = f''(k_Y) < 0)$, besteht ein funktionaler Zusammenhang $r = f'(k_Y(w)) \equiv \psi(w)$ zwischen Lohn und Zins. Es ist dabei $\psi'(w) = dr/dw = (dr/dk_Y)/(dw/dk_Y) = -1/k_Y(w) < 0$. Diese Beziehung zwischen Lohn und Zins wird die *Faktorpreisgrenze* genannt. Sie zeigt an, daß ein höherer Lohn über eine höhere Kapitalintensität nur auf Kosten

---
[4] Man kann eine Aufspaltung in ein Einkommensmaximierungs- und ein Nutzenmaximierungsproblem vornehmen.

5.3. Gleichgewicht

eines geringeren Zinssatzes erreicht werden kann und umgekehrt. Der Lohn läßt sich auch als

$$w = \frac{\partial F(K, H_Y)}{\partial H_Y} = K\frac{\partial F\left(1, \frac{H_Y}{K}\right)}{\partial H_Y} = \frac{\partial F\left(1, \frac{H_Y}{K}\right)}{\partial \left(\frac{H_Y}{K}\right)} = \frac{\partial F(1, k_Y^{-1})}{\partial k_Y}$$

schreiben. Hier erkennt man, daß gemäß den Inada-Bedingungen $w(0) = 0$ und $\lim_{k_Y \to \infty} w(k_Y) = \infty$ gilt. Da wegen $r = f'(k_Y)$ ferner $r \to \infty$ für $k_Y \to 0$ und $r \to 0$ für $k_Y \to \infty$ gilt, folgt $\lim_{r \to 0} \psi(r) = \infty$ und $\lim_{r \to \infty} \psi(r) = 0$: Die Faktorpreisgrenze ist eine stetige Funktion, die für positive r von Unendlich auf Null fällt. Von dieser Eigenschaft wird im folgenden Gebrauch gemacht.

Damit in Humankapital investiert wird, muß Gleichung (5.4) mit Gleichheit erfüllt sein, so daß $\hat{w} = \hat{\mu} - \hat{\lambda}$ oder mit $\hat{\lambda} = \rho - r$ (aus (5.5)) und $\hat{\mu} = \rho - \delta$ (aus (5.6)): $\hat{w} = r - \delta$. D.h.: Damit in Humankapital investiert wird, muß der Lohnsatz hinreichend schnell wachsen; um so schneller, je stärker zukünftige Einkommen abgezinst werden (je größer r) und je unproduktiver die Ausbildung ist (je kleiner δ). Ferner sieht man, daß in einem Steady state der Zins konstant sein muß. Weil gemäß $r = \psi(w)$ dann aber auch der Lohn konstant ist, folgt $\hat{w} = 0$ und $r^* = \delta$ (hier und im folgenden wird wieder der Steady-state-Wert einer Variablen x als x^* geschrieben). Mit dem Zins sind auch $k_Y^* = (f')^{-1}(r^*)$, $w^* = f(k_Y^*) - k_Y^* f'(k_Y^*)$ und $\hat{\lambda}^* = \rho - \delta$ eindeutig bestimmt. (5.3) und (5.5) liefern wieder die Ramsey-Bedingung $g_c = (r - \rho)/\sigma$ und so

$$g_c^* = \frac{\delta - \rho}{\sigma} \equiv g^*.$$

Der Pro-Kopf-Konsum wächst also mit positiver Rate g^*. Es erscheint selbstverständlich, daß Kapital und Humankapital mit der gleichen Rate wachsen. Um dies formal zu zeigen, definiere ich die Durchschnittsproduktivität des Kapitals als $DP \equiv F(K, H_Y)/K = f(k_Y)/k_Y$, das Konsum-Kapital-Verhältnis als $\chi \equiv c/K$ und die gesamtwirtschaftliche Kapitalintensität als $k \equiv K/H$. Zunächst zum Kapitalstock, K. Aus der Übergangsgleichung $\dot{K} = F(K, H_Y) - c$ folgt

$$g_K = DP - \chi. \tag{5.9}$$

Im Steady state ist $DP^* = f(k_Y^*)/k_Y^*$ konstant. Gemäß (5.9) muß dann auch χ konstant sein, und mit $g_c^* = g^*$ folgt $g_K^* = g^*$ und $\chi^* = DP^* - g^*$. $\chi^* > 0$ folgt aus $DP^* > f'(k_Y^*) = r^* = \delta > g^*$, wobei Konkavität von f und $\sigma \geq 1$ verwendet wurden. Kapital wächst also, wie vermutet, mit Rate g^*, und es verbleibt zu zeigen, daß auch $g_H^* = g^*$ gilt. Dazu wird die Ausbildungstechnologie (5.1) wie folgt umformuliert:

$$g_H = \delta\left(1 - \frac{H_Y}{H}\right) = \delta\left(1 - \frac{k}{k_Y}\right). \tag{5.10}$$

Konstanz von g_H^* verlangt $g_k^* = \hat{k}_Y^* = 0$, d.h. $g_H^* = g_K^* = g^*$. Damit ist folgendes Ergebnis bewiesen:

SATZ 5.1 *(Uzawa (1965))*: *Im Steady-state-Gleichgewicht wachsen Konsum, Produktion, Humankapital und Kapital ebenso wie die entsprechenden Pro-Kopf-Größen mit einheitlicher Rate* $g^* = (\delta - \rho)/\sigma$.

Unter der Prämisse, daß die Produktivität der Humankapitalakkumulation gemessen an der Zeitpräferenz der Individuen hinreichend groß ist ($\delta > \rho$), ergibt sich im Uzawa-Modell also endogenes Produktivitätswachstum, das aus zielgerichteten Investitionsentscheidungen rationaler Agenten hervorgeht. Die gleichgewichtige Wachstumsrate, g^*, ist dabei um so höher, je produktiver die Humankapitalakkumulation ist (je größer δ ist), je geringer die Gegenwartspräferenz der Individuen ist (je kleiner ρ ist) und je schwächer die Präferenz für ein ebenes Konsumprofil ist (je kleiner σ ist).[5] Näheres Hinsehen zeigt, daß auch die stilisierten Fakten 4 und 6 aus Kapitel 2 erklärt sind: Es wachsen die Länder schnell, die hohe Kapital- und Humankapitalinvestitionen leisten. Es gilt nämlich im Steady state

$$u \equiv \frac{H\delta}{H} = \frac{g^*}{\delta}$$

$$s \equiv \frac{\dot{K}}{Y} = \frac{g^*}{DP(k_Y^*)} = \frac{g^*}{DP[(f')^{-1}(\delta)]}.$$

Mit fallender Diskontierung beispielsweise steigen neben der Wachstumsrate $g^* = (\delta - \rho)/\sigma$ auch der Anteil des Humankapitals in der Ausbildung, u, und die Sparquote, s. Analog steigt neben g^* auch u mit zunehmender Ausbildungsproduktivität δ, denn $\partial u/\partial \delta = \rho/(\sigma\delta^2) > 0$.

Zwei Punkte seien beachtet. Erstens, daß das Modell anders als Solows und der Learning-by-doing-Ansatz an keiner Stelle steigende Skalenerträge aufweist. Die manchmal geäußerte Vermutung, Produktivitätswachstum setze steigende Skalenerträge voraus, ist also unbegründet. Und zweitens, daß anders als im Solow-Modell länderweise differierende Wachstumsraten ohne weiteres denkbar sind. Bei Solow resultierte eine Angleichung der Wachstumsraten aus der internationalen Diffusion technischen Wissens. Im Uzawa-Modell wird aber das Wachstum durch *personengebundenes*, nicht diffundierendes technisches Wissen – Humankapital – getrieben. Wird Humankapital in verschiedenen Ländern mit verschiedenen Produktivitäten akkumuliert, dann sind identische Wachstumsraten nicht zu erwarten.

---

[5] Ein verwandtes Modell stellen Murphy et al. (1991) vor. Darin wählen Individuen mit verschiedenen Fähigkeiten, ob sie selbständig unternehmerisch tätig werden oder unselbständig beschäftigt werden, und die Wachstumsrate ist um so höher, je mehr Unternehmer es gibt. Murphy et al. motivieren ihr Modell mit der Beobachtung, daß Länder mit vielen Ingenieuren schneller wachsen als Länder mit vielen Juristen.

5.4 Stabilität

Im vorigen Abschnitt wurden konstante Wachstumsraten aller Variablen *vorausgesetzt*. Mit Hilfe dieser Annahme wurden die gleichgewichtigen Wachstumsraten berechnet und die Existenz eines Steady-state-Gleichgewichts bewiesen. In diesem Abschnitt wird gezeigt, daß die Uzawa-Ökonomie für beliebige Anfangsausstattungen an Kapital und Humankapital langfristig das so erhaltene Steady state erreicht.[6]

SATZ 5.2 *(Caballé und Santos (1993)): Das Steady-state-Gleichgewicht im Uzawa-Modell ist global stabil.*[7]

Der Caballé-Santos-Beweis ist schwierig und baut auf tiefen, teilweise unveröffentlichten mathematischen Sätzen auf.[8] Der Beweis läßt sich aber wesentlich einfacher führen. Ich werde zeigen, daß der Lohnsatz unabhängig von allen anderen Variablen des Modells gegen sein Steady-state-Niveau konvergiert und die anderen Variablen „mit sich zieht". Dies macht eine herkömmliche Phasendiagrammanalyse möglich.[9] Eine lokale Stabilitätsanalyse findet sich im Appendix zu diesem Kapitel.

Beweis: Die oben bereits verwendete Gleichung $\hat{w} = r - \delta$ liefert gemeinsam mit der Faktorpreisgrenze $r = \psi(w)$ die angesprochene Differentialgleichung im Lohnsatz allein:

$$\hat{w} = \psi(w) - \delta. \tag{5.11}$$

---

[6] Lucas' (1988) Beitrag zu diesem Modell besteht im Einbringen von positiven Externalitäten, die von Humankapital ausgehen (eine alternative Darstellung findet sich bei Chamley (1993)). Benhabib und Perli (1994) sowie (weniger allgemein, aber einfacher) Xie (1994) stellten fest, daß bei Vorliegen solcher Externalitäten die Dynamik des Modells kompliziert sein kann: Es können multiple Steady states vorliegen, und es kann Indeterminiertheit in dem Sinne vorliegen, daß die Anpassung an ein gegebenes Steady state auf verschiedenen Wegen erfolgen kann. Lucas (1993) interpretiert derartige Phänomene als Erklärung dafür, warum Südkorea trotz ähnlicher Anfangsbedingungen in der Nachkriegszeit soviel dynamischer wuchs als etwa die Philippinen. Eine analoge Analyse in diskreter Zeit nehmen Boldrin und Rustichini (1994) vor. Sala-i-Martin (1996b) interpretiert positive Spillover, die vom *durchschnittlichen* Humankapital ausgehen, als ein Motiv für Verrentung: Haben ältere Arbeiter relativ wenig Humankapital, dann hat ihre Verrentung über eine Erhöhung des durchschnittlichen Humankapitals eine positive Produktivitätswirkung.

[7] Uzawa (1965) selbst führte einen Stabilitätsbeweis für den Fall einer linearen Nutzenfunktion $u(c) = c$. Bond et al. (1996) und Mino (1996) liefern den Stabilitätsbeweis für den angesprochenen allgemeineren Fall mit Kapital in der Ausbildung. Allerdings müssen sie für die globale Stabilitätsanalyse die unrealistische Annahme treffen, daß Ausbildung kapitalintensiver ist als Erziehung. Die hier verfolgte Beweisführung findet sich in Arnold (1995b, 1997a). Sie kann als Verallgemeinerung des unabhängig von mir durch Faig (1995) und Barro und Sala-i-Martin (1995, Kap.5) abgeleiteten Stabilitätsresultats für die Uzawa-Ökonomie *mit Cobb-Douglas-Produktionsfunktion* verstanden werden.

[8] Wie Koch (1995) herausstellt, ist der Beweis ferner nicht völlig stichhaltig, da das verwendete Konvergenzkriterium problematisch ist (s. auch Arnold (1997a)).

[9] Mulligan und Sala-i-Martin (1993) und Chamley (1995) simulieren die Anpassungsdynamik des Modells bei diversen Schocks.

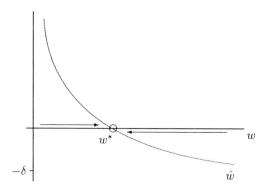

Abbildung 5.2: Konvergenz des Lohnsatzes

Die Faktorpreisgrenze $\psi(w)$ ist eine Hyperbel, die sich den Achsen annähert. Verschiebt man $\psi(w)$ um $\delta > 0$ nach unten, so erhält man Abbildung 5.2. $\hat{w}$ hat einen eindeutigen w-Achsenschnitt (beim oben errechneten Steady-state-Wert w^*) und fällt streng monoton. Daraus folgt, daß der Lohnsatz gegen sein Steady-state-Niveau konvergiert.

Mit w konvergieren $r = \psi(w)$, $g_c = (r - \rho)/\sigma$, $k_Y = (f')^{-1}(r)$ und $DP = f(k_Y)/k_Y$ monoton gegen ihre Gleichgewichtswerte.[10] Zu zeigen bleibt damit Konvergenz von χ (und damit g_K) und k (und damit g_H). Betrachten wir zunächst das Konsum-Kapital-Verhältnis, χ. Per Definition gilt $\hat{\chi} = g_c - g_K$. Mit (5.9) folgt

$$\hat{\chi} = g_c - DP + \chi. \tag{5.12}$$

Weil $g_c = [f'(k_Y) - \rho]/\sigma$ ebenso wie $DP = f(k_Y)/k_Y$ eine Funktion von k_Y allein ist, ist dies eine Differentialgleichung in k_Y und χ allein. Ihre Lösung ist in Abildung 5.3 illustriert, einem Phasendiagramm im (k_Y, χ)-Raum. Weil die Kapitalintensität in der Produktion, k_Y, monoton gegen ihren Steady-state-Wert konvergiert, ist der $\hat{k}_Y = 0$-Lokus senkrecht und stabil. Gemäß (5.12) ist der $\hat{\chi} = 0$-Lokus durch

$$\chi = DP - g_c = \frac{\sigma \cdot DP - f' + \rho}{\sigma}$$

gegeben. Um die Analyse so einfach wie möglich zu gestalten und verwirrenden Fallunterscheidungen vorzubeugen, wird angenommen, daß die Substitutionselastizität der Produktionsfunktion F nicht kleiner als eins ist (aber nicht notwendigerweise konstant). Diese Annahme impliziert, daß die

---

[10] Faig sowie Barro und Sala-i-Martin zeigen, daß die Durchschnittsproduktivität des Kapitals in der Produktion autonom konvergiert (und die anderen Variablen mit sich zieht); wegen der Cobb-Douglas-Annahme konvergiert dann auch die Grenzproduktivität des Kapitals, d.h. der Zins, und damit schließlich auch der Lohnsatz.

5.4. Stabilität

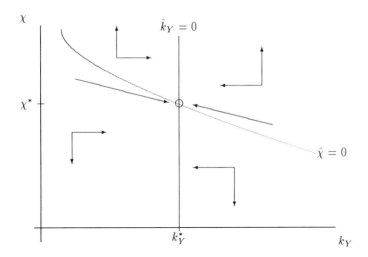

Abbildung 5.3: Anpassung des Konsum-Kapital-Verhältnisses

Differenz von Durchschnitts- und Grenzproduktivität, $DP - f'$, mit steigender Kapitalintensität abnimmt, so daß der $\hat{\chi} = 0$-Lokus fallend verläuft (weil $DP - f'$ und $(\sigma - 1)DP$ jeweils fallen).[11]

Beweis: Die Substitutionselastizität, θ, ist definiert als prozentuale Änderung des Faktoreinsatzverhältnisses bei einprozentiger Variation des relativen Faktorpreises:

$$\theta \equiv -\frac{d(K/H_Y)}{d(r/w)} \frac{r/w}{K/H_Y}.$$

Mit der Definition von k_Y sowie $r = f'(k_Y)$ und $w = f(k_Y) - k_Y f'(k_Y)$ folgt

$$-\frac{1}{\theta} = \frac{d\left(\frac{f'}{f - k_Y f'}\right)}{dk_Y} \frac{k_Y}{\frac{f'}{f - k_Y f'}} = \frac{DP}{f'} \frac{f'' k_Y^2}{f - k_Y f'}. \tag{5.13}$$

Damit ergibt sich weiter

$$\frac{d(DP - f')}{dk_Y} = \frac{k_Y f' - f}{k_Y^2} - f'' = f'' \left(\frac{k_Y f' - f}{k_Y^2 f''} - 1\right) = f'' \left(\frac{DP}{f'} \theta - 1\right).$$

Gemäß dieser letzten Formel fällt $DP - f'$ mit k_Y, weil mit $DP > f'$ und $\theta \geq 1$ der letzte Klammerausdruck positiv ist. q.e.d.

Ferner gilt $\chi \to \rho/\delta$ mit $k_Y \to \infty$. χ steigt (fällt) über (unter) dem $\hat{\chi} = 0$-Lokus. Wie oben bereits gezeigt, existiert ein eindeutiges Steadystate-Gleichgewicht. Man erkennt ferner unmittelbar, daß das Gleichgewicht ein Sattelpunkt ist, es existiert genau ein Pfad in das Gleichgewicht.

---
[11] Man kann auf diese Annahme verzichten, dann läßt sich aber wenig über die exakte Form der im folgenden abzuleitenden stationären Loki und Sattelpfade sagen.

Und dieser Sattelpfad verläuft wie der $\hat{\chi} = 0$-Lokus monoton fallend; d.h. k_Y und χ sind während der Anpassung an das Steady state negativ korreliert. Schließlich erkennt man, daß sich alle Pfade außer dem Sattelpfad *kumulativ* vom Steady state entfernen. Derart divergierende Pfade kommen als Gleichgewicht nicht in Frage: (a) Trajektorien, die unter dem Sattelpfad verlaufen, liefern $\chi \to 0$ und $k_Y \to k_Y^*$, so daß $\hat{\chi} \to g^* - DP^*$ und $g_K = g_c - \hat{\chi} \to = DP^*$. Mit $\hat{\lambda}^* = \rho - \delta$ folgt, daß $e^{-\rho t}\lambda K$ mit Rate $DP^* - \delta$ wächst. Weil wegen Konkavität von f die Durchschnittsproduktivität des Kapitals, DP^*, die Grenzproduktivität $r^* = \delta$ übersteigt, ist $DP^* - \delta > 0$, und die Transversalitätsbedingung (5.7) wird verletzt. Intuitiv liegt hier – genau wie im Learning-by-doing-Modell – Überakkumulation vor, weil das Konsumwachstum mit der Kapitalakkumulation nicht Schritt hält. (b) Für Pfade oberhalb des Sattelpfads gilt $\chi \to \infty$, so daß näherungsweise $\hat{\chi} = \chi$ gilt. Das impliziert wie im Learning-by-doing-Modell, daß χ nach endlicher Zeit unendlich groß ist. Weil c dabei sicherlich positiv ist, verlangt das $K = 0$; der Kapitalstock verschwindet nach endlicher Zeit. Weil anfolgend keine Produktion und damit kein Konsum mehr möglich ist, wird wegen unendlichen Grenznutzens bei Nullkonsum die Optimalitätsbedingung (5.3) verletzt. Folglich kann auch dieser Fall ausgeschlossen werden, und Konvergenz von χ ist die einzige verbleibende Möglichkeit. Das beweist Konvergenz von g_K. Man beachte, daß die vertikale Differenz zwischen DP und dem $\hat{\chi} = 0$-Lokus gerade g_c entspricht. Weil $g_c = [f'(k_Y) - \rho]/\sigma$ mit $k_Y \to 0$ gegen Unendlich geht und weil der Sattelpfad für kleine k_Y unter dem $\hat{\chi} = 0$-Lokus verläuft, folgt, daß mit $k_Y \to 0$ entlang des Sattelpfades $DP - \chi \to \infty$ geht.

Damit zur Kapitalintensität, k. Definitionsgemäß ist $g_k = g_K - g_H$ oder mit (5.9), (5.10), $\chi^* + g^* - DP^* = 0$ und $g^* = \delta(1 - k^*/k_Y^*)$

$$g_k = DP - \chi - \delta\left(1 - \frac{k}{k_Y}\right). \tag{5.14}$$

Abbildung 5.4 gibt ein Phasendiagramm im (k_Y, k)-Raum wieder, in dem die Konvergenz der gesamtwirtschaftlichen Kapitalintensität, k, veranschaulicht wird. Wie in Abbildung 5.3 ist der $\dot{k}_Y = 0$-Lokus durch die Vertikale $k_Y = k_Y^*$ beschrieben. Wie dort ist dieser stationäre Lokus stabil. Bezüglich der gesamtwirtschaftlichen Kapitalintensität, k, gilt nach (5.14), $\dot{k} = 0$, wenn $k = 0$ oder

$$k = \frac{k_Y}{\delta}(\chi + \delta - DP) \equiv \psi.$$

$g_k > 0$ (< 0) über (unter) ψ. Weil die Ökonomie ihren Sattelpfad in Abbildung 5.3 verfogt, ist χ eine (fallende) Funktion von k_Y, und ψ ist eine Funktion von k_Y allein. Für kleine k_Y ist ψ negativ, denn mit $k_Y \to 0$ gilt $DP - \chi \to \infty$. Andererseits ist ψ für $k_Y = k_Y^*$ positiv, denn $k^* > 0$, wie oben

5.4. Stabilität

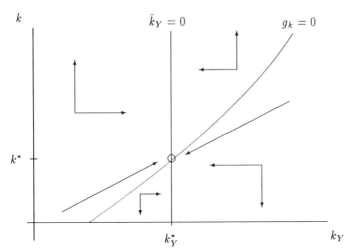

Abbildung 5.4: Anpassung der Kapitalintensität

gezeigt. Schließlich nähert sich ψ mit $k_Y \to \infty$ (und damit $DP \to 0$ und $\chi \to \rho/\sigma$) für große k_Y der Geraden $k_Y[1 + \rho/(\sigma\delta)]$ an. Einfachheitshalber nehme ich an, daß ψ steigend verläuft, wo es positiv ist, wie in Abbildung 5.4 eingezeichnet. Man erkennt dann, daß wieder ein monoton steigender Sattelpfad in das eindeutige Steady-state-Gleichgewicht existiert und daß alle anderen Pfade divergieren. (a) Pfade unter dem Sattelpfad liefern $k \to 0$ und $g_H = \delta(1 - k/k_Y^*) \to \delta$. $g_H \to \delta$ bedeutet aber $H_\delta \to H$; es wird die gesamte Arbeitskraft der Ausbildung zugeführt, und das resultierende Humankapital wird nicht produktiv verwendet – es liegt Überakkumulation von Humankapital vor. (b) Über dem Sattelpfad gilt dagegen $k > k^*$, $k \to \infty$. Um die Analyse hier so einfach wie möglich zu machen, wird angenommen, daß $H_\delta < 0$ möglich ist, solange die Restriktion $H = H_\delta + H_Y$ erfüllt ist. D.h.: Es kann vorübergehend ein Humankapitaleinsatz $H_Y > H$ in der Produktion realisiert werden, diese Anstrengung bedingt aber einen Verschleiß an Humankapital, $\dot{H} < 0$. Mit $k \to \infty$ gilt näherungsweise $g_k = \delta k/k_Y^*$, k wird nach endlicher Zeit unbegrenzt groß, d.h. $H = 0$. Danach wird nicht mehr produziert und nicht mehr konsumiert, was wiederum der Optimalitätsbedingung (5.3) der Konsumenten widerspricht. Auch hier führen also divergente Pfade zu Suboptimalität. k muß sich seinem Steady state nähern und g_H damit der Wachstumsrate g^*.[12] q.e.d.

Man beachte, daß weder k_Y noch χ in $t = 0$ physisch vorgegeben ist. Aus Abbildung 5.3 allein ist nicht zu ersehen, an welcher Stelle des Sattelpfads

---

[12] Man sieht hier, wie die Annahme, daß H sinken kann, in die Analyse eingeht. Bei Plazierung einer Nichtnegativitätsbedingung auf $\dot{H}$ würde die Ökonomie dagegen in ein Solow-Ramsey-Modell übergehen, wenn die Bedingung bindend wird. Es erscheint klar, daß ein solcher Pfad ebenso wenig gleichgewichtig ist.

die Ökonomie in $t = 0$ die Anpassung an das Steady state aufnimmt. Demgegenüber ist die anfängliche aggregierte Kapitalintensität, $k_0 \equiv K_0/H_0$, in $t = 0$ fest vorgegeben. Damit ist ein Startpunkt auf dem Sattelpfad in Abbildung 5.4 besimmt. Der zugehörige k_Y-Wert determiniert über den Sattelpfad in Abbildung 5.3 den Startwert von χ. Auch hier gibt es keine Überraschungen: Ist die aggregierte Kapitalintensität, k, anfangs niedrig, dann ist es – weil der Sattelpfad im (k_Y, k)-Diagramm steigt – auch die Kapitalintensität in der Produktion, k_Y.

Um in Kapitel 9 darauf Bezug nehmen zu können, seien die Übergangsgleichungen für den $\theta = 1$-Spezialfall, d.h. eine Cobb-Douglas-Produktionsfunktion, hier explizit aufgelistet (daß bei Cobb-Douglas-Produktionsfunktion $\theta = 1$ gilt, folgt aus (5.13)). Mit $Y = K^\alpha H_Y^{1-\alpha}$ ($\alpha \in (0,1)$) gilt $w = (1-\alpha)Y/H_Y = (1-\alpha)k_Y^\alpha$, d.h. $\hat{k}_Y = \hat{w}/\alpha$. Mit $\hat{w} = r - \delta$ und $r = \alpha k_Y^{\alpha-1}$ folgt

$$\hat{k}_Y = k_Y^{\alpha-1} - \frac{\delta}{\alpha}. \tag{5.15}$$

Mit $DP = k_Y^{\alpha-1}$ vereinfacht sich die Gleichung für $\hat{\chi} = g_c - g_K = (r - \rho)/\sigma - DP + \chi$ zu

$$\hat{\chi} = \chi - \frac{\rho}{\sigma} - \left(1 - \frac{\alpha}{\sigma}\right) k_Y^{\alpha-1}. \tag{5.16}$$

Und schließlich gilt

$$g_k = k_Y^{\alpha-1} - \chi - \delta\left(1 - \frac{k}{k_Y}\right). \tag{5.17}$$

Man beachte auch:

$$\chi^* = DP^* - g^* = \frac{\delta}{\alpha} - \frac{\delta - \rho}{\sigma}. \tag{5.18}$$

5.5 Wohlfahrt

Wie im Solow-Modell gibt es hier keine Marktunvollkommenheiten. Daher läßt sich folgendes Resultat zeigen:

SATZ 5.3 *(Uzawa (1965)): Das Wachstumsgleichgewicht im Uzawa-Modell ist effizient.*

Beweis: Der optimale Pfad ergibt sich aus Maximierung von (3.4) unter den Nebenbedingungen $\dot{K} = Y - c$ und (5.1). Die Hamilton-Funktion für dieses Problem lautet

$$\mathcal{H} \equiv \frac{c^{1-\sigma} - 1}{1 - \sigma} + \lambda[F(K, H - H_\delta) - c] + \mu\delta H_\delta.$$

Definiere nun $r \equiv \partial F/\partial K$ und $w \equiv \partial F/\partial H_Y$. Dann ergeben sich als notwendige Optimalitätsbedingungen wieder die Gleichungen (5.3)-(5.8), wobei r und w nun Abkürzungen für die partiellen Ableitungen von $F(K, H_Y)$ sind, nicht Faktorpreise. Das gleiche System von Gleichungen bestimmt also sowohl den gleichgewichtigen als auch den optimalen Pfad. Das Gleichgewicht ist optimal.[13] q.e.d.

5.6 Politikmaßnahmen

Wie im Solow-Modell hat man hier ein effizientes Marktgleichgewicht und somit zunächst keinen Bedarf, Steuern zu erheben. Wie dort soll trotzdem eine positive Analyse von Steuerwirkungen durchgeführt werden. Im Learning-by-doing-Modell tauchte wie hier die Diskontrate als ein Argument im Ausdruck für die gleichgewichtige Wachstumsrate auf, und eine Kapitaleinkommensteuer (oder -subvention) hatte Wachstumseffekte. Dies läßt vermuten, daß auch hier die Besteuerung von Kapitaleinkommen die gleichgewichtige Wachstumsrate senkt. Ferner steht angesichts der Endogenität des Humankapitals zu vermuten, daß eine Arbeitseinkommensteuer wachstumsverlangsamend wirkt. Beide Vermutungen sind falsch:

SATZ 5.4 *(Lucas (1990b), Stokey und Rebelo (1995)): Weder eine Kapitaleinkommensteuer noch eine Arbeitseinkommensteuer beeinflußt die gleichgewichtige Wachstumsrate.*

Beweis: Der Steuersatz auf Kapitaleinkommen wird wie gehabt als t_K bezeichnet, der auf Arbeitseinkommen als t_H. Das resultierende Steueraufkommen werde zur Finanzierung eines öffentlichen Guts, das nicht in die Nutzenfunktion eingeht, verwendet oder lumpsum verteilt. Definiere nun r und w als *Netto*-Faktorentlohnungen: $r = (1 - t_K)f'(k_Y)$, $w = (1 - t_H)[f(k_Y) - k_Y f'(k_Y)]$. Mit dieser Notation reduziert sich der Beweis von Satz 5.4 im wesentlichen auf eine Reinterpretation der Nutzenmaximierungsbedingungen (5.3)-(5.8). Weiterhin wird das Steady-state-Gleichgewicht durch die Ramsey-Bedingung, $g = (r - \rho)/\sigma$, und die Bedingung für positive Humankapitalinvestitionen, $\hat{w} = r - \delta$, beschrieben. Gemäß der Ramsey-Bedingung bleibt die Steady-state-Wachstumsrate unverändert, wenn sich der Nettozins nicht ändert. Gemäß der zweiten Bedingung muß aber weiterhin der Nettozins, r, im Steady state der Ausbildungsproduktivität, δ, entsprechen, damit Humankapital akkumuliert wird. Zusammengenommen folgt die behauptete Neutralität von Steuern in bezug auf die Wachstumsrate. q.e.d.

---

[13] Im Lucas-Modell mit Externalitäten wird natürlich sozial zu wenig Humankapital akkumuliert, so daß die gleichgewichtige Wachstumsrate gemessen an der optimalen zu gering ist.

Satz 5.4 verliert seine Gültigkeit, wenn man die Arbeitsangebotsentscheidung endogenisiert und/oder Kapital als Argument der Ausbildungstechnologie berücksichtigt. Es ist dann nicht schwer sehr große Wachstumseinbußen aus Besteuerung zu schätzen, Jones et al. (1993) beispielsweise behaupten, daß das bestehende US-Steuersystem 8,3%-Punkte Wachstum kostet! Um in derartige Größenordnungen vorzustoßen muß man nur ein hinreichend kleines σ unterstellen, denn nach der Ramsey-Regel sinkt die Wachstumsrate bei einer Zinsänderung um den Faktor $1/\sigma$ stärker als der Zins selbst. Große Zinsänderungen wiederum erhält man, wenn man sich vom Uzawa-Referenzfall weit entfernt, d.h. ein sehr elastisches Arbeitsangebot und/oder kapitalintensive Ausbildung unterstellt.[14] Da aber das Arbeitsangebot recht unelastisch ist und Ausbildung im Vergleich zur Güterproduktion wenig kapitalintensiv, bietet das Neutralitätstheorem in Satz 5.4 einen nützlichen Referenzpunkt.

Pauschalsteuern zur Finanzierung von Staatskonsum beeinflussen die Optimalitätsbedingungen aus dem Nutzenmaximierungskalkül der Haushalte nicht: Optimales Sparen verlangt $g_c = (r - \rho)/\sigma$, und Investitionen in Humankapital setzen $\hat{w} = r - \delta$ voraus, so daß in einem Steady state mit konstantem Lohn der Konsum und damit auch die anderen realen Variablen mit Rate $g = (\delta - \rho)/\sigma$ wachsen – Pauschalsteuern haben ebensowenig wie verzerrende Steuern bleibende Effekte auf die Wachstumsrate. Gleiches gilt für Staatsverschuldung, es gilt weiterhin Ricardianische Äquivalenz.

Fazit: Das Modell bietet eine nette Formalisierung des stilisierten Faktums 8 in der Einleitung: Wachstum wird endogen durch Ausbildung erzeugt und wird dennoch durch Steuern nicht berührt.

5.7 Kritik

Fragen wir abschließend, ob Humankapitalakkumulation eine plausible Erklärung für Produktivitätswachstum bietet. Ein erster Einwand ist folgender: Humankapitalakkumulation übernimmt die Rolle exogenen technischen Fortschritts im Solow-Modell. Wie das technische Wissen, A, im Neoklassischen Modell muß also das Humankapital, H, im Uzawa-Modell exponentiell wachsen, soll es zu anhaltendem Wachstum kommen. Es erscheint zunächst fraglich, ob das in einem Modell mit Individuen, die – anders als bisher unterstellt – endliche Lebzeiten haben, konsistent modelliert werden kann. Haben nämlich nachwachsende Generationen (mit endlicher Lebzeit T) ein stets gleiches Anfangsniveau an Humankapital, H_0, so können sie bei der Technologie (5.1) maximal das Humankapital $H_0 e^{\delta T}$ erreichen (nämlich indem sie nur lernen: $H_\delta = H$), unbegrenztes Wachstum wäre nicht möglich. Dieser Einwand läßt sich aber entkräften,

---

[14] Lucas (1990b) zeigt, daß es in einem solchen Fall analog zu Chamleys (1986) Ergebnis im Solow-Modell optimal ist, Kapital im Steady state überhaupt nicht zu besteuern.

indem unterstellt wird, daß nachwachsende Generationen stets das bereits vorhandene Humankapital adaptieren *und* proportional erweitern können. Das Uzawa-Modell macht implizit diese Annahme.[15]

Die konsistente Modellierbarkeit von Produktivitätswachstum durch Humankapitalakkumulation läßt sich somit nicht anzweifeln. Es ist aber ein zweiter – empirischer – Einwand zu erheben: Dem Uzawa-Modell liegt die Vorstellung zugrunde, daß immer besser ausgebildete Individuen (steigendes H) immer kapitalintensiver (steigendes K bei stagnierender Bevölkerung) immer mehr Output erzeugen (steigendes Y), *ohne daß dazu technologische Neuerungen notwendig wären*. Es werden Maschinen akkumuliert, aber nicht verbessert. Das steht im Widerspruch zum in den stilisierten Fakten festgehaltenen Standpunkt, daß im Sinne Schumpeters erst technologische Neuerungen der Schlüssel zu ökonomischem Wachstum sind. Das Uzawa-Modell ist in diesem Sinne eine formal schlüssige, aber empirisch zweifelhafte Erklärung für Wachstum.

Appendix: Lokale Stabilitätsanalyse

In diesem Appendix zeige ich:

SATZ 5.5: *(Mulligan und Sala-i-Martin (1993)): Das Steady state des Uzawa-Modells im (k_Y, χ, k)-Raum ist lokal sattelpunktstabil.*

Beweis: Für χ und k sind mit (5.12) und (5.14) bereits Differentialgleichungen vorhanden. Aus der Stabilität von k_Y folgt weiter, daß (in der Umgebung des Steady states) $\dot{k}_Y$ als eine fallende Funktion von k_Y ausdrückbar ist: $\dot{k}_Y = \varphi(k_Y)$ mit $\varphi'(k_Y^*) < 0$. Damit hat man ein System von drei Differentialgleichungen in den drei Unbekannten k_Y, χ und k. Linearisieren dieses Systems um das Steady state (k_Y^*, χ^*, k^*) ergibt

$$\begin{pmatrix} \dot{k}_Y \\ \dot{\chi} \\ \dot{k} \end{pmatrix} = \begin{pmatrix} \varphi'(k_Y^*) & 0 & 0 \\ \cdot & \chi^* & 0 \\ \cdot & \cdot & \delta\frac{k^*}{k_Y^*} \end{pmatrix} \begin{pmatrix} k_Y - k_Y^* \\ \chi - \chi^* \\ k - k^* \end{pmatrix},$$

wobei Punkte die Elemente der Koeffizientenmatrix ersetzen, die im folgenden irrelevant sind. Weil die Koeffizientenmatrix dreieckig ist, stimmen ihre charakteristischen Lösungen mit den Diagonalenelementen überein. Die Lösungen sind mithin alle real. Wegen $\varphi'(k_Y^*) < 0 < \chi^*$, $\delta k^*/k_Y^*$ ist genau eine charakteristische Lösung negativ, das beweist nach Theorem A.4 die Sattelpunkteigenschaft des Steady states.

---

[15] Stokey (1991) modelliert diesen Mechanismus explizit, ein verwandtes Modell stammt von Homburg (1996). (s. auch das Modell von Rebelo (1991), in dem vollständige Abschreibung des Humankapitals in jedem Zeitpunkt zulässig ist). Aufbauend auf einem solchen Modell, zeigt Walz (1996), daß Migration sowohl für das Ein- wie auch für das Auswanderungsland wachstums- und wohlfahrtssteigernd wirken kann.

Kapitel 6

Grundlagenforschung

6.1 Einleitung

In diesem Kapitel wird gezeigt, wie Grundlagenforschung, die eine produktivere Verwendung von Arbeit in der Güterproduktion ermöglicht, zu anhaltendem Produktivitätswachstum führen kann. Das vorgestellte Modell geht auf Shell (1966) zurück.[1] Es sei direkt auf die große Schwäche des Modells hingewiesen: Grundlagenforschung dient, wie in Kapitel 2 herausgestellt wurde, dazu, angewandte Forschung zu unterstützen. Insofern greift ein Modell zu kurz, in dem Grundlagenforschung direkt die Güterproduktion begünstigt.

Auf die Vorstellung des Modells (Abschnitt 6.2) folgt hier zunächst eine Wohlfahrtsanalyse (Abschnitt 6.3). In Abschnitt 6.4 wird dann das Gleichgewicht direkt unter der Annahme berechnet, daß der Staat in effizientem Maße Grundlagenforschung betreibt. Weil das da bei resultierende Gleichgewicht effizient und das Modell nicht sonderlich interessant ist, wird auf die Diskussion weiterer Politikmaßnahmen verzichtet.

6.2 Modell

Grundlagenforschung erzeugt technisches Wissen, das allen potentiellen Nutzern gleichermaßen und ohne gegenseitige Beeinträchtigung in der Nutzung zugutekommt, Grundlagenwissen ist ein öffentliches Gut. In diesem Kapitel wird also wie bei Solow und im Learning-by-doing-Modell wieder nicht-rivalitäres technisches Wissen akkumuliert, im Gegensatz zum Solow-Modell aber durch Faktoreinsatz, im Gegensatz zum Learning-by-doing-Modell durch zielgerichteten Faktoreinsatz. Konkret wird die neoklassische Produktionsfunktion $Y = F(K, AL_Y)$ aus Kapitel 1 übernommen, wobei der Arbeitseinsatz in der Produktion nun mit L_Y bezeichnet wird. Das

---

[1] Ein verwandtes Modell stammt von Phelps (1966).

aggregierte Arbeitsangebot, L, ist, wie gehabt, konstant und exogen. Das technische Wissen A wächst hier durch den Einsatz von Arbeit L_δ in der Grundlagenforschung gemäß

$$\dot{A} = \frac{AL_\delta}{a}, \quad \frac{L}{a} > \rho. \tag{6.1}$$

Dieser Ansatz geht auf Shell (1966, 1967) zurück.[2] Analog zu (5.1) im vorigen Kapitel ist Linearität der Forschungstechnologie in A wieder notwendig für anhaltendes Wachstum. Kapital wird, wie üblich, als nicht konsumierter Output akkumuliert: $\dot{K} = Y - c$. Analog zum Uzawa-Modell ist die Evolution des Modells dann determiniert, wenn Zeitpfade für c und L_Y (oder L_δ) vorgegeben werden.

Als Referenzpunkt sei zunächst wieder der einfache Fall betrachtet, daß die Allokation von Arbeit auf Produktion und Grundlagenforschung fix vorgegeben und die Sparquote s konstant ist. In diesem Fall wächst das technische Wissen A mit konstanter Rate $g_A = L_\delta/a$. Damit ist man zurück im Solow-Modell mit Produktivitätswachstum und stationärem Arbeitsangebot $L_Y = L - L_\delta$, und aus Satz 3.1 folgt, daß Kapital, Produktion

---

[2] Mit Gleichung (6.1) wird angenommen, daß in der Forschung kein Kapital benutzt wird. Insofern spiegelt (6.1) Arrows (1962a, S.113) Ansicht wider, daß „technisches Wissen und Talent des Erfinders die wichtigsten Inputs in Forschung" sind. Es kommt überspitzt zum Ausdruck, daß Forschung relativ wenig kapitalintensiv ist. Shell (1966) nahm dagegen an, daß Forschung die gleiche Technologie hat wie Produktion, insbesondere also Kapital voraussetzt (in Shell (1967) wird die Annahme gleicher Technologien aufgegeben, damit gelangt man im wesentlichen zu Uzawas (1963) Zweisektorenmodell). Wird dann ein Anteil $s_A \in (0,1)$ der Ressourcen in der Forschung eingesetzt, so ist $\dot{A} = s_A F(K, AL)$ und

$$g_A = s_A L f(k),$$

wobei, wie gehabt, $k \equiv K/(AL)$ die Kapitalintensität in Effizienzeinheiten ist. Ferner werde ein Anteil $\tilde{s} \in (0,1)$ der produzierten Güter gespart und als Kapital akkumuliert. Dann ist $\dot{K} = \tilde{s}(1-s_A)F(K,AL)$ und mit $s \equiv \tilde{s}(1-s_A)$

$$g_K = \frac{sf(k)}{k}.$$

So folgt

$$\dot{k} = \hat{k}k = (g_k - g_A)k = (s - s_A Lk)f(k) \equiv \eta(k).$$

Es existiert ein eindeutiges Steady state mit positivem Kapitalstock, nämlich bei $k^* = s/(s_A L)$. Wegen $\eta'(k) = -s_A L f(k) + (s - s_A L k)f'(k)$ ist $\eta'(k^*) = -s_A L f(k^*) < 0$. Weil η stetig ist, folgt $\dot{k} > 0$ für $k < k^*$ und $\dot{k} < 0$ für $k > k^*$: Das Steady state ist global stabil. Konstanz von k impliziert $g_A = g_K \equiv g$. Die erste Gleichung in dieser Fußnote liefert dann die gleichgewichtige Wachstumsrate

$$g = s_A L f\left(\frac{s}{s_A L}\right) = F[\tilde{s}(1-s_A), s_A L].$$

g steigt mit L und $\tilde{s}$, der Zusammenhang zwischen g und s_A ist nicht monoton.

6.3. Optimum

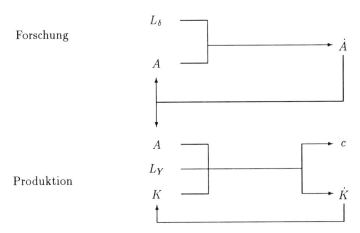

Abbildung 6.1: Struktur des Shell-Modells

und Arbeitsproduktivität langfristig ebenfalls mit Rate g_A wachsen.[3] Dieses Argument verläuft parallel zu dem im vorigen Kapitel. Man beachte aber, daß anders als im Humankapital-Modell hier wieder ein Größeneffekt vorliegt: Die gleichgewichtige Wachstumsrate ist um so größer, je größer der Arbeitseinsatz in der Forschung, L_δ, ist.

6.3 Optimum

In den vorigen Kapiteln wurde immer zunächst das Marktgleichgewicht berechnet und anschließend eine Wohlfahrtsanalyse vorgenommen. Hier bietet es sich an, diese Reihenfolge umzukehren. Wir beginnen hier mit der Bestimmung des optimalen Pfades. Der wird durch folgenden Satz charakterisiert:

SATZ 6.1 *(Shell (1966), Sato (1966))*: *Auf dem optimalen Pfad wachsen das technische Wissen und damit langfristig auch die anderen ökonomisch relevanten Größen mit Rate*

$$g \equiv \frac{\frac{L}{a} - \rho}{\sigma}.$$

Beweis: Auf dem optimalen Pfad maximieren L_δ und c die intertemporale Nutzenfunktion (3.4) unter den Nebenbedingungen $\dot{K} = Y - c$,

---

[3] Shell (1966) selbst kam zu dem Ergebnis, daß in seinem Modell langfristig kein Wachstum möglich ist. Das liegt, wie schon Sato (1966, S.80) kommentierte, daran, daß er gleichermaßen arbeits- und kapitalvermehrenden statt rein arbeitsvermehrenden technischen Fortschritt unterstellte. Zum Shell-Modell mit rein arbeitsvermehrendem technischen Fortschritt siehe auch Barro (1990), Grossman und Helpman (1991a, Abschnitt 2.4) sowie Barro und Sala-i-Martin (1995, Abschnitt 4.4).

$\dot{A} = AL_\delta/a$ und $L_Y = L - L_\delta$. Definiere $AL_Y \equiv H_Y$, $AL_\delta \equiv H_\delta$ und $AL \equiv H$. Offenbar gilt $H_Y + H_\delta = H$, genau wenn $L_Y + L_\delta = L$. Die Produktionsfunktion läßt sich als $Y = F(K, H - H_\delta)$ schreiben, und es gilt

$$\dot{H} = L\dot{A} = L\frac{AL_\delta}{a} = \frac{L}{a}H_\delta = \delta H_\delta$$

mit $\delta \equiv L/a$. Das zu lösende Optimierungsproblem für das Shell-Modell besteht also äquivalent darin, die intertemporale Nutzenfunktion (3.4) unter den Nebenbedingungen $\dot{K} = F(K, H - H_\delta) - c$ und $\dot{H} = \delta H_\delta$ zu maximieren. Das ist aber genau das in Abschnitt 5.5 im Rahmen des Uzawa-Modells bereits gelöst wurde. Gemäß Satz 5.3 wachsen die relevanten Größen langfristig mit Rate

$$g = \frac{\delta - \rho}{\sigma} = \frac{\frac{L}{a} - \rho}{\sigma} > 0.$$

Gemäß den Sätzen 5.1-5.3 ist ein Steady state eindeutig bestimmt und global stabil. q.e.d.

Die optimale Wachstumsrate ist also um so höher, je produktiver die Grundlagenforschung ist (je größer $1/a$ ist), je größer das Arbeitsangebot L ist und je schwächer die Präferenz für ein ebenes Konsumprofil ist (je kleiner ρ und σ sind).

6.4 Gleichgewicht

Weil Grundlagenwissen ein öffentliches Gut ist, bestehen keinerlei Anreize zu marktlicher Bereitstellung. Folglich wird im unregulierten Marktgleichgewicht keine Arbeit in der Forschung eingesetzt ($L_\delta = 0$), das technische Wissen verharrt bei seinem Ausgangswert, A_0, und Wachstum ist langfristig nicht möglich. Grundlagenforschung muß staatlich finanziert werden, soll es zu Wachstum kommen. Das Wachstumsgleichgewicht bei konstanter Sparquote und konstantem Arbeitseinsatz in der Grundlagenforschung wurde in Abschnitt 6.2 kurz beschrieben. Hier sei abschließend das Gleichgewicht bei endogener Sparentscheidung beschrieben. Ich verzichte dabei platzeshalber darauf, den Wachstumspfad der Shell-Ökonomie für ein beliebiges staatliches Grundlagenforschungsbudget abzuleiten, und nehme stattdessen an, daß der Staat die aus der Analyse im vorigen Abschnitt hervorgehende optimale Beschäftigung in der Grundlagenforschung bereitstellt. Weil das Modell abgesehen von der Nichttrivialität des Grundlagenwissens keine Quellen von Marktversagen enthält, ist dies hinreichend für die Dezentralisierung des optimalen Wachstumspfad, wenn das staatliche Forschungsbudget durch Pauschalsteuern finanziert werden kann:

SATZ 6.2: *Stellt der Staat, unverzerrend finanziert, die effiziente Menge Grundlagenwissen bereit, so wird der optimale Pfad aus Satz 6.1 dezentralisiert, und die Ökonomie wächst mit Rate $g = (L/a - \rho)/\sigma$.*

Beweis: Betrachte zunächst noch einmal den optimalen Wachstumspfad. Der optimale Pfad für H_δ determiniert, gegeben H_0 und $\dot{H} = \delta H_\delta$, die optimalen Pfade für $H(t)$ und $H_Y(t) = H(t) - H_\delta(t)$ ($t \geq 0$). Wie im Uzawa-Modell ergeben sich die optimalen Pfade für c und K dann aus der Übergangsgleichung für den Kapitalstock, $\dot{K} = F(K, H_Y) - c$ und der Bedingung für ein optimales Konsumprofil, $g_c = [\partial F(K, H_Y)/\partial K - \rho]/\sigma$. Per Konstruktion (optimale Grundlagenforschung im Gleichgewicht) entsprechen die Gleichgewichtspfade von H, H_Y und H_δ den optimalen Pfaden, so daß Gleichgewicht und Optimum übereinstimmen, wenn die Übergangsgleichungen für c und K identisch sind.

Nun ist $\dot{K} = F(K, H_Y) - c$ eine rein technologische Bedingung, die auch im Gleichgewicht erfüllt ist. Verbleibt die Übergangsgleichung für den Konsum, die im Gleichgewicht durch die Ramsey-Bedingung, $g_c = (r-\rho)/\sigma$, gegeben ist. Weil nun der Marktzins der Grenzproduktivität des Kapitals entspricht ($r = \partial F(K, H_Y)/\partial K$), folgt $g_c = [\partial F(K, H_Y)/\partial K - \rho]/\sigma$, die Bedingung aus dem optimalen Programm. Optimum und Gleichgewicht stimmen mithin überein. q.e.d.

Man beachte, daß die Sätze 6.1 und 6.2 sowohl eine Steady-state- als auch eine Stabilitätsaussage machen, indem sie das Modell auf das bereits analysierte Uzawa-Modell zurückführen. Anders als in anderen Grundlagenforschungsmodellen muß hier also keine Einschränkung der Sichtweise auf Steady states vorgenommen werden.

6.5 Kritik

Shell (1966, S.63) trägt dem Umstand Rechnung, daß „Zunahmen des technischen Wissens in fundamentaler Weise von der Ressourcenmenge abhängen, die für innovative Aktivitäten verwendet wird". Die gewählte Modellierung greift aber zu kurz: Technisches Wissen als Ergebnis von Grundlagenforschung geht bei Shell als Argument in die (Güter-) Produktionsfunktion ein. Eine realistische Formulierung müßte demgegenüber angewandte Forschung beinhalten und Grundlagenwissen als Input in der angewandten Forschung modellieren. Ein solches Modell wird in Teil II vorgestellt.

Kapitel 7

Theorie und Fakten I: Neoklassische Theorie

Fragen wir an dieser Stelle kurz, inwieweit die bisher vorgestellten Modelle in der Lage sind, die stilisierten Fakten 1-7 aus Abschnitt 2.5 zu erklären. Ich betrachte dabei nur das Solow- und das Uzawa-Modell. Das Learning-by-doing-Modell lasse ich außen vor, weil es im Widerspruch zu 5 Wachstum aus stets fallenden Lernkurven ableitet. Auf das Shell-Modell wird hier nicht weiter eingegangen, weil im Widerspruch zu 3 Grundlagenforschung die Produktivität der Güterproduktion (nicht der angewandten Forschung) erhöht.

Zunächst zum Solow-Modell. Hauptanliegen des Solow-Modells ist die Erklärung anhaltenden Produktivitätswachstums (1), und hier ist das Modell durchaus erfolgreich. Indem es die Quelle von Wachstum, technischen Fortschritt, als exogen behandelt, wird es auch 7 gerecht: Die langfristige Wachstumsrate ist nicht durch Politikmaßnahmen beeinflußbar. Viel mehr Positives ist aber nicht zu sagen. Das Modell prognostiziert einheitliche langfristige Wachstumsraten, länderweise Wachstumsratendifferenzen können im Solow-Modell im Widerspruch zu 2 nur von vorübergehender Natur sein, es stellt nicht den beobachteten positiven Zusammenhang zwischen Investitionsquote und Wachstumsrate (4) her, und schließlich schweigt es zu den Quellen technischen Fortschritts (3, 6) gänzlich. Das Solow-Modell bietet mithin nicht sehr weitreichende Erklärungen beobachteten Wachstums.

Wesentlich besser ist in dieser Hinsicht das Uzawa-Modell zu beurteilen. Wie das Solow-Modell erklärt das Uzawa-Modell anhaltendes Wachstum (1). Dabei ist es nicht auf den Kunstgriff exogenen technischen Fortschritts angewiesen, Wachstum resultiert hier aus Humankapitalakkumulation. Das Modell läßt die Möglichkeit differierender Wachstumsraten zu und zeigt dabei auf, wann bedingte Konvergenz (2) zu erwarten ist. Es stellt die beobachteten positiven Beziehungen zwischen der Wachstumsrate einerseits sowie der Investitionsquote (4) und den Ausbildungsinvestitionen (6) andererseits her. Etwas überraschend erklärt es darüber hinaus die Neutralität von Politikmaßnahmen (7). Einziger Makel dieses Modells ist, daß diese plausiblen Resultate aus unplausiblen Annahmen abgeleitet werden:[1] Im Uzawa-Modell steigern Bildungsinvestitionen direkt, ohne den Umweg über ein hohes Innovationspotential, die Produktivität der Arbeiter in der Güterherstellung. Forschung und Innovationen als die entscheidenden Quellen von Fortschritt und Wachstum (3) bleiben außen vor. Es kann mithin als Zielsetzung der weiteren Modelle angesehen werden, vergleichbare Aussagen aus einem Modell mit F&E als Motor von Wachstum abzuleiten.

---

[1] Aus instrumentalistischer Warte mag man dies nicht für ein Makel halten.

Teil III

Neue Wachstumstheorie

Kapitel 8

Forschung und Entwicklung: Das Grundmodell

„Das menschliche Wissen bestand in dem, was nahezu jedermann wußte: daß die Katze auf der Matte liegt, daß Julius Cäsar ermordet wurde, daß das Gras grün ist. Alles das erschien mir aber sehr uninteressant. Das Interessante war das problematische Wissen, das unsichere Wissen; und das Wachstum des Wissens – die Forschung."
Karl R. Popper

8.1 Einleitung

Neue Wachstumstheorie
Mit Learning by doing, Humankapitalakkumulation und Grundlagenforschung wurden in den letzten Kapiteln einige potentielle Quellen von Wachstum analysiert. In Kapitel 2 wurde aber argumentiert, daß als entscheidende Quelle von Wachstum allgemein die Produktion personenungebundenen technischen Wissens durch F&E angesehen wird, die Erfindung neuer oder verbesserter Produkte oder Verfahren durch zielgerichteten Ressourceneinsatz also. Es wurde auch darauf hingewiesen, daß dieser Standpunkt alles andere als neu ist. Man erinnere sich an das Schumpeter-Zitat, nach dem „der evolutionäre Charakter (des Kapitalismus) nicht einer quasiautomatischen Kapitalzunahme (...) zuzuschreiben ist, sondern den neuen Produktions- und Transportmethoden, den neuen Märkten, den neuen Formen der industriellen Organisation, welche die kapitalistische Unternehmung schafft".[1] Im vorigen Kapitel wurde bereits ein Modell beschrieben,

---
[1] Im Grunde ist auch Schumpeter nicht Urheber dieser Auffassung, sondern lediglich

in dem technischer Fortschritt aus zielgerichteter Forschungsarbeit, nämlich Grundlagenforschung, resultiert. Dieses Modell wird aber dem letzten Halbsatz in obigem Zitat nicht gerecht: „welche die kapitalistische Unternehmung schafft." Hiermit stellt Schumpeter heraus, daß technischer Fortschritt in erster Linie aus den anwendungsorientierten Forschungsvorhaben privater, gewinnmaximierender Firmen resultiert, nicht aus staatlicher Grundlagenforschung. Dies ist das zentrale Paradigma der Neuen Wachstumstheorie: Forschung wird als ökonomisches Kalkül rationaler Agenten aufgefaßt, profitorientierte Firmen wägen die Kosten von Forschung gegen die zu erwartenden marktlichen Erträge ab.

Die bisher vorgestellten Modelle datieren in ihrer ursprünglichen Form allesamt aus den 50er und 60er Jahren. Die im folgenden zu behandelnden Modelle stammen dagegen ausnahmslos aus den letzten acht bis zehn Jahren. Dies mag zunächst überraschend erscheinen, war doch Schumpeters Bild von Forschung als treibendem Element von Wachstum bereits Jahrzehnte vor dem Aufkommen der Neoklassischen Wachstumstheorie weitgehend akzeptiert. Der Grund dafür, daß nicht früher zu modellieren gelang, was allgemein als zu modellieren anerkannt war, ist simpel: Wie in Kapitel 2 herausgestellt, setzt F&E unvollkommenen Wettbewerb voraus: Man braucht(e) daher ein handhabbares Modell unvollkommenen Wettbewerbs, hatte aber keins. Bevor F&E-Modelle im Rahmen der Neuen Wachstumstheorie entstehen konnten, mußten Spence (1976), Dixit und Stiglitz (1977) und Ethier (1979) ihr Modell monopolistischen Wettbewerbs entwickeln.[2] Romer (1987) erkannte als Erster die Wichtigkeit dieses Ansatzes für die Wachstumstheorie.

Spillover-Effekte

Es stellte sich heraus, daß eine Annahme essentiell für endogenes Wachstum in F&E-Modellen ist: Forschung müssen Spillover-Effekte zugeschrieben werden; es muß angenommen werden, daß F&E nicht nur zur Erfindung eines neuen oder verbesserten Produkts oder Verfahrens führt, sondern daß darüber hinaus allgemeines technisches Wissen anfällt, das künftigen Forschern bei ihren Vorhaben zugute kommt. Nachdem Judd (1985) sowie Grossman und Helpman (1989) in einem Modell mit endogener Forschungsentscheidung, aber ohne Wissens-Spillover, zu dem Ergebnis gekommen waren, daß F&E nicht langfristig profitabel bleiben kann und es langfristig zu Stagnation kommen muß, zeigte Romer (1990a), wie bei Vorliegen

---

entschiedener Fürsprecher. Schumpeter selbst verstand sich als in Marxscher Tradition stehend.

[2] Dieses Modell geht in seinen Grundzügen auf Chamberlin (1933) zurück. Es bildet auch den Ausgangspunkt der auf Krugman (1979a, 1981) zurückgehenden Neuen Außenhandelstheorie (Helpman und Krugman (1985, Teil III)). Ferner wurde es vor dem Einbau in die Wachstumstheorie auch in der Neokeynesianischen Theorie (Blanchard und Kiyotaki (1987), Blanchard und Fischer (1989, Kap.8)) intensiv genutzt.

8.2. Modell

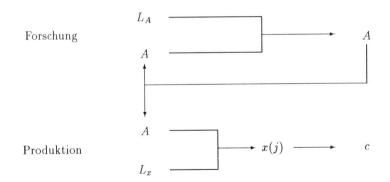

Abbildung 8.1: Struktur des Grossman-Helpman-Modells

von Spillover-Effekten F&E anhaltendes Wachstum erklären kann. Man beachte, daß die Unterstellung positiver Externalitäten von Forschung aber keinesfalls aus der Luft gegriffen ist. In Kapitel 2 wurde erläutert, wie Empiriker Evidenz für diese Hypothese fanden – und dies lange bevor die zentrale Bedeutung dieser Spillover für Wachstum(smodelle) erkannt war.

Vorgehen
In diesem Kapitel wird, Grossman und Helpman (1991a, Kap.3) folgend, das Grundmodell zu Wachstum durch F&E vorgestellt. Das Vorgehen ist das übliche: Nach der Auflistung der Annahmen des Modells in Abschnitt 8.2 werden in den Abschnitten 8.3 und 8.4 Wachstumsgleichgewicht und optimaler Wachstumspfad analysiert. Das führt zur Diskussion von Politikmaßnahmen in Abschnitt 8.5. Abschnitt 8.6 zeigt, wie das Modell umzuinterpretieren ist, will man Produkt- statt Prozeßinnovationen beschreiben. Abschnitt 8.7 bietet einen Ausblick auf die folgenden Kapitel, die allesamt eng an das hier vorgestellte Grundmodell anknüpfen.

8.2 Modell

Die Grundstruktur des Modells ist simpel. Sie ist in Abbildung 8.1 illustriert. Es gibt nur einen Produktionsfaktor, Arbeit. Arbeit wird im Umfang $L > 0$ unelastisch angeboten und kann alternativ in der Güterproduktion oder in F&E eingesetzt werden. In der Forschung werden neue Produktionsverfahren erfunden, deren Vermarktung die Anreize zu forschen liefert. Ein hoher Arbeitseinsatz in der Forschung bedingt eine hohe Wachstumsrate.

Betrachten wir das Modell genauer. Es gebe kein Kapital und ein homogenes Konsumgut, c bezeichne die davon konsumierte Menge. Um Marktmacht und Produktivitätswachstum modellieren zu können, wird ein „Umweg" in der Produktion eingeführt. Es wird angenommen, daß das Endprodukt, c, aus einer Menge von Zwischenprodukten j gemäß der Produktionsfunktion

$$c = \left[\int_0^A x(j)^\alpha dj\right]^{\frac{1}{\alpha}}, \quad \alpha \in (0,1), \tag{8.1}$$

gewonnen wird. Dabei bezeichnet A die „Anzahl" verfügbarer Zwischenprodukte j (es wird ein Integral statt einer Summe verwendet, um Ganzzahligkeitsprobleme zu umgehen) und $x(j)$ die Einsatzmenge von Zwischenprodukt $j \in [0, A]$. Im Kern handelt es sich bei (8.1) um eine kontinuierliche CES-Produktionsfunktion mit Substitutionselastizität $\epsilon \equiv 1/(1-\alpha)$ (die Rolle von ϵ wird weiter unten noch klar). Man beachte, daß konstante Skalenerträge in den Zwischenprodukten vorliegen: Wird der Einsatz aller A Zwischenprodukte ver-λ-facht ($\lambda > 0$), so ver-λ-facht sich auch der Output, c. Es wird kompetitives Verhalten unterstellt. Die Zwischenprodukte mögen 1:1 aus Arbeit gewonnen werden.

Es ist nicht auf Anhieb offensichtlich, wie in diesem Rahmen trotz konstanten Arbeitsangebots, L, anhaltendes Wachstum zustande kommen kann. Um dies zu illustrieren, sei angenommen, daß ein vorgegebener Teil $L_x \in (0, L]$ der Arbeit, symmetrisch verteilt, in der Herstellung der Zwischenprodukte beschäftigt werde. Der Output jedes Zwischenprodukts $j \in [0, A]$ entspricht dann $x(j) = L_x/A$, und es folgt aus (8.1), daß

$$c = A^{\frac{1}{\alpha}} \frac{L_x}{A} = A^{\frac{1-\alpha}{\alpha}} L_x. \tag{8.2}$$

Hier sieht man: Der Output c ist für gegebenes L_x um so größer, je mehr Zwischenprodukte verfügbar sind. Wäre A beliebig wählbar, dann könnte mit winzigem Arbeitseinsatz L_x durch extreme Spezialisierung (ein sehr großes A) ein beliebig großer Output erzielt werden. Damit ist die Grundidee des Modells wie folgt zu umreißen: Es ist vorteilhaft, so viele Zwischenprodukte einzusetzen wie möglich. Die Firmen sind aber durch den Stand des technischen Wissens restringiert, ein Anstieg der Anzahl verfügbarer Zwischenprodukte, A, verlangt zielgerichteten Arbeitseinsatz in der Forschung. Es wird also Wachstum durch Verfahrensinnovationen thematisiert,[3] Verfahrensinnovationen werden als Zwischenprodukterfindungen modelliert, und Produktivitätswachstum ist als Wachstum durch zunehmende Spezialisierung zu verstehen.

Die Forschungstechnologie laute

$$\dot{A} = \frac{AL_A}{a}, \quad a > 0, \tag{8.3}$$

---

[3] Zu Wachstum durch Verfahrens*verbesserungen* siehe Aghion und Howitt (1992), Caballero und Jaffe (1993) und Segerstrom et al. (1990) sowie insbesondere Grossman und Helpman (1991a, Kap.4, und 1991b).

8.3. Gleichgewicht 125

mit L_A als Arbeitseinsatz in der Forschung.[4] Man beachte, daß eine zweifache Linearität unterstellt wurde. Zum einen steigt die Änderungsrate der Anzahl verfügbarer Zwischenprodukte, $\dot{A}$, linear mit dem Arbeitseinsatz L_A. Diese Annahme ist nicht essentiell, sondern nur vereinfachend; sie wird später gelockert. Zum anderen steigt der Output an Verfahrensinnovationen proportional zur Anzahl bereits vorhandener Produkte, A. Darin spiegeln sich die oben angesprochenen Wissens-Spillover wider: Implizit wird angenommen, daß das im Zuge von Forschung als öffentliches Gut anfallende technische Wissen proportional zur Anzahl von Innovationen ist. Man erkennt sofort, warum diese Annahme von so zentraler Bedeutung ist: Gemäß (8.2) muß die Anzahl verfügbarer Produkte, A, exponentiell wachsen, damit der Output bei gegebenem L_x exponentiell wächst. Gemäß (8.3) kann das bei gegebenem $L_A = L - L_x$ nur dann der Fall sein, wenn $\dot{A}$ proportional mit A steigt. Es herrsche freier Zutritt zu F&E, erfolgreiche Erfinder erhalten Patente mit unbegrenzter Laufzeit.[5]

Wie gehabt möge ein Kontinuum von Masse eins identischer, atomistischer Konsumenten die intertemporale Nutzenfunktion (3.4) maximieren. Der Einfachheit halber wird dabei $\sigma = 1$, d.h. logarithmischer Nutzen unterstellt. Alle Märkte seien stets im Gleichgewicht.

8.3 Gleichgewicht

Konsumenten
Die Wertpapierhaltung der Konsumenten wird als V^{-1} bezeichnet. Anders als bisher wird nicht das Konsumgut als Numéraire gewählt, der Preis des Konsumguts sei p_c. Die Individuen unterliegen dann der Budgetbeschränkung $(\dot{V^{-1}}) = rV^{-1} + wL - p_c c$, und die Hamilton-Funktion für ihr Nutzenmaximierungsproblem lautet

$$\mathcal{H} \equiv \ln c + \lambda(rV^{-1} + wL - p_c c).$$

Daraus ergeben sich als notwendige und hinreichende Optimalitätsbedingungen:

$$\frac{\partial \mathcal{H}}{\partial c} = \frac{1}{c} - \lambda p_c = 0 \tag{8.4}$$

$$\dot{\lambda} = \rho\lambda - \frac{\partial \mathcal{H}}{\partial(V^{-1})} = \lambda(\rho - r) \tag{8.5}$$

---
[4] Die mikroökonomische Patentrennen-Literatur untersucht Forschung im partialanalytischen Rahmen (d.h. bei exogen vorgegebenem Wert einer Innovation). Die klassischen Artikel stammen von Loury (1979), Lee und Wilde (1980) sowie Dasgupta und Stiglitz (1980), einen guten Survey bietet Reinganum (1989).

[5] Die unrealistische Annahme, daß die Patente unbegrenzt gültig und wirksam sind, ist abdingbar. Man kann Märkte nach gewisser Zeit durch kostenlose Imitation kompetitiv werden lassen (Arnold (1995c), Barro und Sala-i-Martin (1995, Abschnitt 6.1.6)) oder zielgerichtete Innovationsanstrengungen einbringen (Segerstrom (1991), Walz (1995)).

sowie die übliche Transversalitätsbedingung. Gemäß (8.4) wächst $1/\lambda$ mit der gleichen Rate wie die Ausgaben für Konsum, $p_c c$. Diese Ausgaben werden nun als Numéraire gewählt, so daß $p_c(t)c(t) = 1$, $\hat{\lambda}(t) = 0$ und gemäß (8.5) $r(t) = \rho$ für alle $t \geq 0$. Wegen der Wahl der Ausgaben für Konsum als Numéraire entspricht also bei Nutzenmaximierung der Zinssatz der subjektiven Diskontrate der Individuen, ρ. Dies ist natürlich nichts anderes als eine modifizierte Darstellung der üblichen Ramsey-Regel: Die übliche Form $g_c = (r - \rho)/\sigma$ erhält man mit dem Endprodukt als Numéraire, die modifizierte $r = \rho$ mit den Konsumausgaben als Numéraire.[6] Man beachte, daß die getane Numérairewahl unkonventionell ist: Sie normiert das nominale Sozialprodukt auf eins. Das wird zu den etwas unschönen Ergebnissen führen, daß die Nominallöhne konstant sind und die Profite der einzelnen Zwischenprodukthersteller fallen. Trotz dieser Einwände werden die Ausgaben als Numéraire gewählt, weil das die bequemste Darstellung der Rechnungen erlaubt.

Konsumgüterproduktion

Im Endproduktsektor liegen konstante Skalenerträge vor. Die Produzenten verhalten sich kompetitiv. Sie nehmen die Preise $p(j)$ der Zwischenprodukte $j \in [0, A]$ als gegeben hin und passen deren Grenzproduktivitäten, $\partial c/\partial x(j) = [c/x(j)]^{1-\alpha}$, ihren Preisen an. Damit gilt

$$\left[\frac{x(j)}{x(j')}\right]^{1-\alpha} = \frac{p(j')}{p(j)}$$

(hier sieht man explizit, daß $\epsilon \equiv 1/(1 - \alpha)$ die Substitutionselastizität zwischen beliebigen zwei Zwischenprodukten angibt[7]) oder $x(j') = [p(j)/p(j')]^{1/(1-\alpha)}x(j)$ für alle Zwischenprodukte $j, j' \in [0, A]$. Einsetzen in die Produktionsfunktion (8.1) liefert die Nachfragekurven für die Zwischenprodukte $j \in [0, A]$:

$$x(j) = \frac{p(j)^{-\epsilon}}{P}, \tag{8.6}$$

wobei $P \equiv \int_0^A p(j')^{1-\epsilon}dj'$ einen Preisindex bezeichnet. Die Preiselastizität der Nachfrage entspricht also für jedes Zwischenprodukt der einheitlichen Substitutionselastizität zwischen beliebigen zwei Zwischenprodukten j und j'; je schlechter sich neue Güter durch alte substituieren lassen, desto starrer

---

[6] Wie in Kapitel 3 kann man dies ohne Kontrolltheorie ableiten, indem man (3.4) unter der Budgetbedingung $V^{-1}(0) + \int_0^\infty (wL - p_c c)e^{-R(t)} = 0$ mittels eines Lagrange-Ansatzes maximiert ($R(t) \equiv \int_0^t r(\tau)d\tau$ bezeichnet wieder den kumulierten Zins). Mit μ als Lagrange-Multiplikator erhält man die notwendigen Bedingungen $e^{-\rho t}/c - \mu p_c e^{-R(t)} = 0$ oder $p_c c = e^{R(t) - \rho t}$ für alle $t \geq 0$. Gemäß Numérairewahl ist neben μ auch $p_c c$ konstant. Logarithmisches Differenzieren liefert daher $r = \rho$.

[7] Denn die ist ja definiert als $-d[x(j)/x(j')]/d[p(j)/p(j')]$.

8.3. Gleichgewicht

werden sie nachgefragt. Man beachte, daß wegen konstanter Skalenerträge die Produktionskosten dem Umsatz entsprechen:

$$\int_0^A p(j)x(j)dj = p_c c = 1. \tag{8.7}$$

Zwischenproduktherstellung

Die Zwischenprodukte werden von Monopolisten angeboten, die ihre Gewinne gegen die Nachfragefunktionen (8.6) maximieren. Da auf jeden einzelnen Monopolisten nur ein verschwindender Anteil der gesamten Nachfrage entfällt, wird dabei der Preisindex P als gegeben hingenommen. Substituieren liefert die Gewinnfunktionen $\pi(j) = [p(j) - w]x(j) = [p(j)^{1-\epsilon} - wp(j)^{-\epsilon}]c/P$, $j \in [0, A]$. Gewinnmaximierung, gegeben den Preisindex P, verlangt $(1-\epsilon)p(j) = -\epsilon w$ oder $p(j) \equiv p = w/\alpha$, $j \in [0, A]$: Die Zwischenprodukthersteller verlangen (symmetrisch) einen konstanten Aufschlag auf die Grenzkosten w, bringen die durch (8.6) gegebene einheitliche Menge x aus und machen damit Monopolgewinne in Höhe von $\pi = (1-\alpha)px$. Aus (8.7) folgt ferner $px = 1/A$ und damit

$$\pi = \frac{1-\alpha}{A}. \tag{8.8}$$

Diese Gleichung faßt die im folgenden relevante Information über Zwischen- und Endproduktsektor zusammen. Die Monopolgewinne der Zwischenprodukthersteller sind erstens um so höher, je unelastischer ihre Nachfrage ist (je kleiner α und damit ϵ ist). Sie sind zweitens um so höher, je weniger Konkurrenten aktiv sind (je kleiner A ist).

Forschung

Die Firmen entwickeln neue Zwischenproduktvarianten durch Forschung.[8] Bezeichne v den Wert einer Innovation. Da für erfolgreiche Erfinder unbegrenzt wirksame Patente ausgestellt werden, entspricht v dem Kapitalwert der Profite (8.8) über einen unendlichen Zeithorizont. Mit ρ als Zinssatz gilt $v(t) \equiv \int_t^\infty \pi(\tau)e^{-\rho(\tau-t)}d\tau$. Ableiten nach der Zeit zeigt $\dot{v} + \pi = \rho v$.[9] Dies ist die typische Arbitragebedingung für den Kapitalmarkt (Blanchard

---

[8] Innovation richtet sich hier also immer auf neue Märkte, alle Zwischenproduktmärkte sind stets Monopole. Es wird nicht die Entwicklung der Marktstruktur in gegebenen Märkten thematisiert. Diese Frage ist Gegenstand industrieökonomischer Untersuchungen (Gilbert und Newberry (1982), s. auch Tirole (1988, Abschnitt 10.1)). Auch in den oben angesprochenen Wachstumsmodellen mit Qualitätsverbesserungen ist die Marktstruktur interessanter als im vorliegenden Modell.

[9] Hier muß nach der Leibniz-Regel abgeleitet werden:

$$\frac{d}{dt}\left[\int_{a(t)}^{b(t)} f(t,\tau)d\tau\right] = -a'(t)f[t,a(t)] + b'(t)f[t,b(t)] + \int_{a(t)}^{b(t)} \frac{\partial f(t,\tau)}{\partial t}d\tau.$$

und Fischer (1989, S.215)). Sie besagt, daß die Summe von Dividenden, π, und Kapitalgewinnen, $\dot{v}$, der Verzinsung des eingesetzten Kapitals, ρv, entspricht. Alternativ läßt sich die Arbitragebedingung aus Sicht der Firmen interpretieren: Sie besagt, daß die Firmen im Optimum indifferent sind zwischen Innovation jetzt und Innovation einen Augenblick (dt) später; die Summe von bei Verschiebung der Innovation entgangenen Gewinne, πdt, und Wertänderung, dv, entspricht den eingesparten Kapitalkosten, $\rho v\, dt$.

Weil es kein physisches Kapital gibt, sind Anteile an F&E betreibenden Firmen das einzige Wertpapier in der betrachteten Ökonomie,[10] der Wertpapierbestand der Individuen, V^{-1}, entspricht mithin dem aggregierten Firmenwert, Av.[11] Die Arbitragebedingung läßt sich alternativ durch eine Differentialgleichung in $V \equiv 1/(Av)$ ausdrücken. Unter Beachtung von (8.8) erhält man so

$$\hat{V} = (1-\alpha)V - \rho - g_A. \tag{8.9}$$

Schließlich verlangt freier Zutritt zu F&E, daß die erwarteten Gewinne aus Forschung nichtpositiv sind (weil dann unbegrenzt Arbeit nachgefragt würde und somit kein Arbeitsmarktgleichgewicht vorliegen kann) und daß diese Gewinne nichtnegativ sind, wenn Forschung durchgeführt wird, so daß $wL_A \geq v\dot{A}$ oder mit (8.3)

$$wa \geq \frac{1}{V}, \tag{8.10}$$

jeweils mit Gleichheit, falls $L_A > 0$.

Arbeitsmarkträumung
Das Modell wird durch die Annahme geschlossen, daß sich der Arbeitsmarkt

---

[10] Hier wird ein vollkommener Kapitalmarkt unterstellt. Das impliziert, daß es irrelevant ist, ob sich die forschenden Unternehmen durch Aktienemission oder durch Kredite finanzieren. Das Modigliani-Miller-(1958)-Theorem gilt. Die Integration unvollkommener Kapitalmärkte ist derzeit eine Hauptstoßrichtung der Neuen Wachstumstheorie. Vorrangiges Erklärungsziel ist dabei die Gurley-Shaw-(1955)-Beobachtung, daß sich parallel zum Produktionswachstum die Finanzmärkte entwickeln, mit einem Trend weg von Kreditfinanzierung hin zu Aktienfinanzierung. Siehe hierzu vor allem Boyd und Smith (1996). King und Levine (1993a) zeigen, wie ein funktionstüchtiges Finanzsystem dem Wachstum zuträglich ist, indem es hilft, aussichtsreiche Vorhaben zu erkennen. In King und Levine (1993b) untermauern sie diesen Zusammenhang empirisch. Bencivenga und Smith (1991, 1993) untersuchen die Auswirkungen von Kreditrationierung auf endogenes Wachstum. Einen guten Kurzüberblick über diese Entwicklungen vermittelt Pagano (1993).

[11] Wie im Solow-Modell stellt sich die Frage, ob es im Wachstumsgleichgewicht „Seifenblasen" geben kann, intrinsisch wertlose Wertpapiere. Falls ja, so stimmten Firmenwert und Wertpapierhaltung nicht überein. Grossman und Yanagawa (1993) zeigen, daß mit einer Überlappenden-Generationen-Struktur à la Tirole (1985) zwar Seifenblasen auftauchen können, die müssen aber im Vergleich zum Sozialprodukt langfristig verschwindend klein werden.

8.3. Gleichgewicht

stets im Gleichgewicht befindet, d.h. $L = L_A + L_x$.[12] Da jede Einheit eines Zwischenprodukts aus einer Einheit Arbeit gewonnen wird, entspricht der Arbeitseinsatz in der Produktion $L_x = Ax$. Weiter impliziert die Wahl der Konsumausgaben als Numéraire aber, wie bereits verwendet, daß die Einnahmen der Zwischenprodukthersteller zu eins aufaddieren: $Apx = 1$. Zusammengenommen folgt $L_x = 1/p = \alpha/w$ (die Nachfrage des Produktionssektors nach Arbeit fällt mit dem Lohnsatz). Die Arbeitsnachfrage des F&E-Sektors entspricht gemäß F&E-Technologie $L_A = ag_A$, so daß im Arbeitsmarktgleichgewicht gilt:

$$L = ag_A + \frac{\alpha}{w}. \tag{8.11}$$

Gleichgewicht

Mit der Arbitrage-Bedingung (8.9) hat man eine Gleichung in V und g_A. Eine zweite erhält man durch Eliminieren des Lohnsatzes w aus (8.10) und (8.11):

$$g_A = \max\left\{0, \frac{L}{a} - \alpha V\right\}. \tag{8.12}$$

Die Gleichungen (8.9) und (8.12) beschreiben gemeinsam die Gleichgewichtspfade für V und g_A. Die Lösung des Systems wird durch die Phasendiagramme in Abbildung 8.2 illustriert. Die Arbeitsmarktgleichung (8.12) ist darin durch die fallende, mit Pfeilen versehene geknickte Linie repräsentiert. Diese Linie trifft bei $V = L/(\alpha a)$ auf die V-Achse. Weil sich der Arbeitsmarkt stets im Gleichgewicht befindet, befindet sich die Ökonomie stets auf dieser geknickten Linie. Der $\hat{V} = 0$-Lokus ist nach (8.9) durch die steigende Gerade $g_A = (1-\alpha)V - \rho$ mit V-Achsenschnitt $\rho/(1-\alpha)$ gegeben. $\dot{V} = 0$ gilt auch für $V = 0$. Der $\hat{V} = 0$-Lokus und die Arbeitsmarktrestriktion schneiden sich für $L/(\alpha a) > \rho/(1-\alpha)$ im Inneren des positiven Orthanten (Abb.8.2(a)), im umgekehrten Fall $L/(\alpha a) \leq \rho/(1-\alpha)$ auf der Abszisse (Abb.8.2(b)). Jeweils repräsentiert der Schnittpunkt ein Steadystate-Gleichgewicht mit konstanten g_A und V.

Dieses Steady state ist global stabil, wie im Learning-by-doing-Modell springt die Ökonomie für beliebige Anfangsausstattungen ohne Anpassungsdynamik in das Gleichgewicht. Das läßt sich wie folgt zeigen. Gemäß (8.9) ist über (unter) dem $\hat{V} = 0$-Lokus $\hat{V} < 0$ ($\hat{V} > 0$). D.h.: Bei (V, g_A)-Kombinationen links des $\hat{V} = 0$-Lokus bewegt sich die Ökonomie auf der

---

[12] Die Annahme von Arbeitsmarkträumung ist hier keineswegs unkritisch. Die Herstellung einer sich ständig verbreiternden Spanne von Zwischenprodukten verlangt ja eine ständige Reallokation von Arbeit aus alten in neue Produktreihen. Hier wird implizit unterstellt, daß sich diese Reallokation reibungslos vollzieht. Aghion und Howitt (1994) zeigen in ihrem verwandten Modell aus 1992, daß bei vorübergehender Sucharbeitslosigkeit nach erfolgter Entlassung in bestimmten Bereichen ein Tradeoff zwischen schnellem Wachstum und niedriger Arbeitslosigkeit resultieren kann.

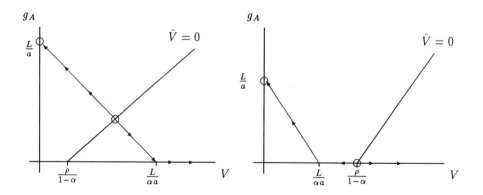

Abbildung 8.2: Gleichgewicht im Grossman-Helpman-Modell

Arbeitsmarktgeraden nach links und konvergiert gegen den Punkt $(0, L/a)$, so daß $V \to 0$ und $g_A \to L/a > 0$. Rechts vom Steady state bewegt sich die Ökonomie auf der Arbeitsmarktgeraden nach rechts, so daß langfristig $V \to \infty$ bei $g_A = 0$. In beiden Fällen werden rationale Erwartungen verletzt. Betrachte zunächst den Fall $V \to \infty, g_A = 0$. Gemäß $V \equiv 1/(Av)$ muß hier $v \to 0$ gelten, der Wert einer Innovation muß langfristig verschwindend klein sein. Es ist aber mit $g_A = 0$

$$v(t) = \int_t^\infty e^{-\rho(\tau-t)} \frac{1-\alpha}{A(t)} d\tau = \frac{1-\alpha}{\rho A(t)} > 0;$$

ohne neue Innovationen bleiben die Monopolgewinne und damit auch ihr Barwert stets gleich und positiv, ein Widerspruch. Damit zur Konstellation $V \to 0, g_A \to L/a$. $g_A > 0$ impliziert $A(\tau) > A(t)$ für alle $\tau > t$, so daß

$$v(t) = \int_t^\infty e^{-\rho(\tau-t)} \frac{1-\alpha}{A(\tau)} d\tau < \int_t^\infty e^{-\rho(\tau-t)} \frac{1-\alpha}{A(t)} d\tau = \frac{1-\alpha}{\rho A(t)}$$

oder $V > \rho/(1-\alpha)$. Das widerspricht aber $V \to 0$.

Die gleichgewichtige Wachstumsrate des technischen Wissens A ergibt sich durch Einsetzen von $V = (\rho + g_A)/(1-\alpha)$ (aus (8.9) mit $\hat{V} = 0$) in (8.12). Man erhält:

SATZ 8.1 *(Grossman und Helpman (1991a))*. *Im Grossman-Helpman-Modell existiert ein eindeutiges Steady-state-Gleichgewicht mit Wachstumsrate*

$$g_A = \max\left\{0, (1-\alpha)\frac{L}{a} - \alpha\rho\right\}.$$

Die Ökonomie springt ohne Anpassungsdynamik in dieses Gleichgewicht.

Gemäß (8.2) unterscheidet sich die Wachstumsrate des Konsums, g_c, nur um den Faktor $(1-\alpha)/\alpha$. Man sieht also, daß die Ökonomie um so schneller wächst, je größer ihr Arbeitsangebot, L, ist, je höher die Forschungsproduktivität, $1/a$, ist und je niedriger die Diskontrate für zukünftige Nutzen, ρ, ist. Schließlich ist die gleichgewichtige Wachstumsrate des technischen Wissens negativ korreliert mit der Substitutionselastizität $\epsilon \equiv 1/(1-\alpha)$ zwischen den einzelnen Zwischenprodukten, denn bei niedrigem ϵ werden hohe Monopolgewinne gemacht, weil die Zwischenprodukte unelastisch nachgefragt werden. Nochmals der Hinweis: Die implizierten Preisgrößen (konstanter Lohn, etc.) klingen unplausibel, aber das liegt nur an der unkonventionellen Numérairewahl, die das nominale Sozialprodukt konstant macht.

Es macht die Gleichgewichtsanalysen in den kommenden Kapiteln überschaubarer, wenn man sich klarmacht, wie das Modell auf ein System in V und g_A allein reduziert wurde: Zunächst wurde der Zins durch die Wahl der Konsumausgaben als Numéraire „eliminiert". Mit dem Ausdruck für die Monopolgewinne erfolgreicher Forscher erhielt man als Arbitrage-Bedingung eine erste Gleichung in V und g_A. Dann wurde durch Ausnutzen der Bedingung für freien Zutritt zu F&E die Gleichgewichtsbedingung für den Arbeitsmarkt ebenfalls in V und g_A allein ausgedrückt. Das resultierende System aus Arbitrage- und Arbeitsmarkträumungsbedingung bestimmte das Gleichgewicht des Modells. Dieses Vorgehen wird sich in den folgenden Kapiteln mit einigen Modifikationen relativ schematisch wiederholen.

8.4 Wohlfahrt

Eingangs wurde die Wichtigkeit von Wissens-Spillovern für endogenes Wachstum im F&E-Modell betont. Die Präsenz derartiger positiver Externalitäten läßt vermuten, daß im Wachstumsgleichgewicht sozial zu wenig geforscht wird, so daß sich gemäß (8.3) eine zu niedrige Wachstumsrate einstellt. Diese Vermutung wird in diesem Abschnitt bestätigt.[13] Zentrales Ergebnis ist:

SATZ 8.2 *(Grossman und Helpman (1991a))*: *Die Wachstumsrate auf dem optimalen Wachstumspfad ist*

$$g_A = \max\left\{0, \frac{1}{1-\alpha}\left[(1-\alpha)\frac{L}{a} - \alpha\rho\right]\right\}.$$

Sie ist um den Faktor $1/(1-\alpha) > 1$ *größer als die gleichgewichtige Wachstumsrate aus Satz 8.1.*

---

[13]In den Modellen mit Verfahrensverbesserungen ist zu schnelles Wachstum möglich, weil durch erfolgreiche Forschung Monopolrenten nicht nur indirekt dezimiert werden (indem ein neues Zwischenprodukt neben die bekannten tritt), sondern direkt (indem bestehende Kapitalwerte zerstört werden). Siehe auch Kapitel 15.

Beweis: Zunächst ist wegen fallender Grenzproduktivitäten klar, daß auch auf dem optimalen Pfad die einzelnen Zwischenprodukte in gleichen Mengen zu nutzen sind. Damit behält die Produktionsfunktion (8.2) Gültigkeit, und der momentane Nutzen entspricht $\ln c = \ln[A^{(1-\alpha)/\alpha} L_x] = (1-\alpha)\ln A/\alpha + \ln(L - ag_A)$. Die Übergangsgleichung für die Anzahl verfügbarer Zwischenprodukte, A, läßt sich als $\dot{A} = Ag_A$ schreiben. Damit erhält man die Hamilton-Funktion

$$\mathcal{H} \equiv \frac{1-\alpha}{\alpha}\ln A + \ln(L - ag_A) + \lambda A g_A \qquad (8.13)$$

und mit $g_A \geq 0$ als Kontrollvariable die notwendigen und hinreichenden Optimalitätsbedingungen

$$\frac{\partial \mathcal{H}}{\partial g_A} = -\frac{a}{L - ag_A} + \lambda A \leq 0, \quad = 0, \text{falls } g_A > 0$$

$$\dot{\lambda} = \rho\lambda - \frac{\partial \mathcal{H}}{\partial A} = \rho\lambda - \frac{1-\alpha}{\alpha}\frac{1}{A} - \lambda g_A$$

$$0 = \lim_{t \to \infty} e^{-\rho t}\lambda A.$$

Mit $M \equiv 1/(\lambda A)$ lassen sich diese Bedingungen wie folgt umformulieren:

$$g_A = \max\left\{0, \frac{L}{a} - M\right\} \qquad (8.14)$$

$$\hat{M} = \frac{1-\alpha}{\alpha}M - \rho \qquad (8.15)$$

$$0 = \lim_{t \to \infty} \frac{e^{-\rho t}}{M}. \qquad (8.16)$$

Die Lösung dieses Systems wird durch die Phasendiagramme in Abbildung 8.3 illustriert. Darin ist die Bedingung für eine effiziente Allokation von Arbeit auf Produktion und Forschung (8.14) durch die geknickte, mit Pfeilen versehene Linie gekennzeichnet. Die effizient organisierte Ökonomie muß sich stets auf dieses Linie befinden. Ferner ist der $\hat{M} = 0$-Lokus, $M = \alpha\rho/(1-\alpha)$, eingezeichnet. Links (rechts) davon ist nach (8.15) $\hat{M} < 0$ ($\hat{M} > 0$). Je nachdem, ob $L/a > \alpha\rho/(1-\alpha)$ oder $L/a \leq \alpha\rho/(1-\alpha)$ gilt, liegt der Schnittpunkt von Effizienzlinie und $\hat{M} = 0$-Lokus über oder auf der M-Achse. Jeweils kennzeichnet der Schnittpunkt ein Steady state mit konstanter Wachstumsrate g_A und konstantem M. Substituieren von $M = \alpha\rho/(1-\alpha)$ in (8.14) ergibt die optimale Wachstumsrate

$$g_A = \max\left\{0, \frac{L}{a} - \frac{\alpha\rho}{1-\alpha}\right\}.$$

Satz 8.2 ist also bewiesen, wenn gezeigt werden kann, daß dieses Steady-state-Gleichgewicht stabil ist.

Die Phasendiagramme in Abbildung 8.3 zeigen, daß alle Pfade, die nicht im Gleichgewicht beginnen, divergent sind und entweder $M \to 0$, $g_A \to L/a$

8.4. Wohlfahrt   133

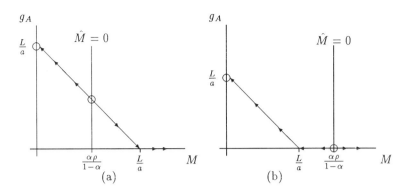

Abbildung 8.3: Optimaler Pfad im Grossman-Helpman-Modell

oder $M \to \infty$, $g_A = 0$ liefern. Beide Fälle können ausgeschlossen werden. Zunächst zum Fall $M \to 0$, $g_A \to L/a$. Hier geht $L_A \to L$, mithin $L_x \to 0$ und damit auch $c \to 0$. Das kann wegen unendlichen Grenznutzens bei $c = 0$ ausgeschlossen werden. Es ist nicht optimal, immer mehr Zwischenprodukte zu erfinden, wenn dabei keine Arbeit verbleibt, um diese Zwischenprodukte zu nutzen. Formal äußert sich dies in einer Verletzung der Transversalitätsbedingung (8.16): Mit $M \to 0$ gilt $\hat{M} \to -\rho$, und $e^{-\rho t}/M$ nähert sich einer Konstanten. Während der Annäherung ist $\hat{M}$ nach (8.15) größer als $-\rho$, also ist die Konstante positiv.

Zum Fall $M \to \infty$, $g_A = 0$. Hier muß man unterscheiden, ob im Steady state g_A (a) positiv ist oder (b) nicht. (b) Falls nicht (Abbildung 8.3 (b)), so ist sowohl im Steady state als auch entlang des nach rechts divergenten Pfads $g_A = 0$: Die gesamte Arbeitskraft wird in der Produktion eingesetzt, geforscht wird nie. Deshalb ist es hier unerheblich, ob M wächst oder nicht; der divergente Pfad kann nicht, muß aber auch nicht „aussortiert" werden. Er ist beobachtungsäquivalent zum Steady state. (a) Im Fall $L/a > \alpha\rho/(1-\alpha)$ liegen die Dinge anders (Abbildung 8.3(a)). Hier ist das Wachstum im Steady state stets positiv, auf dem divergenten Pfad ist dagegen g_A von dem Moment t an Null, in dem die M-Achse erreicht wird. Dieser Pfad ist nicht optimal, weil es vorteilhaft (und möglich) wäre, im Zeitpunkt t ins Steady state zu springen. Um dies zu zeigen, beachte man, daß bei konstanter Wachstumsrate $g_A \geq 0$ der intertemporale Nutzen (3.4) vom Zeitpunkt t an

$$U = \frac{1}{\rho}\left\{\frac{1-\alpha}{\alpha}\left[\ln A(t) + \frac{g_A}{\rho}\right] + \ln(L - ag_A)\right\} \qquad (8.17)$$

beträgt. Im Steady state mit $g_A = L/a - \alpha\rho/(1-\alpha) > 0$ beträgt der Nutzen demnach

$$U^S = \frac{1}{\rho}\left\{\frac{1-\alpha}{\alpha}\left[\ln A(t) + \left(\frac{L}{a\rho} - \frac{\alpha}{1-\alpha}\right)\right] + \ln\left(\frac{\alpha}{1-\alpha}a\rho\right)\right\}.$$

Auf dem divergenten Pfad gilt mit dem Erreichen der M-Achse dagegen

$$U^0 = \frac{1}{\rho}\left[\frac{1-\alpha}{\alpha}\ln A(t) + \ln L\right].$$

Suboptimalität des divergenten Pfads folgt aus $U^S > U^0$ oder

$$\frac{1-\alpha}{\alpha}\frac{L}{a\rho} - 1 > \ln\left(\frac{1-\alpha}{\alpha}\frac{L}{a\rho}\right)$$

oder $f(z) \equiv z - 1 - \ln z > 0$ mit $z \equiv (1-\alpha)L/(\alpha a\rho)$. Es ist $f(1) = 0$ und $f'(z) = 1 - 1/z > 0$ für $z > 1$. Daraus folgt $f(z) > 0$ für $z > 1$. $z > 1$ ist aber gemäß Fallunterscheidung (a) erfüllt, so daß $U^S > U^0$, was zu zeigen blieb. q.e.d.

Fazit: Wenn Nullwachstum optimal ist, wird auch Nullwachstum realisiert. Das Marktgleichgewicht ist dann effizient, aber uninteressant: Es wird nicht gespart und nicht geforscht, die Arbeit verteilt sich symmetrisch auf die bekannten Zwischenprodukte. Im interessanteren Fall positiven Wachstums ist dagegen gemäß Satz 8.2 das Wachstumsgleichgewicht ineffizient und insbesondere die gleichgewichtige Wachstumsrate zu niedrig. Die Tatsache, daß wegen positiver Externalitäten die marktlichen Anreize zu forschen zu gering sind, führt zu zu langsamem Wachstum. In Kapitel 15 wird gezeigt, daß dieses Ergebnis nicht robust ist. Es hängt entscheidend von der Linearität der F&E-Technologie in L_A ab.

8.5 Politikmaßnahmen

Forschungssubventionen
Anders als in Solow- und Uzawa-Modell erhält man also ein suboptimales Wachstumsgleichgewicht: Wegen der positiven Wissens-Spillover-Effekte sind sie marktlichen Anreize zu forschen sozial zu gering. Weil sich sowohl im Gleichgewicht als auch bei der optimalen Lösung Symmetrie in bezug auf die einzelnen Zwischenprodukte ergab, ist aber die falsche Aufteilung der Arbeitskraft auf Produktion und Forschung die einzige Fehlallokation im Modell. D.h.: Politikmaßnahmen führen zu Effizienz, wenn sie Arbeit in geeignetem Umfang aus der Produktion in die Forschung lenken. In diesem Sinne sollen im folgenden unverzerrend finanzierte Forschungssubventionen betrachtet werden. Konkret möge der Staat erfolgreichen Forschern einen Anteil $\phi < 1$ ihrer Forschungsaufwendungen erstatten (die bisherige Analyse betrachtete den $\phi = 0$-Spezialfall, im Falle $\phi < 0$ liegt eine Forschungssteuer vor). Bezeichne ferner g_A^* die gleichgewichtige Wachstumsrate aus

8.5. Politikmaßnahmen

Satz 8.1 und g_A^{**} die optimale Wachstumsrate aus Satz 8.2. Dann läßt sich zeigen:

SATZ 8.3 *(Grossman Helpman (1991a)): Eine Forschungssubvention*

$$\phi = \frac{g_A^{**} - g_A^*}{\alpha(\rho + g_A^{**})}$$

erlaubt die Dezentralisierung der optimalen Lösung.

Beweis: Zunächst wird die gleichgewichtige Wachstumsrate bei F&E-Subvention ϕ abgeleitet. Unverändert bleiben die intertemporale Effizienzbedingung $r = \rho$, der Ausdruck (8.8) für die Monopolgewinne $\pi = (1-\alpha)/A$ sowie die Arbitrage-Bedingung (8.9). Die Bedingung für freien Zutritt zu F&E lautet nun $(1 - \phi)wa \geq 1/V$ mit Gleichheit, falls $L_A > 0$, denn die Firmen tragen nur noch einen Anteil $1 - \phi$ der Forschungskosten. Damit variiert die Arbeitsmarkträumungsbedingung zu

$$g_A = \max\left\{0, \frac{L}{a} - \alpha(1 - \phi)V\right\}. \tag{8.18}$$

Analog zum Fall ohne Subventionen determinieren (8.9) und (8.18) ein eindeutiges und global stabiles Steady-state-Gleichgewicht ohne Anpassungsdynamik. Substituieren von $V = (\rho + g_A)/(1 - \alpha)$ (aus (8.9) mit $\hat{V} = 0$) in (8.18) liefert die gleichgewichtige Wachstumsrate

$$\begin{aligned} g_A &= \max\left\{0, \frac{1}{1 - \alpha\phi}\left[(1 - \alpha)\frac{L}{a} - \alpha(1 - \phi)\rho\right]\right\} \\ &= \max\left\{0, \frac{g_A^* + \alpha\phi\rho}{1 - \alpha\phi}\right\}. \end{aligned} \tag{8.19}$$

Mit $\phi = 0$ erhält man Satz 8.1, für positive g_A steigt die Wachstumsrate offensichtlich mit der Subventionsrate ϕ, mit $\phi \to 1$ wandert die gesamte Arbeitskraft in den F&E-Sektor, so daß $L_A \to L$ und $g_A = L_A/a \to L/a$.

Die optimale Subvention aus Satz 8.3 ergibt sich durch Gleichsetzen von (8.19) und g_A^{**} und Auflösen nach ϕ. q.e.d.

Sie ist um so größer je größer die Differenz zwischen optimaler und gleichgewichtiger Wachstumsrate ist.[14]

---

[14] In den Modellen mit Verfahrensverbesserungen ist eine F&E-Besteuerung wohlfahrtssteigernd, falls das Wachstum im unregulierten Gleichgewicht zu schnell ist. Young (1993a) stellt ein interessantes Modell vor, in dem F&E-Subventionen das Wachstum bremsen. In Youngs Modell bestehen Komplementaritäten zwischen Innovationen: Ein neues Produkt bedeutet für die bereits vorhandenen nicht nur zusätzliche Konkurrenz, sondern es erweitert auch deren Nutzerkreis. Es gibt dann substitutionalitätsdominierte Gleichgewichte, die den hier beschriebenen ähneln, aber auch komplementaritätsdominierte, in denen Marktzutritt den Wert der existierenden Firmen erhöht. In diesen Gleichgewichten sinkt die Wachstumsrate durch F&E-Subventionierung.

Produktionssubventionen
Selbst im Rahmen dieses stilisierten Modells läßt sich aber kein „Freifahrschein" für Industriepolitik ausstellen: Mit Produktionssubventionen zum Beispiel läßt sich die gleichgewichtige Wachstumsrate nicht beeinflussen. Um dies formal zu zeigen, wird angenommen, daß verkaufte Zwischenprodukte mit Rate φ subventioniert werden, so daß die Erlöse der Zwischenprodukthersteller $(1+\varphi)px$ betragen. Gewinnmaximierung (Gleichheit von Grenzerlös, $(1+\varphi)(1-\epsilon)p^{-\epsilon}/P$, und Grenzkosten, $\epsilon p^{-\epsilon-1}/P$) liefert die modifizierte Aufschlagpreisregel $p = w/[\alpha(1+\varphi)]$. Es resultieren Monopolgewinne $\pi = (1+\varphi)(1-\alpha)px = (1+\varphi)(1-\alpha)/A$ (Gewinnsubventionierung wäre also äquivalent), und die Arbitrage-Bedingung $\hat{V} = \pi/v - \rho - g_A$ lautet

$$\hat{V} = (1+\varphi)(1-\alpha)V - \rho - g_A. \tag{8.20}$$

Die Beschäftigung in F&E ist weiterhin durch die Forschungstechnologie gegeben: $L_A = ag_A$. Aus (8.3) folgt auch – unverändert – die Zutrittsbedingung $wa \geq 1/V$ mit Gleichheit bei Forschung. Damit ergibt sich die Beschäftigung in der Produktion als $L_x = Ax = 1/p = \alpha(1+\varphi)/w = \alpha a(1+\varphi)V$. Arbeitsmarkträumung ($L = L_A + L_x$) verlangt also

$$g_A = \max\left\{0, \frac{L}{a} - \alpha(1+\varphi)V\right\}. \tag{8.21}$$

(8.20) und (8.21) liefern wieder ein Steady state ohne Anpassungsdynamik. Die gleichgewichtige Wachstumsrate ergibt sich durch Einsetzen von $(1+\varphi)V = (\rho + g_A)/(1-\alpha)$ ((8.20) mit $\hat{V} = 0$) in (8.21). Sie nimmt den selben Wert an wie ohne Produktionssubventionen (Satz 8.1).

Die Erklärung liegt auf der Hand. Arbeit hat zwei Verwendungen, Produktion und Forschung. Die Wachstumsrate steigt, wenn Arbeit aus der Produktion abgezogen und in F&E eingesetzt wird, d.h. wenn Forschung relativ zu Produktion profitabler wird. Es ist einleuchtend, daß eine Subventionierung von Produktion dies nicht leisten kann. Sie erhöht zwar den Ertrag aus Forschung, gleichsam aber auch die Rentabilität der Produktion.

Kapitaleinkommensteuer
Oben wurde herausgestellt, daß eine unverzerrend finanzierte F&E-Subvention wohlfahrts- und insbesondere wachstumssteigernd wirkt. D.h.: Es wurden die Nutzen von Staatseingriffen belegt, während eventuelle Kosten über die Annahme unverzerrender Besteuerung wegdefiniert wurden. Nun soll kurz gezeigt werden, daß die Erhebung von Steuern im Grossman-Helpman-Modell Wachstumseinbußen mit sich ziehen kann. Dazu betrachte ich zunächst eine proportionale Kapitaleinkommensteuer, t_K, deren Aufkommen lumpsum zurückverteilt werde.

Versieht man in der Hamilton-Funktion des Nutzenmaximierungsproblems der Konsumenten in diesem Sinne den Zins, r, mit dem Faktor $1-t_K$, so erhält man $\hat{p_c c} = -\hat{\lambda} = (1-t_K)r - \rho$, und mit $p_c c$ als Numéraire folgt

$r(t) = \rho/(1 - t_K)$ für alle $t \geq 0$. Berücksichtigt man dies bei der Diskontierung zukünftiger Gewinne, so erhält man als Arbitrage-Bedingung $\hat{V} = (1 - \alpha)V - \rho/(1 - t_K) - g_A$. Kombiniert mit der unveränderten Arbeitsmarktbedingung (8.12) ergibt sich schließlich

$$g_A = \max\left\{0, (1 - \alpha)\frac{L}{a} - \frac{\alpha}{1 - t_K}\rho\right\}.$$

D.h.: Solange die Wachstumsrate positiv ist, wirken verminderte Akkumulationsanreize durch erhöhte Kapitaleinkommenbesteuerung wachstumsbremsend.

Staatskonsum

Die Analyse von Lumpsum-Steuern, Staatskonsum und Staatsverschuldung verläuft genau parallel zu der im Learning-by-doing-Modell. Hier sei kurz gezeigt, daß die gleichgewichtige Wachstumsrate sinkt, wenn der Staat einen gegebenen Anteil $\gamma \in (0,1)$ der Arbeiter aus dem privaten Sektor abzieht und – durch Pauschalsteuern finanziert – in der Produktion eines öffentlichen Gutes beschäftigt, das weder in die Nutzenfunktion der Haushalte eingeht noch die Technologien berührt. Wie im Learning-by-doing-Modell ändert sich das Nutzenmaximierungsproblem der Konsumenten nicht, aber die privat verfügbare Ressourcenbasis sinkt von L auf $(1-\gamma)L$. Gemäß Satz 8.1 folgt

$$g_A = \max\left\{0, (1 - \alpha)\frac{(1 - \gamma)L}{a} - \alpha\rho\right\}.$$

Auch Staatsverschuldung berührt Nutzenmaximierung nicht. Es macht daher keinen Unterschied, ob die Entlohnung der γL vom Staat beschäftigten Arbeiter wie oben durch Lumpsum-Steuern oder durch Staatsverschuldung erfolgt. Es herrscht Ricardianische Äquivalenz.

8.6 Produktinnovationen

In diesem Kapitel wurde gezeigt, wie die zielgerichtete Forschung nach neuen Zwischenprodukten zu anhaltendem Produktivitätswachstum infolge zunehmender Spezialisierung führen kann. Nun ist F&E nicht ausschließlich auf Verfahrensinnovationen gerichtet, sondern auch auf *Produktinnovationen*, die Erfindung neuer Konsumgüter. Dieser Abschnitt zeigt, daß kaum mehr als eine Umbenennung der Variablen nötig ist, um aus obigem Modell zu Verfahrensinnovationen eines zu Produktinnovationen zu machen.

Zunächst muß man die differenzierten Güter j nun als Konsumgüter und (8.1) als Nutzenfunktion deuten. $x(j)$ bezeichnet dann den Konsum des differenzierten Endprodukts $j \in [0, A]$, und A bezeichnet die Anzahl verfügbarer Endprodukte. Durch F&E wird dann gemäß (8.3) die Spanne konsumierbarer Produkte erweitert, und (8.2) zeigt an, daß – analog zu Spezialisierung in der Produktion – eine Präferenz für Diversifizierung des Konsums über möglichst viele Produkte vorliegt. Wachstum von A liefert Nutzenwachstum über die Verfügbarkeit neuer Varianten von Konsumgütern. Wie gehabt, können aus einer Einheit Arbeit wahlweise entweder eine Einheit einer beliebigen Variante der differenzierten Güter erzeugt oder A/a neue Varianten erfunden werden.

Einzige nennenswerte Differenz zum Verfahrensinnovationen-Modell ist, daß das Nutzenmaximierungsproblem der Konsumenten komplizierter wird (dafür gibt es nun keinen gesonderten Endproduktsektor mehr). Dieses Nutzenmaximierungsproblem ist nun zweischichtig: Zum einen müssen die Individuen ihr Einkommen auf Konsum und Ersparnis verteilen, zum anderen müssen sie die Konsumausgaben auf die einzelnen differenzierten Endprodukte allozieren. Es bietet sich an, das Maximierungsproblem auch formal in diese zwei Schritte zu untergliedern. Zunächst werden dann die Nachfragekurven für die einzelnen Konsumgüter im Zeitpunkt $t \geq 0$ *für gegebene Ausgaben $E(t)$* ermittelt. Danach wird unter der Voraussetzung einer effizienten statischen Verteilung der Konsumausgaben das optimale Ausgabenprofil bestimmt. Zuerst also zum statischen Problem. Maximiert wird $c^\alpha = \int_0^A x(j)^\alpha dj$ unter der Budgetbedingung $E = \int_0^A p(j)x(j)dj$. Die Lagrange-Funktion für dieses Problem lautet

$$\mathcal{L} \equiv \int_0^A x(j)^\alpha dj + \mu \left[E - \int_0^A p(j)x(j)dj \right]$$

mit μ als Lagrange-Multiplikator. Als notwendige und hinreichende Optimalitätsbedingungen erhält man:

$$\frac{\partial \mathcal{L}}{\partial x(j)} = \alpha x(j)^{\alpha-1} - \mu p(j) = 0, \quad j \in [0, A].$$

Analog zu Abschnitt 8.3 ergibt sich $[x(j)/x(j')]^{1-\alpha} = p(j')/p(j)$ oder $x(j') = [p(j)/p(j')]^\epsilon x(j)$ für alle $j, j' \in [0, A]$. Einsetzen in die Budgetgleichung liefert die Nachfragekurven

$$x(j) = \frac{p(j)^{-\epsilon}}{P} E, \quad j \in [0, A].$$

Analog zu (8.6), wo die Konsumausgaben, E, zu eins normiert waren, werden die einzelnen Produkte mit konstanter Elastizität $\epsilon > 1$ nachgefragt. Wie in Abschnitt 8.3 wählen die Hersteller daher den einheitlichen Aufschlagspreis $p = w/\alpha$ und eine einheitliche Ausbringungsmenge x. Wegen dieser Symmetrieeigenschaften folgt für den Preisindex P, daß $P \equiv \int_0^A p(j)^{1-\epsilon} dj = Ap^{1-\epsilon}$ ist, so daß $x = E/(Ap)$ für alle $j \in [0, A]$: Auf jedes einzelne Zwischenprodukt entfällt ein Anteil $1/A$ der aggregierten

8.7. Ausblick 139

Ausgaben E. Damit gilt $c = A^{1/\alpha}x = A^{(1-\alpha)/\alpha}E/p$, und die intertemporale Nutzenfunktion (3.4) läßt sich (indirekt) als

$$U = \int_0^\infty e^{-\rho t}\left(\frac{1-\alpha}{\alpha}\ln A - \ln p + \ln E\right)dt$$

schreiben. Im zweiten Schritt ihres Nutzenmaximierungsproblems wählen die Konsumenten nun ein Ausgabenprofil $E(t), t \geq 0$, so daß der (indirekte) Nutzen unter der Budgetbedingung $(V^{-1})\dot{} = rV^{-1} + wL - E$ maximiert wird. Die Anzahl verfügbarer Produkte, A, wird dabei ebenso wie der Produktpreis, p, als gegeben hingenommen. Die Hamilton-Funktion für diese zweite Stufe des Maximierungsproblems lautet

$$\mathcal{H} \equiv \frac{1-\alpha}{\alpha}\ln A - \ln p + \ln E + \lambda(rV^{-1} + wL - E)$$

mit λ als Multiplikatorfunktion für Wertpapiere. Als notwendige und hinreichende Optimalitätsbedingungen erhält man

$$\frac{\partial \mathcal{H}}{\partial E} = \frac{1}{E} - \lambda = 0$$

$$\dot{\lambda} = \rho\lambda - \frac{\partial \mathcal{H}}{\partial(V^{-1})} = \rho\lambda - \lambda r.$$

Zusammengenommen folgt $\hat{E} = -\hat{\lambda} = r - \rho$. Wie oben werden nun die Konsumausgaben als Numéraire gewählt (natürlich darf dieser Schritt erst nach getaner Maximierung in bezug auf E gemacht werden), so daß $\hat{E} = 0$ und $r = \rho$.

Von hier an verläuft die gesamte Analyse genau parallel zum Verfahrensinnovationen-Fall. Mit den Ausgaben als Numéraire gilt $Apx = 1$, und damit betragen die Gewinne $\pi = (p-w)x = (1-\alpha)px = (1-\alpha)/A$. Weil wie oben der Zinssatz der Diskontrate entspricht, behält die Arbitrage-Bedingung (8.9) Gültigkeit. Mit der F&E-Technologie bleibt die Zutrittsbedingung $wa = 1/V$ unverändert. Weil schließlich auch weiterhin $L_A = ag_A$ und $L_x = Ax = 1/p = \alpha/w$ gilt, behält die Arbeitsmarktbedingung (8.12) ebenfalls Gültigkeit. Mit (8.9) und (8.12) bestimmt sich das Gleichgewicht des Modells aus den gleichen zwei Gleichungen wie im Verfahrensinnovationen-Modell.

Die Wohlfahrtsanalyse aus Abschnitt 8.4 ist formal überhaupt nicht zu verändern. Allein ist c jetzt nicht als Produktions-, sondern als Nutzenfunktion zu interpretieren. So wie bei Verfahrensinnovationen im Gleichgewicht zu wenig Spezialisierung erfolgt, ist im Produktinnovationen-Modell also ein zu geringer Grad an Diversifizierung im Konsum zu konstatieren.

8.7 Ausblick

In diesem Abschnitt haben wir ein erstes Modell formuliert, das der grundlegenden Beobachtung Genüge tut, daß Wachstum primär aus zielgerichteter Forschungsarbeit gewinnsuchender Firmen resultiert. In der Gleichgewichtsanalyse wurden Arbeitsangebot, Forschungsproduktivität, Diskontrate und Marktmacht als entscheidende Determinanten der langfristigen Wachstumsrate herausgestellt. Das Modell wirft aber Probleme auf: Erstens prognostiziert es Größeneffekte; es besagt, daß (isolierte) große Länder schneller wachsen als kleine. Und zweitens ist es in diesem Modell im krassen Widerspruch zu jeglicher Intuition sehr einfach, die gleichgewichtige Wachstumsrate zu beeinflussen. So wurde gezeigt, daß mittels F&E-Subventionen die gleichgewichtige Wachstumsrate auf ihr optimales Niveau gehoben werden kann. Ebenfalls wachstumsfördernd wirkt der Abbau von Steuern, die die Akkumulationsanreize reduzieren, und von Staatskonsum. In Kapitel 14 wird Grundlagenforschung als ein weiterer Weg, die Wachstumsrate zu steuern, herausgestellt.

Beide Kritikpunkte folgen (der erste mehr, der zweite weniger) direkt aus der F&E-Technologie (8.3), nach der die Wachstumsrate steigt, sobald mehr Arbeiter in F&E beschäftigt werden. Nun wurde in Kapitel 2 bemerkt, daß die F&E-Ausgaben zwischen 1960 und 85 in den OECD-Nationen bemerkenswert schnell wuchsen (parallel entwickelte sich die Beschäftigung in F&E). Gemäß der F&E-Technologie (8.3) wären damit stark steigende Wachstumsraten zu erwarten gewesen. Stattdessen verharrten die Wachstumsraten aber bei den üblichen 2%. Damit ist aber folgendes klar: Die F&E-Technologie (8.3) ist offensichtlich unplausibel, und ihre Verwendung führt zur kontrafaktischen Prognose von Größeneffekten und stark reagiblen Wachstumsraten. Diesen Punkt betont Jones (1995a, Abschnitt 2; 1995b, Abschnitt 4b), ich werde in Teil IV dieser Arbeit hierauf zurückkommen.

Davor wird das hier vorgestellte Grundmodell zu Wachstum durch F&E in mancherlei Hinsicht erweitert. Im nächsten Kapitel wird Kapital eingeführt; die Kapitel 11 und 12 geben die Annahme einer geschlossenen Volkswirtschaft auf; in den Kapiteln 13 und 14 werden Learning by doing und Grundlagenforschung in das Modell integriert; Kapitel 15 zeigt, daß die klaren Wohlfahrtsaussagen ihre Gültigkeit verlieren, wenn man die Möglichkeit zuläßt, daß Arbeit in der Forschung fallende Grenzerträge aufweist.

Kapitel 9

Kapitalakkumulation: Das Romer-Modell

9.1 Einleitung

In den Kapiteln 4, 5 und 6 wurde jeweils das Solow-Modell direkt erweitert, zunächst um Learning by doing, dann um endogene Humankapitalakkumulation, schließlich um staatliche Grundlagenforschung. Das (ricardianische) Grossman-Helpman-Modell paßt dagegen nicht sofort in den üblichen neoklassischen Rahmen. Romers (1990a) oben angesprochenes Modell zeigt aber, daß endogene Forschung auch direkt in das Neoklassische Modell eingepaßt werden kann. Um die enge Verbindung zwischen Neoklassischer und Neuer Wachstumstheorie deutlich herauszustellen, wird in diesem Kapitel das Romer-Modell vorgestellt. Es wird sich zeigen, daß die Grundaussagen des Grossman-Helpman-Modells in den Romer-Rahmen übertragen werden können, während das Modell an Handhabbarkeit verliert (deshalb kehren wir in Kapitel 11 nach einem kurzen Exkurs im Rahmen des Romer-Modells zum Grossman-Helpman-Modell zurück, wenn einige Erweiterungen und Anwendungen anstehen). Stabilitätsfragen werden im Rahmen des Romer-Modells in der vorhandenen Literatur daher stets ausgeblendet.[1] Dagegen möchte ich im laufenden Kapitel zeigen, daß das optimale Steady state global stabil ist und daß eine eindeutige Kombination von Produktions- und Forschungssubventionen existiert, die den optimalen Pfad dezentralisiert. Zusammen folgt daraus, daß das Wachstumsgleichgewicht mit optimalen Subventionen global stabil ist.

Im laufenden Kapitel wird wie üblich das Modell vorgestellt (Abschnitt 9.2) sowie sein Gleichgewicht berechnet (Abschnitt 9.3) und einer Wohl-

---

[1] Die einzige mir bekannte Stabilitätsanalyse stammt von Koch (1995). Es handelt sich dabei um eine Untersuchung lokaler Stabilität des optimalen Wachstumspfades anhand einer Überprüfung der Eigenwerte des ums Steady state linearisierten Systems ohne eindeutige Ergebnisse.

fahrtsanalyse unterzogen, die – wie gesagt – insbesondere auch Stabilität abhandelt (Abschnitt 9.4). Anschließend wird gezeigt, wie sich der optimale Wachstumspfad durch ein geeignetes Subventionsschema dezentralisieren läßt (9.5). Schließlich werden einige Schlußbetrachtungen vorgenommen (Abschnitt 9.6).

9.2 Modell

Wie gehabt gebe es ein Kontinuum $[0,1]$ identischer nutzenmaximierender Konsumenten und kein Bevölkerungswachstum. Wie im Solow-Modell gibt es physisches Kapital, K, das als nicht konsumierter Teil des Outputs, Y, akkumuliert wird: $\dot{K} = Y - c$. Wie bei Grossman und Helpman wird zur Produktion des homogenen Endprodukts Y eine Menge differenzierter Zwischenprodukte j à la Dixit und Stiglitz (1977) benötigt, hier allerdings zusätzlich Arbeit L_Y:

$$Y = L_Y^{1-\alpha} \int_0^A x(j)^\alpha dj, \quad \alpha \in (0,1), \tag{9.1}$$

wobei $x(j)$ die Einsatzmenge von Zwischenprodukt $j \in [0, A]$ bezeichnet.[2] Der wesentliche Unterschied zum Grossman-Helpman-Modell besteht darin, daß die Zwischenprodukte nicht aus Arbeit hergestellt werden, sondern aus Kapital, und daß sie daher nicht im Produktionsprozeß untergehen, sondern im Zeitablauf akkumuliert werden können.[3] Es wird daher im folgenden synonym von Kapitalgütern die Rede sein. Konkret möge eine Einheit jedes beliebigen Kapitalguts aus einer Einheit Kapital zu gewinnen sein. Analog zum vorigen Kapitel steigt der Output infolge zunehmender Spezialisierung mit der Anzahl verfügbarer Zwischenprodukte, A: Bei Symmetrie gilt $x = K/A$ und damit

$$Y = L_Y^{1-\alpha} A \left(\frac{K}{A}\right) = K^\alpha (AL_Y)^{1-\alpha}. \tag{9.2}$$

Grundidee des Modells ist wiederum, daß der Grad der Spezialisierung nicht frei wählbar ist, sondern erst durch zielgerichtete F&E-Arbeit erweiterbar. Die Forschungstechnologie (8.3) mit konstanten Skalenerträgen ($\dot{A} = A L_A / a$) wird unverändert übernommen (die Struktur des Modells

---

[2]Romer (1990b) analysiert das Modell mit einer CES-Produktionsfunktion anstelle der Cobb-Douglas-Formulierung in (9.1). Allgemeinere Formen sind nicht handhabbar, weil sie keine Harrod-neutrale Darstellung des technischen Fortschritts erlauben. Romer (1990a,b) unterscheidet ferner zwei heterogene Formen von Arbeit. Ich verzichte der Übersichtlichkeit halber auf diese Komplizierung des Modells.

[3]Grossman und Helpman (1991a, Abschnitt 5.1) führen Kapital als homogenen Input ein, aus dem gemeinsam mit aus Arbeit gewonnenen Zwischenprodukten das Endprodukt hergestellt wird. Die Ergebnisse sind faktisch analog, Romers Formulierung macht aber die Verbindung zur Neoklassischen Theorie deutlicher.

9.2. Modell

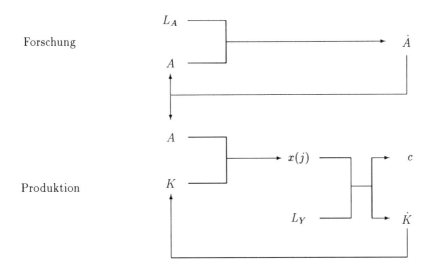

Abbildung 9.1: Struktur des Romer-Modells

wird in Abbildung 9.1 illustriert). Gemeinsam haben (8.3) und (9.2) eine einschneidende Implikation: Ist die Verteilung der verfügbaren Arbeitskraft, L, auf Produktion und Forschung im Zeitablauf konstant (d.h. sind L_Y und L_A konstant), dann ist man faktisch wieder im Solow-Modell: Gemäß (8.3) wächst das technische Wissen, A, mit konstanter Rate $g_A = L_A/a$. Gemäß (9.2) übernimmt dieses forschungsinduzierte Wachstum von A die Rolle exogenen technischen Fortschritts im Solow-Modell mit konstantem Arbeitsangebot L_Y, Kapital wird hier wie dort gemäß $\dot{K} = Y - c$ akkumuliert. Nochmals: Bei im Zeitablauf gleichbleibender Allokation von Arbeit auf Produktion und Forschung erhält man das Solow-Modell als reduzierte Form des Romer-Modells. Romer (1990a, S.S99) will sein Modell daher als „im wesentlichen das Neoklassische Modell erweitert um eine endogene Erklärung des technischen Fortschritts" verstanden wissen. Man beachte, daß diese Anmerkungen in ähnlicher Form schon bei der Analyse von Uzawa- und Shell-Modell gemacht wurden. Was das Romer-Modell von diesen frühen Arbeiten abgrenzt, ist, daß zusätzlich unvollkommener Wettbewerb à la Grossman und Helpman verarbeitet wird.

In der nun folgenden Gleichgewichtsanalyse ist also im wesentlichen die Allokation von Arbeit auf Produktion und Forschung zu bestimmen. Aus dem gleichgewichtigen Wert von L_A erhält man dann die gleichgewichtige Wachstumsrate $g_A = L_A/a$.

9.3 Gleichgewicht

Konsumenten

Um die Vergleichbarkeit mit dem Solow-Modell transparent zu machen, wird nun wieder das Endprodukt als Numéraire gewählt, so daß man die übliche Ramsey-Bedingung $g_c = (r - \rho)/\sigma$ für ein optimales Konsumprofil erhält.

Konsumgüterproduktion

Die Firmen des Endproduktsektors verhalten sich kompetitiv. Als Gewinnmaximierer passen sie die Faktorkosten den Grenzproduktivitäten an. Für den Faktor Arbeit verlangt das wegen der Cobb-Douglas-Technologie

$$w = (1 - \alpha)\frac{Y}{L_Y}, \tag{9.3}$$

für die Zwischenprodukte $p(j) = \alpha [L_Y/x(j)]^{1-\alpha}$ oder

$$x(j) = \left[\frac{\alpha}{p(j)}\right]^{\frac{1}{1-\alpha}} L_Y \tag{9.4}$$

für alle $j \in [0, A]$. Wie im Grossman-Helpman-Modell haben die Nachfragekurven für die einzelnen Zwischenprodukte eine konstante Preiselastizität $\epsilon \equiv 1/(1 - \alpha)$.

Zwischenproduktherstellung

Wie im Grossman-Helpman-Modell ergeben sich die Zwischenproduktpreise bei Maximierung des Monopolgewinns als $1/\alpha$-faches der Grenzkosten. Weil die Zwischenprodukte hier eins zu eins aus Kapital gewonnen werden, entsprechen die Grenzkosten dem Zinssatz, r, so daß $p \equiv p(j) = r/\alpha$ für alle $j \in [0, A]$. Mit den Monopolpreisen p sind natürlich auch die Ausbringungsmengen x wiederum identisch. Gemäß (9.3) betragen die Lohnkosten im Endproduktsektor $wL_Y = (1 - \alpha)Y$. Wegen Nullgewinnen müssen die Kosten für die Kapitalgüter daher den verbleibenden Anteil α des Umsatzes Y ausmachen:

$$Apx = \alpha Y. \tag{9.5}$$

Damit erhält man folgenden Ausdruck für die Monopolgewinne der Zwischenprodukthersteller:

$$\pi = (p - r)x = (1 - \alpha)px = \alpha(1 - \alpha)\frac{Y}{A}. \tag{9.6}$$

Forschung

Der Wert eines Patents entspricht dem Barwert v dieser Monopolgewinne. Die Bedingung für Absenz von Arbitragegewinnen lautet also weiterhin $\dot{v} + \pi = rv$ oder mit (9.6)

$$\hat{v} = r - \alpha(1 - \alpha)\frac{Y}{Av}. \tag{9.7}$$

9.3. Gleichgewicht

Als Bedingung für freien Zutritt erhält man wieder (8.10):

$$wa \geq vA \tag{9.8}$$

mit Gleichheit, falls geforscht wird.

Gleichgewicht

Arbeitsmarkträumung verlangt schließlich $L = L_A + L_Y$ oder mit (8.3)

$$g_A = \frac{L - L_Y}{a}. \tag{9.9}$$

Wir beschränken uns im folgenden auf die Betrachtung der Steady-state-Lösung des Romer-Modells. D.h.: Wir nehmen an, daß alle Variablen mit konstanter Rate wachsen. Aus der Analyse des Solow-Modells folgt, daß im Steady state c, K, A und Y mit einheitlicher Rate g wachsen. Gemäß (9.7) muß dann der Wert von Patenten konstant sein: $\dot{v} = 0$. Die Bedingung für ein optimales Konsumprofil, $g = (r-\rho)/\sigma$, sowie (9.3), (9.7), (9.8) und (9.9) bestimmen dann die Gleichgewichtswerte von g, r, w, v und L_Y. Zunächst zur Produktionsseite des Modells. Hier gilt

$$\begin{aligned} g &= \frac{L}{a} - (1-\alpha)\frac{Y}{wa} = \max\left\{0, \frac{L}{a} - (1-\alpha)\frac{Y}{Av}\right\} \\ &= \max\left\{0, \frac{L}{a} - \frac{r}{\alpha}\right\}. \end{aligned} \tag{9.10}$$

Die erste Gleichung folgt aus (9.3) und (9.9), die zweite aus (9.8), die dritte aus (9.7). (9.10) gibt einen von der Produktionsseite des Modells her determinierten Zusammenhang zwischen Marktzins und Wachstumsrate an. Je höher der Zins ist, desto stärker werden bei der Ermittlung des Wertes einer Innovation die anfallenden Gewinne diskontiert, desto weniger profitabel ist F&E, desto niedriger ist die Wachstumsrate. Eine zweite Gleichung in r und g liefert die Ramsey-Regel, die die Konsumseite des Modells zusammenfaßt: $r = \rho + \sigma g$. Je höher der Zins, desto höher die Bereitschaft zu sparen, desto steiler der Anstieg des Konsumprofils und damit g. Einsetzen in (9.10) ergibt:

SATZ 9.1 *(Romer (1990a)): Die gleichgewichtige Wachstumsrate von Konsum, c, Kapital, K, technischem Wissen, A, Output Y, und wegen stagnierender Bevölkerung auch Kapitalintensität und Arbeitsproduktivität beträgt*

$$g = \max\left\{0, \frac{\alpha\frac{L}{a} - \rho}{\alpha + \sigma}\right\}.$$

Dieses Ergebnis ist strukturell identisch mit Satz 8.1 aus dem Grossman-Helpman-Modell. Das Wachstum ist um so schneller, je mehr Arbeit in Effizienzeinheiten (L/a) vorhanden ist, je schwächer diskontiert wird (je kleiner

ρ ist) und je kleiner die Elastizität der Grenznutzenfunktion, σ, ist. An dieser Stelle können wir auch den Zusammenhang zwischen Wachstumsrate und Investitionsquote näher eingehen. Per Definition gilt[4]

$$s \equiv \frac{\dot{K}}{Y} = \frac{g}{Y/K}.$$

Wie gesagt schöpfen die Kapitalgüterkosten einen Anteil α des Umsatzes aus: $Apx = \alpha Y$. Mit $Ax = K$ folgt $Y/K = p/\alpha$, und mit $p = r/\alpha$ ergibt sich $Y/K = r/\alpha^2$. Einsetzen in obige Gleichung zeigt $s = \alpha^2 g/r$. Nun ist gemäß (9.10) $r = \alpha(L/a - g)$, so daß

$$s = \alpha \frac{g}{\frac{L}{a} - g}.$$

Hier sieht man: Fallen die Parameter ρ und σ aus der Nutzenfunktion der Individuen, d.h. fällt die Präferenz der Konsumenten für ebene Konsumprofile, dann steigt mit der gleichgewichtigen Wachstumsrate auch die Investitionsquote. Man erhält die in den stilisierten Fakten in Kapitel 2 festgehaltene positive Korrelation von Wachstum und Ersparnis. Es ist bemerkenswert, daß dieser Zusammenhang im Solow-Modell mit Kapitalakkumulation, aber ohne F&E, nicht gilt. Erst die Endogenisierung des technischen Fortschritts stellt einen Zusammhang zwischen Sparquote und langfristiger Wachstumsrate her. Daß dieser Zusammenhang sich in den empirischen Beobachtungen aus Kapitel 2 deutlich wiederfindet, kann daher als Evidenz für endogenes Wachstum interpretiert werden.

9.4 Wohlfahrt

Wie üblich soll nun kurz gezeigt werden, daß das Wachstumsgleichgewicht nicht paretoeffizient ist. Es wird in diesem Abschnitt abgeleitet, wie Output auf Konsum und Ersparnis sowie Arbeit auf Produktion und Forschung zu allozieren sind, soll der intertemporale Nutzen des repräsentativen Konsumenten unter den technologischen Restriktionen maximiert werden. Wegen fallender Grenzproduktivitäten gilt auf dem optimalen Pfad natürlich – wie im Gleichgewicht – Symmetrie in bezug auf die einzelnen Zwischenprodukte, so daß die Produktion durch (9.2) beschrieben ist. Das ist bemerkenswert, denn das zu lösende Maximierungsproblem besteht dann darin, bei der Technologie (9.2) die intertemporale Nutzenfuktion (3.4) unter den Nebenbedingungen $\dot{K} = Y - c$ und $\dot{A} = A(L - L_Y)/a$ zu maximieren; und das ist genau das Problem, das in Kapitel 6 im Rahmen des Shell-Modells bereits gelöst wurde. Aus Satz 6.1 folgt unmittelbar:

---

[4] s gibt ausschließlich die Investitionen in physisches Kapital an. Investitionen in F&E bleiben bei der Berechnung außen vor.

9.5. Dezentralisierung

SATZ 9.2 *(Romer (1990a))*: *Die langfristige Wachstumsrate der relevanten makroökonomischen Größen auf dem optimalen Pfad ist*

$$g = \frac{\frac{L}{a} - \rho}{\sigma}.$$

D.h.: Die gleichgewichtige Wachstumsrate aus Satz 9.1 ist sozial zu klein.

Auch die Wohlfahrtseigenschaften des Romer-Wachstumsgleichgewichts gleichen also denen des Grossman-Helpman-Modells: Wegen der positiven F&E-Externalitäten wird sozial zu wenig geforscht, was eine zu niedrige langfristige Wachstumsrate nach sich zieht. Man beachte, daß sich wegen der formalen Isomorphie der Modelle nicht nur die Steady-state-, sondern auch die Stabilitätseigenschaften aus dem Shell-Modell auf das Wachstumsoptimum im Romer-Modell übertragen. Man beachte ferner, daß der Stabilitätsbeweis im Shell-Modell eine leicht modifizierte Version der dynamischen Analyse des Uzawa-Modells war. Die in Abschnitt 5.4 durchgeführte Stabilitätsanalyse erweist sich also als ein geeignetes Instrument, um das dynamische Verhalten scheinbar recht heterogener Wachstumsmodelle zu untersuchen.

9.5 Dezentralisierung und Stabilität des Marktgleichgewichts mit optimalen Subventionen

An dieser Stelle sind vom Wachstumsgleichgewicht die Steady-state-Eigenschaften bekannt und vom Wachstumsoptimum die komplette Dynamik. Weil das Gleichungssystem für das unregulierte Marktgleichgewicht keine praktischen Separierbarkeitseigenschaften aufweist, ist eine Phasendiagrammanalyse der Anpassungsdynamik nicht möglich. Es wurde aber im vorangegangenen Abschnitt herausgestellt, daß - wie im Grossman-Helpman-Modell - das Marktgleichgewicht ineffizient ist, insbesondere ist es durch, am optimalen Pfad gemessen, zu langsames Wachstum gekennzeichnet. Diese Divergenz von gleichgewichtiger und optimaler Wachstumsrate macht Staatseingriffe wünschenswert und führt in diesem Abschnitt zu einer Analyse der Dezentralisierbarkeit des optimalen Pfads durch geeignete Subventionen, bei der sich herausstellen wird, daß das optimal regulierte Gleichgewicht wieder einer kompletten dynamischen Analyse zugänglich ist.

Es liegen im Romer-Modell zwei Marktunvollkommenheiten vor. Zum einen übt Forschung positive externe Effekte aus. Zum anderen werden im Kapitalgütersektor nicht Grenzkosten-, sondern Monopolpreise gesetzt. Damit benötigt man zwei Politikinstrumente, um Effizienz herzustellen: erstens F&E-Subventionen, die die externen Effekte von Forschung internalisieren, und zweitens Produktionssubventionen im Kapitalgütersektor (im folgenden kurz Produktionssubventionen genannt), die die im unregulierten

Monopol zu kleinen Ausbringungsmengen korrigieren. In der Tat wird sich zeigen daß eine eindeutige Kombination dieser Subventionen existiert, die den optimalen Pfad als Marktgleichgewicht etabliert. Mit anderen Worten:

SATZ 9.3. *Mit optimalen Produktions- und Forschungssubventionen ist das Marktgleichgewicht im Romer-Modell global stabil.*

Der *Beweis* ist nicht einfach, weil die optimale Forschungssubvention nicht im Zeitablauf konstant ist. Aber der Reihe nach. Das Modell aus den Abschnitten 9.2 und 9.3 wird nun, wie bereits angedeutet, um Produktions- und Forschungssubventionen erweitert. Konkret: Erstens möge – analog zum Grossman-Helpman-Modell – den F&E betreibenden Firmen ein festgelegter Anteil $1 - \Delta$ ihrer F&E-Kosten erstattet werden; privat zu tragen ist mithin nur ein Anteil Δ der Kosten (bisher wurden F&E-Subventionen immer als ϕ bezeichnet; hier bietet es sich an, statt dessen mit $\Delta \equiv 1 - \phi$ zu rechnen). Zweitens erhalten die Zwischenprodukthersteller eine proportionale Subvention s_x auf ihre Verkaufserlöse. Das zur Finanzierung dieser Maßnahmen benötigte Budget werde unverzerrend finanziert.

Die Ramsey-Regel für ein optimales Konsumprofil bleibt von diesen Änderungen unberührt. Auch liegt nach wie vor Symmetrie vor; die Löhne schöpfen einen Anteil $1 - \alpha$ des Umsatzes im Endproduktsektor aus ($wL_Y = (1 - \alpha)Y$, Gleichung (9.3)); wegen Nullgewinnen folgt wie oben $pK = pAx = \alpha Y$ (Gleichung (9.5)). Die anderen Gleichgewichtsbedingungen aus Abschnitt 9.3 verändern sich leicht.

Die Zwischenprodukte werden mit konstanter Elastizität $1/(1-\alpha)$ nachgefragt (Gleichung (9.4)). Die Gewinnfunktion von Zwischenprodukthersteller j lautet nun aber $\pi(j) = (1+s_x)p(j)x(j) - rx(j) = (1+s_x)[p(j)x(j) - rx(j)/(1+s_x)]$. Die effektiven Grenzkosten entsprechen also $r/(1+s_x)$, und die Aufschlagspreisregel lautet dementsprechend $p = r/[(1+s_x)\alpha]$. Damit resultieren Monopolgewinne $\pi = (1 + s_x)(1 - \alpha)px = (1 + s_x)\alpha(1 - \alpha)Y/A$ (vgl. Gleichung (9.6)); die Arbitragebedingung lautet damit $\hat{v} = r - \pi/v = r - (1 + s_x)\alpha(1 - \alpha)Y/(Av)$ (vgl. Gleichung (9.7)). Wegen $p = \alpha Y/K$ entspricht der Zins $r = (1 + s_x)\alpha^2 Y/K$ oder mit $k_Y \equiv K/(AL_Y)$:

$$r = (1 + s_x)\alpha^2 k_Y^{\alpha-1}. \tag{9.11}$$

Die Bedingung für freien Zutritt zu F&E verlangt nun, daß der Barwert der Monopolgewinne, v, den Kosten *nach F&E-Subvention* entspricht: $vA = \Delta wa$ (vgl. Gleichung (9.8)). Zusammen mit (9.3) ergibt sich

$$v = (1-\alpha)\Delta a \frac{Y}{AL_Y} = (1-\alpha)\Delta a \left(\frac{K}{AL_Y}\right)^\alpha = (1-\alpha)\Delta a k_Y^\alpha.$$

Damit läßt sich die Arbitragebedingung wie folgt umformulieren:

$$\hat{v} = (1+s_x)\alpha^2 k_Y^{\alpha-1} - (1+s_x)\alpha(1-\alpha)\frac{Y}{Av}$$

9.5. Dezentralisierung

$$= (1+s_x)\alpha^2 k_Y^{\alpha-1} - (1+s_x)\frac{\alpha L_Y}{\Delta a}$$

$$= (1+s_x)\alpha^2 k_Y^{\alpha-1} - (1+s_x)\frac{\alpha k L}{\Delta a k_Y}$$

mit $k \equiv K/(AL)$ (und daher $L_Y = kL/k_Y$, vgl. Gleichung (9.7)). An dieser Stelle kann wieder eine nützliche Differentialgleichung für k_Y aufgestellt werden. Wegen $v = (1-\alpha)\Delta a k_Y^{\alpha}$ gilt $\hat{k}_Y = (\hat{v} - \hat{\Delta})/\alpha$ (man beachte, daß hier explizit Änderungen der F&E-Subventionierung im Zeitablauf berücksichtigt werden) oder

$$\hat{k}_Y = (1+s_x)\alpha k_Y^{\alpha-1} - (1+s_x)\frac{kL}{\Delta a k_Y} - \frac{\hat{\Delta}}{\alpha} \qquad (9.12)$$

(man beachte auch, daß für den Fall ohne Subventionierung, d.h. bei $\Delta \equiv 1$, $s_x = 0$, nicht eine Gleichung in k_Y allein vorliegt; die Separierbarkeitseigenschaften sind hier nicht ähnlich günstig wie beim optimalen Pfad).

Als nächstes wird, analog zur Ermittlung des optimalen Pfades, eine Übergangsgleichung für $\chi \equiv c/K$ ermittelt. Die gesuchte Gleichung für χ ergibt sich aus $\hat{\chi} = g_c - g_K$, der Ramsey-Regel und dem Ausdruck (9.11) für den Zinssatz:

$$\hat{\chi} = \chi - \left[1 - \frac{(1+s_x)\alpha^2}{\sigma}\right]k_Y^{\alpha-1} - \frac{\rho}{\sigma}. \qquad (9.13)$$

Mit $g_k = g_K - g_A$, $g_K = k_Y^{\alpha-1} - \chi$ und $g_A = (L - L_Y)/a = (1 - k/k_Y)L/a$ erhält man schließlich eine Übergangsgleichung für k:

$$g_k = k_Y^{\alpha-1} - \chi - \frac{L}{a}\left(1 - \frac{k}{k_Y}\right). \qquad (9.14)$$

Damit zur Dezentralisierung des optimalen Pfades. Ich habe an dieser Stelle sowohl den gleichgewichtigen als auch den optimalen Wachstumspfad durch ein System in k_Y, χ und k beschrieben. Das System für den gleichgewichtigen Pfad setzt sich aus (9.12), (9.13) und (9.14) zusammen, das System für den optimalen Pfad wurde am Ende von Abschnitt 5.4 in den Gleichungen (5.15), (5.16) und (5.17) zusammengefaßt (mit $\delta \equiv L/a$ wie im Shell-Modell). Die Trajektorien für die Subventionen s_x und $1 - \Delta$ wurden in der Gleichgewichtsanalyse als gegeben vorausgesetzt, bisher aber nicht näher spezifiziert. Das Subventionsmuster, das den optimalen Pfad dezentralisiert, erhält man, indem man s_x und Δ im gleichgewichtigen System so spezifiziert, daß die Übergangsgleichungen für k_Y, χ und k mit denen im optimalen System übereinstimmen. (Damit ist dann per Konstruktion der optimale Wachstumspfad ein Wachstumsgleichgewicht. Ich zeige hier nicht Eindeutigkeit, d.h. ich zeige nicht, daß bei der gegebenen Subventionierung andere Pfade als Gleichgewicht nicht in Frage kommen.) Die (rein technologischen) g_k-Gleichungen, (5.17) und (9.14), stimmen ohnehin überein, so daß wir uns auf die Gleichungen für χ und k_Y zu konzentrieren haben.

Gleichsetzen der Ausdrücke für $\hat{\chi}$ ((5.16) und (9.13)) zeigt $1 = (1+s_x)\alpha$ oder

$$s_x = \frac{1-\alpha}{\alpha}.$$

Dezentralisierung des optimalen Wachstumspfades verlangt also zunächst eine konstante, positive Produktionssubventionierung im Kapitalgütersektor. Die benötigte Subvention ist um so größer, je kleiner α ist, denn ein kleines α ist gleichbedeutend mit einer geringen Elastizität der Nachfrage nach den Kapitalgütern, d.h. großer Monopolmacht und damit starker Mengeneinschränkung gegenüber kompetitiver Preissetzung.

Gleichsetzen der Ausdrücke für $\hat{k}_Y$ ((5.15) und (9.12)) liefert eine Differentialgleichung für Δ:

$$k_Y^{\alpha-1} - \frac{L}{\alpha a} = (1+s_x)\alpha k_Y^{\alpha-1} - (1+s_x)\frac{kL}{\Delta a k_Y} - \frac{\hat{\Delta}}{\alpha}$$

oder

$$\hat{\Delta} = \frac{L}{a} - \alpha[1-\alpha(1+s_x)]k_Y^{\alpha-1} - (1+s_x)\frac{\alpha kL}{\Delta a k_Y}$$

$$\dot{\Delta} = \left\{\frac{L}{a} - \alpha[1-\alpha(1+s_x)]k_Y^{\alpha-1}\right\}\Delta - (1+s_x)\frac{\alpha kL}{a k_Y}.$$

Bei optimaler Subventionierung der Zwischenproduktherstellung (d.h. $\alpha(1+s_x) = 1$) bedeutet das

$$\dot{\Delta} = \frac{L}{a}\left(\Delta - \frac{k}{k_Y}\right). \tag{9.15}$$

Darin sind k und k_Y auf dem optimalen Pfad auszuwerten. Um die optimale F&E-Subvention charakterisieren zu können, muß also die Entwicklung von k/k_Y auf dem optimalen Pfad bekannt sein. Nach (5.15) und (5.17) ist mit $\delta \equiv L/a$:

$$g_{k/k_Y} = \frac{L}{a}\left(\frac{1-\alpha}{\alpha} + \frac{k}{k_Y}\right) - \chi.$$

In Abbildung 9.2(a) wird die Anpassungsdynamik von k/k_Y in einem $(\chi, k/k_Y)$-Phasendiagramm veranschaulicht. Wie in Kapitel 5 gezeigt, konvergiert χ gegen χ^*, also ist der $\hat{\chi} = 0$-Lokus vertikal und stabil. Der $g_{k/k_Y} = 0$-Lokus, $\chi = [(1-\alpha)/\alpha + k/k_Y]L/a$, ist steigend und instabil. Es existiert ein eindeutiges Steady state $(\chi^*, (k/k_Y)^*)$ und ein eindeutiger Sattelpfad in dieses Steady state. Im Zeitablauf verfolgt die Ökonomie diesen Sattelpfad. Abbildung 9.2(b) zeigt ein Phasendiagramm im $(\Delta, k/k_Y)$-Raum. Hier ist nun der $g_{k/k_Y} = 0$-Lokus horizontal und stabil, während gemäß (9.15) der $\dot{\Delta} = 0$-Lokus, $\Delta = k/k_Y$, steigend verläuft und instabil

9.5. Dezentralisierung

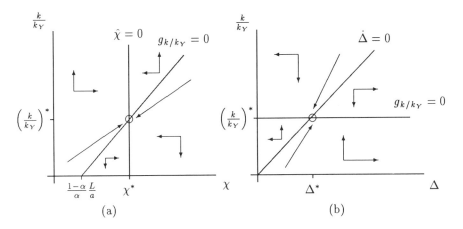

Abbildung 9.2: Optimale F&E-Subvention

ist. Wieder existiert ein eindeutiges Steady state $(\Delta^*, (k/k_Y)^*)$, und wieder existiert ein steigender Sattelpfad ins Steady state. D.h. hier: Es existiert ein eindeutiger Zeitpfad für $\Delta(t)$ und damit ein eindeutiger Pfad von F&E-Subventionen, $1 - \Delta(t)$, der den optimalen Wachstumspfad dezentralisiert. q.e.d.

Um die optimale F&E-Subvention zu berechnen, muß der Staat zunächst die optimale k_Y-Trajektorie berechnen; dann ist der Startwert $\Delta(0)$ so zu wählen, daß – gegeben $k_Y(0)$ – der Punkt $(\Delta(0), k_0/k_Y(0))$ auf dem Sattelpfad in Abbildung 9.2(b) liegt; schließlich ist die Subvention im Zeitablauf gemäß (9.15) zu variieren. Ökonomisch birgt der optimale Subventionspfad keine Überraschungen. Im Steady state gilt $\chi^* = [(1-\alpha)/\alpha + (k/k_Y)^*]L/a$ oder mit (5.18) $(k/k_Y)^* - 1 = (\rho a/L - 1)/\sigma$. Wegen $\Delta^* = (k/k_Y)^*$ folgt für die optimale F&E-Subvention im Steady state:

$$1 - \Delta^* = \frac{1 - \frac{\rho}{L/a}}{\sigma}.$$

Sie ist um so größer, je schwächer diskontiert wird (je kleiner ρ ist) und je mehr Arbeit in Effizienzeinheiten (L/a) vorhanden ist, d.h. je größer die optimale Wachstumsrate ist. Zur Anpassungsdynamik von Δ: F&E wird während der Anpassung an das optimale Steady state genau dann zunächst stark subventioniert, d.h. der privat zu tragende Anteil der Forschungskosten, Δ, ist genau dann zunächst relativ klein, wenn k/k_Y klein ist (Abbildung 9.2(b)), d.h. wenn χ klein ist (Abbildung 9.2(a)), d.h. wenn k_Y groß ist (Abbildung 5.3), d.h. wenn $k \equiv K/(AL)$ groß ist (Abbildung 5.4). D.h. aber: Forschung wird dann zunächst stark subventioniert, wenn die Anfangsausstattung an Wissen, A, relativ klein ist im Vergleich mit dem Anfangsbestand an Kapital, K.

9.6 Ausblick

Das laufende Kapitel hat gezeigt, daß F&E à la Grossman und Helpman in das Solow-Modell mit physischem Kapital eingepaßt werden kann, ohne daß sich die Aussagen des einfacheren Grossman-Helpman-Modells ohne Kapital wesentlich ändern. Das Romer-Modell hat damit den großen Vorteil, daß es die Verbindung von Neuer und Neoklassischer Wachstumstheorie transparent macht. Es hat den formalen Nachteil, daß mit der Aufnahme der zusätzlichen Zustandsvariablen Kapital die Dynamik des Modells schwieriger handhabbar gerät. Ab Kapitel 11 sollen Außenhandel, Learning by doing, Humankapital und Grundlagenforschung in F&E-Modelle integriert werden. Ich werde in diesen Kapiteln als Ausgangspunkt das Grossman-Helpman-Modell verwenden, um die Analyse übersichtlich zu gestalten. Die resultierenden simplen ricardianischen Modelle seien im Lichte des laufenden Kapitels als „Kurzfassungen" von komplizierteren, aber ähnlichen Strukturen auf Grundlage des Romer-Modells verstanden.

Kapitel 10

Exkurs: Wachstum durch steigende Skalenerträge

10.1 Einleitung

In Kapitel 3 wurde herausgestellt, daß bei konstanten Skalenerträgen ohne technischen Fortschritt kein Wachstum möglich ist. Bisher habe ich mich darauf konzentriert zu zeigen, wie technischer Fortschritt dem entgegenwirken kann. In Kapitel 2 wurde aber auch gesagt, daß dies nur eine von zwei grundlegenden Erklärungen für Produktivitätswachstum ist. Die Alternative besteht im Abgehen von der Annahme konstanter Skalenerträge. In diesem Kapitel zeige ich nun – Romer (1987) folgend –, wie die Ausnutzung steigender Skalenerträge zu anhaltendem Produktivitätswachstum führen kann. Die Darstellung erfolgt (erst) jetzt, weil das Romer-Modell aus dem vorangegangenen Kapitel nach einigen Modifikationen einen geeigneten Rahmen für die Analyse bietet. Wie gewohnt werden nach der Vorstellung des Modells (Abschnitt 10.2) Wachstumsgleichgewicht (Abschnitt 10.3) und optimaler Pfad (Abschnitt 10.4) berechnet und miteinander verglichen, bevor Schlußfolgerungen gezogen werden (Abschnitt 10.5).

10.2 Modell

Die Produktionsfunktion (9.1) wird aus dem Romer-Modell übernommen, ein homogenes Endprodukt wird aus Arbeit und einer Menge differenzierter Kapitalgüter gewonnen. Es gibt keine zweite Verwendungsmöglichkeit für Arbeit, so daß $L_Y \equiv L$ und

$$Y = L^{1-\alpha} \int_0^A x(j)^\alpha dj, \quad \alpha \in (0,1).$$

Bei (Symmetrie und) gegebenem Ax ist die Produktivität wiederum um so höher, je breiter die Spanne verfügbarer Zwischenprodukte, A, ist. Anders als im vorigen Kapitel ist A hier nicht durch den Stand technischen Wissens begrenzt, sondern durch Fixkosten in der Zwischenproduktherstellung. Die Produktionsfunktion für die einzelnen Kapitalgüter lautet symmetrisch

$$x(j) = \max\{0,\ K(j) - F\}, \quad F > 0,\ j \in [0, A],$$

mit $K(j)$ als Kapitaleinsatz bei der Herstellung von Gut $j \in [0, A]$. D.h.: Bei der Zwischenproduktherstellung fallen in jeder Periode Fixkosten in Höhe von F Einheiten Kapital an, erst die darüber hinausgehenden $K(j) - F$ Einheiten Kapital erbringen Kapitalgüter im Verhältnis 1:1. Man mag sich unter dem Fixkostenblock Gebäude oder ähnliches Anlagevermögen vorstellen. Wegen der Fixkosten liegen steigende Skalenerträge vor: Bei einer Verdopplung des Kapitaleinsatzes steigt der Output um mehr als das Zweifache, denn die Fixkosten fallen nicht nochmals an. Die Grundidee des Modells ist damit wie folgt zu umreißen: Der Kapitalstock $K = \int_0^A K(j)dj$ beschränkt den Grad der Spezialisierung, A; aus K Einheiten Kapital können nicht mehr als $A = K/F$ verschiedene Varianten hergestellt werden. Mit steigendem Kapitalstock wächst die Menge verwendbarer Kapitalgüter, und diese zunehmende Spezialisierung liefert analog zum vorigen Kapitel endogenes Wachstum. Diese Modellierung bildet treffgenau das Bild ab, das sich Smith (1776/1963) und Young (1928) vom Wachstumsprozeß machten. Young (1928, S.230) schreibt:

> „with the growth of population and of markets new opportunities for the division of labour appear and new advantages attach to it (... This is) Adam Smith's famous theorem that the division of labour depends upon the extent of the market."

Es herrscht freier Zutritt in den Zwischenproduktsektor, und die betrachtete Ökonomie wird wie gewohnt von einem Einheitsintervall identischer Konsumenten mit isoelastischer intertemporaler Nutzenfunktion (und $\sigma \geq 1$) bevölkert, Kapital wird ohne Abschreibungen als nicht konsumierter Output akkumuliert: $\dot{K} = Y - c$. Die Struktur des Modells wird von Abildung 10.1 illustriert.

10.3 Gleichgewicht

Die Konsumenten sparen wie immer gemäß der Ramsey-Regel $g_c = (r - \rho)/\sigma$. Ich werde im folgenden den Zins, r, als eine Funktion der technologischen Parameter des Modells darstellen, die Ramsey-Regel liefert dann die gleichgewichtige Wachstumsrate.

Wegen freien Zutritts in den Kapitalgütersektor werden alle produzierten Varianten zu Durchschnittskostenpreisen angeboten. Weil die Durchschnittskosten, $r(1 + F/x)$, aufgrund des Fixkostenblocks, F, mit der Ausbringungsmenge, x, fallen, wird jedes Gut von nur einem Hersteller angeboten. Die Nachfragekurven für die einzelnen Zwischenprodukte (9.4) sind

10.3. Gleichgewicht

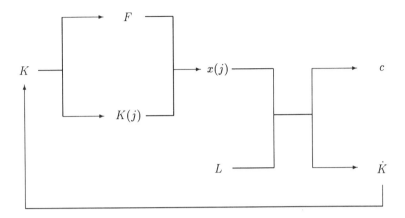

Abbildung 10.1: Struktur des Modells

bereits im vorigen Kapitel berechnet worden: $x(j) = [\alpha/p(j)]^{1/(1-\alpha)} L, j \in [0, A]$, sie haben die konstante Elastizität $\epsilon \equiv 1/(1-\alpha)$. Die Zwischenprodukthersteller wählen daher symmetrisch den Aufschlagspreis $p = r/\alpha$, mit dem Preis sind die Ausbringungsmengen x einheitlich. Der Gewinn *vor Fixkosten* beträgt wie gehabt $\pi = (p - r)x = (1 - \alpha)px$. Dieser Gewinn muß wegen freien Zutritts gerade ausreichen, um die Fixkosten $rF = \alpha pF$ zu decken. Gleichsetzen liefert die gleichgewichtigen Ausbringungsmengen

$$x = \frac{\alpha}{1-\alpha} F. \tag{10.1}$$

Nach Einsetzen in die Nachfragefunktionen erhält man damit aus der Aufschlagspreisregel den gesuchten Ausdruck für den Zinssatz:

$$r = \alpha p = \alpha^2 \left(\frac{1-\alpha}{\alpha} \frac{L}{F} \right)^{1-\alpha}. \tag{10.2}$$

Es sei $r > \rho$, dann ergibt sich die Wachstumsrate des Konsums, wie gesagt, aus der Ramsey-Sparregel. Wie im Learning-by-doing-Modell wächst der Konsum also ohne Anpassungsdynamik mit einer konstanten Rate, die hier um so größer ist, je weniger Kapital durch Fixkosten absorbiert wird (je kleiner F ist). Die Wachstumsrate ist weiterhin um so größer, je kleiner die Parameter ρ und σ sind. Ferner liegt der übliche Größeneffekt vor: g_c steigt (linear) mit dem Arbeitsangebot, L.

Daß der Kapitalstock, K, ebenfalls ohne Anpassungsdynamik mit der Rate $(r - \rho)/\sigma$ wächst, ist analog zu Kapitel 4 aus einer Betrachtung der Veränderung des Konsum-Kapital-Verhältnisses, $\chi \equiv c/K$, im Zeitablauf ersichtlich. Gemäß der Ramsey-Regel und der Übergangsgleichung für den Kapitalstock gilt

$$\hat{\chi} = g_c - g_K = \frac{r - \rho}{\sigma} - \frac{Y}{K} + \chi. \tag{10.3}$$

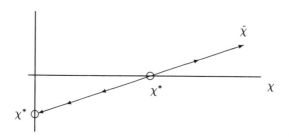

Abbildung 10.2: Stabilität des Modells

Nun ist gemäß (10.1) einerseits $K = A(x + F) = AF/(1-\alpha)$ und andererseits

$$Y = AL^{1-\alpha}x^\alpha = AL^{1-\alpha}\left(\frac{\alpha}{1-\alpha}F\right)^\alpha$$

Dividieren liefert zusammen mit (10.2)

$$\frac{Y}{K} = \alpha\left(\frac{1-\alpha}{\alpha}\frac{L}{F}\right)^{1-\alpha} = \frac{r}{\alpha}.$$

Einsetzen in (10.3) ergibt eine Differentialgleichung in χ allein (r ist durch (10.2) gegeben):

$$\hat{\chi} = \chi - \frac{1}{\sigma}\left[\left(\frac{\sigma}{\alpha} - 1\right)r + \rho\right].$$

Wie in Abbildung 10.1 illustriert, hat diese Differentialgleichung ein eindeutiges Steady state $\chi^* = [(\sigma/\alpha - 1)r + \rho]/\sigma > 0$, sie ist instabil. Wie im Learning-by-doing-Modell kann ein gleichgewichtiger Pfad nicht mit $\chi(0) < \chi^*$ beginnen. Denn dann geht $\chi \to 0$ und $\hat{\chi} \to r/\alpha - g_c$, so daß $g_K = g_c - \hat{\chi} \to r/\alpha$. $e^{-\rho t}\lambda K$ (mit λ als Multiplikatorfunktion aus dem Nutzenmaximierungskalkül der Konsumenten) wächst dann wegen $\hat{\lambda} = \rho - r$ mit Rate $(1-\alpha)r/\alpha > 0$, und das verletzt die Transversalitätsbedingung der Konsumenten. Wie im Learning-by-doing-Modell kann auch mit $\chi(0) > \chi^*$ kein Gleichgewicht mit rationalen Erwartungen vorliegen, denn mit wachsendem χ gilt $\hat{\chi} \to \chi$, so daß χ nach endlicher Zeit unbegrenzt groß und der Kapitalstock nach endlicher Zeit verbraucht ist, was Nullkonsum nach sich zieht und somit nicht nutzenmaximierend sein kann.

Schließlich folgt $g_A(t) = g_Y(t) = g_K$ für alle $t \geq 0$ aus Konstanz von $K/A = F/(1-\alpha)$ und $Y/A = L^{1-\alpha}[\alpha F/(1-\alpha)]^\alpha$. Damit ist folgender Satz bewiesen:

10.4. Wohlfahrt

SATZ 10.1 *(Romer (1987))*: *Alle Variablen wachsen sofort mit konstanter Rate*

$$g \equiv \frac{\alpha^2 \left(\frac{1-\alpha}{\alpha}\frac{L}{F}\right)^{1-\alpha} - \rho}{\sigma}.$$

10.4 Wohlfahrt

In diesem Abschnitt wird das eben beschriebene Wachstumsgleichgewicht einer Wohlfahrtsanalyse unterzogen. Dazu wird zunächst unter Berücksichtigung von $K = A(x + F)$ die Produktionsfunktion wie folgt umgeformt (natürlich verlangt Optimalität wieder Symmetrie):

$$Y = L^{1-\alpha}Ax^\alpha = (AL)^{1-\alpha}(Ax)^\alpha = (AL)^{1-\alpha}(K - AF)^\alpha. \quad (10.4)$$

Man erkennt hier deutlich, daß zunehmende Spezialisierung (steigendes A) zwei gegenläufige Effekte hat: Einerseits mindern zusätzliche Fixkosten den effektiven Kapitalstock ($K - AF$ sinkt). Andererseits steigt die Produktivität der Arbeit, Spezialisierung wirkt wie arbeitsvermehrender technischer Fortschritt (AL steigt). Der Output wird für gegebenen Kapitalstock maximiert, wenn A so gewählt wird, daß

$$\begin{aligned}\frac{(1-\alpha)Y}{A} &= \frac{\alpha F Y}{K - AF} \\ \frac{K - AF}{A} &= \frac{\alpha F}{1 - \alpha}\end{aligned} \quad (10.5)$$

gilt. Die linke Seite von (10.5) entspricht x. Ein Vergleich mit (10.1) besagt dann aber, daß bei gegebenem Kapitalstock, K, der Grad an Spezialisierung, A, effizient gewählt wird. Die soziale Grenzproduktivität des Kapitals ergibt sich durch Ableiten von (10.4) nach K. Unter Verwendung von (10.5) erhält man

$$\varrho \equiv \frac{\partial Y}{\partial K} = \alpha \left(\frac{AL}{K - AF}\right)^{1-\alpha} = \alpha \left(\frac{1-\alpha}{\alpha}\frac{L}{F}\right)^{1-\alpha}.$$

Ein Vergleich mit (10.2) zeigt, daß diese soziale Grenzproduktivität des Kapitals dem Preis der differenzierten Zwischenprodukte, p, entspricht und daß der Marktzins, r, um den Faktor α kleiner ist.

Damit zum Wohlfahrtsmaximierungsproblem. Zu maximieren ist durch geeignete Wahl von A und c die intertemporale Nutzenfunktion (3.4) unter der Nebenbedingung $\dot{K} = Y - c$, wobei Y gemäß (10.4) als Funktion von A und K gegeben ist. Die Hamilton-Funktion für dieses Problem ist

$$\mathcal{H} \equiv \frac{c^{1-\sigma} - 1}{1 - \sigma} + \lambda[(AL)^{1-\alpha}(K - AF)^\alpha - c]$$

mit λ als Multiplikatorfunktion für K. Als notwendige und hinreichende Optimalitätsbedingungen erhält man:

$$\frac{\partial \mathcal{H}}{\partial c} = c^{-\sigma} - \lambda = 0 \qquad (10.6)$$

$$\dot{\lambda} = \rho\lambda - \frac{\partial \mathcal{H}}{\partial K} = \rho\lambda - \lambda\alpha\left(\frac{AL}{K-AF}\right)^{1-\alpha} \qquad (10.7)$$

$$0 = \lim_{t\to\infty} e^{-\rho t}\lambda K \qquad (10.8)$$

sowie $\partial \mathcal{H}/\partial A = 0$. $\partial \mathcal{H}/\partial A = 0$ verlangt aber gerade, daß Y durch A maximiert wird, also (10.5). Aus (10.7) folgt damit $\hat{\lambda} = \rho - \varrho$. Differenzieren von (10.6) und Substituieren für $\hat{\lambda}$ ergibt dann

$$g_c = \frac{\hat{\lambda}}{\sigma} = \frac{\varrho - \rho}{\sigma}.$$

Diese Gleichung zeigt, daß bei der Bestimmung der optimalen Wachstumsrate des Konsums die soziale Grenzproduktivität, ϱ, an die Stelle des Zinssatzes, $r = \alpha\varrho$, in der Ramsey-Regel tritt. Weil die Grenzproduktivität des Kapitals, ϱ, größer ist als der Zins, r, ist die gleichgewichtige Wachstumsrate des Konsums zu klein.

Zur Stabilität des optimalen Pfades. Analog zu (10.3) gilt $\hat{\chi} = g_c - g_K = (\varrho - \rho)/\sigma - Y/K + \chi$. Wegen $x = \alpha F/(1-\alpha)$ ist $K = A(x+F) = AF/(1-\alpha)$ und

$$Y = (AL)^{1-\alpha}(Ax)^\alpha = \left(\frac{1-\alpha}{\alpha}\frac{L}{F}\right)^{1-\alpha}\alpha\frac{AF}{1-\alpha} = \varrho K,$$

d.h. $Y/K = \varrho$. Damit folgt:

$$\hat{\chi} = \chi - \frac{(\sigma-1)\varrho + \rho}{\sigma}.$$

Der Bruch ist wegen $\sigma \geq 1$ positiv, so daß wieder eine eindeutiges und instabiles Steady state $[(\sigma - 1)\varrho + \rho]/\sigma$ existiert, die Entwicklung von χ kann wieder in Abbildung 10.1 abgelesen werden. χ nimmt sofort seinen Steady-state-Wert ein, denn bei kleinerem Startwert wird zu viel Kapital akkumuliert (im Widerspruch zur Transversalitätsbedingung (10.8)), und bei größerem Anfangswert ist das Kapital nach endlicher Zeit verbraucht (im Widerspruch zur Optimalitätsbedingung (10.6)). $K = AF/(1-\alpha)$ liefert $g_A = g_K$ und $Y = \varrho K$ zeigt $g_Y = g_A$. Mit c und K wachsen also auch A und Y sofort mit konstanter Rate $(\varrho - \rho)/\sigma$. Wegen $\varrho = r/\alpha > r$ gilt:

SATZ 10.2 *(Romer (1987))*: *Die gemeinsame Wachstumsrate von Konsum, c, Kapital, K, Spezialisierungsgrad, A, und Produktion, Y, ist auf dem optimalen Pfad größer als im Wachstumsgleichgewicht.*

Intuitiv: Für gegebenes K wird gemäß (10.1) und (10.5), wie gesagt, der „richtige" Grad an Spezialisierung, A, gewählt. Die Suboptimalität ist also auf eine zu geringe Ersparnis zurückzuführen. Gemäß den Sätzen 10.1 und 10.2 wäre das Wachstumsgleichgewicht dann effizient, wenn der Zinssatz, r, mit der sozialen Grenzproduktivität des Kapitals, ϱ, übereinstimmen würde. Die Monopolpreissetzung treibt aber einen Keil zwischen Zins und Kapitalgüterpreis: $r = \alpha p = \alpha \varrho$, der Zins ist zu niedrig, die Anreize zu sparen zu gering, daher ist die gleichgewichtige Wachstumsrate zu niedrig. Natürlich kann diese Ineffizienz durch eine Subventionierung von Zinseinkünften mit Rate $\varrho/\rho - 1$ eliminiert werden.

10.5 Resümee

Das vorgestellte Modell zu Wachstum durch die Ausnutzung steigender Skalenerträge ist dem Romer-Modell aus dem vorangegangenen Kapitel sehr ähnlich. Jeweils beschränken Fixkosten die Ausnutzung von Produktivitätsgewinnen aus Spezialisierung – im vorigen Kapitel waren die Fixkosten dabei Forschungsausgaben, in diesem Kapitel Zinskosten auf fixes Kapital.

Die in diesem Kapitel modellierte Ausnutzung steigender Skalenerträge war und ist eine wichtige Quelle von Produktivitätswachstum. Young schrieb 1928 (S.235):

> „just as there may be population growth with no increase of the average *per capita* product, so also, as I have tried to suggest, markets may grow and increasing returns may be secured while the population remains stationary. It is dangerous to assign to any simple factor the leading role in that continuing economic revolution which has taken the modern world so far away from the world a few hundred years ago. But is there any other factor which has a better claim to that role than the persisting search for markets? No other hypothesis so well unites economic history and economic theory".

Auch Maddison (1982, S.36) stellt steigende Skalenerträge in den Mittelpunkt des Wachstumsprozesses, insbesondere bei der Analyse von Wachstum während des 19. Jahrhunderts: „Economies of scale and specialization within guaranteed mercantilist markets became transformed into capitalist growth through the profit incentive." Ohne eine Wertung vornehmen zu wollen, ob nun technischer Fortschritt oder die Ausnutzung steigender Skalenerträge einen größeren Anteil am ökonomischen Wachstum hat, sei hier festgestellt, daß in diesem Kapitel ein sehr wichtiger Mechanismus erklärt worden ist, der in der theoretischen Literatur oft ignoriert wird.[1] Daß hier

---

[1] Im Lehrbuch von Barro und Sala-i-Martin (1995) fehlt ein solches Modell. Es sei aber daran erinnert, daß Wachstum durch die Ausnutzung steigender Skalenerträge unter Empirikern nicht vergessen wird: In der angesprochenen Growth-accounting-Studie von Denison (1967) wird – wie oben erwähnt – explizit versucht, steigenden Skalenerträgen

nur gut sieben Seiten auf dieses Thema verwendet werden, liegt nicht an untergeordneter Relevanz, sondern an mangelnder Breite der Literatur.

---

einen konkreten Anteil des Solow-Residuums zuzurechnen.

Kapitel 11

Außenhandel

11.1 Einleitung

Das in Kapitel 8 vorgestellte Grossman-Helpman-Modell mit konstanten Skalenerträgen in der Forschung hat sich als *das* Standardmodell der neuen Wachstumstheorie herausgebildet. Die meisten Anwendungen und Erweiterungen basieren auf diesem Modell als Grundstein. Als bisher fruchtbarstes Anwendungsgebiet hat sich die Außenhandelstheorie herausgestellt. Allen voran Grossman und Helpman (1991a, Kap.6-12) gelang es, interessante Außenhandelsmodelle mit F&E zu entwerfen. In diesem Kapitel analysiere ich Wachstum in einer Welt mit zwei Ländern des in Kapitel 8 vorgestellten Typs.[1] In beiden Ländern wird Arbeit zum einen in der Forschung, zum anderen in der Herstellung von Zwischenprodukten eingesetzt. Aus den Zwischenprodukten wird dann ein homogenes Konsumgut hergestellt. Vorab stellen sich zwei Fragen. Erstens: Wie sind die Wissens-Spillover zu handhaben? Und zweitens: Was wird gehandelt?

Zunächst zu den Wissens-Spillovers. Wenn wir zwei Länder betrachten, die beide F&E betreiben, so beschränken wir die Sichtweise von vornherein auf hochentwickelte Industrienationen, nur die betreiben ja innovative Forschung. Wenn wir aber moderne Industrienationen betrachten, so muß konsequenterweise angenommen werden, daß die Länder ausländische Forschungsergebnisse ebenso zur Kenntnis nehmen wie inländische. Daher wird im folgenden unterstellt, daß es einen einzigen Wissens-Stock gibt, zu dem beide Länder beitragen und von dem beide Länder gleichermaßen profitieren. In Abschnitt 11.2 wird zunächst die Zwei-Länder-Welt mit internatio-

---

[1] Die analoge Analyse im Rahmen des Romer-Modells aus Kapitel 9 nehmen Rivera-Batiz und Romer (1991a) vor. In einer zweiten Veröffentlichung (Rivera-Batiz und Romer (1991b)) erweitern sie ihr Modell um Handelspolitik. Einige klärende Bemerkungen für den Fall, daß die von F&E ausgehenden Externalitäten nur national wirksam sind, nehmen Devereux und Lapham (1994) vor. Eine kleine offene Volkswirtschaft untersuchen Grossman und Helpman (1991a, Kap.6).

nalen Wissens-Spillovern, aber ohne internationalen Handel untersucht. Es wäre ein Fehler, in diesem Rahmen, die gleichgewichtigen Wachstumsraten aus Satz 8.1 ablesen zu wollen. Dieses Ignorieren der internationalen Wissensdiffusion würde zu einer Unterschätzung der Wachstumsraten führen: Beide Länder wachsen bei internationaler Wissensdiffusion mit einer einheitlichen Rate, die die Wachstumsraten in Isolation übertrifft.[2]

In Abschnitt 11.3 wird dann Handel in Kapital und Gütern zugelassen. Es wird angenommen, daß die beiden Länder in Handelsbeziehungen bei freiem Kapitalverkehr miteinander treten. Das führt zur zweiten Frage: Was wird gehandelt?[3] Gehandelt werden natürlich die differenzierten Zwischenprodukte, d.h. es liegt *intraindustrieller Handel* à la Helpman und Krugman (1985) vor: Die Zwischenproduktproduzenten spezialisieren sich – national wie international – auf stets verschiedene Varianten, und jedes Land importiert die Varianten, die es nicht selbst herstellt.[4] Man könnte zunächst vermuten, daß sich auch Handel mit dem homogenen Endprodukt ergibt, dies erweist sich aber bei näherem Hinsehen als fraglich: Weil das Endprodukt nur aus den Zwischenprodukten, d.h. ohne den räumlich gebundenen Faktor Arbeit hergestellt wird und weil bei der Produktion wegen vollkommenen Wettbewerbs keine Gewinne anfallen, ist der geographische Ort der Produktion nicht determiniert und unerheblich. Es spielt keine Rolle, ob die Zwischenprodukte in dem einen oder dem anderen Land hergestellt werden oder auf dem Mond (solange keine Transportkosten anfallen).[5] Schließlich wird sich zeigen, daß es trotz Kapitalmobilität auch nicht zu Kapitalströmen kommt, beide Länder finanzieren jeweils ihre Investitionen aus ihrer eigenen Ersparnis. Gehandelt werden mithin ausschließlich die differenzierten Zwischenprodukte. Die Einführung von Handel hat dabei für die Zwischenproduktersteller zwei Effekte. Einerseits vergrößert sich ihr Absatzmarkt, was höhere Gewinne und damit vermehrte Anreize zu forschen verspricht, andererseits konkurrieren sie mit einer gestiegenen Anzahl von Firmen, was die Gewinne schmälert und damit das Wachstum tendenziell

---

[2] Feenstra (1990) sowie Grossman und Helpman (1991a, Abschnitt 9.3) zeigen, daß sich bei nur national wirksamen Spillover-Effekten die Wachstumsraten nicht angleichen.

[3] Es gibt nur einen Faktor, Arbeit, und daher keine komparativen Vorteile aus differierenden relativen Faktorausstattungen à la Heckscher und Ohlin (das Modell kann aber um Heckscher-Ohlin-Handelsmuster erweitert werden (s. hierzu Grossman und Helpman (1991a, Kap. 7 und 8)). Ferner sind per Annahme die Technologien in beiden Ländern identisch, somit gibt es auch nicht Handel gemäß komparativen technologischen Vorteilen à la Ricardo.

[4] Derartige Modelle wurden (in statischer Form) von Krugman (1979a, 1980) und – in etwas komplizierterer Form – von Helpman (1981) in die Literatur eingebracht. Es handelt sich dabei im wesentlichen um eine Erweiterung des Dixit-Stiglitz-Modells auf offene Volkswirtschaften. S. Helpman und Krugman (1985, Kap.6,7).

[5] Derartige Interpretationprobleme kann man umgehen, indem man zum Produktinnovationen-Modell aus Abschnitt 8.6 zurückkehrt. Da ist von vornherein klar, daß nur die differenzierten Produkte gehandelt werden können.

bremst. Es wird sich zeigen, daß sich diese beiden Effekte gerade wechselseitig aufheben, so daß Handel in einer Welt, in der sich Produzenten ohnehin auf verschiedene Varianten spezialisieren, keine Wachstumseffekte hat.

11.2 Internationale F&E-Spillover

Betrachten wir zwei Ökonomien des in Kapitel 8 vorgestellten Typs, die sich zwar in Autarkie befinden, aber über internationale Wissens-Spillover miteinander verbunden sind. Variablen werden länderweise durch einen Index i unterschieden. Ohne gesonderten Hinweis wird stets vorausgesetzt, daß i für 1 und 2 steht. Die Länder mögen sich allenfalls in ihrer Größe unterscheiden; Diskontrate, Forschungsproduktivität, etc. sind in beiden Ländern gleich. Ohne weitere Beschränkung der Allgemeinheit gelte $L_1 \geq L_2$. Land 1 (Land 2) wird daher synonym „das große Land" („das kleine Land") genannt. Es wird angenommen, daß die beiden Länder mit disjunkten Mengen von Zwischenprodukten arbeiten, d.h.: Die gleiche Erfindung wird nie sukzessive in beiden Ländern gemacht. Mit A_i als Anzahl der in Land i herstellbaren Zwischenprodukte beträgt daher die Anzahl weltweit bekannter Zwischenprodukte $A \equiv A_1 + A_2$. Das Vorliegen internationaler Wissens-Spillover wird durch die Annahme formalisiert, daß das in der Forschung verwendbare technische Wissen in beiden Ländern proportional zu A ist. Forscher profitieren also gleichermaßen von inländisch wie von im Ausland erworbenen Forschungsergebnissen. Die Forschungstechnologien lauten damit analog zu (8.3)

$$\dot{A}_i = \frac{A L_{Ai}}{a}, \tag{11.1}$$

so daß $g_{Ai} = L_{Ai}/(\theta_i a)$ mit $\theta_i \equiv A_i/A$ als Land i's Anteil an den weltweit herstellbaren Zwischenprodukten.

Wie gehabt werden die Konsumausgaben in beiden Ländern als Numéraire gewählt ($p_i A_i x_i = 1$), so daß Nutzenmaximierung $r_i = \rho$ liefert. Die Zwischenprodukte werden vom Endproduktsektor mit Elastizität ϵ nachgefragt:

$$x_i(j) = \frac{p_i(j)^{-\epsilon}}{\int_0^{A_i} p_i(j')^{1-\epsilon} dj'}, \tag{11.2}$$

und Gewinnmaximierung liefert den (länderweise einheitlichen) Monopolpreis für Zwischenprodukte: $p_i = w_i/\alpha$. Weil es keinen internationalen Handel gibt, konkurrieren die Zwischenprodukthersteller in Land i nur mit den A_i heimischen Anbietern, und ihre Monopolgewinne entsprechen $\pi_i = (1-\alpha) p_i x_i = (1-\alpha)/A_i$. Damit bleibt die Arbitrage-Bedingung (8.9) unverändert:

$$\hat{V}_i = (1-\alpha) V_i - \rho - g_{Ai} \tag{11.3}$$

mit $V_i \equiv 1/(A_i v_i)$. Die Bedingung für freien Zutritt zu F&E lautet in einem Gleichgewicht mit Forschung $w_i L_{Ai} = v_i \dot{A}_i$. Mit (11.1) folgt $w_i a = 1/V_i$ oder

$$w_i a = \frac{1}{\theta_i V_i}.$$

Die Beschäftigung in der Produktion entspricht mithin $L_{xi} = A_i x_i = 1/p_i = \alpha/w_i = \alpha a \theta_i V_i$. Andererseits sind gemäß (11.1) $L_{Ai} = \theta_i a g_{Ai}$ Arbeiter in F&E tätig. Arbeitsmarkträumung ($L_i = L_{Ai} + L_{xi}$) verlangt mithin

$$g_{Ai} = \frac{L_i}{a\theta_i} - \alpha V_i. \qquad (11.4)$$

Wir betrachten zunächst die Steady-state-Lösung des Systems. Im Steady state ist gemäß der Arbitrage-Bedingung V_i konstant. (11.4) zeigt, daß dann auch θ_i konstant sein muß. D.h.: Die beiden Länder müssen konstante Anteile an der Anzahl bekannter Zwischenprodukte haben, mithin müssen sie mit gleicher Rate wachsen: $g_{A1} = g_{A2} = g_A$. Die Arbitrage-Bedingung liefert dann $V_i = (\rho + g_A)/(1 - \alpha)$, d.h. $V_1 = V_2$. Gemäß (11.4) ist weiter $L_1/\theta_1 = (L - L_1)/(1 - \theta_1)$ oder $\theta_1 = L_1/L$ und $\theta_2 = L_2/L$ mit $L \equiv L_1 + L_2$ als globalem Arbeitsangebot. Der Anteil eines Lands an der Anzahl herstellbarer Zwischenprodukte entspricht seinem Anteil an der Weltbevölkerung. Einsetzen in (11.4) zeigt:

SATZ 11.1 *(Grossman und Helpman (1991a))*: *Bei Vorliegen internationaler Wissens-Spillover wachsen beide Länder mit einheitlicher Rate*

$$g_A = (1 - \alpha)\frac{L}{a} - \alpha\rho. \qquad (11.5)$$

Es wird angenommen, daß diese Wachstumsrate positiv ist. Vier Punkte sind bemerkenswert. Erstens: Wegen $L > L_i$ wachsen beide Länder schneller als in Isolation. Die Möglichkeit, Forschungsergebnisse des Auslands zu verwenden, hat Wachstumseffekte. Zweitens: Die gleichgewichtigen Wachstumsraten beider Länder sind gleich, das Modell prognostiziert – wie das Solow-Modell – Konvergenz der Wachstumsraten. D.h. zum einen, daß bei Querschnittsbetrachtung keine Größeneffekte vorliegen. Zum anderen bedeutet dies, daß das Modell bei Vorliegen ungehinderter internationaler Wissensdiffusion keine Erklärung für international differierende Wachstumsraten leistet. Das ist recht bemerkenswert, denn gerade die Solow-Prognose konvergierender Wachstumsraten war ja eine Hauptmotivation, neue Wachstumsmodelle zu entwerfen. Mit anderen Worten: Entledigt man sich der kontrafaktischen Prognose von Größeneffekten (wie sie das Grundmodell lieferte), indem man internationale Wissensdiffusion einbringt, so erhält man ein anderes Problem, nämlich einheitliche Wachstumsraten.

11.2. Internationale F&E-Spillover

Drittens: Würden die beiden Länder gemeinsam einen integrierten Wirtschaftsraum mit Faktormobilität (und damit mit einem aggregierten Arbeitsangebot L) bilden, so entspräche ihre Wachstumsrate gemäß Satz 8.1 gerade (11.5). D.h.: Eine komplette wirtschaftliche Integration hat in Präsenz internationaler Wissensdiffusion keine Wachstumseffekte.

Die vierte Anmerkung nimmt etwas mehr Platz ein: Mit den zusätzlichen Zustandsvariablen $\theta_i \equiv A_i/A$ bekommt das Modell eine Anpassungsdynamik. Gilt nicht von vornherein $\theta_i = L_i/L$, dann kann die Ökonomie nicht länger in ihr Gleichgewicht springen. Der inhaltlichen Geschlossenheit halber sei hier daher abschließend – in Anlehnung an Wälde (1996) – die Anpassungsdynamik des Modells untersucht:

SATZ 11.2: *Es existiert ein Sattelpfad in das Steady-state-Gleichgewicht.*

Eine Bemerkung vorab: Der Satz behauptet lediglich die Existenz eines Sattelpfads. Weder wird dessen Eindeutigkeit gezeigt, noch wird belegt, daß andere Pfade als Gleichgewichtstrajektorien nicht infrage kommen. D.h. es wird kein vollständiger Stabilitätsbeweis geführt, sondern es wird aufgezeigt, daß es der Zwei-Länder-Welt auf lange Sicht *möglich* ist, ihr Steady state einzunehmen. Damit zum *Beweis:* Nach (11.4) gilt

$$g_A = \frac{\dot{A}_1 + \dot{A}_2}{A} = \theta_1 g_{A1} + \theta_2 g_{A2} = \frac{L}{a} - \alpha(\theta_1 V_1 + \theta_2 V_2). \tag{11.6}$$

Im folgenden werden Steady-state-Werte von Variablen wie üblich durch einen „*" gekennzeichnet. Es wird nun angenommen, daß in beiden Ländern der Ausdruck $\theta_i V_i$ sofort seinen Gleichgewichtswert annimmt: $\theta_i(t) V_i(t) = \theta_i^* V_i^*$ für alle $t \geq 0$. Das impliziert gemäß (11.6), daß die Weltökonomie stets mit ihrer gleichgewichtigen Rate, $g_A^* = (1-\alpha)L/a - \alpha\rho$, wächst. Das ist die „Pointe" des Beweises: Die Zwei-Länder-Welt als ganze befindet sich – wie die geschlossene Grossman-Helpman-Ökonomie – stets in ihrem Gleichgewicht, einen Anpassungsprozeß durchlaufen nur die länderweisen Größen, θ_i, V_i, etc. Per Definition gilt $\hat{\theta}_i = g_{Ai} - g_A$. Mit (11.4) folgt also

$$\hat{\theta}_i = \frac{L_i}{a\theta_i} - \alpha V_i - g_A^*.$$

Berücksichtigt man schließlich $\theta_i^* V_i^* = L_i(\rho + L/a)/L$ (wegen $\theta_i^* = L_i/L$ und $V_i^* = \rho + L/a$), dann erhält man eine Differentialgleichung in θ_i allein:

$$\begin{aligned}
\dot{\theta}_i &= \frac{L_i}{a} - \alpha\theta_i V_i - \theta_i g_A^* \\
&= (1-\alpha)\frac{L_i}{a} - \frac{L_i}{L}\alpha\rho - \theta_i g_A^* \\
&= \frac{L_i}{L}\left[(1-\alpha)\frac{L}{a} - \alpha\rho\right] - \theta_i g_A^* \\
&= \left(\frac{L_i}{L} - \theta_i\right) g_A^*.
\end{aligned}$$

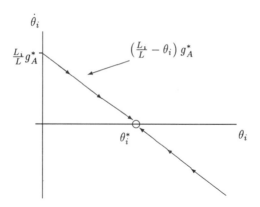

Abbildung 11.1: Anpassungsdynamik im Zwei-Länder-Modell

Diese Differentialgleichung hat als eindeutiges Steady state $\theta_i^* = L_i/L$. Abbildung 11.1 zeigt weiter, daß dieses Steady state global stabil ist. Man beachte, daß ohne weitere Annahmen sichergestellt ist, daß die Wachstumsrate in beiden Ländern stets positiv ist. Aus (11.4) folgt mit $g_{Ai}^* = g_A^*$ nämlich $g_{Ai} = g_A^* \theta_i^*/\theta_i > 0$. q.e.d.

11.3 Internationaler Handel

Im nun folgenden Abschnitt wird (intraindustrieller) Handel in obige Zwei-Länder-Welt mit internationalen Wissens-Spillovern eingeführt. Dies hat zwei wichtige Effekte. Zum einen vergrößert sich der Absatzmarkt der Zwischenprodukthersteller. Das verspricht tendenziell höhere Gewinne, mithin mehr Anreize zu forschen und schnelleres Wachstum. Zum anderen bedeutet die Grenzöffnung aber auch verschärfte Konkurrenz, was gegenläufig wirkt. Der vorige Abschnitt legt die Vermutung nahe, daß internationaler Handel – als Mittelweg zwischen Autarkie und kompletter Integration – keinen Einfluß auf die gleichgewichtige Wachstumsrate hat, d.h. daß sich die beiden gegenläufigen Effekte gerade gegenseitig aufheben. Diese Vermutung wird in diesem Abschnitt bestätigt:[6]

SATZ 11.3 *(Grossman und Helpman (1991a)): Die Aufnahme internationalen Handels hat keine Wachstumseffekte. Bei internationalem Handel ist die gleichgewichtige Wachstumsrate weiter durch (11.5) gegeben.*

---

[6] Dieses Ergebnis ist in gewisser Weise zu relativieren. Für Entwicklungsländer wird nämlich die Öffnung zum Weltmarkt, insbesondere für ausländische Direktinvestitionen, als entscheidender Schritt zur *Herstellung* von Wissensdiffusion angesehen. Dieser positive Effekt von freiem Handel wird hier ignoriert, indem freie Wissensdiffusion bereits bei Autarkie angenommen wird. Hier wird nochmals deutlich, daß das Modell eher auf die Interaktion zweier hochentwickelter Industrienationen anwendbar erscheint als auf Entwicklungsfragen.

11.3. Internationaler Handel

Beweis: Die Konsumausgaben in Land i wachsen wie gehabt mit Rate $\hat{E}_i = r_i - \rho$. Infolge perfekter internationaler Kapitalmobilität muß der Zinssatz in beiden Ländern gleich sein, so daß die Konsumausgaben mit gleicher Rate wachsen: $r_1 = r_2 \equiv r$ und $\hat{E}_1 = \hat{E}_2 = r - \rho$. Es werden nun die weltweiten Konsumausgaben $E \equiv E_1 + E_2$ als Numéraire gewählt: $E = 1$. Wegen $\hat{E} = \hat{E}_i = r - \rho$ folgt dann $r = \rho$: Der Zins entspricht wieder der Diskontrate der Individuen.

Wie gehabt, werden die Zwischenprodukte mit konstanter Elastizität $\epsilon \equiv 1/(1-\alpha)$ nachgefragt, so daß die Produzenten in Land i symmetrisch den Aufschlagspreis $p_i = w_i/\alpha$ wählen. Nullgewinne im Endproduktsektor implizieren ferner Gleichheit von Umsatz und Kosten. Weil der Umsatz gemäß Numérairewahl $E = 1$ entspricht und weil die differenzierten Zwischenprodukte einzige Inputs sind, folgt, daß der Wert der weltweit hergestellten Zwischenprodukte auch eins entspricht: $A_1 p_1 x_1 + A_2 p_2 x_2 = 1$. Bezeichne nun s_i den Anteil der Kosten des Endproduktsektors, der auf Zwischenprodukte aus Land i entfällt:

$$s_i \equiv \frac{A_i p_i x_i}{A_1 p_1 x_1 + A_2 p_2 x_2} = A_i p_i x_i \qquad (11.7)$$

(man beachte, daß x_i die *Ausbringungsmenge* der Zwischenprodukte in Land i bezeichnet, nicht die *Einsatzmenge* bei der Endproduktherstellung in Land i; die ist, wie in der Einleitung herausgestellt wurde, nicht determiniert). Damit lassen sich die Gewinne der Zwischenprodukthersteller in Land i als $\pi_i = (p_i - w_i)x_i = (1-\alpha)p_i x_i = (1-\alpha)s_i/A_i$ schreiben, und als Arbitrage-Bedingung erhält man

$$\hat{V}_i = (1-\alpha)s_i V_i - \rho - g_{Ai}. \qquad (11.8)$$

Die Bedingung für freien Zutritt zu F&E lautet wie im vorigen Abschnitt

$$w_i a = \frac{1}{\theta_i V_i}. \qquad (11.9)$$

Damit folgt für die Beschäftigung in der Produktion $L_{xi} = A_i x_i = s_i/p_i = \alpha s_i/w_i = \alpha s_i a \theta_i V_i$. Mit $L_{Ai} = a \theta_i g_{Ai}$ erhält man die Arbeitsmarktbedingung

$$g_{Ai} = \frac{L_i}{a \theta_i} - \alpha s_i V_i. \qquad (11.10)$$

Das Wachstumsgleichgewicht ist nun wie gewohnt durch eine Arbitrage-Bedingung (Gleichung (11.8)) und eine Arbeitsmarkträumungsbedingung (Gleichung (11.10)) bestimmt.

Wir konzentrieren uns im folgenden zunächst wieder auf ein Steady-state-Gleichgewicht mit konstanten g_A, g_{Ai}, θ_i, s_i, V_i und w_i. Konstanz von θ_i verlangt, daß die Länder wieder mit einheitlicher Rate wachsen: $g_{A1} =$

$g_{A2} = g_A$. Konstanz von $\hat{V}_i$ liefert dann $s_1 V_1 = s_2 V_2 = (\rho + g_A)/(1 - \alpha)$. Einsetzen in (11.10) liefert

$$g_A = (1 - \alpha) \frac{L_i}{a\theta_i} - \alpha\rho. \tag{11.11}$$

Das verlangt aber wiederum $L_1/\theta_1 = L_2/\theta_2$ oder (mit $\theta_i = 1 - \theta_{i'}$ und $L_i = L - L_{i'}$): $L_i/L = \theta_i$. Der Anteil eines Landes an der Anzahl global herstellbarer Zwischenprodukte ist wieder proportional zu seinem Anteil am globalen Arbeitsangebot, L. Substituieren in obiger Gleichung zeigt:

$$g_A = (1 - \alpha) \frac{L}{a} - \alpha\rho,$$

wie in Satz 11.3 behauptet. q.e.d.

Bevor wir dieses Kapitel verlassen, seien noch einige Bemerkungen gemacht. Erstens: Befindet sich die Zwei-Länder-Welt in ihrem oben beschriebenen Autarkiegleichgewicht, dann kann das Gleichgewicht mit Handel bei Eröffnung von Handel ohne Anpassungsdynamik eingenommen werden. Dies folgt aus der Beobachtung, daß sich der Gleichgewichtswert der Zustandsvariablen $\theta_i = L_i/L$ durch die Aufnahme von Handel nicht ändert.[7] Zweitens: Die Aufnahme von Handel hat zwar keine Wachstums-, wohl aber Wohlfahrtseffekte: Vor der Grenzöffnung hat jedes Land i seinen eigenen Endproduktsektor, und es werden jeweils die eigens erfundenen A_i Zwischenprodukte verwendet. Vom Moment der Grenzöffnung an verwenden die Endproduktsektoren dagegen die breitere Spanne $A \equiv A_1 + A_2$ von Kapitalgütern. Gemäß der Produktionsfunktion bedingt dies einen (statischen) Produktivitätsgewinn durch steigende Spezialisierung und damit steigende Wohlfahrt. Drittens: Es kommt zu internationalem Faktorpreisausgleich, der Lohnsatz ist in beiden Ländern gleich hoch. Es gilt nämlich

$$\frac{w_1}{w_2} = \frac{\theta_2 V_2}{\theta_1 V_1} = \frac{\theta_2 s_1}{\theta_1 s_2} = \frac{A_2 s_1}{A_1 s_2} = \frac{p_1 x_1}{p_2 x_2} = \left(\frac{p_1}{p_2}\right)^{1-\epsilon} = \left(\frac{w_1}{w_2}\right)^{1-\epsilon}$$

Dies folgt – der Reihe nach – aus der Zutrittsbedingung (11.9), $s_1 V_1 = s_2 V_2$, der Definition von θ_i, (11.7), (11.2) und der Monopolpreisregel $p_i = w_i/\alpha$. Die Gleichung kann wegen $\epsilon > 1$ nur für $w_1 = w_2$ erfüllt sein. Viertens: Es kommt im Steady state nicht zu internationalen (Netto-) Kapitalbewegungen; die Summe von Lohneinkommen, $w_i L_i$, und Profiteinkommen, $A_i \pi_i$, reicht in beiden Ländern gerade aus, um Ersparnis, $w_i L_{Ai}$, und Konsum, E_i, zu finanzieren. D.h.: $E_i + w_i L_{Ai} = w_i L_i + A_i \pi_i$ oder

$$E_i = w_i L_{xi} + A_i \pi_i. \tag{11.12}$$

---

[7]Wälde (1996) zeigt, daß für beliebige Anfangsbedingungen ein eindeutiger Sattelpfad in das Steady state existiert. Sein Beweis ist dem Argument am Ende des vorigen Abschnitts sehr ähnlich.

Beweis: Im Steady state sind w_i, L_{Ai}, V_i und E_i konstant. Nun muß nach der Budgetrestriktion der Konsumenten der Barwert der Konsumausgaben, E_i/ρ, der Summe von Wertpapierhaltung, $1/V_i$, und kapitalisiertem Arbeitseinkommen, $w_i L_i/\rho$, entsprechen: $E_i = \rho/V_i + w_i L_i$. Es folgt

$$E_i = \frac{\rho}{V_i} + w_i L_i = \frac{\rho + w_i V_i L_i}{V_i} = \frac{(1-\alpha)s_i}{\rho + g_A}\left(\frac{L_i}{a\theta_i} + \rho\right) = s_i.$$

Die dritte Gleichheit folgt aus (11.8) und (11.9), die vierte aus (11.11). Andererseits ist $w_i L_{xi} = w_i A_i x_i = \alpha p_i A_i x_i = \alpha s_i$ und $A_i \pi_i = (1-\alpha)s_i$ und damit $s_i = \alpha s_i + (1-\alpha)s_i = w_i L_{xi} + A_i \pi_i$. Damit folgt aus obiger Gleichung (11.12). q.e.d.

Fünftens und letztens soll hier eine Formel für die Änderung von s_i im Zeitablauf abgeleitet werden. Wir benötigen diese Formel in Kapitel 18. Um den Lesefluß dort nicht zu stören, wird die etwas mühsame Ableitung nach hier vorgezogen:

$$\hat{s}_i = (1-s_i)[(g_{Ai} - g_{Ai'}) + (\epsilon - 1)(\hat{w}_i - \hat{w}_i)], \quad i \neq i'. \tag{11.13}$$

Beweis: Gemäß (11.2) ist $x_i = p_i^{-\epsilon}/(A_i p_i^{1-\epsilon} + A_{i'} p_{i'}^{1-\epsilon})$. Mit (11.7) und der Aufschlagspreisregel folgt

$$s_i = A_i p_i x_i = \frac{A_i p_i^{1-\epsilon}}{A_i p_i^{1-\epsilon} + A_{i'} p_{i'}^{1-\epsilon}} = \frac{A_i w_i^{1-\epsilon}}{A_i w_i^{1-\epsilon} + A_{i'} w_{i'}^{1-\epsilon}}$$

oder

$$\frac{1}{s_i} - 1 = \left(\frac{A_{i'}}{A_i}\right)\left(\frac{w_i}{w_{i'}}\right)^{\epsilon-1}.$$

In Wachstumsraten ausgedrückt:

$$-\frac{\hat{s}_i}{1-s_i} = (g_{Ai'} - g_{Ai}) + (\epsilon - 1)(\hat{w}_i - \hat{w}_{i'}).$$

Daraus folgt unmittelbar obige Formel für $\hat{s}_i$. q.e.d.

11.4 Resümee

In diesem Kapitel wurde das Grossman-Helpman-Grundmodell zu Wachstum durch F&E um internationale Beziehungen erweitert. Es wurde gezeigt, daß in die Weltwirtschaft integrierte Ökonomien schneller wachsen, als sie es in Isolation täten, und daß diese Beschleunigung des Wachstums einzig und allein auf freie Wissensdiffusion zurückzuführen ist. In einer Welt, in der Wissen ohnehin frei diffundiert, hat die Eröffnung internationalen Handels keine Wachstumseffekte. Ferner wurde gezeigt, daß das Modell statische Wohlfahrtsgewinne aus der Aufnahme von Handel sowie Konvergenz der Wachstumsraten – mit und ohne Handel – prognostiziert.

Kapitel 12

Neuindustrialisierte Länder

12.1 Einleitung

In Kapitel 2 wurde einerseits F&E als entscheidende Quelle von Wachstum herausgestellt, andererseits aber darauf hingewiesen, daß Forschung in nennenswertem Umfang nur in den modernen Industrienationen betrieben wird. Die letzten Kapitel haben einige Modelle mit F&E als Motor von Wachstum vorgestellt, damit wurde die Sichtweise implizit auf hochentwickelte Industrieländer eingeschränkt. Außen vor blieb damit die Frage, wie Wachstum in Nicht-OECD-Ländern zu erklären ist. Eben dieser Fragestellung wenden wir uns im laufenden Kapitel zu. Ich werde zeigen, wie Wachstum ohne F&E für Länder möglich ist, die im Ausland bereits bekannte Technologien imitieren können.

Konkret wird das Nord-Süd-Außenhandelsmodell von Grossman und Helpman (1991a, Kap.11, 1991c) vorgestellt, in dem eine Hochlohnregion (der Norden) das technische Wissen durch F&E ständig erweitert und so einer rückständigen Niedriglohnregion (dem Süden) Wachstum durch Imitation ermöglicht. Dabei ergibt sich ein Produktzyklus, wie ihn Vernon (1966) schon vor 30 Jahren informell beschrieb: Innovative Produkte werden vom Norden eingeführt und zunächst auch dort hergestellt. Wenn allerdings der Süden die Fähigkeit erlangt hat, ein Produkt zu imitieren, dann wandert die Produktion in den Süden mit seinen Lohnkostenvorteilen. Bei freiem internationalen Handel ist der Norden mithin Exporteur neuer Produktreihen und Importeur alter, der Süden exportiert spiegelbildlich die alten Produkte und importiert die neuen.[1] Es werden zwei alternative Annahmen darüber

---

[1] Derartige Nord-Süd-Handels-Modelle gehen auf Krugman (1979b) zurück. Mangels einer anwendbaren Wachstumstheorie mußte Krugman sowohl das Innovations- als auch das Imitationstempo als gegeben annehmen. Er zeigte, daß es nicht zu Faktorpreisausgleich kommt, wenn der technologische Vorsprung des Nordens hinreichend groß ist, und daß dann der relative Lohnsatz des Nordens um so höher ist, je weniger Produkte der Süden produzieren kann. Treffender wäre heute vielleicht die Bezeichnung West-Ost-Modelle. Im Economist 339 vom 18. Mai 1996 (S.80) liest man: „[I]mitating Western

gemacht, wie Imitation möglich wird. Einerseits wird angenommen, daß Imitation Ergebnis von Lerneffekten ist, andererseits untersuche ich den Fall, daß – ähnlich wie bei Innovation – zielgerichteter Ressourceneinsatz geleistet werden muß. Als etwas überraschendes Ergebnis wird sich zeigen, daß die (einheitliche) gleichgewichtige Wachstumsrate der beiden Länder größer ist als die Autarkie-Wachstumsrate des Nordens, egal ob Imitation durch Learning by doing oder durch zielgerichtete Aktivitäten erfolgt.

In Abschnitt 12.2 wird das Modell kurz vorgestellt, Abschnitt 12.3 beschreibt das Wachstumsgleichgewicht bei exogener Imitation, 12.4 das Gleichgewicht bei endogener Imitation. 12.5 faßt die Ergebnisse kurz zusammen.

12.2 Modell

Wie gesagt gibt es zwei Regionen, einen innovierenden Norden und einen imitierenden Süden. Arbeit ist in beiden Ländern einziger primärer Produktionsfaktor. Die „Aufgabenteilung" für die beiden Länder ist exogen vorgegeben: Es wird angenommen, daß im Norden nicht imitiert wird und daß im Süden keine Innovationen getätigt werden. Eine denkbare Begründung hierfür ist, daß es im industrialisierten Norden ein funktionierendes System von intellektuellen Eigentumsrechten gibt, das im Süden nicht durchgesetzt werden kann, und daß Arbeit im technologisch rückständigen Süden zwar für Imitation, nicht aber für Innovation hinreichend qualifiziert ist.

Der Norden ist so strukturiert wie die geschlossene Grossman-Helpman-Ökonomie aus Kapitel 8: Arbeit verteilt sich auf Produktion und Forschung, in der Forschung liefert sie Produktivitätswachstum durch zunehmende Spezialisierung. Allerdings verlangt der vorgeschlagene Modellrahmen zwei wichtige Modifikationen. Erstens: Potentielle Innovatoren müssen bei der Berechnung des Werts einer Innovation der Gegegebenheit Rechnung tragen, daß ihre Monopolstellung von begrenzter Dauer sein wird, weil ihr Zwischenprodukt früher oder später von der Niedriglohnkonkurrenz im Süden imitiert wird. Zweitens müssen die bereits im vorigen Kapitel vorgenommenen Anpassungen wiederholt werden, die die Handhabung von Handelsströmen erlauben. Wie dort wird angenommen, daß Waren und Kapital ohne Beeinträchtigung die Ländergrenze passieren können.

Der Süden ist nicht genauso aufgebaut wie die geschlossene Grossman-Helpman-Ökonomie und wie der Norden, aber ähnlich. Insbesondere wird angenommen, daß die südlichen Konsumenten die gleiche intertemporale

---

know-how (...) is a legitimate way for emerging markets to catch up rich ones. East Asian's breathtaking growth over the past couple of decades reflects this process". Es sei an dieser Stelle nochmals auf die Arbeiten Youngs (1994, 1995) hingewiesen, die demgegenüber die Rolle von Faktorakkumulation im Wachstumsprozeß der neuindustrialisierten Länder Ostasiens betonen.

12.2. Modell

Nutzenfunktion haben wie die Individuen im Norden (also logarithmisch mit gleicher Diskontrate wie im Norden). Weiter wird angenommen, daß auch im Süden aus einer Einheit Arbeit eine Einheit jedes dort bekannten Zwischenprodukts herstellbar ist und daß ferner mit der gleichen Technologie wie im Norden aus Zwischenprodukten das homogene Endprodukt hergestellt werden kann. Im Gegensatz dazu soll der Süden nicht in der Lage sein, F&E zu betreiben.

Wie bereits gesagt, werden zwei alternative Annahmen darüber gemacht, wie Imitation im Süden zustande kommt. Im folgenden Abschnitt 12.3 wird die simple Annahme gemacht, daß Zwischenprodukte von südlichen Firmen imitiert werden können, wenn nur seit ihrer Erfindung hinreichend viel Zeit verstrichen ist. Etwas unscharf wird der Abschnitt mit „Learning by doing" überschrieben; hier lernt der Süden durch Erfahrung im Norden. Konkret wird angenommen, daß in jedem kurzen Zeitintervall dt jeder aktive nördliche Zwischenprodukthersteller mit positiver Wahrscheinlichkeit $\psi\, dt$ ($\psi > 0$) durch Imitation seine Marktmacht verliert (die „Auswahl" der imitierten Produkte erfolgt also rein zufällig). Variablen für die beiden Länder werden durch einen Index N (für den Norden) oder S (für den Süden) unterschieden. Beispielsweise bezeichnet A_N die Anzahl der im Norden produzierten Zwischengüter, A_S ist die Anzahl der im Süden hergestellten Zwischenprodukte und $A \equiv A_N + A_S$ die Gesamtzahl der bekannten Zwischengüter. Weil die Imitationswahrscheinlichkeiten für die einzelnen Zwischenprodukte unabhängig sind, folgt, daß in dt ein Anteil $\psi\, dt$ der A_N nördlichen Zwischenprodukte imitiert wird und die Anzahl im Süden hergestellter Zwischenprodukte erhöht: $dA_S = A_N \psi\, dt$ oder[2]

$$\dot{A}_S = \psi A_N, \quad \psi > 0. \tag{12.1}$$

Man beachte, daß zwar für die individuellen Firmen, nicht aber auf gesamtwirtschaftlicher Ebene Unsicherheit vorliegt. Die firmenspezifischen Risiken können mithin „wegdiversifiziert" werden, den Konsumenten werden risikolose Wertpapiere angeboten.

---

[2] Eine formale Anmerkung: Bezeichne $P(t)$ die Wahrscheinlichkeit dafür, daß ein Produkt t Perioden nach seiner Erfindung noch nicht imitiert ist. Weil Imitation zufällig erfolgt, sind die Wahrscheinlichkeiten für Imitation in disjunkten Zeitintervallen unabhängig, so daß $P(t+dt) = P(t)(1-\psi\, dt)$, denn $1-\psi\, dt$ ist die Wahrscheinlichkeit für *keine* Innovation in dt. Umformen zeigt

$$\frac{P(t+dt) - P(t)}{dt} = -\psi P(t).$$

Mit $dt \to 0$ folgt $P'(t) = -\psi P(t)$ und damit $P(t) = ze^{-\psi t}$ mit z als einer Integrationskonstanten. Weil im Zeitpunkt der Innovation Imitation noch nicht erfolgt sein kann, gilt $P(0) = 1$ und so $z = 1$ und $P(t) = e^{-\psi t}$. Die Wahrscheinlichkeit dafür, t Perioden nach erfolgter Innovation immer noch Monopolist zu sein, beträgt also $e^{-\psi t}$. Dieses Ergebnis findet sich in jedem Statistik-Lehrbuch unter dem Stichwort Exponentialverteilung.

In Abschnitt 12.4 wird dann angenommen, daß erst zielgerichteter Arbeitseinsatz Imitation erlaubt. Mit anderen Worten: Die Imitationsrate, ψ, wird endogenisiert. Konkret wird angenommen, daß $\psi = L_{AS}/b$ und damit

$$\dot{A}_S = \frac{L_{AS}}{b} A_N, \quad b > 0,$$

ist. D.h.: Mit Arbeitseinsatz L_{AS} gelingt es, in jedem kurzen Zeitintervall dt einen Anteil $L_{AS}/b \cdot dt$ der A_N nördlichen Zwischenprodukte zu imitieren. Man beachte die formale Ähnlichkeit zur F&E-Technologie, $1/b$ kann als Imitationsproduktivität interpretiert werden.

Vorrangiges Ziel dieses Kapitels ist es zu zeigen, daß in der so beschriebenen Zwei-Länder-Welt nicht nur der innovative Norden zu anhaltendem Wachstum fähig ist, sondern auch der imitierende Süden. Um Fallunterscheidungen zu umgehen, werden zwei Annahmen über die Parameter des Modells gemacht. Erstens soll die Autarkiewachstumsrate des Nordens, g_A^*, wie sie in Kapitel 8 berechnet wurde, positiv sein, damit Wachstum in Gang kommt. Zweitens wird stets angenommen, daß die Parameter dergestalt sind, daß Produktreihen in der Tat in den Süden abwandern, sobald sie dort herstellbar sind. Diese Konsistenzbedingung wird jeweils am Ende der Abschnitte 12.3 und 12.4 überprüft.

12.3 Learning by doing

Kommen wir zunächst zum Modell mit Imitation durch Learning by doing. Hier und auch im folgenden Abschnitt betrachten wir der Kürze halber nur das Steady-state-Gleichgewicht des Modells bei konstantem Lohnsatz.[3] Wegen vollkommener Kapitalmobilität ist der Zinssatz, r, in beiden Ländern gleich. Nutzenmaximierung verlangt dann, daß die Konsumausgaben, E_i, in beiden Ländern mit der gleichen Rate $\hat{E}_i = r - \rho$ wachsen (i steht hier und im folgenden stets für N und S). Natürlich wachsen dann auch die weltweiten Konsumausgaben, $E \equiv E_N + E_S$, mit Rate $r - \rho$. Wie im vorangegangenen Kapitel werden nun diese aggregierten Konsumausgaben als Numéraire gewählt: $E = 1$, $\hat{E} = 0$. Dann entspricht, wie gewohnt, der Zinssatz der Diskontrate der Individuen: $r(t) = \rho$, $t \geq 0$. Weil Imitation kostenlos ist, ist die Herstellung imitierter Zwischenprodukte die einzige Verwendung von Arbeit im Süden. Wegen der Symmetrie des Modells verteilt sich das Arbeitsangebot, L_S, also gleichmäßig auf die A_S imitierten Zwischenprodukte.

Zum Norden: Alle Zwischenprodukte werden mit konstanter Elastizität $\epsilon \equiv 1/(1-\alpha)$ nachgefragt. Die Zwischenprodukthersteller im Norden sind

---

[3] Ein Stabilitätsbeweis für den Fall internationaler Kapitalimmobilität findet sich bei Helpman (1993).

12.3. Learning by doing

Monopolisten, folglich wählen sie den üblichen Aufschlagpreis $p_N = w_N/\alpha$ und machen damit Monopolgewinne in Höhe von

$$\pi_N = (p_N - w_N)x_N = \frac{1-\alpha}{\alpha}w_N x_N. \tag{12.2}$$

Der Wert einer Innovation, v_N, entspricht dann dem erwarteten Barwert dieser Gewinne. Bei der Ermittlung dieses Barwerts ist zu berücksichtigen, daß keine Gewinne mehr gemacht werden, sobald ein Produkt imitiert worden ist. In jedem kurzen Zeitintervall dt erhalten Anteilseigner mithin nicht nur Dividenden, $\pi_N dt$, und Kursgewinne, dv_N, sie erwarten zudem mit Wahrscheinlichkeit ψdt einen Kurssturz auf Null. Arbitrage sichert hier, daß die Summe von Dividenden und erwarteten Kursgewinnen abzüglich der erwarteten Kursverluste durch Imitation das Kapital v mit Rate ρ verzinst: $dv_N + \pi_N dt - \psi v_N dt = \rho v_N dt$ oder (dividiere durch dt) $\dot{v}_N + \pi_N = (\rho + \psi)v_N$. Das Imitationsrisiko wirkt also bei der Kalkulation des Werts einer Innovation wie eine zusätzliche Diskontierung.[4]

Freier Zutritt risikoneutraler Firmen verlangt nun in einem Gleichgewicht mit Forschung $w_N L_{AN} - v_N \dot{A} = L_{AN}(w_N a - Av_N)/a = 0$ oder

$$\frac{w_N}{v_N} = \frac{A}{a}.$$

Bezeichne, wie gehabt, $\theta_N \equiv A_N/A$ den Anteil der Zwischenprodukte, der (noch nicht imitiert wurde und mithin noch) im Norden hergestellt wird. Dann läßt sich (12.2) wie folgt umformulieren:

$$\frac{\pi_N}{v_N} = \frac{1-\alpha}{\alpha}\frac{w_N}{v_N}x_N = \frac{1-\alpha}{\alpha}\frac{Ax_N}{a} = \frac{1-\alpha}{\alpha}\frac{L_{xN}}{\theta_N a}, \tag{12.3}$$

wobei $L_{xN} = A_N x_N$ der Beschäftigung in der Produktion im Norden entspricht. Da gemäß der F&E-Technologie, $\dot{A} = AL_{AN}/a$, die Beschäftigung in der Forschung $L_{AN} = ag_A$ beträgt, folgt aus der Arbeitsmarkträumungsbedingung $L_N = L_{AN} + L_{xN}$ weiter

$$\frac{\pi_N}{v_N} = \frac{1-\alpha}{\alpha\theta_N}\left(\frac{L_N}{a} - g_A\right). \tag{12.4}$$

Andererseits gilt nach der Arbitrage-Bedingung $\pi_N/v_N = \rho + \psi - \hat{v}_N$. Im Steady state muß also π_N/v_N konstant sein. Gemäß (12.4) folgt damit Konstanz von $\theta_N \equiv A_N/A$ im Steady state. D.h.: Langfristig wird ein gleichbleibender Anteil der bekannten Zwischenprodukte im Norden hergestellt,

---

[4]Formal läßt sich die Arbitrage-Bedingung ableiten, indem man das in der vorletzten Fußnote abgeleitete Resultat berücksichtigt, nach dem eine Innovation im Zeitpunkt t im Zeitpunkt $\tau > t$ mit Wahrscheinlichkeit $e^{-\psi(\tau-t)}$ noch nicht imitiert ist. Damit entspricht nämlich der erwartete Wert einer Innovation $v_N(t) = \int_t^\infty e^{-(\rho+\psi)(\tau-t)}\pi_N(\tau)d\tau$, die Arbitrage-Bedingung ergibt sich durch Ableiten nach t. Deutlich erkennt man auch, wie das Imitationsrisiko die effektive Diskontierung verstärkt.

„Zugänge" aus Innovationen und „Abgänge" durch Imitation halten sich per saldo die Waage. Spiegelbildlich gilt, daß auch der Anteil des Südens an den verfügbaren Zwischenprodukten, $A_S/A = 1 - \theta_N$, konstant ist. D.h.: Imitation erlaubt es dem Süden, auch ohne eigene Innovation Wachstum zu realisieren, *wenn der Norden mit positiver Rate wächst.* Im Fortgang unserer Steady-state-Analyse können $\hat{A}_S$ und $\hat{A}_N$ also stets durch g_A ersetzt werden. Gemäß der Bedingung für freien Zutritt zu F&E gilt bei konstantem Lohnsatz $-\hat{v}_N = g_A$. Damit läßt sich die Arbitrage-Bedingung als

$$\frac{\pi_N}{v_N} = \rho + \psi + g_A \tag{12.5}$$

schreiben. Eliminieren von π_N/v_N aus (12.4) und (12.5) liefert dann

$$\frac{1-\alpha}{\alpha\theta_N}\left(\frac{L_N}{a} - g_A\right) = \rho + \psi + g_A. \tag{12.6}$$

An dieser Stelle haben wir die üblichen Gleichgewichtsbedingungen aus dem Modell einer geschlossenen Ökonomie allesamt ausgenutzt – freien Zutritt zu F&E, Absenz von Arbitragegewinnen und Arbeitsmarkträumung. Im resultierenden Ausdruck für die gleichgewichtige Wachstumsrate, Gleichung (12.6), haben wir nun aber neben g_A eine zweite endogene Variable, den Anteil des Nordens an der Gesamtheit der Zwischenproduktmärkte, θ_N. Wir haben aber natürlich auch eine zusätzliche Gleichgewichtsbedingung. Bei $\hat{A}_S = g_A$ liefert (12.1) nämlich $g_A = \psi A_N/A_S = \psi \theta_N/(1 - \theta_N)$ oder

$$\theta_N = \frac{g_A}{\psi + g_A}.$$

Diese Gleichung bestimmt gemeinsam mit (12.6) die Steady-state-Werte von g_A und θ_N. Sie besagt, daß der auf den Norden entfallende Anteil von Zwischenprodukten, θ_N, um so größer ist, je schneller dort innoviert wird (je größer g_A) und je langsamer im Süden imitiert wird (je kleiner ψ). Eliminieren von θ_N ergibt einen Ausdruck für die gleichgewichtige Wachstumsrate:

$$g_A - \left[(1-\alpha)\frac{L_N}{a} - \alpha\rho\right] = \frac{\psi}{\psi + g_A}\alpha\rho. \tag{12.7}$$

Diese Gleichung determiniert die gleichgewichtige Wachstumsrate, g_A, und zwar eindeutig, wie Abbildung 12.1 zeigt. In Abbildung 12.1 sind die beiden Seiten der Gleichung (12.7) über g_A abgetragen. Die linke Seite beschreibt eine steigende Gerade, die die g_A-Achse bei der Autarkiewachstumsrate, $g_A^* > 0$, schneidet. Die rechte Seite beschreibt eine fallende Kurve, die die Ordinate bei $\alpha\rho$ kreuzt und sich mit $g_A \to \infty$ asymptotisch der g_A-Achse nähert. Die gleichgewichtige Wachstumsrate ist als Abszissenwert des Schnittpunkts der beiden Kurven eindeutig bestimmt.

12.3. Learning by doing

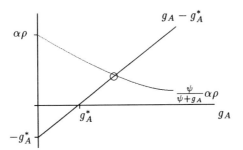

Abbildung 12.1: Steady state im Nord-Süd-Modell

SATZ 12.1 *(Grossman und Helpman (1991c))*: *Im Nord-Süd-Handels-Modell mit Imitation durch Learning by doing existiert ein eindeutiges Steady state, in dem die beiden Länder mit positiver, einheitlicher Rate wachsen.*

Hier sind einige Punkte bemerkenswert. Erstens: Vorrangiges Anliegen dieses Kapitels ist es zu zeigen, wie Länder auch ohne eigenständige Innovation wachsen können. Das vorliegende Modell illustriert dies am Beispiel einer Region, der Imitation im Zeitablauf durch Learning by doing möglich wird. Zweitens: Die einzige Variable des Südens, die bei der Bestimmung des Wachstumsgleichgewichts mitwirkt, ist die Imitationsrate, ψ. Das Arbeitsangebot des Südens beispielsweise ist in bezug auf die Steady-state-Wachstumsrate irrelevant. Dies verdeutlicht, daß Wachstum im Süden „Abfallprodukt" von Wachstum im Norden ist, nicht Konsequenz eigener Innovationserfolge. Insbesondere ist das Wachstum auch nicht Folge der Handelsbeziehungen zum Norden: Es folgt bereits aus der Imitationstechnologie (12.1), daß in einem Steady state die Wachstumsrate des Südens, $\hat{A}_S$, der des Nordens entspricht. Die Wachstumsrate des Südens wäre also die gleiche, wenn in Abwesenheit von Handelsströmen und *bei unverändertem Wachstum des Nordens* die gleiche Anzahl von Zwischenprodukten im Süden durch Learning by doing herstellbar würde.[5] Drittens: Die komparativ-statischen Eigenschaften bei Parametervariationen im Norden sind Standard: Mit steigendem effizienten Arbeitsangebot, L_N/a, verschiebt sich die Gerade in Abbildung 12.1 nach unten und das Gleichgewicht mithin nach rechts, die Wachstumsrate steigt. Mit sinkender Diskontierung (fallendem ρ) verschiebt sich zudem die Kurve $\psi/(\psi+g_A)$ nach oben,

---

[5] Die Wachstumsrate des Nordens bliebe allerdings nicht unverändert: Würde der Süden imitierte Zwischenprodukte nicht in den Norden exportieren, dann wäre das Imitationsrisiko, ψ, gleich Null, und die Wachstumsrate des Nordens entspräche der Wachstumsrate bei Isolation aus Satz 8.1. D.h.: Bei kostenloser Imitation ohne Handel wüchsen beide Länder mit Rate g_A^*. Nochmals auch der Hinweis: Das Modell ignoriert, daß die Aufnahme von Handel „Wissensimporten" zuträglich ist.

was weiter wachstumsbeschleunigend wirkt. Viertens ergibt sich (weil der Schnittpunkt rechts von g_A^* liegt) folgende überraschende Implikation:

SATZ 12.2 *Grossman und Helpman (1991c)): Die gleichgewichtige Wachstumsrate ist größer als die Autarkie-Wachstumsrate des Nordens.*

Das ist deshalb überraschend, weil – wie gesagt – die Innovationsintensität im Norden das Tempo des Wachstums bestimmt und Imitation über eine Verkürzung der Monopolstellung erfolgreicher Erfinder ceteris paribus die Anreize zu forschen reduziert. Satz 12.2 besagt, daß die durch Imitation freigesetzten Arbeitskräfte im Norden vorrangig in F&E eingesetzt werden. Imitation wirkt deshalb wachstumsfördernd, weil die negativen Anreizeffekte überkompensiert werden, indem Ressourcen aus veraltenden Produktreihen innovativer Verwendung zugeführt werden. Fünftens: Die gleichgewichtige Wachstumsrate ist nicht nur bei $\psi > 0$ größer als ohne Imitation, sie steigt für alle $\psi > 0$ mit wachsendem ψ. Mit ψ steigt nämlich $\psi/(\psi + g_A)$, die fallende Kurve in Abbildung 12.1 dreht sich nach oben, und das Gleichgewicht verschiebt sich nach rechts. Für $\psi = 0$ ergibt sich nach (12.7) $g_A - g_A^* = 0$: Ohne Imitation ist man zurück beim Autarkiegleichgewicht aus Kapitel 8. Mit $\psi \to \infty$ besagt (12.7) $g_A - g_A^* = \alpha\rho$ oder $g_A = (1 - \alpha)L_N/a$. Diese Ergebnisse kann man auch aus Abbildung 12.2 ablesen. Abbildung 12.2 bildet die gleichgewichtige Wachstumsrate g_A als Funktion $\kappa(\psi)$ der Imitationsrate ab. Für eine gegebene Imitationsrate ergibt sich die Wachstumsrate durch Auswertung von $\kappa(\psi)$ beim gegebenen ψ-Wert. Sechstens und letztens ist zu überprüfen, ob die Annahme konsistent ist, daß Produktreihen in den Süden wandern, sobald sie dort produzierbar sind. Hinreichend dafür ist $p_S < w_N$: Selbst wenn nördliche Anbieter bis auf ihren Grenzkostenpreis heruntergehen, produziert der Süden kostengünstiger.[6] Wegen $p_N = w_N/\alpha$ verlangt das $\alpha > p_S/p_N$ oder mit den Nachfragefunktionen $x_i = p_i^{-\epsilon}/P$ $(i = N, S)$

$$\alpha^\epsilon > \frac{x_N}{x_S}. \tag{12.8}$$

Nun ist nach (12.3) und (12.5)

$$\frac{1-\alpha}{\alpha} x_N = \frac{a}{A}(\rho + \psi + g_A). \tag{12.9}$$

Ferner gilt $x_S = L_S/A_S$. Einsetzen in (12.8) liefert mit $A_S/A = 1 - \theta_N = \psi/(\psi + g_A)$:

$$\alpha^\epsilon > \frac{\alpha}{1-\alpha} \frac{a}{L_S} \frac{\psi}{\psi + g_A}(\rho + \psi + g_A).$$

---

[6] Man beachte, daß wir keine Annahme über das Preissetzungsverhalten im Süden machen mußten. Im laufenden Abschnitt mit kostenloser Imitation erscheint vollkommener Wettbewerb plausibel ($p_S = w_S$). Die hier abgeleitete Bedingung gilt aber auch bei Monopolpreissetzung ($p_S = w_S/\alpha$), wie sie sich im folgenden Abschnitt ergeben wird.

12.4. Endogene Imitation 179

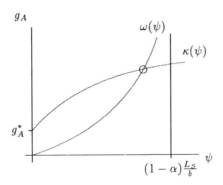

Abbildung 12.2: Steady-state-Gleichgewicht bei Nord-Süd-Handel

Es wird angenommen, daß diese Bedingung erfüllt ist. Weil g_A von L_S unabhängig ist, ist dies für hinreichend große Werte von L_S sicher der Fall.

12.4 Endogene Imitation

Im vorigen Abschnitt wurde angenommen, daß den Firmen im Süden die Fähigkeit zu imitieren kostenlos durch Learning by doing zufällt. Oft ist aber – analog zur Einführung neuer Güter durch Forschung – auch bei der Imitation vorhandener Güter zielgerichteter Ressourceneinsatz notwendig. Pack und Westphal (1986, S.105) schreiben:

> „Important elements of the technology appropriate to particular circumstances can only be acquired through effort to apply existing knowledge to those circumstances. Effort is required in using technological information and accumulating technological knowledge to evaluate and choose technology; to acquire and operate processes and produce products; to manage changes in products, processes, procedures, and organizational arrangements; and to create new technology. This effort takes the form of investments in technological capability, which is the ability to make effective use of technological knowledge."

Man erinnere sich auch an das Mansfield-Ergebnis, demzufolge Imitationskosten sich in der Regel auf rund 60% der Innovationskosten belaufen. Diesen Beobachtungen wird im folgenden Rechnung getragen, indem die Imitationsrate, ψ, aus Gleichung (12.1) endogenisiert wird. Es wird angenommen, daß ein um so größerer Teil der nördlichen Zwischenprodukte imitiert wird, je mehr Arbeit, L_{AS}, der Süden in Imitation investiert. Konkret sei $\psi = L_{AS}/b$ und die Imitationstechnologie damit $\dot{A}_S = A_N L_{AS}/b$, wie bereits in Abschnitt 12.2 des Modells angegeben.

Wir betrachten wieder nur Steady states mit konstanten Löhnen. Dann ist die Gleichgewichtsanalyse sehr einfach, da sie zum überwiegenden Teil bereits durchgeführt wurde. Weil nämlich die Imitationsrate für die Firmen im Norden exogen ist, behält alles Gültigkeit, was im vorigen Abschnitt über die nördlichen Firmen gesagt wurde, insbesondere auch Gleichung (12.7). Allein ist nun ψ darin nicht mehr exogen, sondern durch die Imitationsentscheidung südlicher Firmen endogen bestimmt.

Die Gleichgewichtsanalyse für den Süden ist Standard. Weil alte wie neue Zwischenprodukte mit Elastizität $\epsilon \equiv 1/(1-\alpha)$ nachgefragt werden, verlangen auch die erfolgreichen Imitatoren im Süden symmetrisch einen Aufschlagpreis $p_S = w_S/\alpha$, vorausgesetzt dieser Preis ist kleiner als der Lohnsatz, w_N, im Norden.[7] Ich zeige am Ende dieses Abschnitts, daß diese Bedingung für die angenommenen Parameterkonstellation erfüllt ist. Die Gewinne der Imitatoren betragen dann

$$\pi_S = (p_S - w_S)x_S = \frac{1-\alpha}{\alpha} w_S x_S.$$

Die Imitatoren laufen kein Risiko, selbst ihre Marktmacht zu verlieren,[8] so daß der Barwert ihrer Gewinne $v_S(t) = \int_t^\infty e^{-\rho(\tau-t)} \pi_S(\tau) d\tau$ entspricht. Freier Zutritt verlangt, daß dieser Kapitalwert den Kosten des Imitierens entspricht:

$$w_S L_{AS} - v_S \dot{A}_S = \frac{L_{AS}}{b}(w_S b - v_S A_N) = 0.$$

Einsetzen in die Gewinngleichung zeigt:

$$\frac{\pi_S}{v_S} = \frac{1-\alpha}{\alpha} \frac{w_S}{v_S} x_S = \frac{1-\alpha}{\alpha} \frac{\theta_N}{1-\theta_N} \frac{A_S x_S}{b}. \tag{12.10}$$

Ferner ergibt Ableiten der Definition des Imitationswerts eine Arbitrage-Bedingung für den Süden: $\hat{v}_S + \pi_S = \rho v_S$. Danach gilt in einem Steady state mit konstantem Lohnsatz, d.h. $-\hat{v}_S = g_A$:

$$\frac{\pi_S}{v_S} = \rho + g_A. \tag{12.11}$$

Eliminieren von π_S/v_S aus (12.10) und (12.11) liefert

$$A_S x_S = b \frac{\alpha}{1-\alpha} \frac{1-\theta_N}{\theta_N} (\rho + g_A). \tag{12.12}$$

---

[7] Dies ist analog zur Annahme drastischer Innovation in der industrieökonomischen Literatur (z.B. Tirole (1988, S.391-2)).

[8] Ebenso wie sich in Kapitel 8 F&E immer nur auf neue Zwischenprodukte richtet, zielen hier Imitationsbemühungen stets nur auf bis dato nicht imitierte Zwischengüter ab, weil man ansonsten in Wettbewerb zum bereits vorhandenen südlichen Produzenten träte. In einem Nord-Süd-Handels-Modell auf Grundlage der Verfahrensverbesserungen-Variante des F&E-Modells kann der Norden einmal imitierte Zwischenprodukte durch eine neuerliche Qualitätsverbesserung zurückgewinnen (siehe Grossman und Helpman (1991d, 1991a Kap. 12)). Dann ist auch die Monopolstellung südlicher Hersteller nur von begrenzter Dauer.

12.4. Endogene Imitation

Schließlich verlangt Arbeitsmarkträumung

$$L_S = b\frac{\dot{A}_S}{A_N} + A_S x_S = b\frac{1-\theta_N}{\theta_N}g_A + A_S x_S.$$

Substituieren aus (12.12) liefert

$$g_A = (1-\alpha)\frac{\theta_N}{1-\theta_N}\frac{L_S}{b} - \alpha\rho. \tag{12.13}$$

Definiere nun ψ als Imitationsrate: $\psi \equiv \dot{A}_S/A_N$. ψ ist hier anders als im vorigen Abschnitt keine technologische Konstante, sondern eine endogen zu bestimmende Größe. Wie im vorigen Abschnitt gilt $\psi = (1-\theta_N)g_A/\theta_N$ oder $\theta_N = g_A/(\psi + g_A)$. Einsetzen in obige Gleichung liefert

$$g_A = (1-\alpha)\frac{g_A}{\psi}\frac{L_S}{b} - \alpha\rho. \tag{12.14}$$

(12.7) und (12.14) determinieren gemeinsam die Gleichgewichtswerte von g_A und ψ. Abbildung 12.2 illustriert die Bestimmung des Gleichgewichts in der (ψ, g_A)-Ebene. Gleichung (12.7) ist wie gehabt durch die steigende Kurve $\kappa(\psi)$ repräsentiert. (12.14) läßt sich nach g_A auflösen:

$$g_A = \frac{\alpha\rho}{(1-\alpha)\frac{L_S}{b\psi} - 1} \equiv \omega(\psi).$$

So sieht man, daß g_A mit steigendem ψ steigt. Ferner ist zu erkennen, daß $\omega(0) = 0$ ist und daß bei $\psi = (1-\alpha)L_S/b$ eine Polstelle vorliegt. ω beginnt folglich unterhalb von κ und endet darüber. Damit ist gemäß Abbildung 12.2 die Existenz eines Steady states mit positiver Wachstumsrate g_A gesichert.

SATZ 12.3 *(Grossman und Helpman (1991c)): Im Steady state wächst die Anzahl verfügbarer Produkte in beiden Ländern mit der gleichen positiven Rate.*

Wieder sind einige Bemerkungen zu machen. Erstens: Die zentrale Aussage ist hier, daß der Süden auch dann Wachstum ohne Innovationen realisiert, wenn Imitation Kosten aufwirft. Zweitens: Wie im Modell mit exogener Imitation ist die gleichgewichtige Wachstumsrate größer als die Autarkiewachstumsrate des Nordens, Imitation im Süden beschleunigt das Wachstum im Norden. Drittens: Angenommen, das Gleichgewicht ist eindeutig. Dann zeigen sich die erwarteten komparativ-statischen Eigenschaften. Die Wachstumsrate steigt mit zunehmender effizienter Arbeitskraft im Norden (damit steigendem L_N/a, steigendem κ) sowie mit sinkender Diskontierung (fallendem ρ, damit steigendem κ und sinkendem ω). Bemerkenswert ist, daß sich auch ein erhöhtes Imitationspotential im Süden (steigendes L_S/b, sinkendes ω) eindeutig in einer höheren Wachstumsrate niederschlägt. Die Erklärung ist die gleiche wie oben: Arbeit, die im Norden aus veraltenden Produktreihen abgezogen wird, wird im Gleichgewicht in hinreichendem Maße innovativ genutzt. Viertens: Die Ableitung von Gleichung (12.13) behält auch dann Gültigkeit, wenn man unterstellt, daß sich die Imitationsmöglichkeiten eröffnen, ohne daß Handel betrieben wird. Wächst die Anzahl imitierbarer Produkte *exogen* mit Rate g_A, dann ist $\theta_N \equiv A_N/A = 1 - A_S/A$ ein Maß für die relative Rückständigkeit des Südens.[9] In einem Steady state mit konstantem θ_N gilt sicherlich wieder $\hat{A}_S = g_A$. D.h.: Wachstum des Südens ist wie oben nicht Resultat von internationalem Handel, sondern Folge der Gegebenheit, daß sich im Zeitablauf ständig neue Imitationsmöglichkeiten eröffnen. Fünftens: Es ist analog zum vorigen Abschnitt zu klären, ob es für nördliche Anbieter unprofitabel ist, südliche Imitatoren zu unterbieten, d.h. ob $p_S < w_N = \alpha p_N$, d.h. Gleichung (12.8) gilt. Gemäß (12.10) und (12.11) ist

$$\frac{1-\alpha}{\alpha} x_S = \frac{b}{A_N}(\rho + g_A).$$

Substituiert man diesen Ausdruck sowie (12.9) in (12.8), und berücksichtigt man ferner $\theta_N = g_A/(\psi + g_A)$, so erhält man folgende äquivalente Bedingung:

$$\alpha^\epsilon > \frac{g_A}{\psi + g_A} \frac{\rho + \psi + g_A}{\rho + g_A} \frac{a}{b} = \frac{a}{b} \frac{1 + \frac{\rho}{g_A+\psi}}{1 + \frac{\rho}{g_A}}.$$

Diese Bedingung wird als erfüllt angenommen. Weil der Doppelbruch kleiner als eins ist, ist eine hinreichende Bedingung hierfür $\alpha^\epsilon > a/b$. Sechstens: Gemäß der Imitationstechnologie $\psi = L_{AS}/b$ ist eine weitere Konsistenzforderung $\psi < L_S/b$. Diese Bedingung ist sicherlich erfüllt, weil links von der Polstelle in Abbildung 12.2 $(1 - \alpha)L_S/(b\psi) > 1$ ist.

12.5 Zusammenfassung

Viele Länder wachsen, obwohl nur wenige innovative Forschung betreiben. Nachdem die letzten Kapitel sich auf die Erklärung von Wachstum durch Forschung konzentrierten, bietet das laufende Kapitel eine Erklärung für Wachstum in den nicht innovativen Nationen: Wachstum kann hier durch Lernen und/oder zielgerichtetes Imitieren ausländischer Innovationen zustandekommen. Der Aufstieg Japans und der neuindustrialisierten „Tiger"-Staaten (Hongkong, Südkorea, Singapur und Taiwan) ist ein treffendes Bei-

---

[9]Wie im vorigen Abschnitt ist g_A nicht exogen, weil die Innovationsentscheidungen im Norden vom Imitationstempo im Süden abhängen. Bei Kosten aufwerfender Imitation, aber ohne Handel wachsen beide Länder mit Rate g_A^*.

12.5. Zusammenfassung

spiel für derartiges Wachstum durch Imitation bekannter Technolgien in Niedriglohnländern.[10]

Das Modell ergab die etwas überraschende Implikation, daß der durch Imitation verursachte Strukturwandel im Norden zu einer steigenden Wachstumsrate führt. Dieses Ergebnis hängt natürlich entscheidend von der Annahme ab, daß durch Imitation freigesetzte Arbeitskräfte friktionslos innovativen Aktivitäten zugeführt werden können. Die mit Strukturwandel verbundenen Kosten bleiben bei dieser Modellierung außen vor.

---

[10] Nicht erklärt wird, warum manche Länder kein Wachstum realisieren. Diese Frage ist Gegenstand der Entwicklungsökonomik. In aktuellen Arbeiten (Azariadis und Drazen (1990), Murphy et al. (1989)) wird dies in der Regel durch multiple Gleichgewichte formalisiert: Es gibt ein industrialisiertes Gleichgewicht mit hohem Einkommen und ein nichtindustrialisiertes mit niedrigem Einkommen. Und das Problem bei der Beseitigung von Rückständigkeit besteht darin, vom nichtindustrialisierten ins industrialisierte Gleichgewicht zu gelangen. Zum Beispiel kann das nichtindustrialisierte Gleichgewicht durch konstante Skalenerträge gekennzeichnet sein, während im industrialisierten steigende Skalenerträge ausgenutzt werden. Es ist in diesem Rahmen möglich, daß es nicht individuell profitabel ist, die Technologie mit steigenden Skalenerträgen auszunutzen, solange die anderen Produzenten die rückständige Technologie verwenden (weil dann der Markt zu klein ist), obwohl ein kollektiver Übergang zum Gleichgewicht mit steigenden Skalenerträgen pareto-verbessernd wirkt. Das Problem besteht dann darin, diesen kollektiven Übergang zu koordinieren. Südkorea wird als ein Beispiel für eine solche koordinierte Industrialisierung angesehen. Romer (1993) bezeichnet dieses Vorgehen in seinem nützlichen Survey als treffgenaue Formalisierung der traditionellen Entwicklungstheorie von Rosenstein-Rodan (1943) und dessen Nachfolgern.

Kapitel 13

Learning by doing

13.1 Einleitung

In Kapitel 4 wurde gezeigt, wie in hinreichend starke Learning-by-doing-Effekte endogenes Produktivitätswachstum herbeiführen können. Es wurde aber auch gesagt, daß die damit gegebene Erklärung für Produktivitätswachstum recht fadenscheinig ist, denn das Modell ignoriert, daß ohne Innovationen Lerneffekte erschöpflich sind. In Kapitel 8 wurde dann ein Modell mit Wachstum durch Innovationen vorgestellt. Im Rahmen dieses Modells können wir nun untersuchen, wie Learning by doing wirkt, wenn durch anhaltendes Innovieren stets neue (Zwischen-) Produktreihen und damit neue Lernmöglichkeiten erschlossen werden. Diese Analyse ist kein inhaltsleerer Formalismus ohne inhaltlichen Wert: Es wird sich zeigen, daß Learning by doing – in das Grossman-Helpman-Modell integriert – das Wachstum *verlangsamen* kann. Die Berücksichtigung von Learning by doing verleiht den Zwischenprodukten (in Abgrenzung zum symmetrischen Grossman-Helpman-Modell) nämlich einen Lebenszyklus: Zu Beginn des Produktzyklus ist wegen fehlender Erfahrung die Produktivität bei der Herstellung eines Zwischenprodukts gering und damit der laufende Gewinn relativ klein. Erst wenn anfolgend durch Learning by doing Erfahrung und Produktivität steigen, steigen auch die Gewinne. D.h.: Der Schwerpunkt des Gewinnprofils verschiebt sich in die fernere Zukunft. Bei genügend hoher Diskontierung zukünftiger Gewinne senkt dieser Effekt den Wert einer Innovation, damit die Anreize zu forschen und so die gleichgewichtige Innovations- und Wachstumsrate. Mit anderen Worten: Unbenommen davon, daß Learning by doing aus betriebswirtschaftlicher Perspektive eindeutig Produktivitätsgewinne im Zeitablauf verspricht, kann verlangsamtes Wachstum auf aggregierter Ebene resultieren. Stellte Kapitel 4 heraus, daß Learning by doing allenfalls eine unplausible Erklärung für Wachstum ist, so wird hier also gezeigt, daß – mehr noch – Learning by doing ein *Hindernis für Wachstum* sein kann – ein Punkt, der von der gesamten existierenden

Literatur ignoriert wird.[1]

Abschnitt 13.2 beschreibt, wie das Grossman-Helpman-Modell modifiziert wird, Abschnitt 13.3 charakterisiert das Gleichgewicht des Modells, identifiziert die gegenläufigen Effekte von Learning by doing auf Wachstum und leitet eine hinreichende Bedingung für eine Verlangsamung des Wachstums durch Learning by doing ab. Abschnitt 13.4 liefert ein Beispiel, und Abschnitt 13.5 resümiert.

13.2 Modell

Das Grossman-Helpman-Modell aus Kapitel 8 wird in nur einer Hinsicht verändert: In Kapitel 8 konnte aus einer Einheit Arbeit eine Einheit jedes beliebigen (bekannten) Zwischenprodukts erzeugt werden. Hier soll ebenfalls im Zeitpunkt der Innovation die Arbeitsproduktivität bei der Herstellung der Zwischenprodukte eins sein, anfolgend aber durch Learning by doing steigen. Um die Analyse handhabbar zu machen, wird wie in Kapitel 4 angenommen, daß Learning by doing eine reine Externalität ist, so daß Investitionen in Learning by doing nicht möglich sind und das Gewinnmaximierungsproblem der Firmen nach getaner Innovation statisch ist. Diese Annahme wurde in Kapitel 4 entschieden kritisiert. Insofern kann ich mit dem jetzt behandelten Modell keine Realitätsnähe beanspruchen. Anliegen dieses Kapitels ist es vielmehr zu zeigen, daß sich unter vergleichbar schlechten Annahmen die Ergebnisse aus dem Learning-by-doing-Modell *ins Gegenteil verkehren können,* wenn Forschung Quelle von Wachstum ist.[2] Konkret wird angenommen, daß die Produktivität (bei der Herstellung) alter Zwischenprodukte steigt, wenn neue Zwischenprodukte erfunden werden. D.h.: Es gehen von Forschung nun nicht nur Externalitäten auf zukünftige Forschung aus, sondern auch auf die laufende Produktion, die Entwicklung neuer Zwischenprodukte zeigt bereits aktiven Herstellern auf, wie sie ihre

---

[1] Kürzlich haben Jovanovic und Nyarko (1996) ein vergleichbares Resultat abgeleitet. Ihr Modell ist aber abstrakter, es enthält weniger marktliche Interaktion. So wirft die Einführung neuer Technologien keine Kosten auf. Und die wachstumshemmenden Effekte von Learning by doing gehen nicht von produktiven Konkurrenten aus, sondern von hohem *eigenen* Humankapital, das bei Einführung einer neuen Technologie abgeschrieben wird.

[2] Man kann auf Externalitäten gänzlich verzichten, wenn man statt dessen annimmt, daß die Produktivität eines Zwischenprodukts als Funktion der seit der Innovation verstrichenen Zeit zunimmt. In Arnold (1997c) zeige ich, daß auch in diesem Fall negative Wachstumseffekte auftreten können. Weil das Modell aber wesentlich komplexer ist, sei hier die weniger zufriedenstellende, aber übersichtlichere Variante mit externen Effekten vorgestellt. Man beachte auch, daß bei strategischen Investitionen in Erfahrung eine fallende Wachstumsrate noch wahrscheinlicher erscheint: Wird, um Erfahrung zu sammeln, zusätzliche Produktion in Richtung Anfang des Produktzyklus verlagert, dann verschiebt sich der Schwerpunkt des Gewinnprofils noch weiter in die Zukunft. Dieses Argument ist natürlich rein spekulativ.

13.3. Gleichgewicht

Zwischenprodukte effizienter herstellen können. Formal: Im Zeitpunkt t, d.h. wenn $A(t)$ Zwischenprodukte bekannt sind, mögen aus einer Einheit Arbeit $\eta[j, A(t)]$ Einheiten von Zwischenprodukt j herstellbar sein:

$$x[j, A(t)] = \eta[j, A(t)] L_x[j, A(t)], \quad j \in [0, A(t)],$$

mit $L_x[j, A(t)]$ als Arbeitseinsatz in der Produktion von Gut j und $x[j, A(t)]$ als Output von von Gut j. Eine Anfangsproduktivität von eins verlangt $\eta[A(t), A(t)] = 1$. Der Einfachheit halber wird an einigen Stellen ferner angenommen, daß η stetig differenzierbar ist. Learning by doing kommt darin zum Ausdruck, daß die Arbeitsproduktivität, η, nach erfolgter Innovation im Zeitablauf steigt, wenn neue Innovationen gemacht werden. Das bedeutet, daß die Zwischenprodukte um so effizienter hergestellt werden, je älter sie sind:[3]

$$\frac{\partial \eta(j, A)}{\partial j} < 0 < \frac{\partial \eta(j, A)}{\partial A}, \quad j \in [0, A].$$

Alle weiteren Annahmen werden aus dem Grossman-Helpman-Modell übernommen.

13.3 Gleichgewicht

Die Berücksichtigung von Learning by doing kompliziert die Gleichgewichtsanalyse erheblich. Aber der Reihe nach: Das Nutzenmaximierungskalkül der Konsumenten und damit die Ramsey-Bedingung bleiben unberührt: $r(t) = \rho$ für alle $t \geq 0$. Ebenfalls unverändert lauten die Nachfragekurven für die differenzierten Zwischenprodukte

$$x(j) = \frac{p(j)^{-\epsilon}}{P}, \quad P \equiv \int_0^A p(j')^{1-\epsilon} dj', \, j \in [0, A]. \tag{13.1}$$

Hier und im folgenden wird bei allen Variablen $y(j, A)$, die Zwischenprodukt j in dem Zeitpunkt charakterisieren, in dem A Zwischenprodukte vorhanden sind, das zweite Argument zeitweilig unterdrückt (so daß $y(j) = y(j, A)$). Damit zum Gewinnmaximierungsproblem der Zwischenprodukthersteller. Ihr Grenzerlös entspricht (als Funktion des Verkaufspreises) nach (13.1) $(1 - \epsilon) p(j)^{-\epsilon}/P$. Die Grenzkosten betragen (ebenfalls als Funktion des Verkaufspreises) $-\epsilon p(j)^{-\epsilon-1} w/[\eta(j) P]$. Gewinnmaximierung (Grenzerlös gleich Grenzkosten) verlangt also wieder einen konstanten Aufschlag auf die Stückkosten, die hier $w/\eta(j)$ entsprechen:

$$p(j) = \frac{w}{\alpha \eta(j)}, \quad j \in [0, A].$$

---

[3] Das Zeitargument, t, wird im folgenden wieder unterdrückt, wenn Mißverständnisse ausgeschlossen sind.

Die resultierenden Monopolgewinne betragen

$$\begin{aligned}\pi(j, A) &= p(j)x(j) - wL_x(j) \\ &= \left[p(j) - \frac{w}{\eta(j)}\right] x(j) \\ &= (1 - \alpha)p(j)x(j) \\ &= (1 - \alpha)\frac{\left[\frac{w}{\alpha\eta(j)}\right]^{1-\epsilon}}{\int_0^A \left[\frac{w}{\alpha\eta(j')}\right]^{1-\epsilon} dj'} \\ &= (1 - \alpha)\frac{\eta(j)^{\epsilon-1}}{\int_0^A \eta(j')^{\epsilon-1} dj'}, \quad j \in [0, A]. \end{aligned} \quad (13.2)$$

Wie in Kapitel 8 beanspruchen die Gewinne einen Anteil $1 - \alpha$ des (gemäß Numérairewahl zu eins normierten) Umsatzes im Zwischenproduktsektor: $\int_0^A \pi(j)dj = 1 - \alpha$. Die Zwischenprodukte haben aber nun einen Lebenszyklus mit einem zunächst niedrigen und später hohen Anteil an diesen aggregierten Profiten. Das sieht man wie folgt: Weil alte Zwischenprodukte effizienter hergestellt werden als neue, ist der Nenner in (13.2) größer als $A\eta(A)$ und somit $\pi(A) < (1 - \alpha)/A$; neue Zwischenprodukte sind unterdurchschnittlich profitabel, alte mithin überdurchschnittlich. Die Präsenz von Learning by doing führt also zu einer Verschiebung des Schwerpunkts des Gewinnprofils in die fernere Zukunft. Dieser bereits in der Einleitung beschriebene Effekt wird für das dort zitierte Resultat verantwortlich zeichnen, nach dem Learning by doing das gleichgewichtige Wachstum verlangsamen kann.

Der Rest der Analyse ist schematisch, wenn auch etwas mühsam. Freier Zutritt zu F&E verlangt wie gehabt $wL_A \geq v\dot{A}$ oder $wa \geq 1/V$ mit Gleichheit, falls $\dot{A} > 0$. Berücksichtigt man ferner, daß wegen Nullgewinnen im Endproduktsektor und der Numérairewahl $\int_0^A p(j)x(j)dj = 1$ gilt, so läßt sich die Arbeitsmarkträumungsbedingung, $L = L_A + L_x = ag_A + \int_0^A L_x(j)dj$, wie folgt umformulieren:

$$\begin{aligned} g_A &= \frac{L}{a} - \frac{1}{a}\int_0^A L_x(j)dj \\ &= \frac{L}{a} - \frac{1}{a}\int_0^A \frac{x(j)}{\eta(j)}dj \\ &= \frac{L}{a} - \frac{1}{a}\int_0^A \frac{p(j)x(j)}{p(j)\eta(j)}dj \\ &= \frac{L}{a} - \frac{1}{a}\int_0^A \frac{p(j)x(j)}{w/\alpha}dj \\ &= \frac{L}{a} - \frac{\alpha}{wa}\int_0^A p(j)x(j)dj \end{aligned}$$

13.3. Gleichgewicht

$$= \frac{L}{a} - \frac{\alpha}{wa}$$
$$= \max\left\{\frac{L}{a} - \alpha V\right\}. \tag{13.3}$$

Im laufenden Kapitel wird vorausgesetzt, daß diese Wachstumsrate positiv ist. Wie bei Grossman und Helpman ist die Steady-state-Innovationsrate, g_A, also um so größer, je kleiner $V(t) \equiv 1/(Av)$. Um den Steady-state-Wert von V zu berechnen, beachte

$$\begin{aligned}
\frac{\partial \pi[A(t), A(\tau)]}{\partial A(t)} \dot{A}(t) &= \frac{\partial}{\partial A(t)}\left\{(1-\alpha)\frac{\eta[A(t), A(\tau)]^{\epsilon-1}}{\int_0^{A(\tau)} \eta[j, A(\tau)]^{\epsilon-1}dj}\right\} \dot{A}(t) \\
&= (\epsilon-1)\frac{\pi[A(t), A(\tau)]}{\eta[A(t), A(\tau)]}\frac{\partial \eta[A(t), A(\tau)]}{\partial A(t)}\dot{A}(t) \\
&= (\epsilon-1)\frac{\partial \eta[A(t), A(\tau)]}{\partial A(t)}\frac{A(t)}{\eta[A(t), A(\tau)]} \\
&\quad \cdot \pi[A(t), A(\tau)]g_A(t) \\
&= (\epsilon-1)\sigma[A(t), A(\tau)]\pi[A(t), A(\tau)]g_A(t) \tag{13.4}
\end{aligned}$$

mit

$$\sigma[j, A(t)] \equiv \frac{\partial \eta[j, A(t)]}{\partial j}\frac{j}{\eta[j, A(t)]} < 0$$

als Elastizität der Lernfunktion $\eta[j, A(t)]$ in bezug auf das erste Argument. Der Wert einer Innovation in t entspricht $v(t) \equiv \int_t^\infty e^{-\rho(\tau-t)}\pi[A(t), A(\tau)]d\tau$. Ableiten nach der Zeit, t, liefert die Bedingung für Absenz von Arbitragegewinnen. Nach Substituieren aus (13.4) erhält man:

$$\begin{aligned}
\dot{v}(t) &= -\pi[A(t), A(t)] + \rho v(t) + \int_t^\infty e^{-\rho(\tau-t)}\frac{\partial \pi[A(t), A(\tau)]}{\partial A(t)}\dot{A}(t)d\tau \\
&= -\pi[A(t), A(t)] + \rho v(t) \\
&\quad + (\epsilon-1)g_A(t)\int_t^\infty e^{-\rho(\tau-t)}\sigma[A(t), A(\tau)]\pi[A(t), A(\tau)]d\tau \\
\hat{v}(t) &= -A(t)\pi[A(t), A(t)]V(t) + \rho \\
&\quad + (\epsilon-1)\frac{g_A(t)}{v(t)}\int_t^\infty e^{-\rho(\tau-t)}\sigma[A(t), A(\tau)]\pi[A(t), A(\tau)]d\tau \\
\hat{V}(t) &= -\hat{v}(t) - g_A(t) \\
&= A(t)\pi[A(t), A(t)]V(t) - \rho \\
&\quad - (\epsilon-1)\frac{g_A(t)}{v(t)}\int_t^\infty e^{-\rho(\tau-t)}\sigma[A(t), A(\tau)]\pi[A(t), A(\tau)]d\tau \\
&\quad - g_A(t) \\
&= A(t)\pi[A(t), A(t)]V(t) - \rho
\end{aligned}$$

$$-g_A(t)\left\{1+\frac{\epsilon-1}{v(t)}\int_t^\infty e^{-\rho(\tau-t)}\sigma[A(t),A(\tau)]\right.$$
$$\left.\cdot\pi[A(t),A(\tau)]d\tau\right\}. \tag{13.5}$$

Gemäß (13.3) muß V im Steady state konstant sein. Dann gilt

$$V(t)=\frac{\rho+g_A(t)\left\{1+\frac{\epsilon-1}{v(t)}\int_t^\infty e^{-\rho(\tau-t)}\sigma[A(t),A(\tau)]\pi[A(t),A(\tau)]d\tau\right\}}{A(t)\pi[A(t),A(t)]}.\tag{13.6}$$

(13.3) und (13.6) determinieren gemeinsam das Steady state des Modells. Mit $\sigma \equiv 0$ und $A\pi(A) = 1 - \alpha$ erhält man die Grossman-Helpman-Wachstumsrate $g_A = (1-\alpha)L/a - \alpha\rho$ aus Satz 8.1. Die zwei Änderungen, $\sigma < 0$ und $A\pi(A) < 1 - \alpha$, spiegeln die gegenläufigen Effekte von Learning by doing wider: Fallendes $A\pi(A)$ reflektiert niedrigere Gewinne zum Beginn des Produktzyklus infolge der relativ geringen Produktivität, vergrößert V und senkt damit gemäß (13.3) die gleichgewichtige Wachstumsrate. Daß σ negativ ist, bedingt dagegen sinkendes V und damit steigendes g_A. Erklärung: $\sigma[A(t),A(\tau)]$ ist per Definition ein Maß für die Produktivität von Zwischenprodukt $A(t)$ relativ zu den nachfolgenden Zwischenprodukten $A(t+dt) > A(t)$ (bei gegebenem $A(\tau)$). Je größer σ betragsmäßig ist, um so produktiver ist Gut $A(t)$ relativ zu seinen Nachfolgern, um so kleiner ist gemäß (13.6) V, um so größer ist nach (13.3) g_A.

Im folgenden leite ich eine hinreichende Bedingung dafür ab, daß der wachstumsbremsende Effekt auf die anfänglichen Gewinne dominiert. Bezeichne dazu $\bar\sigma$ als den kleinsten Wert, der

$$-\sigma[A(t),A(\tau)] \leq \bar\sigma, \quad A(\tau) \geq A(t) \geq 0,$$

erfüllt, d.h. die kleinste obere Schranke für $-\sigma$. Dann ist gemäß (13.6)

$$V \geq \frac{\rho+g_A[1-(\epsilon-1)\bar\sigma]}{A\pi(A)}.$$

Aus (13.3) folgt

$$g_A \leq \frac{L}{a} - \alpha\frac{\rho+g_A[1-(\epsilon-1)\bar\sigma]}{A\pi(A)}$$

$$g_A \leq \frac{A\pi(A)\frac{L}{a}-\alpha\rho}{A\pi(A)+\alpha[1-(\epsilon-1)\bar\sigma]}. \tag{13.7}$$

Wenn σ konstant ist, gilt das Gleichheitszeichen. Andernfalls wird mit der rechten Seite von (13.7) g_A um so stärker unterschätzt, je stärker die verschiedenen $\sigma(j,A)$-Werte von $\bar\sigma$ abweichen. Hinreichend dafür, daß sich das Wachstum gegenüber dem Grossman-Helpman-Fall verlangsamt ist:

$$(1-\alpha)\frac{L}{a}-\alpha\rho > \frac{A\pi(A)\frac{L}{a}-\alpha\rho}{A\pi(A)+\alpha[1-(\epsilon-1)\bar\sigma]}$$

13.3. Gleichgewicht

$$(1-\alpha)\frac{L}{a}\left\{\left[1-\frac{A\pi(A)}{1-\alpha}\right]-(\epsilon-1)\bar{\sigma}\right\} >$$
$$-\left\{(1-\alpha)\left[1-\frac{A\pi(A)}{1-\alpha}\right]+\alpha(\epsilon-1)\bar{\sigma}]\right\}.$$

Nochmals: Bei konstantem σ ist diese Bedingung notwendig und hinreichend. Ansonsten ist sie um so eher erfüllt, je homogener die σ's sind. Die rechte Seite der letzten Ungleichung ist strikt negativ. Mithin ist hinreichend für diese Ungleichung, daß die linke Seite nichtnegativ ist:[4]

$$1-\frac{A\pi(A)}{1-\alpha} \geq (\epsilon-1)\bar{\sigma}. \qquad (13.8)$$

Diese Bedingung bestätigt das oben Gesagte: Damit sich das Wachstum verlangsamt, müssen die Anfangsgewinne, $\pi(A)$, und/oder die spätere relative Produktivität, σ, hinreichend klein sein.

An dieser Stelle erscheint ein Einwand berechtigt: Selbst wenn das Innovationstempo, g_A, sinkt, ist nicht gesagt, daß sich auch das Wachstum des Konsums, c, verlangsamt; die Produktivitätsfortschritte aus Learning könnten den negativen Effekt langsamerer Spezialisierung kompensieren. Das ist aber nicht so. In einem Steady state mit konstantem $A\pi(A)$ gilt wie im Grossman-Helpman-Modell $g_c = (1-\alpha)g_A/\alpha$, so daß sich verlangsamter technischer Fortschritt proportional in gebremstem Konsumwachtum niederschlägt.

Beweis:

$$\begin{aligned}
c &= \left[\int_0^A x(j)^\alpha dj\right]^{\frac{1}{\alpha}} \\
&= \left\{\int_0^A \left[\frac{p(j)^{-\epsilon}}{\int_0^A p(j')^{1-\epsilon}dj'}\right]^\alpha dj\right\}^{\frac{1}{\alpha}} \\
&= \frac{\left[\int_0^A p(j)^{1-\epsilon}dj\right]^{\frac{1}{\alpha}}}{\int_0^A p(j')^{1-\epsilon}dj'} \\
&= \left[\int_0^A p(j)^{1-\epsilon}dj\right]^{\frac{1-\alpha}{\alpha}}
\end{aligned}$$

---

[4] Man erkennt deutlich, daß diese hinreichende Bedingung zu stark ist. Man kann eine schwächere Bedingung ableiten, indem man die letzte Ungleichung nach $\bar{\sigma}$ auflöst:

$$\left[1-\frac{A\pi(A)}{1-\alpha}\right]\left[1+\frac{1}{\alpha}\frac{\alpha\rho}{(1-\alpha)\frac{L}{a}-\alpha\rho}\right] > (\epsilon-1)\bar{\sigma}.$$

Setzt man $\alpha = 1/2$, $\rho = 2\%$ und L/a so, daß $g_A = 2\%$ ist, dann entspricht der zweite Ausdruck in eckigen Klammern 2, und man hat eine „halb so starke" Bedingung.

$$= \frac{\alpha}{w}\left[\int_0^A \eta(j)^{\epsilon-1}dj\right]^{\frac{1-\alpha}{\alpha}}$$

$$= \frac{\alpha}{w}\left[\frac{1-\alpha}{\pi(A)}\right]^{\frac{1-\alpha}{\alpha}}$$

Die erste Gleichung ist die Produktionsfunktion (8.1), die zweite folgt aus den daraus abgeleiteten Nachfragekurven (13.1), die dritte folgt mit $\alpha\epsilon = \epsilon - 1$. Die fünfte Gleichung ergibt sich aus der Aufschlagspreisregel und $(1-\alpha)/\alpha = 1/(\epsilon-1)$, die sechste aus dem Ausdruck (13.2) für die Monopolgewinne der Zwischenprodukthersteller. Man sieht: Ist $A\pi(A)$ konstant, dann wächst der letzte Term in eckigen Klammern mit Rate g_A und der Konsum daher mit Rate $(1-\alpha)g_A/\alpha$. q.e.d.

Im nächsten Abschnitt wird anhand eines Beispiels illustriert, daß die Menge der denkbaren Ökonomien, die ein Steady state mit konstantem $A\pi(A)$ besitzen und (13.8) erfüllen, nichtleer ist.

13.4 Beispiel

Die Gleichungen (13.5) und (13.6) diktieren, wie η auszugestalten ist, damit die Rechnungen handhabbarer werden: Man muß eine konstante Elastizität σ unterstellen. Damit ferner $\eta[A(t), t] = 1$ erfüllt ist, sei

$$\eta[j, A(t)] = \left[\frac{A(t)}{j}\right]^\gamma, \quad \gamma \in \left(0, \frac{1}{\epsilon-1}\right) \tag{13.9}$$

D.h.: Nachdem neu erfundene Zwischenprodukte zunächst mit Arbeitsproduktivität eins hergestellt werden, wächst anfolgend ihre Produktivität mit Rate γg_A. Die Elastizität σ entspricht per Konstruktion identisch $\gamma < 0$, so daß $\bar\sigma = \gamma$. Mit (13.9) gilt ferner:

$$\int_0^A \eta(j)^{\epsilon-1}dj = \int_0^A \left(\frac{A}{j}\right)^{\gamma(\epsilon-1)}dj$$

$$= A^{\gamma(\epsilon-1)}\int_0^A j^{-\gamma(\epsilon-1)}dj$$

$$= A^{\gamma(\epsilon-1)}\frac{j^{1-\gamma(\epsilon-1)}|_0^A}{1-\gamma(\epsilon-1)}$$

$$= A^{\gamma(\epsilon-1)}\frac{A^{1-\gamma(\epsilon-1)}}{1-\gamma(\epsilon-1)}$$

$$= \frac{A}{1-\gamma(\epsilon-1)}$$

$$A\pi(A) = (1-\alpha)\frac{\eta(A)^{\epsilon-1}}{\int_0^A \eta(j)^{\epsilon-1}dj}A$$

13.4. Beispiel

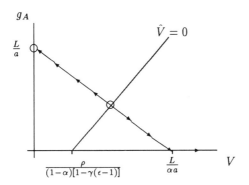

Abbildung 13.1: Gleichgewicht des Modells

$$\begin{aligned}
&= (1-\alpha)\frac{1}{\int_0^A \eta(j)^{\epsilon-1}dj}A \\
&= (1-\alpha)[1-\gamma(\epsilon-1)]. \qquad (13.10)
\end{aligned}$$

Man sieht hier, daß $\gamma < 1/(\epsilon - 1)$ notwendig dafür ist, daß die Auswertung der Integrale zu endlichen Ergebnissen führt; daher diese Annahme in (13.9). Ferner gilt

$$1 - \frac{A\pi(A)}{1-\alpha} = \gamma(\epsilon-1) = \bar{\sigma}(\epsilon-1).$$

D.h. die hinreichende Bedingung (13.8) für eine Verlangsamung des Wachstums ist (mit Gleichheit) erfüllt. Damit ist das folgende Resultat bewiesen:

SATZ 13.1: *Learning by doing* kann *die gleichgewichtige Wachstumsraten von technischem Wissen und Produktion senken.*

Man kann ferner in diesem Beispiel die gleichgewichtige Wachstumsrate explizit berechnen und auch die Stabilität des Steady states beweisen. (13.5) vereinfacht sich mit $\sigma \equiv -\gamma$ und $A\pi(A) = (1-\alpha)[1-\gamma(\epsilon-1)]$ (Gleichung (13.10)) zu

$$\hat{V}(t) = (1-\alpha)[1-\gamma(\epsilon-1)]V(t) - \rho - g_A(t)[1-\gamma(\epsilon-1)]. \qquad (13.11)$$

(13.3) und (13.11) beschreiben gemeinsam die Dynamik des Modells, wie sie durch Abbildung 13.1 (analog zu Abbildung 8.2) illustriert wird.

Die Arbeitsmarktrestriktion (13.3) ist durch die geknickte, mit Pfeilen versehene Linie repräsentiert. Die Ökonomie muß sich stets auf dieser Kurve befinden. Der $\hat{V} = 0$-Lokus ist durch

$$V = \frac{\frac{\rho}{1-\gamma(\epsilon-1)} + g_A}{1-\alpha} \qquad (13.12)$$

gegeben, eine steigende Gerade mit V-Achsenschnitt bei $\rho/\{(1-\alpha)[1-\gamma(\epsilon-1)]\}$. Es existiert ein eindeutiger Schnittpunkt von Arbeitsmarktlinie und $\hat{V} = 0$-Lokus, dieser Schnittpunkt repräsentiert ein Steady-state-Gleichgewicht mit konstanter Wachstumsrate g_A, und es wird angenommen, daß er oberhalb der V-Achse liegt (Abbildung 13.1), so daß g_A im Steady state positiv ist. Man erhält die Wachstumsrate dann durch Substituieren aus (13.12) in (13.3):

$$\begin{aligned} g_A &= \frac{L}{a} - \frac{\alpha}{1-\alpha}\left[\frac{\rho}{1-\gamma(\epsilon-1)} + g_A\right] \\ &= (1-\alpha)\frac{L}{a} - \frac{\alpha}{1-\gamma(\epsilon-1)}\rho. \end{aligned}$$

(Alternativ ergibt sich g_A aus (13.7) mit Gleichheitszeichen, $\bar{\sigma} = \gamma$ und $A\pi(A)$ gemäß (13.10).) Links des $\hat{V} = 0$-Lokus ist $\hat{V} < 0$, rechts davon $\hat{V} > 0$. D.h.: Springt die Volkswirtschaft nicht sofort in ihr Steady state, dann entfernt sie sich im Zeitablauf weiter und weiter davon, und es ergibt sich entweder $V \to 0$ bei $g_A \to L/a > 0$ oder $V \to \infty$ bei $g_A = 0$. Beide Konstellationen verletzen, wie in Kapitel 8 gezeigt wurde, rationale Erwartungen. Damit folgt, daß die Ökonomie sofort in ihr Steady-state-Gleichgewicht springt und mit der oben angegebenen Rate wächst. In bezug auf die bekannten Parameter weist die Wachstumsrate die üblichen komparativ-statischen Eigenschaften auf. Was bemerkenswert ist, ist aber, daß sie – wie oben bereits gezeigt – mit Learning by doing (d.h. bei $\gamma > 0$) kleiner ist als ohne (d.h. bei $\gamma = 0$) und daß sie mit zunehmender Elastizität der Lernfunktion η (d.h. mit steigendem γ) sinkt. Der adverse Effekt von Learning by doing auf die anfänglichen Gewinne aus Innovationen bedingt in diesem Beispiel, daß Learning by doing das Wachstum technischen Wissens, A, bremst. Weil ferner gemäß (13.10) $A\pi(A) = (1-\alpha)[1-\gamma(\epsilon-1)]$ konstant ist, ist dies gleichbedeutend mit verlangsamtem Konsumwachstum.[5]

13.5 Resümee

In Kapitel 4 wurde ein Einblick in die Literatur zu Wachstum durch Learning by doing vermittelt. Dies geschah ausdrücklich nicht deshalb, weil Learning by doing eine plausible Erklärung von Produktivitätswachstum bietet, sondern weil die Learning-by-doing-Modelle ein Meilenstein in der Theorie endogenen Wachstums sind. Angesichts dessen wurde der Standpunkt vertreten, daß die anhaltende Analyse von Wachstum im Rahmen

---

[5] Man kann in diesem Beispiel dem Umstand Rechnung tragen, daß Learning by doing in gegebenen Produktreihen erschöpflich ist, indem man in (13.9) eine Obergrenze für η postuliert. Ist die Obergrenze hinreichend groß, dann gelten die hier abgeleiteten Ergebnisse weiter.

13.5. Resümee

von Learning-by-doing-Modellen falsche Akzente setzt. Das laufende Kapitel unterstreicht diese Aussage: Es wurde gezeigt, daß Learning by doing ein Hindernis für Wachstum sein kann, wenn man es in ein Modell einpaßt, in dem nicht die Lerneffekte selbst Quelle von Wachstum sind, sondern Innovationen. Betriebswirtschaftliche Produktivitätsgewinne über den Produktlebenszyklus übersetzen sich nicht notwendigerweise in gesamtwirtschaftlich beschleunigtes Produktivitätswachstum.

Kapitel 14

Grundlagenforschung

14.1 Einleitung

Bisher wurden zwei wichtige Aussagen zu Grundlagenforschung gemacht. Erstens wurde in Kapitel 2 herausgestellt, daß Grundlagenforschung einen wichtigen Input für angewandte Forschung liefert. Zweitens wurde in Kapitel 6 festgestellt, daß das Shell-Modell kein plausibles Bild von Grundlagenforschung zeichnet, weil es Grundlagenwissen als Input nicht in F&E, sondern in der Güterproduktion behandelt. Der Grund für diese fragwürdige Formulierung ist klar: Als Shell sein Modell zu Grundlagenforschung aufstellte, gab es kein Modell mit F&E, in das er Grundlagenforschung hätte integrieren können. Dieses Manko ist mittlerweile behoben, die vorgestellten Modelle von Grossman, Helpman und Romer bieten den Rahmen, der zur plausiblen Modellierung von Grundlagenforschung benötigt wird. In diesem Sinne wird in diesem Kapitel, vom Grossman-Helpman-Modell ausgehend, ein integriertes Modell mit angewandter Forschung und Grundlagenforschung entworfen (s. Arnold (1997b)).

Abschnitt 14.2 stellt das Modell vor. Abschnitt 14.3 analysiert das Gleichgewicht, Abschnitt 14.4 die Wirkungen von F&E-Subventionen. In Abschnitt 14.5 wird die übliche Wohlfahrtsanalyse durchgeführt. Wie der optimale Wachstumspfad dezentralisiert werden kann, wird in Abschnitt 14.6 diskutiert. 14.7 enthält einige Schlußfolgerungen.

14.2 Modell

Das Modell ist schnell beschrieben. Alle Annahmen bis auf die an die F&E-Technologie werden aus dem Grossman-Helpman-Modell übernommen. Insbesondere ist Arbeit, L, einziger Produktionsfaktor. Bezeichne L_B den Arbeitseinsatz in der Grundlagenforschung. Damit laute die F&E-Technologie

$$\dot{A} = \frac{A f(L_B) L_A}{a} \tag{14.1}$$

mit f als einer positiven, steigenden, konkaven Funktion: $f(L_B), f'(L_B) > 0 > f''(L_B)$ für alle $L_B > 0$. Das konzeptionell Neue an dieser Formulierung im Vergleich mit (8.3) ist, daß der Arbeitseinsatz in der Grundlagenforschung, L_B, eine Determinante des Forschungserfolges ist.[1] Während für den Arbeitseinsatz in der angewandten Forschung, L_A, einfachheitshalber weiter konstante Skalenerträge unterstellt werden, wird die spezifische funktionale Abhängigkeit des Forschungsoutputs von L_B offengelassen. Insbesondere kann Grundlagenforschung *essentiell* sein, so daß ohne Grundlagenforschung angewandte Forschung keinen Ertrag erbringen kann ($f(0) = 0$), oder *inessentiell*, so daß $f(0) > 0$. Es wird weiter angenommen, daß L_B als öffentliches Gut in die F&E-Technologie eingeht, so daß sich analog zu Kapitel 6 kein privates Angebot ergibt;[2] Grundlagenforschung muß wieder staatlich finanziert werden. Man beachte abschließend, daß die Arbeitsmarkträumungsbedingung unter Hinzunahme der neuen Verwendungsmöglichkeit von Arbeit zu

$$L - L_B = L_A + L_x \tag{14.2}$$

variiert. Für Produktion und angewandte Forschung verfügbar ist nur der nicht von Grundlagenforschung absorbierte Teil des Arbeitsangebots. Abbildung 14.1 illustriert die Struktur des Modells. Das Grossman-Helpman-Modell erhält man im folgenden als $L_B = 0$-und-$f(0) = 1$-Spezialfall.

14.3 Gleichgewicht

Im nun folgenden Abschnitt wird die Bestimmung des staatlichen Grundlagenforschungsbudgets außen vor gelassen. Es wird angenommen, daß ein exogen vorgegebener Teil $L_B \in [0, L)$ der verfügbaren Arbeitskraft in der Grundlagenforschung eingesetzt wird. Dazu benötigt der Staat ein Budget in Höhe von wL_B, er muß seine Forscher zum Marktlohn anwerben. Es wird weiter angenommen, daß der Staat dieses Budget unverzerrend finanziert.[3] Auf die verzerrende Wirkung von Steuern, die Zinseinkommen erfassen, wurde bereits mehrfach hingewiesen. Die Annahme unverzerrender Finanzierung wird gemacht, um die Effekte von Einnahmen- und Ausgabenseite des Staatsbudgets klar trennen zu können.

---

[1] Man könnte statt L_B auch Grundlagenwissen als Argument in (14.1) aufnehmen und eine Grundlagenforschungstechnologie formulieren, die von L_B abhängt. Diese (indirekte) Formulierung erhöht die Kompliziertheit der Rechnungen, nicht aber die Aussagekraft der Ergebnisse. Daher wird hier die einfachere Formulierung mit Arbeit in der Grundlagenforschung als Argument der F&E-Technologie gewählt.

[2] Man beachte, daß dies in der Tat eine zusätzliche Annahme ist. Daß L_B ein öffentliches Gut ist, ist nicht durch die Formulierung (14.1) impliziert. Man könnte stattdessen L_A und L_B auch als zwei heterogene Formen des privaten Inputs Arbeit interpretieren, die als unvollkommene Substitute in der Forschung produktiv sind.

[3] Weil Arbeit hier unelastisch angeboten wird, kann die Finanzierung zum Beispiel durch eine Arbeitseinkommensteuer erfolgen.

14.3. Gleichgewicht

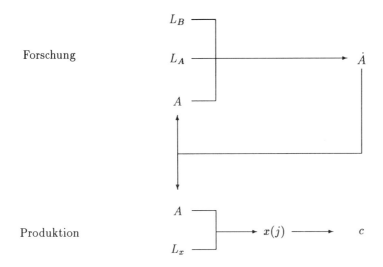

Abbildung 14.1: Struktur des Modells

Ziel dieses Abschnitts ist es, die gleichgewichtige Entwicklung der Modellökonomie bei gegebenem Grundlagenforschungsbudget zu untersuchen. Konkret werde ich zeigen, daß die gleichgewichtige Wachstumsrate eine ∩-förmige Funktion von Arbeit in der Grundlagenforschung ist: In gewissem Umfang kann durch einen Ausbau der Grundlagenforschung das gleichgewichtige Wachstum stimuliert werden, die Grenzerträge sind aber fallend, bei einem hinreichend großen Budget werden sie negativ. Dieses Verhalten ist natürlich das Produkt zweier gegenläufiger Effekte: Zum einen steigt wegen $f'(L_B) > 0$ mit L_B die Wachstumsrate $g_A = f(L_B)L_A/a$ bei gegebenem L_A. Zum anderen wird aber mit der privat verfügbaren Arbeitskraft $L - L_B$ auch der Arbeitseinsatz in der angewandten Forschung, L_A, kleiner, und dies bremst das Wachstum. Die ∩-Form von g_A als Funktion von L_B spiegelt also Dominanz ersteren Effekts für kleine L_B und Dominanz des zweiten für große L_B wider.[4]

Kommen wir zur Ableitung dieses Ergebnisses. Mit den Technologien zur Herstellung des Endprodukts und der Zwischenprodukte bleiben die Nachfragekurven für die einzelnen Zwischenprodukte gleich. Unverändert bleiben damit auch der Aufschlagspreis $p = w/\alpha$, die Monopolgewinne

---

[4]In Barros (1990) in Kapitel 6 angesprochenem Modell zu Grundlagenforschung erhält man ebenfalls einen ∩-förmigen Verlauf des Graphen für die gleichgewichtige Wachstumsrate über dem Grundlagenforschungsbudget. Bei Barro resultiert der adverse Effekt von Grundlagenforschung auf das Wachstum aber aus verzerrender Besteuerung. Ohne verzerrende Steuern wäre die Wachstumsrate bei Barro eine monoton steigende Funktion des Ressorceneinsatzes in der Grundlagenforschung.

$\pi = (1-\alpha)/A$ und damit die Arbitrage-Bedingung

$$\hat{V} = (1-\alpha)V - \rho - g_A. \qquad (14.3)$$

Die Bedingung für freien Zutritt zu F&E lautet nun

$$wL_A - v\dot{A} = \frac{L_A}{a}\left[wa - \frac{f(L_B)}{V}\right] \geq 0, \qquad (14.4)$$

d.h. $wa \geq f(L_B)/V$, mit Gleichheit, falls geforscht wird ($L_A > 0$). Natürlich weist das Gleichgewicht Symmetrie in bezug auf die einzelnen Zwischenprodukte auf. Daher gilt weiterhin $L_x = Ax = 1/p = \alpha/w$. Im Anschluß an (14.2) lautet die Arbeitsmarkträumungsbedingung also $L - L_B = L_A + \alpha/w$ oder mit $L_A = ag_A/f(L_B)$ (aus (14.1)) und (14.4)

$$g_A = \max\left\{0, \frac{(L-L_B)f(L_B)}{a} - \alpha V\right\}. \qquad (14.5)$$

Die Arbitrage-Bedingung (14.3) und die Arbeitsmarktrestriktion (14.5) determinieren gemeinsam die Entwicklung von g_A und V. Ich zeige nun:

SATZ 14.1: *Die Ökonomie nimmt ohne Anpassungsdynamik ein Steady state mit Wachstumsrate*

$$g_A = \max\left\{0, (1-\alpha)\frac{(L-L_B)f(L_B)}{a} - \alpha\rho\right\} \qquad (14.6)$$

ein.

Wie üblich ist also die gleichgewichtige Wachstumsrate um so größer, je größer das Arbeitsangebot, L, und die Forschungsproduktivität, $1/a$, sind und je kleiner die Diskontrate, ρ, und die Nachfrageelastizität, $\epsilon \equiv 1/(1-\alpha)$, sind. Zum Einfluß von L_B auf die Wachstumsrate komme ich später.

Beweis: Die Lösung des Systems (14.3), (14.5) wird in Abbildung 14.2 dargestellt. Der $\hat{V} = 0$-Lokus ist durch die steigende Gerade $g_A = (1-\alpha)V - \rho$ gekennzeichnet, die die V-Achse bei $\rho/(1-\alpha)$ schneidet. Rechts davon ist $\hat{V} > 0$, links davon $\hat{V} < 0$. Ferner ist $\dot{V} = 0$ für $V = 0$, d.h. entlang der g_A-Achse. Die Arbeitsmarktrestriktion (14.5) ist durch die geknickte, mit Pfeilen versehene Linie dargestellt. Diese Linie beginnt für $V = 0$ bei $g_A = (L-L_B)f(L_B)/a > 0$. Sie fällt, bis sie bei $(L-L_B)f(L_B)/(\alpha a)$ auf die V-Achse trifft, und fällt für größere V mit der V-Achse ineinander. Es existiert ein eindeutiger Schnittpunkt von $\hat{V} = 0$-Lokus und Arbeitsmarktlinie. Dieser Schnittpunkt ist ein Steady state des Systems (14.3), (14.5). Er liegt für $(1-\alpha)(L-L_B)f(L_B) > \alpha a\rho$ im Inneren des positiven Orthanten (Abbildung 14.2 (a)) und im entgegengesetzten Fall auf der V-Achse (Abbildung 14.2 (b)). Springt die Ökonomie nicht sofort in das Steady state, so bewegt sie sich jeweils auf der Arbeitsmarktlinie vom Steady state weg, so daß entweder $V \to 0$ bei $g_A > 0$ oder $V \to \infty$ bei $g_A = 0$ resultiert.

14.3. Gleichgewicht

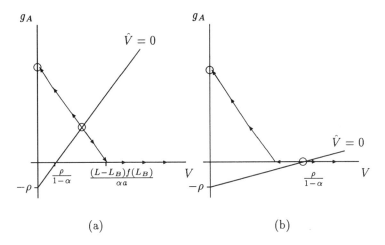

Abbildung 14.2: Gleichgewicht des Modells

Wie im Grossman-Helpman-Modell gezeigt, werden in beiden Fällen rationale Erwartungen verletzt. Mit rationalen Erwartungen vereinbar ist somit einzig ein Sprung ins Steady state, V und g_A sind sofort konstant. Die gleichgewichtige Wachstumsrate (14.6) ergibt sich dann durch Einsetzen von $V = (\rho + g_A)/(1 - \alpha)$ (aus (14.3) mit $\hat{V} = 0$) in (14.5). q.e.d.

Man beachte, daß die hier vorgenommene Gleichgewichtsanalyse exakt die gleiche ist wie in Kapitel 8; lediglich tritt die F&E-Produktivität $f(L_B)/a$ an die Stelle von $1/a$ in Kapitel 8 und die privat verfügbare Ressourcenbasis $L - L_B$ an die Stelle von L in Kapitel 8. Die Reaktion von g_A auf Variationen in L, a, α und ρ war direkt in (14.6) ablesbar. Ein Anstieg von L_B hat dagegen zwei gegenläufige Effekte auf die Wachstumsrate: Mit L_B steigt die Wachstumsrate $g_A = L_A f(L_B)/a$ für gegebenes L_A, L_A sinkt aber mit abnehmender Ressourcenbasis $L - L_B$. Im folgenden wird gezeigt, daß (14.6) eine ∩-förmige Funktion $g_A(L_B)$ definiert.

Abbildung 14.3 zeigt die gleichgewichtige Wachstumsrate als Funktion von Arbeit in der Grundlagenforschung. In Abbildung 14.3(a) ist der Fall essentieller Grundlagenforschung dargestellt. Es ist $f(0) = 0$. Wegen $g_A(0) = \max\{0, -\alpha\rho\} = 0$ und Stetigkeit von $g_A(L_B)$ ist die gleichgewichtige Wachstumsrate für kleine L_B gleich Null. In Abbildung 14.3(b) ist Grundlagenforschung nicht essentiell, d.h. $f(0) > 0$. Das eröffnet die *Möglichkeit*, daß $g_A(0) = \max\{0, (1 - \alpha)Lf(0)/a - \alpha\rho\}$ positiv ist, wie in Abbildung 14.3(b) dargestellt. Dann kann positives Wachstum auch ohne Grundlagenforschung realisiert werden. (Nochmals der Hinweis: Mit $L_B = 0$ und $f(0) = 1$ ist man zurück im Grossman-Helpman-Modell.) In beiden Fällen erhält man für L_B nahe L Nullwachstum, denn

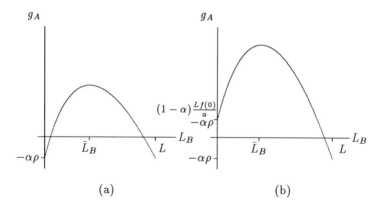

Abbildung 14.3: Grundlagenforschungsbudget und Wachstumsrate

$g_A(L) = \max\{0, -\alpha\rho\} = 0$. Ableiten von (14.6) zeigt ferner

$$g'_A(L_B) = \frac{1-\alpha}{a}[(L - L_B)f'(L_B) - f(L_B)] \qquad (14.7)$$

$$g''_A(L_B) = \frac{1-\alpha}{a}[(L - L_B)f''(L_B) - 2f'(L_B)] < 0$$

für alle L_B, so daß $g_A(L_B) > 0$. D.h.: Wo die Wachstumsrate positiv ist, ist sie eine streng konkave Funktion von L_B: Es liegen fallende Grenzerträge der Grundlagenforschung vor. Darüber hinaus verläuft $g_A(L_B)$ steigend oder fallend, je nachdem ob $(L - L_B)f'(L_B)$ größer oder kleiner ist als $f(L_B)$. $(L - L_B)f'(L_B)$ fällt über $[0, L]$ monoton von $Lf'(0)$ auf Null, während $f(L_B)$ von $f(0)$ auf $f(L)$ steigt. Sei $Lf'(0) > f(0)$ (z.B. weil $f'(0) = \infty$ oder Grundlagenforschung essentiell ist). Dann existiert ein eindeutiges $\bar{L}_B$, so daß $g_A(L_B)$ für $L_B < \bar{L}_B$ steigt und für $L_B > \bar{L}_B$ fällt. $\bar{L}_B$ maximiert die gleichgewichtige Wachstumsrate. Es sei schließlich $g_A(\bar{L}_B) > 0$, d.h.: Mit einem geeigneten Grundlagenforschungsbudget kann positives Wachstum herbeigeführt werden. Dann ist gezeigt, daß $g_A(L_B)$ den behaupteten ∩-förmigen Verlauf mit positivem Maximum hat.

14.4 F&E-Subventionen

Die Übernahme eines Anteils $\phi < 1$ der Forschungskosten durch den Staat hat – unverzerrend finanziert – den gleichen Effekt wie im Grossman-Helpman-Modell. In der Zutrittsbedingung für den F&E-Sektor wird der Kostenterm wa mit dem Koeffizienten $1 - \phi$ versehen, weil die Firmen nurmehr einen Anteil $1 - \phi$ ihrer F&E-Auslagen selbst zu tragen haben. Damit variiert (14.5) zu

$$g_A = \max\left\{0, \frac{(L - L_B)f(L_B)}{a} - \alpha(1 - \phi)V\right\}.$$

14.5. Wohlfahrt

Die Arbitrage-Bedingung gilt unverändert. Im Steady state gilt somit wie gehabt $V = (\rho + g_A)/(1 - \alpha)$. Einsetzen in obige Gleichung liefert die gleichgewichtige Wachstumsrate bei Forschungssubvention ϕ:

$$g_A = \max\left\{0, \frac{1}{1-\alpha\phi}\left[(1-\alpha)\frac{(L-L_B)f(L_B)}{a} - \alpha(1-\phi)\rho\right]\right\}.$$

Die Wachstumsrate steigt stets mit einer Erhöhung der F&E-Subvention ϕ. Satz 14.1 gibt den $\phi = 0$-Spezialfall wieder.

Auf die Diskussion der Auswirkungen von Kapitaleinkommensteuern und ähnlichem sei hier verzichtet, weil sich keine neuen Aufschlüsse ergeben würden.

14.5 Wohlfahrt

Bisher wurde der Arbeitseinsatz in der Grundlagenforschung, L_B, als exogen vorgegeben angenommen. Es wurde allerdings bereits gezeigt, wie L_B zu wählen ist, wenn die gleichgewichtige Wachstumsrate maximiert werden soll. Dazu muß der Staat $(L - L_B)f(L_B)$ maximieren und mithin die Beschäftigung $\bar{L}_B$ wählen. Im nun folgenden Abschnitt zeige ich, wie man L_B unter der Maßgabe Wohlfahrtsmaximierung zu wählen hat. Das heißt: Es wird analog zum Grossman-Helpman-Modell die intertemporale Nutzenfunktion $\int_0^\infty e^{-\rho t}[(1-\alpha)\ln A/\alpha + \ln L_x]dt$ maximiert (Symmetrie ist natürlich wieder notwendig für Optimalität), wobei als Nebenbedingungen die F&E-Technologie (14.1) sowie die Ressourcenrestriktion $L = L_A + L_B + L_x$ zu beachten sind. Um mich nicht in Fallunterscheidungen zu verlieren, setze ich voraus, daß Grundlagenforschung essentiell ist: $f(0) = 0$.[5] Die Hamilton-Funktion für das Wohlfahrtsmaximierungsproblem lautet

$$\mathcal{H} \equiv \frac{1-\alpha}{\alpha}\ln A + \ln(L - L_A - L_B) + \lambda\frac{Af(L_B)L_A}{a}.$$

Technisches Wissen, A, ist weiterhin einzige Zustandsvariable – weiterhin versehen mit Multiplikatorfunktion λ –, aber es gibt nun zwei Kontrollvariablen, L_A und L_B. Als notwendige Optimalitätsbedingungen erhält man:

$$\frac{\partial \mathcal{H}}{\partial L_A} = \frac{-1}{L - L_A - L_B} + \frac{\lambda A}{a}f(L_B) = 0 \tag{14.8}$$

$$\frac{\partial \mathcal{H}}{\partial L_B} = \frac{-1}{L - L_A - L_B} + \frac{\lambda A}{a}f'(L_B)L_A = 0 \tag{14.9}$$

$$\dot{\lambda} = \rho\lambda - \frac{1-\alpha}{\alpha}\frac{1}{A} - \lambda g_A. \tag{14.10}$$

---
[5] S. Arnold (1997b) für den Fall nicht-essentieller Grundlagenforschung.

Die Interpretation ist die übliche: λ ist der Schattenpreis von technischem Wissen. (14.8) und (14.9) besagen dann, daß Arbeit in ihren drei Verwendungsmöglichkeiten stets den gleichen Grenznutzen stiften muß. (14.10) gibt die Entwicklung des Schattenpreises von technischem Wissen im Zeitablauf an. Man beachte, daß die F&E-Technologie nicht konkav ist, deshalb werden wir uns einige Gedanken über hinreichende Bedingungen machen müssen. Ich werde dabei folgendes Resultat ableiten:

SATZ 14.2: *Der optimale Wachstumspfad ist eindeutig bestimmt, die Ökonomie springt ohne Anpassungsdynamik in ein Steady state mit den normalen komparativ-statischen Eigenschaften.*

Der *Beweis* des Satzes erfolgt in drei Schritten. Zuerst wird aus den notwendigen Optimalitätsbedingungen abgeleitet, daß die Ökonomie sofort in ein Steady state springt. Das ist einleuchtend, denn das Modell enthält weiterhin nur eine Zustandsvariable (A). Im zweiten Schritt wird gezeigt, daß zwei Steady states die notwendigen Bedingungen erfüllen, daß der optimale Pfad aber dennoch eindeutig bestimmt ist; nur eines der beiden Steady states erfüllt die hinreichenden Optimalitätsbedingungen. Drittens wird die Aussage über die komparativ-statischen Eigenschaften des Systems belegt.

Beweis der Stabilität: Ich zeige zunächst, daß die Ökonomie ohne Anpassungsdynamik in ein Steady state springt. Bezeichne dazu wieder $1/(\lambda A)$ als M. Wie in Kapitel 8 erhält man aus (14.10) die (instabile) Differentialgleichung $\hat{M} = (1-\alpha)M/\alpha - \rho$. Es ist $\hat{M} = 0$, wenn genau $M = \alpha\rho/(1-\alpha)$ ist. Für Steady-state-Wachstum muß M sofort seinen Steady-state-Wert $\alpha\rho/(1-\alpha)$ einnehmen. Gemäß (14.8) und (14.9) wird der Arbeitseinsatz in der angewandten Forschung, L_A, optimal an die Beschäftigung in der Grundlagenforschung, L_B, angepaßt, indem $L_A = f(L_B)/f'(L_B)$ gewählt wird. Damit läßt sich (14.8) als

$$M = \frac{f(L_B)}{a}\left[L - L_B - \frac{f(L_B)}{f'(L_B)}\right] \qquad (14.11)$$

schreiben. Hier sieht man: Mit M ist auch L_B und damit L_A sofort konstant. Die Ökonomie springt in ein Steady state.

Beweis, daß das optimale Steady state eindeutig bestimmt ist: Um Eindeutigkeit des optimalen Steady states zu zeigen, werden die notwendigen Optimalitätsbedingungen auf ein Gleichungssystem in L_B und der Wachstumsrate g_A überführt. Mit $L_A = f(L_B)/f'(L_B)$ folgt einerseits aus (14.1)

$$g_A = \frac{f(L_B)^2}{af'(L_B)} \equiv \psi(L_B). \qquad (14.12)$$

Diese Gleichung gibt die Wachstumsrate bei optimaler Anpassung von L_A an L_B an. Zum anderen folgt aus $g_A = f(L_B)^2/[af'(L_B)]$, $M = \alpha\rho/(1-\alpha)$ und (14.11)

$$g_A = \frac{(L - L_B)f(L_B)}{a} - \frac{\alpha}{1-\alpha}\rho \equiv \chi(L_B). \qquad (14.13)$$

14.5. Wohlfahrt

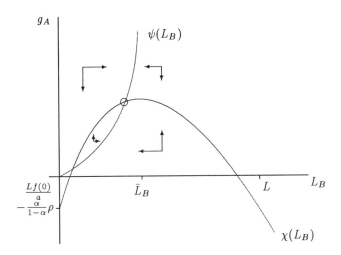

Abbildung 14.4: Optimaler Wachstumspfad (kein Phasendiagramm)

Diese Gleichung ist eine modifizierte Arbeitsmarktrestriktion. Gemeinsam mit (14.6) besagt sie, daß – analog zum Grossman-Helpman-Modell – die optimale Wachstumsrate um den Faktor $1/(1-\alpha) > 1$ größer ist als die gleichgewichtige Wachstumsrate bei gegebenem L_B: $\chi(L_B) = g_A(L_B)/(1-\alpha)$. Darin spiegelt sich die übliche Unterinvestition in angewandte Forschung wider.

In Abbildung 14.4 sind die Funktionen $\psi(L_B)$ und $\chi(L_B)$ eingezeichnet. $\psi(L_B)$ beginnt im Ursprung und steigt monoton. $\chi(L_B)$ hat wegen $\chi(L_B) = g_A(L_B)/(1-\alpha)$ den gleichen konkaven Verlauf wie $g_A(L_B)$ in Abbildung 14.3, und es ist $\chi(0) = \chi(L) = -\alpha\rho/(1-\alpha)$. Es wird angenommen, daß die Steigung von ψ stets größer ist als die von χ. Hinreichend dafür ist natürlich, daß ψ konvex ist, was z.B. im Cobb-Douglas-Spezialfall $f(L_B) = L_B^\beta$ mit $\beta \in (0,1)$ erfüllt ist (dann ist nämlich $a\psi'(L_B) = (1+\beta)L_B^\beta/\beta$ und damit $a\psi''(L_B) > 0$). Weil χ unterhalb von ψ beginnt und auch für $L_B = L$ unterhalb von ψ liegt folgt, daß, wenn ψ und χ sich schneiden, zwei Schnittpunkte existieren. Wenn ein Steady state existiert, dann ist es nicht eindeutig. Es wird angenommen, daß ψ und χ sich in der Tat schneiden. Gemäß (14.12) und (14.13) ist dies dann der Fall, wenn L hinreichend groß und $\alpha\rho/(1-\alpha)$ hinreichend klein ist. Es stellt sich damit die Frage, ob das linke oder das rechte Steady state die Lösung des Wohlfahrtsmaximierungsproblems darstellt.

Weil die Ökonomie direkt in ein Steady state springt, kann der intertemporale Nutzen analog zu (8.17) ausintegriert als

$$U = \frac{1}{\rho}\left\{\frac{1-\alpha}{\alpha}\left(\ln A_0 + \frac{g_A}{\rho}\right) + \ln\left[L - L_B - \frac{ag_A}{f(L_B)}\right]\right\}$$

geschrieben werden. Der Term in runden Klammern repräsentiert den Nutzen aus Spezialisierung in der Produktion. Der Ausdruck in eckigen Klammern zeigt, daß der zur Herbeiführung von zunehmender Spezialisierung via Forschung notwendige Arbeitseinsatz aber den Arbeitseinsatz in der Konsumgutherstellung einschränkt. In dieser Formulierung hängt der intertemporale Nutzen nur von L_B und g_A ab. Sie ermöglicht es prinzipiell, die (L_B, g_A)-Ebene in Abbildung 14.4 mit Indifferenzkurven zu füllen. Man beachte ferner, daß der intertemporale Nutzen als Funktion von L_B und g_A genau dann steigt, wenn

$$\tilde{U} \equiv \rho U - \frac{1-\alpha}{\alpha}\ln A_0 = \frac{1-\alpha}{\alpha}\frac{g_A}{\rho} + \ln\left[L - L_B - \frac{ag_A}{f(L_B)}\right]$$

steigt. Schließlich sei bemerkt daß der ln-Term im relevanten Bereich wohldefiniert ist. $L - L_B - ag_A/f(L_B)$ ist nämlich genau dann positiv, wenn $g_A < (L - L_B)f(L_B)/a$ ist. Das ist bei positiver Diskontierung entlang der Ressourcenrestriktion $\chi(L_B)$ sicherlich der Fall. Nun gilt

$$\frac{\partial \tilde{U}}{\partial g_A} = \frac{1-\alpha}{\alpha\rho} - \frac{a/f}{L - L_B - ag_A/f}.$$

D.h.: $\partial\tilde{U}/\partial g_A = 0$ für

$$\frac{(L-L_B)f}{a} - \frac{\alpha\rho}{1-\alpha} \equiv \chi(L_B).$$

Ferner ist $\partial\tilde{U}/\partial g_A > 0$ für $g_A < \chi(L_B)$ und $\partial\tilde{U}/\partial g_A < 0$ für $g_A > \chi(L_B)$: Mit steigendem g_A steigt $\tilde{U}$ (und damit U) unterhalb von $\chi(L_B)$, darüber sinkt U mit steigendem g_A. Analog gilt

$$\frac{\partial \tilde{U}}{\partial L_B} = \frac{ag_A f'/f^2 - 1}{L - L_B - ag_A/f}.$$

Weil der Nenner des Bruchs positiv ist, hat $\partial\tilde{U}/\partial L_B$ das gleiche Vorzeichen wie $g_A - f^2/(af') = g_A - \psi$. Hier sieht man, daß U mit steigendem L_B zu- oder abnimmt, je nachdem ob man sich oberhalb oder unterhalb von $\psi(L_B)$ befindet. In Abbildung 14.4 wird in den verschiedenen durch χ und ψ generierten Regionen der (L_B, g_A)-Ebene jeweils die Richtung steigender intertemporaler Wohlfahrt durch Pfeile angezeigt. Man sieht, daß beim Übergang vom linken zum rechten Steady state durch die von χ und ψ eingeschlossene Linse der Nutzen kontinuierlich steigt. Das linke Steady

14.6. Dezentralisierung

state kann also nicht einen optimalen Pfad repräsentieren. Im Gegensatz dazu erkennt man, daß im rechten Steady state der Nutzen aus allen Richtungen kommend steigt. Mit anderen Worten: Während das linke Steady state einen Sattelpunkt der intertemporalen Nutzenfunktion darstellt, liegt im rechten tatsächlich ein Gipfel des Nutzengebirges vor. Auch ohne daß mathematische Sätze über hinreichende Bedingungen angewendet wurden, ist damit gezeigt, daß der optimale Pfad in sofortiger Einnahme des rechten Steady states besteht.[6]

Man beachte, daß wir die gleichgewichtige Wachstumsrate nicht explizit als Funktion der Parameter des Modells ausdrücken können.

Beweis, daß die normalen komparativ-statischen Eigenschaften vorliegen: Die Reaktion der gleichgewichtigen Wachstumsrate auf Parameteränderungen kann nun durch Kurvenverschieben in Abbildung 14.4 ermittelt werden. Gemäß Abbildung 14.4 steigt g_A zunächst dann, wenn sich χ nach oben verschiebt, während die Lage von ψ unverändert bleibt. Das ist aber nach (14.13) genau dann der Fall, wenn das Arbeitsangebot, L, steigt oder die Nachfrageelastizität, $1/(1-\alpha)$, sinkt oder die Diskontrate, ρ, abnimmt. Damit verbleibt nur noch der Einfluß der Forschungsproduktivität, $1/a$, zu erklären. Ein Anstieg von $1/a$ verschiebt sowohl χ als auch ψ aufwärts, so daß der Nettoeffekt auf die gleichgewichtige Wachstumsrate zunächst unbestimmt ist. Aus (14.12) und (14.13) folgt aber

$$a\chi = (L - L_B)f(L_B) - \frac{\alpha}{1-\alpha}a\rho, \ a\psi = \frac{f(L_B)^2}{f'(L_B)}.$$

Man kann die Kurven in Abbildung 14.4 als $a\chi$ und $a\psi$ interpretieren und den Ordinatenwert ihres rechten Schnittpunkts als Gleichgewichtswert von ag_A. Mit steigender F&E-Produktivität, $1/a$, verschiebt sich dann $a\chi$ aufwärts, während $a\psi$ unberührt bleibt. Der Schnittpunkt der Kurven verschiebt sich mithin nach oben, und ag_A steigt. Das impliziert aber, daß g_A überproportional mit $1/a$ steigt und komplettiert den Beweis von Satz 14.2. q.e.d.

14.6 Dezentralisierung

Im vorliegenden Modell hat der Staat zwei Möglichkeiten, durch Forschungspolitik die gleichgewichtige Wachstumsrate zu erhöhen: eine

---

[6]Hier wurde eine kleine Lücke im Beweis belassen: Ein Steady state mit $\dot{M} = 0$ kann auch bei $M = 0$ vorliegen. (14.11) liefert dann $L_B = 0$ und $L_A = f(0)/f'(0) = 0$. Ich habe nicht gezeigt, daß Nullwachstum nicht optimal ist. Abbildung 14.4 läßt aber folgendes erkennen: Mit $\alpha\rho/(1-\alpha) \to 0$ wandert die linke untere Ecke der Linse zwischen den beiden Steady states mit Wachstum gegen den Ursprung, d.h. gegen das Steady state ohne Wachstum. Dann aber ist der Übergang vom Steady state ohne Wachstum zum rechten mit Wachstum durch die Linse gemäß Abbildung 14.4 mit stetig steigendem Nutzen verbunden. D.h.: Ist $\alpha\rho/(1-\alpha)$ genügend klein, dann ist Nullwachstum suboptimal.

verstärkte Subventionierung von angewandter Forschung und (in gewissem Umfang) zielgerichtete Grundlagenforschung. Was die Analyse zeigt, ist, daß beide Instrumente zur Dezentralisierung des optimalen Pfades benötigt werden. Wird die optimale Beschäftigung L_B^2 in der Grundlagenforschung realisiert, so ist die gleichgewichtige Wachstumsrate um den Faktor $1 - \alpha$ zu klein, wie der Vergleich von (14.6) und (14.13) zeigte. Um den optimalen Pfad zu erreichen, muß zusätzlich zur Bereitstellung von Grundlagenwissen angewandte Forschung in geeignetem Umfang subventioniert werden.

14.7 Schlußbemerkungen

Ziel des Kapitels war es, Grundlagenforschung als eine wichtige Komponente von Forschungserfolgen adäquat in ein Wachstumsmodell zu integrieren, nämlich als Input in angewandte Forschung, nicht als Input in die Güterproduktion. Von einem formalen Standpunkt mag das Modell von Interesse sein, weil hinreichende Optimalitätsbedingungen überprüft werden können, ohne daß dabei auf mathematische Sätze rekurriert werden könnte. Inhaltlich mißt das Modell dem Staat über F&E-Subventionen hinausgehend eine wichtige Rolle bei der Dezentralisierung des optimalen Wachstumsgleichgewichts zu. Insbesondere führt ein falsches Grundlagenforschungsbudget des Staates in der Regel zu einer falschen Wachstumsrate. Dieser letzte Punkt wird in Teil IV zu semi-endogenen Wachstumsmodellen aufgegriffen.

Kapitel 15

Abnehmende Skalenerträge in der Forschung

15.1 Einleitung

Es wurden bisher durchgehend konstante Skalenerträge von Arbeit in F&E unterstellt. Diese Annahme ist so alt wie die Neue Wachstumstheorie. Romer (1990, S.S84) rechtfertigte sie in seinem wegweisenden Artikel wie folgt (Romers H_A ist mein L_A):

> „Linearity in H_A is not important for the dynamic properties of the model, but weakening this assumption would require a more detailed specification of how income in the research sector is allocated to the participants".

Im laufenden Kapitel verlasse ich nun den Fall konstanter Skalenerträge in der Forschung und frage, ob sich – wie von Romer vermutet – die resultierende Dynamik des Modells tatsächlich nicht ändert. Es wird sich zeigen, daß zwar die Gleichgewichtsanalyse weitgehend parallel verläuft, bei der Wohlfahrtsanalyse aber eine wichtige Abweichung auftritt: Es ist bei fallenden Skalenerträgen nicht länger gesagt, daß das gleichgewichtige Wachstum zu langsam ist. Der Grund hierfür ist, daß bei fallenden Skalenerträgen forschende Firmen negative externe Effekte aufeinander ausüben, denn jede positive Erfolgswahrscheinlichkeit einer Unternehmung muß auf Kosten der Gewinnaussichten anderer Firmen gehen. Diese Einsicht geht auf Stokey (1995) zurück.[1]

---

[1] Genauer müßte es heißen: geht *im wachstumstheoretischen Kontext* auf Stokey (1995) zurück. Denn in den oben zitierten frühen Patentrennen-Arbeiten von Loury (1979), Lee und Wilde (1980) sowie Dasgupta und Stiglitz (1980) wurde dieser Effekt bereits deutlich herausgestellt. Tirole (1988, S.399) faßt zusammen: „By increasing its R&D effort, a firm reduces the probability of its rivals' obtaining the patent, and a typical result is that firms engaged in a patent race overinvest in R&D".

Abschnitt 15.2 klärt zunächst die von Romer aufgeworfene Frage nach der Einkommensverteilung im Forschungssektor. Abschnitt 15.3 zeigt, daß sich die Gleichgewichtsdynamik nicht wesentlich ändert. In 15.4 wird nachgewiesen, daß bei fallenden Skalenerträgen in der Forschung zu schnelles Wachstum denkbar ist. 15.5 zieht einige Schlußfolgerungen. Eine Bemerkung vorab: Thematisiert werden hier *abnehmende Skalenerträge der Arbeit* in F&E, nicht *abnehmende Skalenerträge des technischen Wissens*. Linearität der F&E-Technologie in bezug auf das vorhandene technische Wissen ist selbstverständlich weiterhin notwendig für anhaltendes Wachstum.

15.2 Modell

Anstatt $\dot{A} = AL_A/a$ laute die F&E-Technologie in diesem Kapitel

$$\dot{A} = \frac{Af(L_A)}{a}, \qquad (15.1)$$

wobei f den üblichen Annahmen an Produktionsfunktionen genüge: $f(0) = 0, f'(0) = \infty, f'(L_A) \geq 0, f''(L_A) \leq 0$ für $L_A > 0$. Dies impliziert $f'(L_A) < f(L_A)/L_A$ für $L_A > 0$.[2] Diese Formulierung macht das Modell realitätsgetreuer. Sie formalisiert, daß, wie in Kapitel 2 erläutert, zusätzliche Unternehmen im F&E-Sektor die Durchschnittsproduktivität senken, da sie mit den bereits aktiven Firmen um Innovationen konkurrieren. Es sei an Kortums (1993) Schätzung erinnert, nach der eine Zunahme der Beschäftigung in der Forschung um 1% den Output lediglich um 0,1% bis 0,6% steigert. Diese Schätzung liegt deutlich im Bereich abnehmender Skalenerträge. Sie legt die Technologie $f(L_A) = L_A^\chi$, $\chi \in [0,1;0,6]$, nahe.

Damit zur im obigen Romer-Zitat angesprochenen Verteilung der Innovationen auf die forschenden Firmen. Bei der bisher verwendeten F&E-Technologie, $\dot{A} = AL_A/a$, ergab sich hier kein Problem. Wegen konstanter Grenzproduktivität der Arbeit konnte einfach angenommen werden (und wurde einfach angenommen), daß einer zusätzlichen Firma genau die Anzahl von Innovationen gelingt, um die ihr Zutritt $\dot{A}$ steigert. Hier liegen die Dinge anders. Ich nehme weiterhin an, daß alle forschenden Firmen gleiche Erfolgsaussichten haben. Das heißt hier aber, daß eine Unternehmung, die ν Arbeiter in F&E beschäftigt, erwarten kann, daß ein Anteil ν/L_A der $\dot{A}$ realisierten Innovationen auf sie entfällt, der ihrem Anteil am gesamten Forschungsbudget entspricht. Die Firmen seien risikoneutral, dann lautet die Bedingung für freien Zutritt zu Forschung $w\nu = \dot{A}v \cdot \nu/L_A$ oder mit (15.1)

$$wa = \frac{f(L_A)}{VL_A} \qquad (15.2)$$

---

[2] Man könnte auch $f(0)$ positiv sein lassen. Dann gäbe es in gewissem Umfang exogenen technischen Fortschritt.

15.3. Gleichgewicht

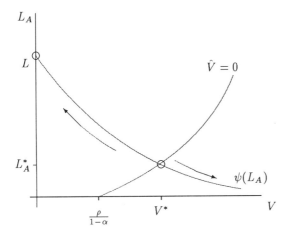

Abbildung 15.1: Gleichgewicht bei fallenden Skalenerträgen in der Forschung

(wegen $f'(0) = \infty$ ist sie stets mit Gleichheit erfüllt).

Im folgenden werden die Gleichgewichtspfade von V und L_A untersucht. Dies ist im vorliegenden Fall bequemer, als explizit mit der Wachstumsrate g_A zu rechnen. g_A ergibt sich, sobald L_A bekannt ist, sofort aus $g_A = f(L_A)/a$.

15.3 Gleichgewicht

Zunächst wird die Arbitrage-Bedingung (8.9) mit (15.1) als

$$\hat{V} = (1-\alpha)V - \rho - \frac{f(L_A)}{a} \qquad (15.3)$$

geschrieben. Arbeitsmarkträumung verlangt wie gehabt $L = L_A + \alpha/w$. Auflösen der Zutrittsbedingung (15.2) nach dem Lohnsatz und Substituieren in diese Arbeitsmarktbedingung liefert eine zweite Gleichung in V und L_A allein:

$$L = L_A + \alpha a \frac{L_A}{f(L_A)} V. \qquad (15.4)$$

Die Lösung des Systems (15.3), (15.4) wird durch das Phasendiagramm im Abbildung 15.1 illustriert. Gemäß (15.3) ist $\hat{V} = 0$, wenn genau

$$V = \frac{\rho + f(L_A)/a}{1-\alpha}.$$

Der $\hat{V} = 0$-Lokus in Abbildung 15.1 ist also eine konkave, steigende Funktion von L_A, die bei $V = \rho/(1 - \alpha)$ beginnt. Rechts davon ist $\hat{V} > 0$, links davon $\hat{V} < 0$. Gemäß (15.3) ist $\dot{V} = (1 - \alpha)V^2 - [\rho + f(L_A)/a]V$ zudem für $V = 0$, d.h. auf der L_A-Achse, gleich Null. Die Arbeitsmarkträumungsbedingung (15.4) läßt sich als

$$V = \frac{(L - L_A)f(L_A)}{\alpha a L_A} \equiv \psi(L_A)$$

schreiben. Wie im Modell mit konstanten Skalenerträgen muß sich die Ökonomie stets auf dem Graphen $V = \psi(L_A)$ befinden. Es gilt $\psi(0) = \infty$,

$$\alpha a \psi'(L_A) = \frac{L}{L_A}\left[f'(L_A) - \frac{f(L_A)}{L_A}\right] - f'(L_A) \leq 0$$

und $\psi(L) = 0$. D.h.: $\psi(L_A)$ beginnt im Unendlichen und fällt, bis es bei $L = L_A$ die L_A-Achse schneidet.

Der Schnittpunkt (V^*, L_A^*) von ψ und $\hat{V} = 0$-Lokus ist ein Steady state. Analog zum vorigen Abschnitt erkennt man, daß die Ökonomie, falls sie nicht sofort in dieses Steady state springt, entweder $V \to \infty$ und $g_A \to 0$ oder $V \to 0$ bei $g_A > 0$ liefert. Beides widerspricht, wie oben gezeigt, rationalen Erwartungen. Damit folgt:

SATZ 15.1: *Die Ökonomie springt sofort in ein eindeutig bestimmtes Steady state mit konstanter, positiver Wachstumsrate.*

Die komparativ-statischen Eigenschaften des Gleichgewichts lassen sich zum Teil direkt aus Abbildung 15.1 ablesen. Zum Beispiel verschiebt eine Erhöhung des Arbeitsangebots die Arbeitsmarktkurve, $\psi(L_A)$, aufwärts, ohne den $\hat{V} = 0$-Lokus zu berühren, so daß L_A und damit die gleichgewichtige Wachstumsrate $g_A = f(L_A)/a$ steigt. Es bietet sich aber an, eine Gleichung in L_A allein zu bilden, die die gleichgewichtige Beschäftigung in der Forschung und damit die gleichgewichtige Wachstumsrate determiniert. Gleichsetzen von $\psi(L_A)$ und der Geradengleichung für den $\hat{V} = 0$-Lokus liefert

$$L - L_A = \frac{\alpha}{1 - \alpha}\left[\frac{a\rho}{f(L_A)/L_A} + L_A\right]. \tag{15.5}$$

Die linke Seite dieser Gleichung ist eine fallende Gerade mit Achsenschnitten L. Bezeichne die rechte Seite als $\phi^*(L_A)$. Offensichtlich gilt $\phi^*(0) = 0$, $(\phi^*)'(L_A) > 0$ und $\phi^*(\infty) = \infty$. Es existiert damit ein eindeutiges $L_A^* > 0$, das (15.5) erfüllt (siehe Abbildung 15.2). Der Schnittpunkt charakterisiert das Steady-state-Gleichgewicht des Modells. Man sieht, daß L_A^* und damit auch die gleichgewichtige Wachstumsrate steigt, wenn das Arbeitsangebot, L, steigt (und sich damit die Gerade $L - L_A$ nach oben verschiebt), wenn die Forschungsproduktivität, $1/a$, steigt, wenn die Diskontrate, ρ, sinkt und wenn die Substitutionselastizität, $\epsilon \equiv 1/(1 - \alpha)$,

15.4. Wohlfahrt

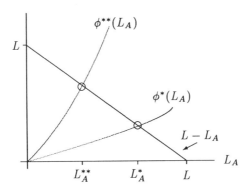

Abbildung 15.2: Gleichgewichtiges und optimales L_A

sinkt (und sich damit $\phi^*(L_A)$ nach unten verschiebt). Man erhält also die normalen komparativ-statischen Ergebnisse. Bis hierhin hat sich durch die Einführung fallender Skalenerträge in F&E keine gravierende Änderung der Dynamik des Modells ergeben.

15.4 Wohlfahrt

Im Modell mit konstanten Skalenerträgen ergab sich eindeutig eine sozial zu niedrige gleichgewichtige Wachstumsrate. Die F&E-Spillover bedingten, daß zu wenig geforscht wird. Im folgenden wird gezeigt, daß im Falle fallender Grenzerträge der Forschung zu viel geforscht werden kann. Der Grund hierfür ist, daß mit abnehmenden Skalenerträgen ein neuer externer Effekt in das Modell eingebracht wird: F&E betreibende Firmen ignorieren, daß ihr Zutritt die Erfolgswahrscheinlichkeit der anderen Unternehmen zwangsläufig senkt. Die Formeln werden eine äquivalente Interpretation nahelegen: Gemäß (15.2) erfolgt Zutritt zu F&E solange wie die *Durchschnittsproduktivität* der Forschung, $f(L_A)/L_A$, hinreichend groß ist. Unter Wohlfahrtsaspekten bemißt sich die Vorteilhaftigkeit weiterer Forschung dagegen natürlich an der *Grenzproduktivität* der Forschung, $f'(L_A)$. Weil schließlich bei fallenden Grenzerträgen der Forschung die Durchschnittsproduktivität stets größer ist als die Grenzproduktivität, besteht ein Anreiz zu übermäßigem Zutritt in den F&E-Sektor.

Um dies formal zu bestätigen, wird die intertemporale Nutzenfunktion gegeben die Ressourcenrestriktion $L = L_A + L_x$ und gegeben die F&E-Technologie (15.1) maximiert. Die zugehörige Hamilton-Funktion lautet

$$\mathcal{H} \equiv \frac{1-\alpha}{\alpha}\ln A + \ln(L - L_A) + \lambda\frac{Af(L_A)}{a},$$

und als notwendige und hinreichende Optimalitätsbedingungen erhält man:

$$\frac{\partial \mathcal{H}}{\partial L_A} = \frac{-1}{L - L_A} + \lambda \frac{A f'(L_A)}{a} = 0 \tag{15.6}$$

$$\dot{\lambda} = \rho\lambda - \frac{\partial \mathcal{H}}{\partial A} = \rho\lambda - \frac{1-\alpha}{\alpha}\frac{1}{A} - \lambda\frac{f(L_A)}{a}. \tag{15.7}$$

Man erkennt bereits, daß hier die Grenzproduktivität, nicht die Durchschnittsproduktivität der F&E-Technologie von Relevanz ist. Definiert man wieder $M \equiv 1/(\lambda A)$, so besagt (15.7) wieder $\hat{M} = (1-\alpha)M/\alpha - \rho$. Weil diese Gleichung instabil ist, nimmt M sofort den Steady-state-Wert $alpha\rho/(1-\alpha)$ ein. Einsetzen in (15.6) liefert eine Gleichung in L_A allein, die implizit die Steady-state-Beschäftigung in F&E determiniert:

$$L - L_A = \frac{\alpha}{1-\alpha}\frac{a\rho}{f'(L_A)} \tag{15.8}$$

Diese Gleichung ist strukturell identisch mit der Bestimmungsgleichung für den Gleichgewichtswert von L_A, (15.5). Bezeichne die rechte Seite als $\phi^{**}(L_A)$ und die Lösung der Gleichung als L_A^{**}. Es gilt nach den Annahmen an f: $\phi^{**}(0) = 0, (\phi^{**})'(L_A) > 0$ und $\phi^{**}(L_A) = \infty$, falls $f'(L_A) = 0$. Das Steady state des optimalen Pfades ist also als Schnittpunkt der fallenden Geraden $L - L_A$ und der steigenden Kurve $\phi^{**}(L_A)$ eindeutig bestimmt (siehe wieder Abbildung 15.2). Die gleichgewichtige Wachstumsrate des technischen Wissens kann zu groß sein. Dies ist genau dann der Fall, wenn $\phi^{**}(L_A^*) > \phi^*(L_A^*)$ ist, d.h. wenn

$$\frac{1}{f'(L_A^*)} - \frac{1}{f(L_A^*)/L_A^*} > \frac{L_A^*}{a\rho} \tag{15.9}$$

gilt. (15.9) ist tendenziell um so eher erfüllt, je größer die Abweichung von Grenz- und Durchschnittsproduktivität der Forschung ist, d.h. wenn der Anreiz zu exzessivem Marktzutritt dominiert. Im folgenden wird die Möglichkeit zu schnellen Wachstums kurz an Beispielen illustriert.

Beispiel 1: Cobb-Douglas-Technologie. Zunächst kann man sich, wie oben bereits angedeutet, vorstellen, daß die F&E-Technologie eine konstante Elastizität $\chi < 1$ in bezug auf den aggregierten Arbeitseinsatz, L_A, aufweist: $f(L_A) = L_A^\chi$ mit $\chi \in (0,1)$ (nach Kortum (1993) ist das relevante Intervall für χ auf $[0,1;0,6]$). In diesem Fall reduziert sich (15.9) auf

$$\frac{1-\chi}{\chi}a\rho > (L_A^*)^\chi.$$

Diese Gleichung ist für hinreichend niedrige Werte von χ sicherlich erfüllt. Da ferner L_A^* mit L steigt und mit α sinkt, ist diese Bedingung auch bei hinreichend kleinem Arbeitsangebot L oder bei hinreichend großer Substitutionselastizität $\epsilon \equiv 1/(1-\alpha)$ erfüllt. Da weiter L_A^* mit a und ρ sinkt,

15.4. Wohlfahrt

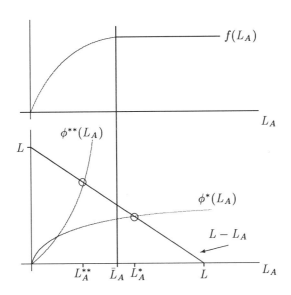

Abbildung 15.3: Zu schnelles Wachstum bei Rent seeking

ist die Bedingung auch bei hinreichend hoher Diskontierung oder genügend niedriger Forschungsproduktivität $1/a$ erfüllt. D.h.: Ist die gleichgewichtige Wachstumsrate $g_A = f(L_A^*)/a$ klein, dann ist das Wachstum noch zu schnell.

Beispiel 2: Rent seeking in der Forschung. Eine weitere Illustration exzessiver Forschung ergibt sich, wenn man annimmt, daß F&E ab einem gewissen Ausmaß reines Rent seeking ist, d.h. wenn zusätzliche Forschung zwar noch private, nicht aber soziale Erträge hat. Sei in diesem Sinne $f'(L_A) = 0$ für alle $L_A \geq \bar{L}_A$, wobei $\bar{L}_A \in (0, L)$. $f(L_A)$ ist im oberen Teil von Abbildung 15.3 dargestellt, bei $L_A = \bar{L}_A$ wird $f(L_A)$ waagerecht. Im unteren Teil werden analog zu Abbildung 15.2 gleichgewichtige und optimale Beschäftigung in F&E bestimmt. $\phi^{**}(L_A)$ wird für $L_A \to \bar{L}_A$ senkrecht und ist für $L_A \geq \bar{L}_A$ nicht definiert. Das optimale Steady state als Schnittpunkt von $L - L_A$ und $\phi^{**}(L_A)$ ist also sicherlich durch $L_A^{**} < \bar{L}_A$ gekennzeichnet: Weitere Forschung ist mangels positiver Grenzerträge redundant. Weil die Durchschnittsproduktivität der Forschung bei $\bar{L}_A$ aber noch positiv ist, ist es ohne weiteres denkbar, daß die gleichgewichtige Beschäftigung in F&E, L_A^*, größer ist als $\bar{L}_A$. Das wird der Fall sein, wenn L, $1/a$, $1/\rho$ und $1/\epsilon$ genügend groß sind. D.h.: Weil sich private Investoren nicht an der marginalen, sondern an der durchschnittlichen Produktivität der Forschung orientieren, kann im Wachstumsgleichgewicht Forschung ohne jegliche soziale Erträge durchaus profitabel sein.

Unsere Wohlfahrtsanalyse hat also gezeigt:

SATZ 15.2 *(Stokey (1995))*: *Die gleichgewichtige Wachstumsrate kann am optimalen Pfad gemessen zu groß oder zu klein sein. Eine Tendenz zu exzessiver Forschung besteht zum Beispiel, wenn F&E ab einem gewissen Maße Rent seeking ohne soziale Erträge ist.*

Man beachte, daß die Beispiele, gemeinsam betrachtet, keine einfache Aussage darüber machen, wann Wachstum zu langsam und wann zu schnell ist. In Beispiel 1 ist relativ langsames Wachstum Bedingung für exzessive Forschung, in Beispiel 2 bedingt umgekehrt relativ schnelles Wachstum tendenziell zu schnelles Wachstum. Dies läßt die scheinbar klaren Wohlfahrtsaussagen und Politikanweisungen aus dem Grundmodell in wesentlich schlechterem Licht dastehen: Erstens ist Subventionierung von Forschung nicht generell wünschenswert. Und zweitens kann es schwierig sein, die Situationen zu identifizieren, in denen sie vorteilhaft ist. Weitere Einwände gegen den Standpunkt, daß F&E-Subventionen Wachstums- und Wohlfahrtsgewinne bringen, liefert Teil IV zur semi-endogenen Wachstumstheorie.

15.5 Schlußfolgerungen

In diesem Kapitel wurde die vereinfachende, aber unrealistische Annahme aufgegeben, daß Forschung konstante Skalenerträge in bezug auf den Arbeitseinsatz der Investoren aufweist. Es wurde gezeigt, daß Romers Vermutung, dies sei für die Dynamik des Modells unerheblich, nur mit Hinblick auf die Gleichgewichtsanalyse zutreffend ist; daß sich aber – anders als im Grundmodell – zu schnelles Wachstum im Gleichgewicht ergeben kann, weil die Unternehmen ignorieren, daß positive individuelle Erfolgswahrscheinlichkeiten nur auf Kosten geringerer Gewinnaussichten der Konkurrenten möglich sind. Dieses Ergebnis wirft weitere Vorbehalte gegenüber der Standard-Politikempfehlung der Neuen Wachstumstheorie – subventioniere Innovation – auf. Es zeigt, daß in hart umkämpften Märkten zusätzliche Forschung nur auf den Erhalt größerer Stücke eines nicht mehr wachsenden Kuchens gerichtet sein mag. Die Attrahierung weiterer Ressourcen mittels Subventionierung von F&E in solchen Märkten ist dann sicherlich ineffizient.

Kapitel 16

Theorie und Fakten II: Neue Wachstumstheorie

Fragen wir hier abschließend analog zu Teil II, inwieweit die Neue Wachstumstheorie die stilisierten Fakten aus Kapitel 2 erklärt. Die Neue Wachstumstheorie entwickelte sich unter der Zielsetzung, endogenes Wachstum (1) durch F&E (3) zu erklären. Dieser Zielsetzung wird die Theorie gerecht. Sie trägt dabei unvollkommenem Wettbewerb (3) Rechnung, positive F&E-Externalitäten (3) werden erfaßt (in der Tat: müssen erfaßt werden), Grundlagenforschung (3) und fallende Lernkurven (6) können verarbeitet werden. In der Romer-Variante mit Kapital wird ferner die positive Korrelation zwischen Wachstumsraten und Investitionsquoten (4) bestätigt. Schließlich kann abgebildet werden, wie in weniger industrialisierten Ländern Imitation durch Learning by doing (5) oder zielgerichtetes Kopieren (3) statt F&E als Motor von Wachstum wirkt. In diesen Punkten bietet die Neue Wachstumstheorie einen erheblichen Fortschritt gegenüber der Neoklassischen Theorie.

Die vorgestellten Modelle weisen aber zwei Probleme auf. Erstens prognostizieren sie (im Widerspruch zu 2) entweder einheitliche Wachstumsraten oder Größeneffekte, je nachdem, ob man man freie internationale Wissensdiffusion unterstellt oder nicht. Ebensowenig wie im Solow-Modell ist freie Wissensdiffusion mit persistenten Wachstumsratendifferenzen kompatibel. Schwerer noch wiegt aber ein zweiter Einwand: Im Widerspruch zu 7 hängt die gleichgewichtige Wachstumsrate in den vorgestellten Modellen von allerlei Politikmaßnahmen ab, insbesondere kann durch F&E-Subventionen, ein geeignetes Grundlagenforschungsbudget oder einen Abbau von Kapitaleinkommensbesteuerung die gleichgewichtige Wachstumsrate gesteigert werden. Angesichts der Fakten scheinen die Möglichkeiten von Wachstumspolitik damit überbetont zu werden.

Man beachte, daß die Neue Wachstumstheorie dort erfolgreich ist, wo das Uzawa-Modell Fragen offen läßt (bei der Klärung der Rolle von F&E

im Wachstumsprozeß), während sie dort kontrafaktische Aussagen macht, wo das Uzawa-Modell treffende Erklärungen bietet (Ausbleiben von Konvergenz, Neutralität von Politikmaßnahmen). Diese Beobachtung legt nahe, daß durch eine geeignete Kombination von Annahmen aus den beiden Theorien ein Modell erzeugt werden kann, das auf die stilisierten Fakten paßt. Eben dieser Vermutung gehe ich im folgenden Teil IV nach.

Teil IV

Semi-endogene Wachstumstheorie

Kapitel 17

Humankapital und Forschung

„*Of course, if you allow for the investment in human capital, the entire picture changes.*"

Punkt 16 aus George J. Stiglers Conference Handbook, das 32 Kommentare auflistet, mit denen fast jeder ökonomische Beitrag kritisiert werden kann

17.1 Einleitung

Wir haben nun die Mechanismen, die als Quellen von Wachstum in Frage kommen, allesamt behandelt. Es wurde gezeigt, daß Kapitalakkumulation allein nur Produktions- nicht Produktivitätswachstum erklären kann. Learning by doing wurde als eine Möglichkeit, Fortschritt zu erklären, herausgestellt. Dieser Ansatz wurde aber als unplausibel abgetan, weil er kontrafaktisch unbegrenzte Lernmöglichkeiten voraussetzt, soll er anhaltendes Wachstum erklären. Wir sahen, wie ein Modell, in dem Grundlagenforschung effizienzsteigernd in der Güterproduktion wirkt, endogenes Wachstum liefern kann, verwarfen aber auch diesen Ansatz, weil Grundlagenforschung nicht einen Input für die Güterproduktion liefert, sondern für die angewandte Forschung. Als nächstes wurde gezeigt, daß Humankapitalakkumulation anhaltendes Produktivitätswachstum im Solow-Modell ermöglicht. Hier wurde kritisiert, daß es unplausibel erscheint, daß ständig weiter ausgebildete Arbeiter an immer gleichen Maschinen einen ständig wachsenden Output erzeugen. Dies führte uns schließlich zu den im vorigen Kapitel vorgestellten F&E-Modellen, in deren Rahmen auch Wachstum durch die Ausnutzung steigender Skalenerträge aufgegriffen wurde.

Stand der Dinge ist, daß wir ein unplausibles Modell mit treffenden empirischen Implikationen haben (das Uzawa-Modell mit Wachstum durch Humankapitalakkumulation) und ein plausibles Modell mit fragwürdigen empirischen Implikationen (das Grossman-Helpman-Romer-Modell mit Wachstum durch F&E). Damit erscheint es aus zwei Gründen sinnvoll, Humankapitalakkumulation à la Uzawa und Lucas in ein F&E-Modell zu integrieren. Erstens, weil die Annahmen dann plausibel sind, und zweitens, weil Aussicht auf brauchbare Implikationen besteht. Zu den Annahmen: Die Kritik am Uzawa-Lucas-Modell richtete sich gerade darauf, daß das erworbene Humankapital nicht in der Forschung eingesetzt wird. Dieser Kritikpunkt wird behoben. Man hat dann ein Modell in dem ein im Zuge von Ausbildung ständig wachsendes Humankapital notwendig ist für langfristig erfolgreiche Forschung, und diese Forschung ist die Triebfeder des Wachstums. Wir erhalten so also ein realistischeres Bild vom Wachstumsprozeß, als wir es bisher haben. Zu den Implikationen: Endogenisieren wir die Humankapitalakkumulation im Grossman-Helpman-Modell, so sind zwei Ergebnisse denkbar. Einerseits mag dies die Analyse komplizieren, ohne daß sich die Qualität der Aussagen erhöht. Das Modell wäre dann den betriebenen Aufwand nicht wert. Andererseits ist aber nicht auszuschließen, daß wir mit einem Ausbildungssektor à la Uzawa und Lucas die plausiblen Implikationen aus dem Humankapitalmodell in das F&E-Modell übertragen können. Wir hätten dann ein plausibles Modell mit treffenden Implikationen.

Hauptkritikpunkt an den F&E-Modellen war die Reagibilität der langfristigen Wachstumsrate in bezug auf Politikmaßnahmen. Es mag daher zunächst eher unwahrscheinlich erscheinen, daß die Implikationen des Modells treffgenauer werden; die *Endogenisierung* des Humankapitals müßte die gleichgewichtige Wachstumsrate *„exogenisieren"*. Die Analyse in diesem und dem nächsten Kapitel wird aber zeigen, daß genau dies der Fall ist. Hat in den F&E-Modellen mit exogenem Arbeitsangebot praktisch alles einen Einfluß auf Wachstumsraten – F&E-Subventionen, Kapitaleinkommensteuern, Wissens-Spillover, Grundlagenforschung –, so ergibt sich mit endogenem Humankapital ein „semi-endogenes" Wachstumsmodell (Jones (1995b, S.761)) in dem Sinne, daß zwar die Quellen des Wachstums (Humankapital und Forschung) endogen sind, die resultierende Wachstumsrate aber unabhängig von fast allem ist: Die externen Effekte von Forschung bedingen *nicht* eine Divergenz von gleichgewichtiger und optimaler Wachstumsrate. Die gleichgewichtige Wachstumsrate kann *nicht* durch Forschungssubventionen beeinflußt werden, sie sinkt *nicht* durch eine Besteuerung von Kapital- und Arbeitseinkommen, und sie ist *unabhängig* von staatlicher Grundlagenforschung. Gibt es ferner keine Unterschiede zwischen Ländern, so haben auch internationale Wissens-Spillover und Handel *keine* Wachtumseffekte. Das Modell liefert fünf weitere interessante Implikationen. Erstens wird der unrealistische Größeneffekt für isolierte Ökonomien aus dem Grossman-Helpman-Modell ausgeräumt; nicht große Länder wachsen schnell, sondern Länder mit effizientem Ausbildungssektor. Zweitens erhält das Modell eine Anpassungsdynamik, es prognostiziert bedingte Konvergenz von technologisch rückständigen Ländern, sofern die über ein hinreichend hohes Humankapital verfügen. Drittens: Externalitäten in der Forschung sind nicht notwendig für anhaltendes Wachstum; anders als in der Neuen Wachstumstheorie kommt es auch ohne Wissens-Spillover zu anhaltendem technischen Fortschritt. Viertens: Unterstellt man – in Anlehnung an die stilisierten Fakten in Kapitel 2 – dennoch positive F&E-Externalitäten, so erhält man eine weitere Abweichung von den Grossman-Helpman-Ergebnissen: Freie internationale Wissensdiffusion führt nicht zu Konvergenz der Wachstumsraten. Und fünftens: Die Wachstumseffekte von internationalem Handel sind in langsam wachsenden Ländern negativ.[1]

Der Beweis dieser Sätze verteilt sich auf dieses und das nächste Kapitel. Im laufenden Kapitel wird die recht technische Gleichgewichtsanalyse durchgeführt, das folgende Kapitel konzentriert sich auf die Ableitung der angesprochenen Neutralitätsresultate. Abschnitt 17.2 zeigt die Annahmen des Modells auf, 17.3 analysiert das Steady-state-Gleichgewicht, 17.4 die Anpassungsdynamik (in einem Appendix wird lokale Stabilität nachgewiesen) und Abschnitt 17.5 – daran anknüpfend – die Implikationen für Konvergenz. In Abschnitt 17.6 wird gezeigt, daß die Analyse auch im Rahmen des Romer-Modells mit physischem Kapital durchgeführt werden kann.

17.2 Modell

In diesem Kapitel wird das Grossman-Helpman-Modell aus Kapitel 8 um einen Ausbildungssektor à la Uzawa und Lucas erweitert. Das resultierende Modell verhält sich also zum Grossman-Helpman-Modell wie das Uzawa- zum Solow-Modell.[2]

Die Konsumenten sind weiterhin durch die intertemporale Nutzenfunktion (3.4) gekennzeichnet, wobei einfachheitshalber wieder der logarithmische ($\sigma = 1$-) Spezialfall verwendet wird. Wie im Uzawa-Modell maximieren sie ihren Nutzen durch eine geeignete Aufteilung ihres Einkommens auf Konsum und Ersparnis *und* durch eine geeignete Verteilung ihrer Arbeitszeit auf Einkommenserzielung und Ausbildung. Die Ausbildungstechnologie (5.1) wird dabei aus dem Uzawa-Modell übernommen:

$$\dot{H} = \delta H_\delta, \quad \delta > \rho \qquad (17.1)$$

---

[1] Eine konzentrierte Fassung dieses und des nächsten Kapitels findet sich bei Arnold (1995d, 1998).

[2] Grossman und Helpman (1991a, Abschnitt 5.2) entwerfen ein alternatives Modell mit „sterblichen" Konsumenten und begrenzter Humankapitalakkumulation.

mit H als Humankapitalbestand und H_δ als Humankapital in der Ausbildung. Sie wurde dort diskutiert. Hier sei nur noch einmal der Hinweis gemacht, daß Linearität in H_δ für gleichgewichtiges Wachstum des Humankapitalstocks unabdingbar ist.

Das Konsumgut, c, wird gemäß der Produktionsfunktion (8.1) aus einer Menge differenzierter Dixit-Stiglitz-Zwischenprodukte gewonnen, die 1:1 aus Humankapital erzeugt werden. Mit H_x als Humankapitaleinsatz in der Produktion (der Zwischenprodukte) gilt bei Symmetrie analog zu (8.2)

$$c = A^{\frac{1-\alpha}{\alpha}} H_x. \tag{17.2}$$

Bezeichne H_A das Humankapital in der Forschung. Damit laute schließlich die F&E-Technologie

$$\dot A = \frac{A^\chi H_A^\psi}{a}, \quad a > 0,\, \psi \in (0,1),\, \chi \in [0,1). \tag{17.3}$$

Hier sind einige Bemerkungen zu machen. Erstens: Wegen $\chi < 1$ liegen fallende Skalenerträge im bestehenden technischen Wissen vor. Die Notwendigkeit dieser Annahme erschließt sich sofort aus der Grossman-Helpman-Romer-F&E-Technologie (8.3), die exponentielles Wachstum von A bei konstantem Arbeitseinsatz liefert. Diese Modellierung würde im vorliegenden Modell mit akkumulierbarem Humankapital zu steigenden Wachstumsraten führen. Um dieses unplausible Szenario zu umgehen, werden fallende Grenzerträge eingebracht. Es folgt $g_A = A^{\chi-1} H_A^\psi / a$ und damit

$$\hat g_A = (\chi - 1) g_A + \psi \hat H_A$$
$$= 0, \text{ wenn } g_A = \frac{\psi \hat H_A}{1-\chi}. \tag{17.4}$$

D.h.: Bei exponentiellem Wachstum des Humankapitals in der Forschung, H_A, resultiert in einem Steady state Wachstum des technischen Wissens mit Rate $\psi \hat H_A/(1-\chi)$. Zweitens: All dies gilt nicht nur für positive χ, sondern auch für $\chi = 0$: Das Modell ist nicht auf Wissens-Spillover angewiesen. Drittens: Wegen $\psi < 1$ wird wie in Kapitel 15 Stauungen in F&E Rechnung getragen. Wie dort wird angenommen, daß eine Firma, die Humankapital ν in der Forschung beschäftigt, einen Anteil ν/H_A der Erfindungen realisiert. Wie immer erhalten Forscher unendlich laufende Patente, es herrscht freier Zutritt zu F&E. Viertens: Es wird keine zusätzliche Annahme über $\psi + \chi$ gemacht; es können sowohl konstante ($\psi + \chi = 1$) als auch fallende (< 1) oder steigende (> 1) Skalenerträge in der Forschung vorliegen. Fünftens: Unten wird begründet, daß die gewählte Cobb-Douglas-Formulierung notwendig für gleichgewichtiges Wachstum ist.

Nochmals also: Hier wird das Grossman-Helpman-F&E-Modell so erweitert wie das Solow-Modell durch Uzawa, wobei die F&E-Technologie so

17.3. Steady-state-Gleichgewicht

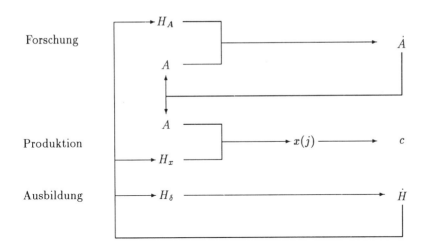

Abbildung 17.1: Struktur des Modells

angepaßt wird, daß es nicht zu steigenden Wachstumsraten des technischen Wissens (und damit des Konsums) kommt. Die resultierende Struktur des Modells ist in Abbildung 17.1 illustriert.

17.3 Steady-state-Gleichgewicht

Konsumenten

Das Nutzenmaximierungsproblem der Konsumenten ist das gleiche wie im Uzawa-Modell. Die Individuen haben über die Aufteilung ihrer Arbeitszeit auf Produktion und Ausbildung sowie über die Aufteilung ihres resultierenden Einkommens auf Konsum und Ersparnis zu entscheiden. Analog zum Grossman-Helpman-Modell sollen die Konsumausgaben als Numéraire herangezogen werden. Ferner erwerben Sparer nicht wie bei Uzawa (Ansprüche auf) physisches Kapital, sondern Anteile an Firmen, die kreditfinanziert Forschung betreiben. Der Wert dieser Firmen wird wie im vorigen Kapitel als V^{-1} bezeichnet. Aufgrund dieser Änderungen in der Notation wird die Ableitung der Optimalitätsbedingungen hier wiederholt. Die Budgetbeschränkung der Konsumenten lautet nun $(V^{-1})\dot{} = rV^{-1} + w(H - H_\delta) - p_c c$. Die intertemporale Nutzenfunktion wird unter den Nebenbedingungen maximiert, daß (17.1) und diese Budgetgleichung eingehalten werden. Die zugehörige Hamilton-Funktion lautet

$$\mathcal{H} \equiv \ln c + \lambda[rV^{-1} + w(H - H_\delta) - p_c c] + \mu \delta H_\delta.$$

Darin bezeichnen λ und μ die Multiplikatorfunktionen für V^{-1} und H.

Notwendig und hinreichend für ein Nutzenmaximum sind folgende Bedingungen:

$$\frac{\partial \mathcal{H}}{\partial c} = \frac{1}{c} - \lambda p_c = 0 \qquad (17.5)$$

$$\dot{\lambda} = \rho\lambda - \frac{\partial \mathcal{H}}{\partial(V^{-1})} = \lambda(\rho - r) \qquad (17.6)$$

$$\frac{\partial \mathcal{H}}{\partial H_\delta} = -\lambda w + \mu\delta \leq 0, =, \text{ falls } H_\delta > 0 \qquad (17.7)$$

$$\dot{\mu} = \rho\mu - \frac{\partial \mathcal{H}}{\partial H} = \rho\mu - \lambda w. \qquad (17.8)$$

Die Interpretation ist die gleiche wie in Kapitel 5. Wie dort konzentrieren wir uns auf ein Wachstumsgleichgewicht mit positiven Ausbildungsinvestitionen, d.h. $H_\delta > 0$, in dem (17.7) mit Gleichheit erfüllt ist. Mit den Konsumausgaben, $p_c c$, als Numéraire ist nach (17.5) λ konstant, so daß gemäß (17.6) wie im Grossman-Helpman-Modell der Zinssatz, r, der Diskontrate, ρ, entspricht. Ferner besagt Konstanz von λ mit (17.7) $\hat{\mu} = \hat{w}$. Damit folgt nach Substitution aus (17.8) in (17.7)

$$\hat{w} = \rho - \delta. \qquad (17.9)$$

Damit in einem Gleichgewicht in Ausbildung investiert wird, muß der Lohn mit Rate $\rho - \delta$ wachsen, um so schneller also, je stärker zukünftige Einkommen diskontiert werden und je weniger produktiv Ausbildung ist. Diese Bedingung ist das Analogon zu (5.11) im Uzawa-Modell.

Produzenten

Die Endprodukthersteller fragen wie gehabt die Zwischenprodukte nach, bis deren Grenzproduktivitäten ihren Preisen entsprechen. Das liefert Nachfragekurven für die einzelnen Zwischenprodukte mit konstanter Elastizität $\epsilon \equiv 1/(1-\alpha)$. Die Zwischenprodukthersteller realisieren (einheitliche) Monopolgewinne $\pi = (1-\alpha)/A$ durch einen (einheitlichen) Aufschlagspreis $p = w/\alpha$ und symmetrische Ausbringungsmengen, x. Bezeichne wie gehabt $v(t) \equiv \int_t^\infty e^{-\rho(\tau-t)}\pi(\tau)d\tau$ den Barwert der Monopolgewinne für ein im Zeitpunkt t erfundenes Zwischenprodukt. Der aggregierte Firmenwert ist dann durch Av gegeben, und weil Anteile an F&E betreibenden Firmen die einzigen Wertpapiere sind, folgt $V^{-1} = Av$. Freier Zutritt verlangt dann $w\nu - v\dot{A}\nu/H_A = 0$ oder

$$w = \frac{g_A}{V H_A}. \qquad (17.10)$$

Man beachte, daß wegen unendlicher Grenzproduktivität von Humankapital in der Forschung bei $H_A = 0$ (17.10) nicht als Ungleichung formuliert werden muß. Man beachte ferner, daß weiter die Arbitrage-Bedingung

$$\hat{V} = (1-\alpha)V - \rho - g_A \qquad (17.11)$$

17.3. Steady-state-Gleichgewicht

gilt, denn v und V sind genauso definiert wie im Grossman-Helpman-Modell, und auch der Ausdruck für die Monopolgewinne, π, ist der gleiche wie dort.

Steady-state-Gleichgewicht

Gemäß Numérairewahl gilt $H_x = Ax = 1/p = \alpha/w$. Mit (17.9) folgt

$$\hat{H}_x = -\hat{w} = \delta - \rho. \tag{17.12}$$

In diesem Abschnitt konzentrieren wir uns auf die Steady-state-Lösung des Modells. Im Steady state ist nach (17.11) V ebenso wie g_A konstant. (17.10) liefert dann $\hat{H}_A = -\hat{w} = \delta - \rho$. Humankapital in Produktion und Forschung wachsen mit der Uzawa-Wachstumsrate, $\delta - \rho$. Daß H und H_δ ebenfalls mit dieser Rate wachsen, folgt aus der Arbeitsmarkträumungsbedingung

$$\begin{aligned} H_A + \frac{\alpha}{w} &= H - H_\delta \\ &= H\left(1 - \frac{g_H}{\delta}\right) \end{aligned} \tag{17.13}$$

(die letzte Gleichheit folgt aus der Ausbildungstechnologie (17.1)). Weil die linke Seite mit Rate $\delta - \rho$ wächst, muß auch die rechte mit Rate $\delta - \rho$ wachsen, d.h. $g_H = \delta - \rho$. Mit $g_H = \delta H_\delta / H$ ergibt sich $\hat{H}_\delta = \delta - \rho$. Die Steady-state-Wachstumsrate des technischen Wissens, A, folgt schließlich aus (17.4): $g_A = \psi(\delta - \rho)/(1 - \chi)$. Zusammengefaßt:

SATZ 17.1: *Im Steady state wächst das Humankapital mit Rate*

$g_H = \delta - \rho$

und das technische Wissen mit mit Rate

$$g_A = \frac{\psi}{1 - \chi}(\delta - \rho).$$

Gemäß (17.2) und Symmetrie wächst die Produktion, c, schließlich mit Rate $g_c = (1-\alpha)g_A/\alpha + g_H$. Im Falle konstanter Skalenerträge vereinfacht sich dies zu $g_c = (\delta - \rho)/\alpha$. Das Wachstum ist also um so schneller, je schwächer Zukunftsnutzen diskontiert wird (je kleiner ρ) und je größer die Elastizitäten (ψ und χ) der F&E-Produktionsfunktion sind. Ferner tritt die Produktivität der Ausbildung, δ, an die Stelle des exogenen Arbeitsangebots im Grossman-Helpman-Modells. Dies ist alles eher als überraschend, stellt aber eine größere Konformität mit empirischen Beobachtungen her: Nicht große Länder wachsen schnell, sondern solche mit einem effizienten Bildungssektor.[3] Nochmals der Hinweis: Dieses Ergebnis umfaßt fallende

---

[3] Jones (1995b) zeigt, daß mit Bevölkerungswachstum statt Humankapitalakkumulation die Bevölkerungswachstumsrate an die Stelle des Ausdrucks $\delta - \rho$ tritt (wie beim Übergang vom Uzawa- zum Solow-Modell). Ich verzichte hier auf die Darstellung seines Modells, weil es den kontrafaktischen Größeneffekt eliminiert, indem es kontrafaktisch eine positive Korrelation zwischen Bevölkerungswachstumsrate und Wachstumsrate der Produktivität herstellt, und weil Bevölkerungswachstum hier generell ausgeblendet wurde.

($\psi + \chi < 1$), konstante (= 1) und steigende (> 1) Skalenerträge in der Forschung, an ψ und χ müssen keine exakten Annahmen gemacht werden. Das sollte aber nicht darüber hinwegtäuschen, daß das Ergebnis mit der exakten Ausgestaltung der Ausbildungstechnologie steht und fällt. Es gibt hier kein Wachstum ohne Humankapitalwachstum, und damit exponentielles Humankapitalwachstum resultiert, muß $\dot{H}$ (17.1) eine exakt konstante Grenzproduktivität in bezug auf H_δ aufweisen.

Ein zweiter Blick auf die Steady-state-Wachstumsrate
Im vorigen Abschnitt wurden die (Steady-state-) Wachstumsraten von Humankapital und technischem Wissen unter der (Steady-state-) Voraussetzung abgeleitet, daß sie konstant sind. Dabei stellte sich unter anderem heraus, daß die Anteile des Humankapitals in den verschiedenen Verwendungen dann konstant sind: $g_H = \hat{H}_x = \hat{H}_A = \hat{H}_\delta$. Die Ableitung von Satz 17.1 vereinfacht sich noch einmal deutlich, wenn man man zusätzlich zur Steady-state-Annahme *unterstellt*, daß Humankapital in allen Verwendungen gleich schnell wächst: Gemäß (17.9) wächst der Lohnsatz mit Rate $\hat{w} = \rho - \delta$ (damit in Humankapital investiert wird); nach (17.12) wächst das Humankapital dann in einem Steady state mit gleichbleibender Humankapitalallokation mit Rate $g_H = -\hat{w} = \delta - \rho$; dies übersetzt sich nach (17.4) schließlich in eine Fortschrittsrate $g_A = \psi g_H/(1-\chi) = \psi(\delta - \rho)/(1-\chi)$, wie in Satz 17.1 festgehalten.

Für die Ermittlung der Wachstumsraten in einem Steady state mit fixer Humankapitalaufteilung benötigt man also sehr wenig ökonomische Information. (17.4) ist eine rein technologische Bedingung. Auch Gleichung (17.12) ist, gegeben die Numérairewahl nichts weiter als eine schwache Konsistenzforderung: Sie verlangt, daß die Lohneinkommen, wH_x, einen konstanten Anteil des Umsatzes im Endproduktsektor, $E = 1$, beanspruchen; oder – äquivalent –, daß der Preis-Grenzkosten-Aufschlag konstant ist ($p/w = 1/(wH_x)$), so daß die Gewinne nicht „explodieren". Alles hängt also an der Bedingung für Inanspruchnahme von Ausbildung (17.9), die Arbitrage-Gleichung wird hier ebensowenig benötigt wie die Bedingungen für freien Zutritt zu F&E und Arbeitsmarkträumung! Bei der Analyse von Politikmaßnahmen im folgenden Kapitel werde ich mich platzeshalber oft auf die Betrachtung von Steady states mit fixer Humankapitalaufteilung beschränken und an diesen drei Bedingungen entlanggehen.

Ein zweiter Blick auf die F&E-Technologie
Oben wurde darauf hingewiesen, inwiefern sich die F&E-Technologie (17.3) von der Grossman-Helpman-Romer-Technologie (8.3) abgrenzt. Hauptunterschied ist, daß bei (8.3) die Wachstumsrate technischen Wissens steigt, wenn ein steigender *Anteil* der verfügbaren Arbeitskraft in F&E eingesetzt wird, wohingegen in (17.3) die *Wachstumsrate* des Humankapitals gesteigert werden muß, um beschleunigten technischen Fortschritt zu realisieren.

17.3. Steady-state-Gleichgewicht

Da Größen wie technisches Wissen und Humankapital nicht direkt beobachtbar sind, ist nicht a priori klar, ob einer der beiden Ansätze größere Plausibilität beanspruchen kann. Jones (1995a,b) liefert aber ein stichhaltiges Argument gegen die Grossman-Helpman-Technologie: Wie in Abschnitt 2.3.3 herausgestellt, stiegen während der gesamten Nachkriegszeit die F&E-Ausgaben in den OECD-Nationen deutlich schneller als das Sozialprodukt. In den USA beispielsweise verfünffachte sich die Anzahl von Angestellten in F&E-Labors zwischen 1950 und 1988, in Japan verdreieinhalbfachte sie sich zwischen 1965 und 1987. Gemäß der F&E-Technologie (8.3) wären merklich steigende Produktivitätswachstumsraten zu erwarten gewesen, Größeneffekte im Sinne von Satz 8.1; die aber blieben aus. Jones (1995b, S.762) folgert zu Recht:

„The assumption embedded in the R&D equation that the growth rate of the economy is proportional to the level of resources devoted to R&D is obviously false."

Die Technologie (17.3) mit fallenden Grenzproduktivitäten liefert nicht nur einleuchtendere Resultate, sie ist von vornherein plausibler als (8.3).[4]

Fallende Grenzproduktivitäten implizieren natürlich nicht die gewählte Cobb-Douglas-Form der F&E-Technologie. Wie oben angekündigt, kann aber gezeigt werden, daß sie notwendig für Steady-state-Wachstum ist. Dazu sei von der allgemeineren Technologie $\dot{A} = F(H_A, A)$ ausgegangen. Damit gilt $g_A = F(H_A, A)/A$ und so $\hat{g}_A = \eta_H \hat{H}_A + (\eta_A - 1)g_A$ mit $\eta_H \equiv \partial F/\partial H_A \cdot H_A/F$ als Elastizität von F in bezug auf den Humankapitaleinsatz, H_A, und η_A als Elastizität in bezug auf den Wissensstand, A. In einem Steady state mit konstanten g_A und $\hat{H}_A$ gilt folglich

$$g_A = \frac{\eta_H}{1 - \eta_A} \hat{H}_A.$$

Hier erkennt man zwei Möglichkeiten, die sichern, daß diese Gleichung erfüllt ist. Erstens: Die Elastizitäten sind konstant. Definiert man dann $\eta_H \equiv \psi$ und $\eta_A \equiv \chi$, dann ist man bei der Cobb-Douglas-Funktion aus (17.3). Zweitens: Es liegen konstante Skalenerträge vor, so daß $\eta_H + \eta_A = 1$.[5] Dann gilt $g_A = \hat{H}_A$, und es kann auf die Cobb-Douglas-Annahme verzichtet werden. Alle hier im folgenden für den Fall $\psi + \chi = 1$ abgeleiteten Resultate lassen sich auch unter der schwächeren Annahme ableiten, daß F konstante Skalenerträge aufweist.

---

[4] Das oben angesprochene Modell von Grossman und Helpman (1991a, Abschnitt 5.2) mit begrenzter Humankapitalakkumulation basiert auf der „offensichtlich falschen" F&E-Technologie (8.3).

[5] Ist F homogen vom Grade ω, dann gilt $F(\lambda H_A, \lambda A) = \lambda^\omega F(H_A, A)$ für alle $\lambda > 0$. Ableiten nach λ liefert $\partial F(\lambda H_A, \lambda A)/\partial(\lambda H_A) \cdot H_A + \partial F(\lambda H_A, \lambda A)/\partial(\lambda A) \cdot A = \omega \lambda^{\omega - 1} F(H_A, A)$. Mit $\lambda = 1$ folgt nach Teilen durch F: $\eta_H + \eta_A = \omega$; die partiellen Faktorelastizitäten addieren sich zur Skalenelastizität auf. Bei konstanten Skalenerträgen, d.h. Linearhomogenität, folgt die im Text verwendete Formel $\eta_H + \eta_A = 1$ mit $\omega = 1$.

Dies läßt sich an der Bestimmung der gleichgewichtigen Wachstumsrate illustrieren. Wie oben gelten (17.9) und (17.12), so daß $g_H = \delta - \rho$. Aus $g_A = \hat{H}_A$ folgt dann für ein Steady state $g_A = \delta - \rho$. Ich verzichte im folgenden der Kürze halber auf die gesonderte Ableitung der Resultate mit allgemeiner linearhomogener Technologie F. Dann muß die in (17.3) gemachte Cobb-Douglas-Annahme erfüllt sein.[6]

17.4 Stabilität

In diesem Abschnitt wird bewiesen, daß das oben beschriebene Steady-state-Gleichgewicht sattelpunktstabil ist: Für beliebige Anfangsausstattungen an Humankapital und Wissen existiert genau ein Pfad in das Steady-state-Gleichgewicht, der allen Gleichgewichtsbedingungen genügt. Dazu wird das Modell zunächst auf ein System in den drei Variablen V, g_A und $\xi \equiv H/A^{(1-\chi)/\psi}$ reduziert. Weil H im Steady state mit Rate $g_H = \delta - \rho = (1-\chi)g_A/\psi$ wächst, ist neben V und g_A auch ξ im Steady state konstant. Mit der Arbitrage-Bedingung (17.11) hat man bereits eine Gleichung in V und g_A allein:

$$\hat{V} = (1-\alpha)V - \rho - g_A.$$

Eine zweite Gleichung erhält man durch Differenzieren der Zutrittsbedingung (17.10) und Substituieren von $\hat{w}$ aus (17.9), von $\hat{V}$ aus (17.11) und von $\hat{H}_A$ aus (17.4):

$$\begin{aligned}
\hat{w} &= \hat{g}_A - \hat{V} - \hat{H}_A \\
\rho - \delta &= \hat{g}_A - (1-\alpha)V + \rho + g_A - \frac{g_A + (1-\chi)g_A}{\psi} \\
\hat{g}_A &= \frac{(\psi + \chi - 1)g_A + \psi[\delta - (1-\alpha)V]}{1-\psi}.
\end{aligned} \qquad (17.14)$$

Schließlich benötigt man eine Gleichung für $\hat{\xi}$:

$$\begin{aligned}
\hat{\xi} &= g_H - \frac{1-\chi}{\psi}g_A \\
&= \frac{\delta H_\delta}{H} - \frac{1-\chi}{\psi}g_A \\
&= \delta\left(1 - \frac{H_A + \frac{\alpha}{w}}{H}\right) - \frac{1-\chi}{\psi}g_A
\end{aligned}$$

---

[6] Das läßt sich rigoros zeigen für den Fall, daß F homogen ist. Dann gilt nämlich gemäß der vorigen Fußnote $\eta_H + \eta_A = \omega$ mit ω als Homogenitätsgrad. Damit folgt $g_A = \eta_H \hat{H}_A/(\omega - \eta_H)$. D.h.: η_H (und damit auch η_A) muß konstant sein, F muß die Cobb-Douglas-Form haben.

17.4. Stabilität

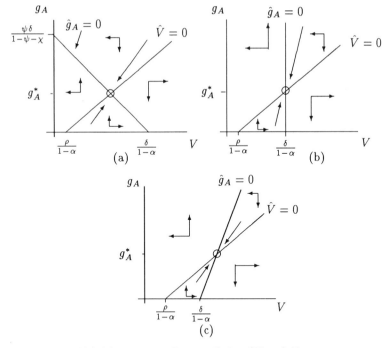

Abbildung 17.1: Dynamik im (V, g_A)-Raum

$$
\begin{aligned}
&= \delta \left[1 - \frac{H_A \left(1 + \frac{\alpha V}{g_A}\right)}{H} \right] - \frac{1-\chi}{\psi} g_A \\
&= \delta \left[1 - \frac{A^{\frac{1-\chi}{\psi}}}{H} (a g_A)^{\frac{1}{\psi}} \left(1 + \frac{\alpha V}{g_A}\right) \right] - \frac{1-\chi}{\psi} g_A \\
&= \delta \left[1 - \frac{(a g_A)^{\frac{1}{\psi}} + \alpha a (a g_A)^{\frac{1-\psi}{\psi}} V}{\xi} \right] - \frac{1-\chi}{\psi} g_A. \quad (17.15)
\end{aligned}
$$

Dies folgt der Reihe nach aus der Definition von ξ, der Ausbildungstechnologie (17.1), der Arbeitsmarkträumungsbedingung (17.13), der Zutrittsbedingung (17.10), der F&E-Technologie (17.4) und nochmals der Definition von ξ. (17.11), (17.14) und (17.15) bilden das gesuchte System in V, g_A und ξ.

Im folgenden wird eine Phasendiagrammanalyse dieses Systems vorgenommen (eine lokale Stabilitätsanalyse anhand der Überprüfung der Eigenwerte des um das Steady state linearisierten Systems findet sich im Appendix zu diesem Kapitel). Das dreidimensionale System ist deshalb einer graphischen Analyse zugänglich, weil es separierbar ist: (17.11) und (17.14) bilden ein zweidimensionales System in V und g_A. Nachdem in

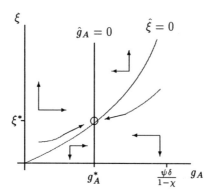

Abbildung 17.3: Dynamik von ξ

diesem reduzierten System die Gleichgewichtspfade für V und g_A ermittelt sind, kann (17.15) nach dem Gleichgewichtspfad von ξ gelöst werden. Steady-state-Werte werden wie üblich durch einen „*" gekennzeichnet. Betrachten wir zunächst also das zweidimensionale System (17.11), (17.14) im (V, g_A)-Raum. Die Lösung wird durch die Phasendiagramme in Abbildung 17.2 veranschaulicht. Der $\hat{V} = 0$-Lokus ist durch $g_A = (1-\alpha)V - \rho$ gegeben, eine steigende Gerade mit V-Achsenschnitt bei $\rho/(1-\alpha)$. Über dem $\hat{V} = 0$-Lokus ist $\hat{V} > 0$, darunter gilt $\hat{V} < 0$. Der $\hat{g}_A = 0$-Lokus ist verschiedener Gestalt, je nachdem, ob (a) $\psi + \chi < 1$, (b) $= 1$ oder (c) > 1 ist. Gemäß (17.14) ist nämlich $\hat{g}_A = 0$, wenn genau

$$g_A = \frac{\psi}{1 - \psi - \chi}[\delta - (1-\alpha)V].$$

Der $\hat{g}_A = 0$-Lokus schneidet also in allen drei Fällen die V-Achse bei $\delta/(1-\alpha)$, rechts vom Achsenschnitt des $\hat{V} = 0$-Lokus. Er hat die Steigung $-\psi(1-\alpha)/(1-\psi-\chi)$. (a) Für $\psi + \chi < 1$ fällt er also. (b) Für $\psi + \chi = 1$ reduziert sich (17.14) auf $\hat{g}_A = \psi[\delta - (1-\alpha)V]/(1-\psi)$, und der $\hat{g}_A = 0$-Lokus ist senkrecht. (c) Für $\psi + \chi > 1$ schließlich verläuft er steigend. Jeweils existiert ein eindeutiger Schnittpunkt der beiden stationären Loki, mithin ein eindeutiges Steady state. Ferner stellt man fest, daß in allen drei Fällen ein eindeutiger Sattelpfad in das Steady state existiert und daß dieser Sattelpfad monoton steigt.

Um zu zeigen, daß (V^*, g_A^*, ξ^*) ein Sattelpunkt im dreidimensionalen System ist, verbleibt es zu zeigen, daß ein eindeutiger Pfad existiert, auf dem ξ gegen ξ^* konvergiert, wenn V und g_A ihren Sattelpfad im zweidimensionalen System verfolgen. Daß dies in der Tat so ist, illustriert Abbildung 17.3 im (g_A, ξ)-Raum. Weil g_A monoton seinem Steady-state-Wert zustrebt, ist hier $\hat{g}_A = 0$ auf der Vertikalen durch g_A^*, $\hat{g}_A > 0$ links davon und $\hat{g}_A < 0$

zur rechten. Ferner ist nach (17.15) $\hat{\xi} = 0$ für

$$\xi = \frac{(ag_A)^{\frac{1}{\psi}} + \alpha a(ag_A)^{\frac{1-\psi}{\psi}} V}{1 - \frac{1-\chi}{\psi}\frac{g_A}{\delta}}.$$

Weil entlang des Sattelpfades im (V, g_A)-Raum V mit g_A steigt, ist der $\hat{\xi} = 0$-Lokus monoton steigend, solange der Nenner obiger Gleichung positiv ist, d.h. für $g_A < \psi\delta/(1-\psi)$. Bei $g_A = \psi\delta/(1-\psi)$ liegt eine Polstelle des $\hat{\xi} = 0$-Lokus vor. Ferner geht nach Abbildung 17.2 g_A für einen endlichen positiven Wert von V (nämlich $\rho/(1-\alpha)$) gegen Null, so daß der $\hat{\xi} = 0$-Lokus in Abbildung 17.3 im Ursprung beginnt. Gemäß (17.15) ist darüber $\hat{\xi} > 0$ und darunter $\hat{\xi} < 0$. Damit sieht man, daß auch hier ein eindeutiger und monoton steigender Sattelpfad ins Gleichgewicht existiert:[7]

SATZ 17.2: *Es existiert ein eindeutiger Sattelpfad in das Steady-state-Gleichgewicht des Modells.*

Es wird hier nur gezeigt, daß ein solcher Sattelpfad existiert, und nicht, daß alle anderen Trajektorien als Gleichgewichtspfade nicht in Frage kommen. Man beachte aber, daß gemäß den Phasendiagrammen in den Abbildungen 17.2 und 17.3 die anderen Pfade allesamt explosiv sind. Beachte ferner, daß ξ_0 mit A_0 und H_0 im Anfangszeitpunkt $t = 0$ historisch vorgegeben ist. Damit ist ein eindeutiger Startpunkt auf dem Sattelpfad in Abbildung 17.3 definiert, und mit dem implizierten g_A-Wert wiederum ein eindeutiger Startpunkt auf dem Sattelpfad in Abbildung 17.2.

17.5 Konvergenz

Betrachten wir nun zwei isolierte Ökonomien mit identischen Parameterwerten $(\delta, \rho, a, \psi, \chi, \alpha)$, aber differierenden Anfangsausstattungen an Humankapital und technischem Wissen, H_0 und A_0. Es wird gezeigt, daß wie in Uzawa- und Grossman-Helpman-Modell die Arbeitsproduktivitäten nicht konvergieren, daß aber unter gewissen plausiblen Umständen dennoch ein Aufholprozeß rückständiger Länder zu erwarten ist.

Zunächst werden zwei Ökonomien mit gleichem $\xi_0 \equiv H_0/A_0^{(1-\chi)/\psi}$ betrachtet, von denen die eine im Ausgangszeitpunkt $t = 0$ sowohl mehr Humankapital besitzt als auch einen höheren Stand technischen Wissens.

---

[7] Das Gleichgewicht ist instabil, wenn man zugleich Absenz von Wissens-Spillovern ($\chi = 0$) und Absenz von Stauungen in F&E ($\psi = 1$) unterstellt. Die F&E-Technologie lautet dann $\dot{A} = H_A/a$, so daß $\hat{g}_A = \hat{H}_A - g_A$. Substituieren aus (17.9), (17.10) und (17.11) zeigt, daß g_A und V dann keine Anpassungsdynamik haben und sofort ihre Steady-state-Werte, $g_A = \delta - \rho$ und $V = \delta/(1-\alpha)$, annehmen. Dann liefert (17.15) aber eine instabile Gleichung in ξ allein: $\hat{\xi} = \rho - a\delta[\delta/(1-\alpha) - \rho]/\xi$.

Wegen identischer Parameterwerte sind die Phasendiagramme in den Abbildungen 17.2 und 17.3 für diese beiden Wirtschaften identisch. Ferner beginnen beide Länder auf dem selben Punkt des Sattelpfades in Abbildung 17.3 und damit auch auf dem selben Punkt des Sattelpfades in Abbildung 17.2, weil sie in ihrem ξ_0 übereinstimmen. Für alle $t \geq 0$ sind also $g_A(t)$ und $\xi(t)$ für beide Länder gleich. Das heißt aber, daß die anfängliche Divergenz in den Faktorausstattungen erhalten bleibt. Hat die eine Ökonomie in $t = 0$ doppelt soviel Humankapital wie die andere und $2^{\psi/(1-\chi)}$ Mal soviel technisches Wissen, so hat sie in jedem folgenden Zeitpunkt weiterhin doppelt soviel Humankapital und $2^{\psi/(1-\chi)}$ Mal soviel technisches Wissen. Das Land mit den größeren Faktorausstattungen im Ausgangszeitpunkt behält stets die größeren Faktorbestände und produziert mehr. Da die Arbeitszeit pro Arbeiter ebenso wie die Anzahl der Arbeiter stets gleich bleibt, bleiben auch die gemessenen Arbeitsproduktivitäten verschieden. Hier spielen also neben den Technologien und Präferenzen auch die historisch gegebenen Anfangsbedingungen eine Rolle bei der langfristigen Bestimmung der Lebensstandards.

Um zu zeigen, daß es dennoch unter plausiblen Rahmenbedingungen zu Aufholprozessen kommt, ein zweites Beispiel: (17.2) und (17.9) gelten nicht nur im Steady state und liefern zusammen mit $H_x = \alpha/w$:

$$g_c = \frac{1-\alpha}{\alpha} g_A + (\delta - \rho).$$

Das Sozialprodukt wächst also genau dann relativ schnell, wenn das technische Wissen, A, relativ schnell wächst. Das ist aber gemäß Abbildung 17.3 genau dann der Fall, wenn ξ groß ist, d.h. H groß relativ zu A. Es kommt hier also zu einem Aufholprozeß, wenn Länder, die noch nicht viel Forschung betrieben haben, über einen relativ hohen Humankapitalbestand verfügen. Dies ist die Vorstellung, die Abramowitz (1986) und Baumol (1986) in ihren Papieren zu Konvergenz vertraten.[8]

17.6 Kapitalakkumulation

Bevor wir dieses Kapitel verlassen, soll darauf hingewiesen sein, daß man die gesamte Analyse statt im Rahmen des Grossman-Helpman-Modells auch auf Grundlage des Romer-Modells aus Kapitel 9 durchführen kann. Um dies zu illustrieren, sei an dieser Stelle kurz eine Steady-state-Analyse des Romer-Modells mit Humankapitalakkumulation nachgereicht. Es wird also die Ausbildungstechnologie (17.1) ins Romer-Modell eingefügt und die

---

[8] Dieser Konvergenz-Mechanismus ist nicht zu verwechseln mit einem Aufholprozeß durch Adoption von im Ausland akkumuliertem Wissen; hier wird eine „isolierte" Ökonomie ohne jegliche Beziehungen zum Ausland betrachtet.

17.6. Kapitalakkumulation

F&E-Technologie (8.3) durch die Jones-Technologie (17.3) ersetzt. Alle weiteren Annahmen werden aus dem Romer-Modell übernommen. Insbesondere lautet die Produktionsfunktion: $Y = H_Y^{1-\alpha} \int_0^A x(j)^\alpha dj = c + \dot{K}$ mit H_Y als Humankapital in der Güterproduktion.

SATZ 17.3: *Im Romer-Modell mit endogenem Humankapital wächst das Humankapital mit Rate $g_H = \delta - \rho$ und das technische Wissen mit Rate*

$$g_A = \frac{\psi}{1-\chi}(\delta - \rho).$$

Beweis: Wegen der Produktionsfunktion (bei Symmetrie), $Y = K^\alpha (AH_Y)^{1-\alpha}$, wachsen im Steady state – wie im Solow- und im Romer-Modell – Produktion, Kapital und Konsum mit der gleichen Rate (g) wie Humankapital in Effizienzeinheiten, AH_Y: $g_Y = g_K = g_c = g_A + \hat{H}_Y \equiv g$. Wir konzentrieren uns – wie im Romer-Modell – auf ein solches Steady-state-Gleichgewicht. Um die direkte Vergleichbarkeit mit dem Romer-Modell herzustellen, wird wie dort das Endprodukt als Numéraire gewählt. Weil die Lohnkosten im Endproduktsektor einen Anteil $1 - \alpha$ des Umsatzes absorbieren ($wH_Y = (1-\alpha)Y$) gilt dann $\hat{H}_Y = g - \hat{w}$. Mit $p_c = 1$ folgt ferner aus den Nutzenmaximierungsbedingungen (17.5)-(17.8) die gewohnte Ramsey-Regel, $g = g_c = r - \rho$ und damit die für Humankapitalinvestitionen notwendige Wachstumsrate des Lohnsatzes, $\hat{w} = r - \delta$. Zusammengenommen folgt

$$\hat{H}_Y = g - \hat{w} = \delta - \rho.$$

Für die Monopolgewinne der Zwischenprodukthersteller erhält man den gleichen Ausdruck wie in Kapitel 9. Unverändert bleibt mithin auch die Arbitrage-Bedingung (9.7):

$$\hat{v} = r - \alpha(1-\alpha)\frac{Y}{Av}.$$

Freier Zutritt zu F&E verlangt ferner $w\nu = v\dot{A}\nu/H_A$ oder

$$w = \frac{vA}{H_A}g_A.$$

Gemäß der Arbitrage-Bedingung ist $Y/(Av)$ im Steady state konstant, d.h. $g = g_A + \hat{v}$. Aus der Zutrittsbedingung folgt weiter die Steady-state-Beziehung $\hat{w} = \hat{v} + g_A - \hat{H}_A$. Zusammen folgt

$$\hat{H}_A = g - \hat{w} = \delta - \rho.$$

Mit H_Y und H_A wächst natürlich auch die Summe, $H_Y + H_A$, mit Rate $\delta - \rho$. Aus der Arbeitsmarkträumungsbedingung $H - H_\delta = H_A + H_Y$ folgt dann, daß $H - H_\delta$ ebenfalls mit Rate $\delta - \rho$ wachsen muß. Weil schließlich gemäß der Ausbildungstechnologie (17.1) $H - H_\delta = H(1 - g_H/\delta)$ gilt, folgt

$$g_H = \hat{H}_\delta = \hat{H}_Y = \hat{H}_A = \delta - \rho$$

für das Steady state. Die gleichgewichtige Wachstumsrate des technischen Wissens ergibt sich dann aus der F&E-Technologie (17.3):

$$g_A = \frac{\psi}{1-\chi}\hat{H}_A = \frac{\psi}{1-\chi}(\delta - \rho),$$

wie in Satz 17.3 behauptet. q.e.d.

Die Wachstumsraten von Humankapital und technischem Wissen sind also die gleichen wie im Modell ohne Kapital aus den vorangegangenen Abschnitten. Die Steady-state-Wachstumsrate von Sozialprodukt, Kapital und Konsum entspricht

$$g = g_A + \hat{H}_Y = \frac{1-\chi+\psi}{1-\chi}(\delta - \rho).$$

Es sei an dieser Stelle bemerkt, daß Ausbildungsinvestitionen und Kapitalinvestitionen – wie in unseren stilisierten Fakten und im Uzawa-Modell – positiv mit der Steady-state-Wachstumsrate korreliert sind. Für die Ausbildungsinvestitionen gilt

$$u \equiv \frac{H_\delta}{H} = \frac{g_H}{\delta} = 1 - \frac{\rho}{\delta}.$$

Sie steigen – wie die gleichgewichtige Wachstumsrate – mit steigendem δ und fallendem ρ. Für die Investitionsquote erhält man

$$s \equiv \frac{\dot{K}}{Y} = \frac{g}{Y/K} = \frac{\alpha g}{p} = \frac{\alpha^2 g}{r} = \frac{\alpha^2}{1+\frac{\rho}{g}}.$$

Die dritte Gleichheit gilt, weil die Kapitalkosten einen Anteil α des Umsatzes ausschöpfen ($\alpha Y = Apx = pK$), die vierte folgt aus der Aufschlagpreisregel ($p = r/\alpha$) und die fünfte aus der Ramsey-Regel ($g = r - \rho$). Weil mit zunehmender Diskontierung (steigendem ρ) die Wachstumsrate (g) sinkt, fällt auch die Investitionsquote (s). Ferner steigt die Investitionsquote über eine steigende Wachstumsrate mit zunehmender Ausbildungsproduktivität und zunehmendem Arbeitsangebot in Effizienzeinheiten. Wie bereits im Romer-Modell bemerkt, kann dieser positive Zusammenhang zwischen Investitionen und Wachstum als Evidenz für endogenes Wachstum interpretiert werden.

17.7 Ausblick

Wir verlassen dieses etwas technische Kapitel ohne eine ausführliche Interpretation der Ergebnisse. Die ökonomischen Implikationen der Resultate werden im folgenden Kapitel diskutiert.

Appendix: Lokale Stabilitätsanalyse

In diesem Anhang wird die Sattelpunkteigenschaft des Steady-state-Gleichgewichts (V^*, g_A^*, ξ^*) aus Abschnitt 17.3 anhand einer Auswertung der Eigenwerte des ums Steady state linearisierten Systems bewiesen:

SATZ 17.4: *Das Steady-state* (V^*, g_A^*, ξ^*) *ist ein Sattelpunkt im* (V, g_A, ξ)-*Raum.*

Beweis: Hinreichend ist gemäß Theorem A.4 im Anhang, daß die Koeffizientenmatrix des um das Steady state linearisierten Systems ausschließlich reale Eigenwerte aufweist, von denen genau einer negativ ist. Das linearisierte System lautet:

$$\begin{pmatrix} \dot{V} \\ \dot{g}_A \\ \dot{\xi} \end{pmatrix} = \begin{pmatrix} \rho + g_A^* & -\frac{\rho + g_A^*}{1-\alpha} & 0 \\ -\frac{\psi}{1-\psi}(1-\alpha)g_A^* & \frac{\psi+\chi-1}{1-\psi}g_A^* & 0 \\ \cdot & \cdot & \delta + \frac{\psi+\chi-1}{\psi}g_A^* \end{pmatrix} \begin{pmatrix} V - V^* \\ g_A - g_A^* \\ \xi - \xi^* \end{pmatrix}$$

(Punkte ersetzen die Elemente der Koeffizientenmatrix, die im folgenden irrelevant sind). Vernachlässigt man dritte Reihe und dritte Spalte der Koeffizientenmatrix und die dritten Komponenten der Vektoren, so erhält man die linearisierte Version des zweidimensionalen Systems (17.11), (17.14) im (V, g_A)-Raum. Analog zur Phasendiagrammanalyse im laufenden Text bietet es sich an, zunächst dieses zweidimensionale System zu analysieren.

Die Lösungen der charakteristischen Gleichung

$$q^2 - \left(\rho + \frac{\chi}{1-\psi}g_A^*\right)q - \frac{\psi}{1-\psi}(\rho + g_A^*)g_A^* = 0 \tag{17.16}$$

dieses reduzierten Systems sind

$$q_{1/2} = \frac{1}{2}\left(\rho + \frac{\chi}{1-\psi}g_A^*\right) \pm \frac{1}{2}\sqrt{\left(\rho + \frac{\chi}{1-\psi}g_A^*\right)^2 + 4\frac{\psi}{1-\psi}(\rho + g_A^*)g_A^*}.$$

Sie sind real mit alternierendem Vorzeichen. Die Existenz einer negativen Lösung beweist die in Abbildung 17.2 illustrierte Sattelpunkteigenschaft von (V^*, g_A^*) im zweidimensionalen System.

Damit zum dreidimensionalen System. Hier lautet die charakteristische Gleichung

$$\left(\delta + \frac{\psi+\chi-1}{\psi}g_A^* - q\right)\left[q^2 - \left(\rho + \frac{\chi}{1-\psi}g_A^*\right)q - \frac{\psi}{1-\psi}(\rho + g_A^*)g_A^*\right] = 0.$$

Eine Lösung ist offensichtlich $q_3 = \delta + (\psi + \chi - 1)g_A^*/\psi > 0$. Ein Vergleich mit (17.16) zeigt, daß die weiteren Lösungen q_1 und q_2 aus dem zweidimensionalen System entsprechen. Die Eigenwerte sind also wieder allesamt real, und es ist genau ein negativer Eigenwert vorhanden. Das beweist Satz 17.4. q.e.d.

Kapitel 18

Neutralität von Politikmaßnahmen

18.1 Einleitung

Mit einiger Mühe wurde im vorigen Kapitel das gleichgewichtige Verhalten des Modells untersucht. In diesem Kapitel werden nun die wichtigsten ökonomischen Implikationen erörtert. Wie einleitend angekündigt, wird sich dabei zeigen, daß die zentralen Resultate des Grossman-Helpman-Modells hier nicht gelten. Insbesondere führt die Endogenisierung des Humankapitals dazu, daß die gleichgewichtige Wachstumsrate aus Sicht des Politikers exogen wird: Politikmaßnahmen wie F&E-Subventionen, Kapitaleinkommenbesteuerung, Grundlagenforschung und ökonomische Integration haben keinen Einfluß auf die gleichgewichtige Wachstumsrate.

Der Reihe nach: In Abschnitt 18.2 wird im Rahmen einer kurzen Wohlfahrtsanalyse gezeigt, daß die langfristigen Wachstumsraten auf optimalem und gleichgewichtigem Pfad identisch sind. In Abschnitt 18.3 wird als ein erstes Neutralitätsresultat die Unwirksamkeit von F&E-Subventionen bei der Beeinflussung der langfristigen Wachstumsrate gezeigt. In Abschnitt 18.4 kehren wir zu Grundlagenforschung zurück. Ich zeige, daß die Wachstumsrate unabhängig davon ist, welcher Anteil des Humankapitals in der Grundlagenforschung beschäftigt wird. Anschließend wird in Abschnitt 18.5 bewiesen, daß auch die Besteuerung von Arbeits- und Zinseinkommen die gleichgewichtige Wachstumsrate nicht beeinflußt. Die folgenden Abschnitte 18.6 und 18.7 wenden sich wieder internationalen Fragestellungen zu. Ich zeige, daß identische Länder – anders als bei Grossman und Helpman – weder durch internationale Wissens-Spillover noch durch internationalen Handel schneller wachsen als in Isolation. Im Falle nicht identischer Länder zeigt sich, daß die Wachstumsraten auch bei freier Wissensdiffusion differieren können. Abschnitt 18.8 zieht einige Schlußfolgerungen.

18.2 Wohlfahrt

Unterziehen wir zunächst das im vorigen Kapitel errechnete Wachstumsgleichgewicht einer kurzen Wohlfahrtsanalyse. Der Kürze halber betrachte ich, wie in Abschnitt 17.3 angekündigt, im laufenden Kapitel in der Regel und teils ohne gesonderten Hinweis nur Steady-state-Gleichgewichte mit konstanten Anteilen des Humankapitals in seinen verschiedenen Verwendungen.

SATZ 18.1: *Die Wachstumsrate im Steady-state-Wachstumsgleichgewicht entspricht der langfristigen Wachstumsrate auf dem optimalen Pfad.*

Beweis: Zunächst ist klar, daß wegen fallender Grenzproduktivitäten – analog zum Grossman-Helpman-Modell – der optimale Pfad symmetrisch in bezug auf die einzelnen Zwischenprodukte ist. Der optimale Pfad maximiert daher die intertemporale Nutzenfunktion (3.4) unter den Nebenbedingungen (17.1), (17.2) und (17.3) sowie der Ressourcenrestriktion $H = H_\delta + H_x + H_A$. Die Hamilton-Funktion für dieses Problem lautet:

$$\mathcal{H} \equiv \frac{1-\alpha}{\alpha} \ln A + \ln(H - H_A - H_\delta) + \lambda \frac{H_A^\psi A^\chi}{a} + \mu \delta H_\delta,$$

wobei λ und μ die Multiplikatorfunktionen für A und H sind. Maximiert wird in H_A und H_δ. Für die Berechnung der Wachstumsrate in einem Steady state mit konstanten Anteilen des Humankapitals in seinen verschiedenen Verwendungen werden nur zwei notwendige Bedingungen benötigt:

$$\frac{\partial \mathcal{H}}{\partial H_\delta} = \frac{1}{H - H_A - H_\delta} - \mu \delta = 0 \qquad (18.1)$$

$$\dot{\mu} = \rho\mu - \frac{\partial \mathcal{H}}{\partial H} = \rho\mu - \frac{1}{H - H_A - H_\delta}. \qquad (18.2)$$

Auflösen von (18.1) nach $H - H_A - H_\delta$ und Einsetzen in (18.2) zeigt $\hat{\mu} = \rho - \delta$. Nach (18.1) muß aber in einem Steady state mit gleichbleibender Verwendung des Humankapitals $g_H = -\hat{\mu}$ gelten, mithin $g_H = \delta - \rho$, wie im Wachstumsgleichgewicht. Weil mit (17.3) ferner die technologische Restriktion (17.4) gilt, folgt $g_A = \psi g_H/(1-\chi)$, falls g_A konstant ist, in Übereinstimmung mit dem Wachstumsgleichgewicht. q.e.d.

Natürlich bedeutet dies nicht, daß der gleichgewichtige Pfad optimal ist, sondern nur, daß F&E-Externalitäten lediglich Niveau-, nicht Wachstumseffekte haben.[1]

18.3 Forschungssubventionen

Im Grossman-Helpman-Modell ist es möglich, anhand einer F&E-Subvention die gleichgewichtige Wachstumsrate zu beeinflussen. Das funk-

---
[1] Wie in Arrows (1962a) Learning-by-doing-Modell.

tioniert hier nicht:

SATZ 18.2: *Forschungssubventionen sind neutral in bezug auf die gleichgewichtige Wachstumsrate.*

Der *Beweis* ist geradezu trivial: Forschungssubventionen berühren das Nutzenmaximierungskalkül der Konsumenten nicht, so daß $\hat{w} = \rho - \delta$ (Gleichung (17.9)) gilt. Sie haben keinen Einfluß auf die Aufschlagpreisregel, so daß weiterhin $g_H = -\hat{w}$ (Gleichung (17.12)) gilt. Und sie tangieren nicht die technologische Bedingung $g_A = \psi g_H/(1-\chi)$ (Gleichung (17.4). Also ändern F&E-Subventionen nicht die gleichgewichtigen Wachstumsraten in einem Steady-state mit konstanten Anteilen des Humankapitals in seinen verschiedenen Verwendungen. q.e.d.

Auch Produktionssubventionen, die ja schon im Grossman-Helpman-Modell ineffektiv waren, haben keinen Einfluß auf die langfristige Wachstumsrate. Sie belassen (17.9) und (17.4) unberührt. Und auch (17.12) behält Gültigkeit. Denn eine Produktionssubvention φ senkt zwar die effektiven Grenzkosten der Zwischenprodukthersteilung auf $w/(1+\varphi)$ (s. Abschnitt 8.5) und liefert damit $H_x = Ax = 1/p = \alpha(1+\varphi)/w$; das ändert aber nichts daran, daß nach Differenzieren $\hat{H}_x = -\hat{w}$ gilt.

18.4 Grundlagenforschung

In Kapitel 14 wurde gezeigt, wie im Grossman-Helpman-Modell die gleichgewichtige Wachstumsrate mit der Beschäftigung in der Grundlagenforschung variiert. In gewissem Umfang kann im Grossman-Helpman-Modell durch eine Ausweitung der Grundlagenforschung das Wachstum beschleunigt werden. Im Modell mit endogenem Humankapital ist dies nicht der Fall.[2]

Um dies zu zeigen, wird analog zu Kapitel 14 die F&E-Technologie wie folgt erweitert:

$$\dot{A} = \frac{H_A^\psi H_B^\varphi A^\chi}{a}, \quad \varphi > 0, \tag{18.3}$$

mit H_B als Humankapitaleinsatz in der Grundlagenforschung. H_B trägt wie in Kapitel 14 direkt zum Output angewandter Forschung bei, ein separater Stock von Grundlagenwissen würde die Darstellung nur unnötig komplizieren. Ich nehme an, daß der Staat – unverzerrend finanziert – einen Anteil $u \in (0,1)$ der Individuen als Grundlagenforscher einstellt ($H_B = uH$), und zeige:

SATZ 18.3: *Die gleichgewichtige Wachstumsrate ist unabhängig von u, dem Anteil der Arbeiter, der in der Grundlagenforschung beschäftigt ist.*

---
[2] Siehe hierzu auch Arnold (1997b).

Beweis: Ich betrachte wie immer nur das Steady-state-Gleichgewicht, verzichte hier aber exemplarisch auf die Annahme gleichbleibender Anteile des Humankapitals in Produktion, Forschung und Ausbildung. Gemäß der modifizierten F&E-Technologie (18.3) ist $g_A = H_A^\psi H_B^\varphi A^{\chi-1}/a$, Konstanz der Wachstumsrate technischen Wissens verlangt mithin

$$g_A = \frac{\psi \hat{H}_A + \varphi \hat{H}_B}{1-\chi}. \tag{18.4}$$

Die Arbitrage-Bedingung, $\hat{V} = (1-\alpha)V - \rho - g_A$, bleibt unbeeinflußt, so daß im Steady state weiterhin V konstant ist. Mit der Bedingung für freien Zutritt zu F&E, $w\nu - v\dot{A}\nu/H_A = 0$ oder

$$w = \frac{g_A}{H_A V},$$

folgt dann $\hat{H}_A = -\hat{w}$. Weil aber der Lohnsatz weiterhin mit Rate $\rho - \delta$ wachsen muß, damit in Humankapital investiert wird, folgt $\hat{H}_A = \delta - \rho$. Trägt man schließlich dem Umstand Rechnung, daß die uH Grundlagenforscher dem Arbeitsmarkt entzogen sind, so erhält man als Bedingung für Vollbeschäftigung $(1-u)H - H_\delta = H_A + H_x$. Mit $H_A = \alpha/w$ und der Ausbildungstechnologie (17.1) folgt

$$H\left(1 - u - \frac{g_H}{\delta}\right) = H_A + \frac{\alpha}{w}.$$

Weil die rechte Seite mit Rate $\delta - \rho$ wächst, muß auch H mit Rate $\delta - \rho$ wachsen. Daraus folgt unmittelbar $g_H = \hat{H}_B = \hat{H}_\delta = \hat{H}_A = \delta - \rho$, und Einsetzen in (18.4) liefert

$$g_A = \frac{\psi + \varphi}{1-\chi}(\delta - \rho).$$

Man sieht hier, daß die Wachstumsrate zwar von der Elastizität des F&E-Outputs in bezug auf die Beschäftigung in der Grundlagenforschung abhängt, nicht aber von der Beschäftigung in der Grundlagenforschung selbst (von u) (und nur die ist ja wirtschaftspolitisch zu bestimmen). q.e.d.

All dies gilt auch für den Fall $\varphi = 0$, in dem die H_B vom Staat bezahlten Arbeiter keine produktive Verwendung haben, d.h. wenn – wie in den Kapiteln 3, 4 und 8 – unverzerrend finanzierter, aber unproduktiver Staatskonsum vorliegt, der einen Teil der verfügbaren Arbeitskraft absorbiert. Auch hier liegen keine Wachstumseffekte vor. Wegen der unveränderten Struktur des Konsumentensektors herrscht ferner weiterhin Ricardianische Äquivalenz, so daß folglich auch Staatsverschuldung keinen nachhaltigen Einfluß auf die Wachstumsrate het.

Mithin weisen die Sätze 18.1-18.3 dem Staat eine wesentlich weniger wichtige Rolle im Wachstumsprozeß zu als das Grossman-Helpman-Modell:

18.5. Steuern 243

Gemäß Satz 18.1 *soll* der Staat die langfristige Wachstumsrate nicht ändern (denn sie entspricht der langfristig optimalen), und gemäß den Sätzen 18.2 und 18.3 *könnte* er das auch gar nicht, denn die Standard-Instrumente für Wachstumspolitik im Grossman-Helpman-Modell sind hier langfristig ohne Einfluß auf die Wachstumsrate. Soviel zur Ausgabenseite des Staatsbudgets und damit zur Wachstumswirkung verzerrender Finanzierung eines gegebenen Budgets.

18.5 Steuern

Weil Forschung fremdfinanziert werden muß und weil Humankapitalakkumulation von Lohneinkommen gesteuert wird, liegt die Vermutung nahe, daß Kapital- und Arbeitseinkommensteuern Wachstumseffekte haben. Wie im Uzawa-Modell ist diese Vermutung aber falsch:

SATZ 18.4: *Proportionale Einkommensteuern haben keine Wachstumseffekte.*

Der *Beweis* besteht analog zu Abschnitt 5.7 im wesentlichen aus einer Reinterpretation von r und w im Nutzenmaximierungskalkül der Konsumenten als Faktorentlohnungen *nach Steuern*. (17.5) und (17.6) stellen dann die Gleichheit von Nettozins und Diskontrate her: $r = \rho$. Damit liefern (17.7) und (17.8) $\hat{w} = \hat{\mu} - \hat{\lambda} = r - \delta = \rho - \delta$. Der Lohn vor Steuer beträgt nun $w/(1-t_L)$ mit t_L als Steuersatz auf Lohneinkommen, der Preis der Zwischenprodukte mithin $w/[\alpha(1-t_L)]$. Nullgewinne im Endproduktsektor ($Apx = 1$) erfordern mithin $H_x = Ax = 1/p = (1-t_L)\alpha/w$. Bei konstantem Steuersatz gilt aber wie gehabt $\hat{H}_x = -\hat{w}$, und für ein Steady state mit konstanten Anteilen des Humankapitals in seinen verschiedenen Verwendungen folgt $g_H = \hat{H}_x = -\hat{w} = \delta - \rho$. Kombiniert mit der Bedingung für eine konstante Wachstumsrate technischen Wissens, $g_A = \psi \hat{H}_A/(1-\chi)$, erhält man das Ergebnis, daß in einem Steady-state-Gleichgewicht mit konstanten Anteilen des Humankapitals in den verschiedenen alternativen Verwendungen $g_A = \psi(\delta - \rho)/(1-\chi)$ gilt. Steuern berühren diese Wachstumsrate nicht. q.e.d.

18.6 Internationale Wissens-Spillover

Im Rahmen des Grossman-Helpman-Modells wurde gezeigt, daß internationale Wissensdiffusion einen Einfluß auf gleichgewichtige Wachstumsraten hat und daß die Aufnahme internationalen Handels keine weitergehenden Wachstumseffekte hat. Hier soll nun gezeigt werden, daß auch diese Ergebnisse ihre Gültigkeit bei endogener Humankapitalakkumulation verlieren.

In diesem Abschnitt wird eine Zwei-Länder-Welt betrachtet, in der Wissen analog zu Kapitel 11 ungehindert über die Ländergrenze hinweg diffundiert und in der kein internationaler Handel betrieben wird. Die Länder sind autark, aber wegen der Wissens-Spillover nicht isoliert voneinander. Die Länder werden, wie gehabt, durch einen (zusätzlichen) Index $i = 1, 2$ unterschieden. Sie sollen identische Parameterwerte $(\rho, a, \psi, \chi, \alpha)$ haben, so daß sie sich allenfalls in ihrer Ausbildungseffektivität, δ_i, unterscheiden können. Ohne weitere Beschränkung der Allgemeinheit sei Land 1 das Land mit der nicht niedrigeren Wachstumsrate in Isolation: $\delta_1 \geq \delta_2 > \rho$. Eventuell differierende Ausbildungsqualitäten treten hier also an die Stelle eventuell differierender Arbeitsangebote im Grossman-Helpman-Modell. Wie dort wird angenommen, daß in den beiden Ländern stets disjunkte Mengen von Zwischenprodukten produziert und erfunden werden. Wegen freier Wissensdiffusion wird dann analog zu Kapitel 11 $A \equiv A_1 + A_2$ als Index technischen Wissens in der Forschung gewählt, und die F&E-Technologien lauten:

$$\dot{A}_i = \frac{A^\chi H_{Ai}^\psi}{a}. \tag{18.5}$$

In einem Steady state gilt nach (18.5)

$$g_{Ai} - \chi g_A = \psi \hat{H}_{Ai}. \tag{18.6}$$

Wie in Abschnitt 11.2 werden für jedes der beiden Länder die Konsumausgaben als Numéraire gewählt: $E_i = 1$. Gemäß Abschnitt 17.3 ist dann weiterhin $\hat{w}_i = \rho - \delta_i$ Bedingung für Investitionen in Ausbildung (Gleichung (17.9)). Ferner gilt weiterhin $H_{xi} = A_i x_i = 1/p_i = \alpha/w_i$ und damit Gleichung (17.12): $g_{Hi} = -\hat{w}_i$. Zusammen folgt $g_{Hi} = \delta_i - \rho$ – wie in Abwesenheit von internationaler Wissensdiffusion. Aus (18.6) folgt dann für ein Steady state mit konstanten Anteilen des Humankapitals in seinen verschiedenen Verwendungen ($\hat{H}_{Ai} = \hat{H}_{xi} = g_{Hi}$):

$$g_{Ai} - \chi g_A = \psi(\delta_i - \rho) \tag{18.7}$$

oder

$$g_{A1} - g_{A2} = \psi(\delta_1 - \delta_2). \tag{18.8}$$

Sind die Länder identisch, d.h. gilt $\delta_1 = \delta_2 \equiv \delta$, dann folgt aus (18.8) $g_{A1} = g_{A2} = g_A$ und damit aus (18.7) $g_{Ai} = \psi(\delta - \rho)/(1 - \chi)$ für $i = 1, 2$. Internationale Wissens-Spillover haben in diesem Fall keine Wachstumseffekte. Ist dagegen δ_1 echt größer als δ_2, so ist nach (18.8) $g_{A1} > g_{A2}$, und langfristig dominiert Land 1 die Weltwirtschaft: $g_A = g_{A1}$. Damit folgt aus (18.7) $g_{A1} = \psi(\delta_1 - \rho)/(1 - \chi)$: Für das schnell wachsende Land hat internationale Wissensdiffusion keine Wachstumseffekte, weil sein Ausland langfristig vernachlässigenswert klein wird. Land 1 verhält sich approximativ genauso wie in Isolation. Für Land 2 folgt aus (18.7) schließlich

$$g_{A2} = \frac{\psi}{1 - \chi}[(1 - \chi)(\delta_2 - \rho) + \chi(\delta_1 - \rho)]. \tag{18.9}$$

Die Steady-state-Wachstumsrate von Land 2 ist eine Konvexkombination der beiden Wachstumsraten in Isolation. D.h.: Land 2 wächst schneller als in Isolation, wenn es auf im vorauseilenden Ausland erzeugtes technisches Wissen zurückgreifen kann, ohne daß sich dabei freilich eine Angleichung der Wachstumsraten vollzöge. Für uns ist aber in erster Linie das abgeleitete Neutralitätsresultat von Interesse:

SATZ 18.5: *Internationale Wissensdiffusion hat nur in rückständigen Ländern Wachstumseffekte.*

Oder anders herum: In hochentwickelten Ländern (definiert als Länder, für die es nicht ein schneller wachsendes Ausland gibt) haben internationale Wissens-Spillovers keine Wachstumseffekte.

18.7 Internationaler Handel

In diesem Abschnitt wird untersucht, wie sich die Aufnahme intraindustriellen internationalen Handels, wie er in Kapitel 11 beschrieben wurde, in der Zwei-Länder-Welt mit Wissensdiffusion aus dem vorigen Abschnitt auswirkt. Ich betrachte weiterhin nur die Steady-state-Lösung des Modells mit konstanten Anteilen des Humankapitals in seinen verschiedenen Verwendungen. Die F&E-Technologie (18.5) wird aus dem vorigen Abschnitt übernommen, so daß im Steady state weiter (18.6) gilt. Unverändert bleiben auch die Bedingungen für Nutzenmaximierung, (17.5)-(17.8). Es herrsche vollkommene Kapitalmobilität, so daß mit inländischer Ersparnis ausländische Forschungsvorhaben finanziert werden können. Dann muß sich ein einheitlicher Zinssatz $r_1 = r_2 \equiv r$ einstellen, und die Konsumausgaben wachsen in beiden Ländern mit Rate $r - \rho$. Es werden nun wie in Kapitel 11 die weltweiten Konsumausgaben als Numéraire gewählt. Als Summe der nationalen Ausgaben wachsen auch sie mit Rate $r - \rho$. Weil sie aber zu eins normiert werden, folgt $r = \rho$. Der einheitliche Zinssatz entspricht weiterhin der Diskontrate der Konsumenten. (17.9) impliziert dann weiterhin $\hat{w}_i = \rho - \delta_i$.

Weiterhin gelten Nullgewinne im Konsumgütersektor. Dessen Einnahmen entsprechen also den Kosten. Weil die Einnahmen zu eins normiert sind, folgt $A_1 p_1 x_1 + A_2 p_2 x_2 = 1$. Bezeichne nun wie in Kapitel 11 s_i den Anteil der Zwischenproduktkosten, der auf die Zwischenprodukte aus Land i entfällt:

$$s_i \equiv A_i p_i x_i.$$

Mit der Monopolpreisregel $p_i = w_i/\alpha$ gilt $H_{xi} = A_i x_i = s_i/p_i = \alpha s_i/w_i$. In einem Steady state mit konstanten Anteilen des Humankapitals in seinen verschiedenen Verwendungen muß folglich $\hat{H}_{Ai} = \hat{s}_i - \hat{w}_i$ gelten oder mit $\hat{w}_i = \rho - \delta_i$ und (18.6)

$$\hat{s}_i = \frac{g_{Ai} - \chi g_A}{\psi} + \rho - \delta_i \qquad (18.10)$$

((18.7) ist der $\hat{s}_i = 0$-Spezialfall dieses Ausdrucks). Ein zweiter Ausdruck für $\hat{s}_i$ wurde in Kapitel 11 aus der Definition von s_i abgeleitet (Gleichung (11.13)):

$$\hat{s}_i = (1 - s_i)[(g_{Ai} - g_{Ai'}) + (\epsilon - 1)(\delta_i - \delta_{i'})], \quad i \neq i' \qquad (18.11)$$

(wobei hier von $\hat{w}_i = \rho - \delta_i$ Gebrauch gemacht wurde).

Betrachten wir nun zunächst wieder den Fall, daß die beiden Länder identische Parameterwerte aufweisen: $\delta_1 = \delta_2$. (18.11) vereinfacht sich damit zu $\hat{s}_i = (1 - s_i)(g_{Ai} - g_A)$. In einem Steady-state-Gleichgewicht muß es stets ein Land (ohne Beschränkung der Allgemeinheit: Land 1) geben, das einen positiven und konstanten Marktanteil s_1 hat. Bei einheitlichen Wachstumsraten trifft dies für beide Länder zu, bei differierenden für das schneller wachsende, so daß insbesondere $g_{A1} = g_A$ gilt. (18.10) liefert dann für Land 1: $g_{A1} = g_A = \psi(\delta - \rho)/(1 - \chi)$ (Gleichung (18.11) wird bei diesem Argument nicht verwendet). Setzt man für Land 2 (18.10) und (18.11) gleich und substituiert diesen Ausdruck für g_A, so erhält man $g_{A2} = \psi(\delta - \rho)/(1 - \chi)$. Im langfristigen Wachstumsgleichgewicht mit internationalem Handel wachsen also beide Länder mit einheitlicher Rate, und diese Wachstumsrate entspricht der in Autarkie.

Damit zum Fall unterschiedlicher Ausbildungsproduktivitäten δ_i. Sei wieder Land 1 das Land, das in Isolation schneller wächst: $\delta_1 > \delta_2$. Ferner sei für einen Moment angenommen, daß Land 1 langfristig wieder den Weltmarkt dominiert (das wird unten bewiesen), d.h. $s_1 = 1$, $s_2 = 0$, $\hat{s}_1 = 0$, $g_A = g_{A1}$ (dies impliziert nicht $\hat{s}_2 = 0$). Aus (18.10) folgt dann, daß die Wachstumsrate von Land 1 weiterhin unverändert bleibt: $g_{A1} = \psi(\delta_1 - \rho)/(1 - \chi)$ (Gleichung (18.11) wird dabei wiederum nicht verwendet). Setzt man dieser Ergebnis in (18.10) und (18.11) mit $i = 2$ ein und eliminiert $\hat{s}_2$, so erhält man

$$g_{A2} = \frac{\psi}{1 - \chi}(\delta_1 - \rho) - \frac{\psi}{1 - \psi}(\delta_1 - \delta_2)\epsilon. \qquad (18.12)$$

Die Wachstumsrate von Land 2 ist kleiner als die von Land 1, auch Handel führt nicht zu einer Angleichung der Wachstumsraten. Darüber hinaus ist nicht unmittelbar ersichtlich, ob die Aufnahme internationalen Handels die Wachstumsrate von Land 2 steigert. Man macht sich aber schnell klar, daß das nicht der Fall ist: Ersetzt man in (18.12) ϵ durch eins, so überschätzt man die Wachstumsrate bei Handel (denn $\epsilon > 1$). Selbst dann ist der Ausdruck für g_{A2} in (18.12) aber kleiner als der für den Autarkie-Fall in (18.9).

Das bedeutet: Handel verlangsamt das Wachstum im rückständigen Land. Für uns interessant ist aber in erster Linie das Neutralitätsresultat:

SATZ 18.6: *Internationaler Handel hat keinen Einfluß auf die Steady-state-Wachstumsrate eines schnell wachsenden Landes.*

Dieser Satz ist noch nicht vollständig bewiesen. Bisher wurde *angenommen*, daß Land 1 das Weltmarkt-Steady-state dominiert. Zwei andere Möglichkeiten sind denkbar, können aber ausgeschlossen werden. Erstens: Land 2 dominiert den Weltmarkt, so daß $s_1 = 0$, $s_2 = 1$, $\hat{s}_2 = 0$ und $g_A = g_{A2}$. Dann muß zum einen nach (18.10) $g_{A2} = \psi(\delta_2 - \rho)/(1 - \chi)$ gelten. Zum anderen gilt (18.12) mit vertauschten Indizes und damit $g_{A2} < \psi(\delta_2 - \rho)/(1 - \chi)$, ein Widerspruch. Zweitens ist ein „inneres" Steady state mit $s_1, s_2 \in (0, 1)$ und $\hat{s}_1 = \hat{s}_2 = 0$ denkbar. In diesem Fall verlangt (18.10) aber $g_{A1} > g_{A2}$, während (18.11) $g_{A1} < g_{A2}$ liefert, erneut ein Widerspruch. Land 1 muß ein Weltmarkt-Steady-state dominieren.

18.8 Interpretation und Schlußbemerkungen

In den letzten beiden Kapiteln wurde ein Modell entworfen und analysiert, das insofern ein realistisches Modell des Wachstumsprozesses bietet, als die Interaktion von Humankapitalakkumulation und Forschung explizit erfaßt wird. Technisch handelt es sich um den Einbau des Uzawa-Lucas-Ausbildungssektors in das Grossman-Helpman-Modell mit einer Modifizierung der F&E-Technologie, die Steady-state-Wachstum möglich macht. Vielleicht überraschendes Resultat ist ein semi-endogenes Wachstumsmodell, das für die modernen Industrienationen eine gleichgewichtige Wachstumsrate prognostiziert, die sich auf dem optimalen Niveau befindet und die weder Industriepolitik, Grundlagenforschung oder Steuern noch internationaler Wissensdiffusion oder internationalem Handel zugänglich ist. Obwohl die Quellen von Wachstum – Ausbildung und Forschung – endogen sind, ist die resultierende Wachstumsrate exogen, was Faktoren anbetrifft, die bei Grossman und Helpman langfristige Wachstumseffekte haben.[3] Die Kernaussage des Modells ist mithin, daß *Modelle endogenen Wachstums nicht zwingend die langfristige Wachstumsrate politischen Maßnahmen zugänglich machen.* Damit erzielt das Modell Konformität mit der empirischen Erfahrung, daß Wachstumspolitik in aller Regel keine nachhaltigen Erfolge aufweist.

Die abgeleiteten Neutralitätsresultate lassen sich gemeinsam erklären. Dazu sei daran erinnert, daß sich im Grundmodell aus Kapitel 17 die Wachstumsrate des technischen Wissens in einem Steady state mit konstanten An-

---

[3] Man kann auch zeigen, daß bei unvollkommenem Kapitalmarkt Effizienzgewinne im Finanzsektor – anders als in den in Kapitel 8 angesprochenen Modellen (z.B. King und Levine (1993a)) – keine Wachstumseffekte haben.

teilen des Humankapitals in seinen drei verschiedenen Verwendungen aus drei Bedingungen ergab: (1) $\hat{w} = \rho - \delta$ (Gleichung (17.9)), (2) $g_H = -\hat{w}$ (Gleichung (17.12)) und (3) $g_A = \psi g_H/(1-\chi)$ (Gleichung (17.4)). (1) gibt die für Humankapitalinvestitionen notwendige Wachstumsrate der Löhne an. (2) besagt, daß mit den Konsumausgaben als Numéraire das Humankapital genauso schnell wächst wie $1/w$. Dies wurde in Abschnitt 17.3 als eine schwache Regularitätsforderung herausgestellt, die sichert, daß die Lohnquote (und damit die Profitquote) im Endproduktsektor konstant ist. (3) gibt an, wie die F&E-Technologie Humankapitalwachstum in Wachstum des technischen Wissens übersetzt. Die Neutralitätsergebnisse ergeben sich, weil die betrachteten Politikmaßnahmen diese drei Bedingungen effektiv nicht berühren:

Bei F&E-Subventionen (Abschnitt 18.3) ist das offensichtlich.

Mit Grundlagenforschung (Abschnitt 18.4) variiert (3) zu $g_A = (\psi + \varphi)g_H/(1-\chi)$. Das ändert aber nichts an der Exogenität der Wachstumsrate des Humankapitals, und es ändert nichts an der Tatsache, daß sich diese Humankapitalwachstumsrate weiterhin 1:1 in eine Wachstumsrate des technischen Wissens übersetzt.

Lohneinkommensteuern (Abschnitt 18.5) betreffen zwar die Nachfrage des Endproduktsektors nach Humankapital, $H_x = (1-t_L)\alpha/w$, Differenzieren liefert aber weiterhin (2). Zinseinkommensteuern (Abschnitt 18.5) verändern (1) nicht, weil (17.9) eine Bedingung an den Nettozins ist und der gemäß Numérairewahl der Diskontrate der Konsumenten entspricht.

Bei internationaler Wissensdiffusion (Abschnitt 18.6) lautet (3) $g_{Ai} = \chi g_A + \psi g_{Hi}$. Das ändert nichts an den Resultaten, solange $g_A = g_{Ai}$ gilt, d.h. solange nicht ein schneller wachsendes Ausland existiert.

Bei Handel (Abschnitt 18.7) variiert zudem (2) zu $g_{Hi} = \hat{s}_i - \hat{w}_i$. Aber ein schnell wachsendes Land hat langfristig einen konstanten Weltmarktanteil (und zwar $s_i = 1$, falls das andere Land langsamer wächst, und $s_i \in (0,1)$ sonst), so daß man mit $\hat{s}_i = 0$ zurück ist bei der ursprünglichen Formulierung $g_{Hi} = -\hat{w}_i$.

Die Neue Wachstumstheorie hat demgegenüber mancherorts den Eindruck vermittelt, daß ökonomisches Wachstum auf diversen Wegen anhaltend beeinflußt werden kann. Dies ist in sicherlich nicht zu vernachlässigendem Maße Konsequenz der Tatsache, daß es nach vielen Mühen mittlerweile gelingt, endogene Wachstumsraten formal zu handhaben – man glaubt an das, was man rechnen kann. Ein Blick auf die Fakten zeigt aber, daß Wachstumsraten zumindest schwieriger zu steigern sind, als es die Neue Wachstumstheorie nahelegt. Das Modell semi-endogenen Wachstums zeigt auf, daß man auch den naheliegenderen Glauben an exogene Wachstumsraten theoretisch fundieren kann. Es illustriert die wichtige Einsicht, daß es auch in theoretischen Modellen und auch bei endogenem Wachstum schwieriger sein kann, langfristige Wachstumsraten zu beeinflussen, als man zunächst

18.8. Interpretation

vermuten mag. Eine Reallokation von Ressourcen in den F&E-Sektor bedingt nicht zwingend Wachstumsratensteigerungen.

Es wird hier nicht behauptet, daß die abgeleiteten Neutralitätsresultate robust sind.[4] Ebensowenig wie die empirischen Beobachtungen aus Kapitel 2 beweisen, daß Politikmaßnahmen keinen Einfluß auf ökonomisches Wachstum haben, beweist das vorgestellte Modell, daß nichts anderes zu erwarten ist. Es liefert aber einen wichtigen Referenzpunkt: Spricht die Neue Wachstumstheorie allerlei Politikmaßnahmen Wachstumswirkungen zu, so stellt die semi-endogene Wachstumstheorie heraus, daß es (bei gebräuchlichen Technologien) denkbar ist, daß Politikmaßnahmen hinsichtlich langfristigen Wachstums gänzlich neutral sind.

---

[4]Sie hängen zwar nicht an der Annahme logarithmischen Nutzens oder an der Abwesenheit von physischem Kapital, und man kann auch eine etwas allgemeinere Ausbildungstechnologie unterstellen: $\dot{H} = \delta u^\gamma H$ ($\gamma \in (0,1]$) mit $u \in [0,1]$ als Wahlvariable ((17.1) ist der $\gamma = 1$-Spezialfall, vgl. Lucas (1988) sowie Caballé und Santos (1993)). Sie verlieren aber ihre Gültigkeit, wenn man eine Freizeitwahl einbringt oder technisches Wissen als Argument der Ausbildungstechnologie berücksichtigt (hier wäre allerdings fraglich, ob als positive Externalität – weil mit neuem Wissen Lernen einfacher wird – oder als negativen externen Effekt – weil das Erlernen immer komplexerer Arbeiten immer schwieriger wird). Auch wenn man vom Konzept intertemporaler Nutzenmaximierung abgeht, sind Änderungen zu erwarten.

Kapitel 19

Theorie und Fakten III: Semi-endogene Wachstumstheorie

Wie angestrebt liefert das hier vorgestellte Modell zu Wachstum durch F&E und Humankapitalakkumulation als ein Amalgam von Neuer Wachstumstheorie und Uzawa-Modell die erwünschte Kombination von empirischen Implikationen: endogenes Wachstum durch F&E (3, wie in der Neuen Wachstumstheorie) einerseits, Neutralität von Politikmaßnahmen und differierende Wachstumsraten auch bei freier Wissensdiffusion (2, wie bei Uzawa) andererseits. Das Modell erklärt auch die anderen stilisierten Fakten des Wachstumsprozesses treffend. Es stellt die positive Abhängigkeit der Wachstumsraten von der Investitionsquote (4) einerseits und den Ausbildungsinvestitionen (6) andererseits her, wobei die Kausalität jeweils über F&E läuft: Ausbildung erhöht das Innovationspotential, und erst Innovationen erschließen profitable Investitionsmöglichkeiten. Schließlich zeigt das Modell auch auf, wann Aufholprozesse vorübergehend beschleunigtes Wachstum erlauben.[1]

---

[1] Das Modell zeigt auch, daß internationale Wissensdiffusion Wachstum (in rückständigen Ländern) beschleunigen kann. Wäre positive Korreliertheit von Wachstum und Öffnung zu Weltmärkten in die stilisierten Fakten aufgenommen worden, so wäre auch dieser Punkt erklärt, sofern man unterstellt, daß Öffnung zum Weltmarkt Wissensimporten zuträglich ist.

Teil V
Schlußfolgerungen

Kapitel 20

Wachstumstheorie: Erkenntnisse und Defizite

„Es ist wichtiger, daß die Gleichungen schön sind, als daß sie mit dem Experiment übereinstimmen (...), weil der Widerspruch mit geringfügigen Merkmalen zu tun haben kann, die nicht angemessen berücksichtigt wurden, was aber bei der Fortentwicklung der Theorie korrigiert werden kann. Wenn man seine Arbeit danach ausrichtet, Schönheit in seinen Gleichungen zu erzielen, und wenn man dafür ein wirklich sicheres Gespür hat, hat man einen sicheren Weg zum Erfolg eingeschlagen."
Paul Dirac

Primäres Anliegen dieser Arbeit ist es, Produktivitätswachstum, das in Schumpeterscher Manier aus profitorientierten Innovationsanstrengungen resultiert, in mathematischen Modellen abzubilden. In diesem Kapitel fasse ich die wichtigsten Resultate der vorgenommenen Analyse kurz zusammen und weise auf einige Schwächen der zugrundeliegenden Modelle hin.

Wachstum, Umwelt und Konsumstatus

Die mathematische Abbildung von Wachstum durch Innovationen ist zunächst einmal ein rein deskriptives Projekt. Es wird damit versucht, wachsende materielle Lebensstandards zu erklären, nicht aber, den Weg dorthin zu werten. Zwar wurden die Modelle in dieser Arbeit stets einer Wohlfahrtsanalyse unterzogen, deren Ergebnisse dürfen aber nicht überbewertet werden. Denn erstens wurde eine für die Analyse intergenerativer Verteilungsfragen viel zu simple Modellierung des Konsumentensektors gewählt. Und zweitens war Maßstab für Wohlfahrt immer nur materieller Lebensstandard in Form von Konsum, insofern wurde die Sichtweise von vornherein auf die materielle Seite des Wachstums eingeschränkt: Je mehr Produktion und Konsum, desto besser. Damit bleiben zumindest zwei Mechanismen außer acht, die die positiven Effekte von Mehrkonsum auf das Wohlergehen der Individuen konterkarieren: Umweltverschmutzung und Wettbewerb um Konsumstatus.

Zu Umweltverschmutzung: Der Wachstumsprozeß ist nicht nur durch vormals undenkbare Produktionsmengen gekennzeichnet, sondern auch durch eine nie dagewesene Umweltverschmutzung. Giftige Abfallstoffe des Produktionsprozesses kontaminieren ganze Landstriche, der Rückgang der Ozonschicht läßt einen radikalen Zuwachs bei Haut- und anderen Krankheiten befürchten, die Aufheizung der Erdatmosphäre durch den Verbrauch fossiler Energien (der Treibhauseffekt) macht ein Ansteigen des Meeresspiegels bei abtauenden Polkappen und damit die Überflutung niedrig gelegener Küstenregionen denkbar, der wachsende Mobilitätsbedarf führt zu Staus auf den Straßen sowie Lärmbelästigung und Trennwirkungen für die Anwohner, Natur muß Infrastruktur und Industriegebieten weichen, Atomstrom bringt die Gefahr katastrophaler Störfälle und das ungelöste Problem der Endlagerung des anfallenden Atommülls mit sich, etc.[1] Dies wirft die Frage auf, ob Wachstum überhaupt einen Netto-Gewinn verspricht: Entschädigt Mehrkonsum für all diese Probleme? Es sei hier nur am Rande darauf hingewiesen, daß es ein Leichtes wäre – aber wohl keinen Beitrag zur Beantwortung dieser Frage leisten könnte –, Umweltqualität als ein zweites Argument in die intertemporale Nutzenfunktion aufzunehmen (aus dem gleichen Grund wurde stets darauf verzichtet, Staatkonsum explizit in die Nutzenfunktion aufzunehmen). Mit einem hinreichend hohen Gewicht versehen, würde sich als Implikation ergeben, daß Wachstum nicht wohlfahrtssteigernd wirkt.

Zu Konsumstatus: Wohlfahrtsgewinne aus Wachstum sind aber nicht einmal dann garantiert, wenn man Umweltprobleme außen vor läßt.[2] Man muß nur unterstellen, daß die Individuen Nutzen nicht aus absoluten Konsumniveaus beziehen, sondern ihren eigenen Konsum an dem ihrer Umgebung messen. Easterlin (1972) fand überzeugende Evidenz für diese Annahme: Nicht Konsum, sondern die Position in der Konsumhierarchie (Konsumstatus) stellte sich in Längsschnitt-Umfragen unter US-Bürgern als treffender Indikator für individuelles Wohlbefinden heraus. Das Wachstum

---

[1] Grossman und Krueger (1995) argumentieren, daß für einige *regional begrenzte Verschmutzungsarten* der Zusammenhang zwischen Produktion und Verschmutzungsgrad nicht-monoton ist; ist ein Pro-Kopf-Einkommen von 8000 US-Dollars erreicht, dann nehmen Wasser- und Luftverschmutzung ab, weil im politischen Prozeß strengere Umweltauflagen durchgesetzt werden. Man beachte, daß sich Grossman und Krueger explizit nicht auf die drängenden globalen Umweltprobleme, Ozonabbau und Treibhauseffekt, beziehen.

[2] Standardquelle für die folgende Argumentation ist Hirsch (1976). S. auch Holländer (1985).

Kapitel 20: Erkenntnisse und Defizite

machte nur die glücklicher, die in der Einkommenspyramide aufstiegen. Man kann sich leicht klar machen, wie diese Annahme alle hier abgeleiteten Wohlfahrtsaussagen zusammenbrechen läßt, indem man erstens annimmt, daß in der Nutzenfunktion der Konsumenten c nicht für ihren Konsum steht, sondern für ihren Konsum, c', relativ zu Durchschnittskonsum, $\bar{c}$, in der Ökonomie, und zweitens logarithmischen Nutzen unterstellt: Die Nutzenfunktion der Individuen lautet dann

$$U = \int_0^\infty e^{-\rho t} \ln\left(\frac{c'}{\bar{c}}\right) dt = \int_0^\infty e^{-\rho t} \ln c' \, dt - \Delta$$

mit $\Delta \equiv \int_0^\infty e^{-\rho t} \ln \bar{c} \, dt$. Weil der eigene Einfluß auf den Durchschnitt verschwindend klein ist, wird $\bar{c}$ und daher auch Δ als gegeben hingenommen. Die Konsumenten verhalten sich dann exakt so, *als ob* sie die Nutzenfunktion $\int_0^\infty e^{-\rho t} \ln c' \, dt$ in ihrem eigenen Konsum, c', maximierten. Damit behält die gesamte positive Analyse in dieser Arbeit Gültigkeit. Jedoch brechen alle gemachten Wohlfahrtsaussagen zusammen: Weil die Individuen alle identisch sind, entspricht ihr Konsum stets dem Durchschnittskonsum, und ihr Konsumstatus behält während des Wachstumsprozesses durchgängig den Wert eins – Wachstum steigert dann die Wohlfahrt nicht, und oben als ineffizient herausgestellte Gleichgewichte stiften gleichen Nutzen wie jede andere symmetrische Allokation. Ferner würden bei Indifferenz hinsichtlich der Konsumströme kleine Umweltschäden ausreichen, um den Wachstumspfad mit minimalem Wachstum als optimal herauszustellen.[3]

Man muß sich daher der Begrenztheit des Erklärungsanspruchs der Wachstumstheorie bewußt sein: Umweltprobleme und Statuswettbewerb ignorierend, untersucht sie das Wachstum materieller Lebensstandards. In

---

[3] Die hier gemachte Annahme logarithmischen Nutzens im relativen Konsum ist dabei abdingbar. Bei isoelastischem Nutzen und ohne Bevölkerungswachstum lautet die Hamilton-Funktion für das Nutzenmaximierungsproblem eines Konsumenten mit Wertpapierbestand B und Arbeitseinkommen wL

$$\mathcal{H} \equiv \frac{(c'/\bar{c})^{1-\sigma} - 1}{1 - \sigma} + \lambda(rB + wL - c').$$

Als notwendige Optimalitätsbedingungen erhält man

$$\frac{\partial \mathcal{H}}{\partial c'} = \frac{(c')^{-\sigma}}{\bar{c}^{1-\sigma}} - \lambda = 0$$

$$\dot{\lambda} = \rho\lambda - \frac{\partial \mathcal{H}}{\partial B} = \lambda(\rho - r).$$

Als rationale Agenten antizipieren die Individuen, daß ihr eigener Konsum genau dem der anderen und damit dem Durchschnittskonsum entspricht: $c' = \bar{c}$. Dann folgt $1/c' = \lambda$, $g_{c'} = -\dot{\lambda}$ und damit $g_{c'} = r - \rho$. Das ist aber die wohlbekannte Ramsey-Regel bei logarithmischem Nutzen. D.h.: Auch bei isoelastischem Nutzen im relativen Konsum verhalten sich die Individuen, *als ob* sie logarithmischen Nutzen im eigenen Konsum maximierten. Dies kann auch als eine Rechtfertigung für die $\sigma = 1$-Vereinfachung ab Kapitel 8 aufgefaßt werden.

den folgenden Abschnitten wird kurz diskutiert, wie erfolgreich sie dabei ist.

Neoklassische Wachstumtheorie

Ausgangspunkt der Untersuchung war in Kapitel 3 das Solow-Modell, das zeigt, wie technischer Fortschritt dem Fall der Profitrate Vorschub leisten kann und so anhaltendes Produktivitätswachstum ermöglicht. Großes Manko des Solow-Modells ist die dabei unterstellte Exogenität des technischen Fortschritts. Es werden nur seine Konsequenzen erfaßt, nicht seine Ursachen. Das Modell zeigt, wie selbst bei Vorliegen nicht vermehrbarer Ressourcen anhaltendes Produktivitätswachstum möglich ist, wenn nur der Fortschritt hinreichend schnell ist, und wie eine relativ geringe Sparneigung zu anhaltenden Leistungsbilanzdefiziten führen kann. Über die Rollen von Humankapital und technischem Wissen im Wachstumsprozeß konnte aber nichts gesagt werden.

In Kapitel 5 trat dann im Uzawa-Modell Humankapitalakkumulation an die Stelle exogenen Fortschritts als Triebfeder von Wachstum. Das resultierende Wachstumsgleichgewicht hat eine plausiblere Gestalt: Aus Produktivitätsdifferenzen in der Ausbildung ergeben sich differierende Wachstumsraten, und obwohl die Akkumulationsentscheidungen – sowohl in bezug auf physisches Kapital als auch hinsichtlich des Humankapitals – endogen sind, haben Steuern keine Wachstumseffekte. Auch mit endogenem Humankapital schweigt das Modell aber bezüglich der Rolle von Innovationen im Wachstumsprozeß.

Neue Wachstumstheorie

An dieser Stelle traten in den Kapiteln 8 und 9 Grossman, Helpman und Romer mit ihren Modellen zu Wachstum durch F&E auf den Plan. Romer modellierte im Solow-Rahmen, wie die Aussicht auf positive Gewinne bei monopolistischer Konkurrenz unter geeigneten Parameterkonstellationen zu endogenem Wachstum durch zielgerichtete Forschung führt. Das Romer-Modell wird also der vorrangigen Zielsetzung – der Formalisierung von Wachstum à la Schumpeter – gerecht. Die F&E-Modelle werfen aber schwerwiegende Probleme auf, wenn man sie an den stilisierten Fakten des Wachstumsprozesses mißt. Erstens prognostizieren sie entweder kontrafaktische Größeneffekte (ohne internationale Wissensdiffusion) oder einheitliche Wachstumsraten (mit internationaler Wissensdiffusion). Zweitens – und wichtiger – prognostizieren sie eine unrealistische Reagibilität der gleichgewichtigen Wachstumsrate in bezug auf allerlei Größen, die im Zuge von Politikmaßnahmen kontrolliert werden können. Gäben das Grossman-Helpman- oder das Romer-Modell ein plausibles Bild des Wachstumsprozesses, dann wäre Wachstumsschwäche allenfalls ein leicht zu behebendes Problem.

Semi-endogenes Wachstum

Schließlich wurde in den Kapiteln 17 und 18 gezeigt, daß man durch

Kapitel 20: Erkenntnisse und Defizite

die Integration des Uzawa-Ausbildungssektors in die Modelle von Grossman, Helpman und Romer die treffenden empirischen Implikationen des Uzawa-Modells bei endogener Innovation reproduzieren kann, man erhält semi-endogenes Wachstum im Sinne von Jones: endogen hervorgebrachtes Wachstum bei aus Politikersicht exogen determinierter, nicht beeinflußbarer Wachstumsrate. Das Modell semi-endogenen Wachstums macht die Zielsetzung, Wachstum durch Innovationen zu modellieren, mit den stilisierten Fakten des Wachstumsprozesses kompatibel.

Bedingungen für endogenes Wachstum

„Es gibt keine Grenzen des Wachstums. (...) Wir werden den Wert der bewohnbaren Welt steigern, und zwar ohne Ende."
Paul M. Romer im Spiegel-Interview

„Because we are all born and raised in this era of exponential progress, we simply assume that it is an intrinsic, permanent feature of reality. (...) This is an inductive argument, and as an inductive argument it is deeply flawed."
John Horgan

Allen hier vorgestellten Modellen ist die Voraussetzung gemein, daß die wachstumstreibenden Faktoren mit konstanten Skalenerträgen reproduziert werden können, damit es zu endogenem Wachstum kommt. Im Learning-by-doing-Modell muß Kapital mit konstanten Skalenerträgen in bezug auf Kapital produziert werden, bei Shell und Romer muß die Produktionsfunktion für neues technisches Wissen konstante Skalenerträge in bezug auf das vorhandene Wissen aufweisen, bei Uzawa und im Modell semi-endogenen Wachstums müssen bei der Gewinnung neuen Humankapitals konstante Skalenerträge in bezug auf das bestehende Humankapital vorliegen. Oder mit anderen Worten: Die Modelle sind gerade so konstruiert, daß in einem Steady state mit konstanten Anteilen der Faktoren in ihren verschiedenen Verwendungen exponentielles Wachstum resultiert. Bei auch nur minimal fallenden Erträgen wäre anhaltendes Wachstum nicht länger möglich; bei auch nur leicht steigenden Skalenerträgen wird nach endlicher Zeit das Ende der Knappheit erreicht. Solow (1994, S.49) beispielsweise steht der endogenen Wachstumstheorie (verstanden als Vereinigungsmenge aller hier vorgestellten Modelle bis auf das Solow-Modell) aufgrund dieses „Knife-edge-Charakters" recht kritisch gegenüber. Solows Kritik kann aber ebensogut auf sein eigenes Modell angewendet werden. Auch im Solow-Modell ist bei fallender Fortschrittsrate anhaltendes Wachstum nicht möglich. Genauso wie in der endogenen Wachstumstheorie muß bei Solow in Form von exponentiellem technischen Fortschritt die Möglichkeit exponentiellen Wachstums eingegeben werden, will man exponentielles Wachstum herausbekommen. Was die endogene Wachstumstheorie vom Solow-Modell abgrenzt, ist vielmehr die Annahme, daß die *Rate exponentiellen Wachstums* vom Faktoreinsatz in innovativen Aktivitäten abhängt, als ein allgemein gesteigerter Optimismus, was die *Möglichkeit exponentiellen Wachstums* angeht (auch wenn Romer, wie obenstehendes Zitat belegt, diesbezüglich nicht eben als Skeptiker einzuordnen ist). Das Romer-Modell beispielsweise besagt, daß exponentielles Wachstum *solange* möglich ist, *wie* technologisches Wissen mit konstanten Skalenerträgen im bestehenden Wissen akkumuliert werden kann (d.h. solange die unterstellte F&E-Technologie Gültigkeit besitzt); nach dem Modell semi-endogenen Wachstums ist exponentielles Wachstum *solange* möglich, *wie* das zur Erweiterung des technologischen Wissens notwendige Humankapital mit konstanten Skalenerträgen im vorhandenen Humankapital akkumuliert werden kann (solange die unterstellte Ausbildungstechnologie und die Jones-F&E-Technologie gelten). Diese Feststellungen sind ganz im Sinne der Solow-Botschaft, daß technischer Fortschritt notwendig für Wachstum ist. Und sie beinhalten nicht eine empirische Prognose hinsichtlich der Frage, ob derartige Bedingungen auch in der Zukunft noch herrschen werden. Daß eine negative Antwort auf diese Frage auch im Zeitalter der Neuen Wachstumstheorie denkbar ist, beweist die Debatte, die Horgan (1997) mit seinem Buch *The Ends of Science* losgetreten hat. Darin vertritt Horgan den Standpunkt, daß das rasante Wachstum der letzten zwei Jahrhunderte nicht ein anhaltender Zustand ist, sondern ein Sonderfall war. Eben weil die Wissenschaft so erfolgreich war, sei sie in Bereiche vorgestoßen, in denen weiterer gleichmäßiger Fortschritt nicht mehr denkbar sei. Diese Position ist der der Klassiker sehr ähnlich: So, wie die Klassiker die Industrialisierung als Anpassung an ein neues Steady state mit vermehrter Kapitalausstattung begriffen, so interpretiert Horgan den technischen Fortschritt der Vergangenheit als Anpassung an ein neues Steady state mit besseren Technologien. Mit dieser These hat er allerdings in erster Linie Widerspruch hervorgerufen.

Was leistet die Wachstumstheorie?
Fragen wir abschließend, welchen Erkenntnisgewinn das hier „favorisierte" Modell semi-endogenen Wachstums bietet. Das Modell ist natürlich sehr abstrakt. Aber das ist unvermeidlich, will man ein dynamisches Modell des allgemeinen Gleichgewichts mit unvollkommen wettbewerblichen Märkten konstruieren. Als Robinson (1962) bemerkte, daß ein Modell ohne Abstraktion so nützlich ist wie eine Landkarte im Maßstab 1:1, bezog sie sich explizit auf die Wachstumstheorie. Dem kann man entgegenhalten, daß eine Landkarte auch dann wenig nützlich ist, wenn der Maßstab so klein gewählt ist, daß man nichts mehr erkennt. Zu fragen ist also, ob der Abstraktionsgrad hier noch hinreichend niedrig ist, um Aufschlüsse zuzulassen. Meinen

Standpunkt hierzu habe ich schon in der Einleitung umrissen: Die Wachstumstheorie formuliert sehr grobe Modelle; die aber bieten ein nützliches Gedankengerüst zum Nachdenken über Wachstum. In den Annahmen wird festgehalten, bei welcher Ressourcenallokation schnelles Wachstum resultiert. Und mit der Gleichgewichtsanalyse werden Prognosen gemacht, inwieweit der Markt eine solche Allokation hervorbringt und inwieweit der Staat Einfluß nehmen kann. Im Modell semi-endogenen Wachstums konkret geht aus der F&E-Technologie hervor, daß schneller technischer Fortschritt genau dann resultiert, wenn das Humankapital schnell wächst, in der Gleichgewichtsanalyse wurde gezeigt, daß das wiederum der Fall ist, wenn die Ausbildung effizient ist und die Individuen „geduldig" sind. Schließlich wurde gezeigt, daß in diesem stilisierten Modell Steuern, Subventionen und Handel keinen Einfluß auf die gleichgewichtige Wachstumsrate haben. Das Modell leistet somit eine rigorose Erklärung für das vielleicht unintuitive, aber empirisch gut belegte Resultat, daß sich auch bei endogen erzeugtem Wachstum veränderte Investitionsanreize nicht in Veränderungen der langfristigen Wachstumsrate niederschlagen müssen.

Letztendlich kann die gesamte hier durchgeführte dynamische Analyse damit als ein Plädoyer für statische Theorien interpretiert werden. Wenn Politikmaßnahmen auf das langfristige Wachstum keinen Einfluß haben, können und müssen wir uns auf die kurzfristigeren Effekte konzentrieren. Und hier bietet sich die traditionale komparativ-statische Analyse an. Denn die Alternative ist die Analyse von Anpassungspfaden in sehr komplexen dynamischen Modellen. Der eventuelle Erkenntnisgewinn scheint den damit verbundenen Aufwand nicht rechtfertigen zu können.

Anhang: Dynamische Optimierung

„*This is truly a difficult problem, and not only for beginners.*"
Robert Dorfman

Jede Wachstumstheorie ist eine dynamische Theorie, und eine Wachstumstheorie, die mathematisch angelegt ist und Maximiererverhalten der beteiligten Individuen unterstellt, muß demnach mathematische Verfahren dynamischer Optimierung verwenden.[1] In diesem Anhang werden die Theoreme der dynamischen Optimierung aufgelistet, die im laufenden Text verwendet werden.[2]

Dynamische Optimierungsprobleme
Betrachte ein System, dessen Zustand in jedem Zeitpunkt t durch einen Vektor $x(t) = (x_1(t), \ldots, x_n(t))$ beschrieben werden kann. Im Ausgangszeitpunkt $t = 0$ sei der Zustandsvektor

$$x(0) = x_0 \tag{A.1}$$

vorgegeben. Im weiteren Verlauf der Zeit hängt die Änderung des Zustandsvektors stets vom Zustand x selbst und von einer Menge von Kontrollinstrumenten ab, die im Kontrollvektor $u(t) = (u_1(t), \ldots, u_m(t))$ zusammengefaßt

---

[1] Wie in Kapitel 3 gesagt, lassen sich die Gleichgewichtsanalysen in dieser Arbeit in den Modellen ohne Humankapital auch ohne Verfahren dynamischer Optimierung verstehen (wenn man die Sparentscheidung der Konsumenten mittels eines Lagrange-Ansatzes handhabt), nicht aber die Gleichgewichtsanalysen mit Humankapital und nicht die Wohlfahrtsanalysen.

[2] Die hier verwendeten Sätze bilden das Gerüst der sogenannten *Kontrolltheorie*. Einen zweiten, verwandten Ansatz zur Lösung dynamischer Optimierungsprobleme bietet Bellmans (1957) *Dynamisches Programmieren*. In der modernen Wachstumstheorie hat sich die Kontrolltheorie klar durchgesetzt. Heuristische Herleitungen der zitierten Sätze finden sich beispielsweise bei Arrow und Kurz (1970), Chiang (1992), Dixit (1976), Dorfman (1969), Feichtinger und Hartl (1986), Intriligator (1971), Kamien und Schwartz (1991), Léonard und Long (1992) sowie Seierstad und Sydsaeter (1987). Ich folge im wesentlichen Dorfman (1969).

werden:[3]

$$\dot{x}(t) = g(x(t), u(t), t) \tag{A.2}$$

mit $g = (g_1, \ldots, g_n)$. Für gegebenes $u(t)$ ist dies ein System von Differentialgleichungen in x allein. Die Wahl einer Kontrollfunktion $u(t)$ determiniert also, gegeben die Anfangswerte (A.1), die Evolution des Zustandsvektors im Zeitablauf.

Zeitpfade $x(t)$ und $u(t)$ unterliegen einer Bewertung. Diese Bewertung sei zeitadditiv: $x(t)$ und $u(t)$ liefern einen momentanen Nutzen $\tilde{f}(x(t), u(t), t)$, die intertemporale Bewertung ergibt sich als Summe[4]

$$\int_0^T \tilde{f}(x(t), u(t), t) dt. \tag{A.3}$$

Der Zeithorizont sei zunächst endlich: $T < \infty$. Ferner wird verlangt, daß der Zustandsvektor im Endzeitpunkt T nichtnegativ ist:

$$x(T) \geq 0. \tag{A.4}$$

Betrachte nun folgendes Maximierungsproblem: Zu maximieren ist durch geeignete Wahl einer Kontrollfunktion $u(t)$ die Bewertung (A.3) unter den Nebenbedingungen (A.1), (A.2) und (A.4). D.h.: Ausgehend von x_0, soll nach T Perioden ein nichtnegatives $x(T) \geq 0$ so erreicht werden, daß während des Übergangs ein höchstmöglicher intertemporaler Nutzen resultiert.

Notwendige Bedingungen: das Maximumprinzip
Definiere die *Hamilton-Funktion:*

$$\tilde{\mathcal{H}}(x, u, \mu, t) \equiv \tilde{f}(x, u, t) + \mu(t) g(x, u, t),$$

in der $\mu(t) = (\mu_1(t), \ldots, \mu_n(t))$ eine Multiplikatorfunktion bezeichnet. Dann gilt das sogenannte *Maximumprinzip:*

THEOREM A.1 *(Pontryagin et al. (1962)). Folgende Bedingungen sind notwendig dafür, daß u dieses Maximierungsproblem löst:*

$$\frac{\partial \tilde{\mathcal{H}}}{\partial u_j} = 0, \quad j = 1 \ldots, m \tag{A.5}$$

$$\dot{\mu}_i = -\frac{\partial \tilde{\mathcal{H}}}{\partial x_i}, \quad i = 1, \ldots, n \tag{A.6}$$

$$0 = \mu_i(T) x_i(T) = 0, \quad i = 1, \ldots, n. \tag{A.7}$$

---
[3] Oft haben die hier behandelten Probleme nur eine Zustands- und eine Kontrollvariable. Die für solche Probleme benötigten Theoreme erhält man als $n = m = 1$-Spezialfall, x und u sind dann Skalare. Ein Tip: Man kann diesen Anhang zunächst mit $m = n = 1$ durcharbeiten und die Kapitel 3 und 4 bearbeiten. Dann sollte man diesen Anhang für den allgemeinen Fall $m, n > 1$ nachvollziehen, bevor man mit Kapitel 5 beginnt.

[4] Man kann die hier zitierten Ergebnisse auch in zeitdiskreter Formulierung ableiten.

Anhang: Dynamische Optimierung

Oder kurz: $\partial \tilde{\mathcal{H}}/\partial u = 0$, $\dot{\mu} = -\partial \tilde{\mathcal{H}}/\partial x$, $\mu(T)x(T) = 0$.[5]

Beweis: Man kann sich leicht klarmachen, warum die Bedingungen (A.5)-(A.7) notwendig für Optimalität sind (Dorfman (1969)). Dazu zunächst nochmals etwas Notation. Sei

$$V(x(t),t) \equiv \int_t^\infty \tilde{f}(x(\tau),u(\tau),\tau)d\tau,$$

wobei u und x hier die optimalen Pfade beschreiben. D.h. $V(x(t))$ ist der Nutzen, der auf dem optimalen Pfad vom Zeitpunkt t an realisiert wird. Dieser Nutzen hängt vom Zustand in t, $x(t)$, ab, nicht aber vom Kontrollvektor, $u(t)$, denn der ist „herausmaximiert". Definiere schließlich

$$\mu_i \equiv \frac{\partial V(x)}{\partial x_i}$$

als den Anstieg des Nutzens ab t bei einer marginalen Zunahme von x_i, d.h. als marginalen *Gegenwartswert* von x_i.[6] $\mu = V'(x) = (\partial V/\partial x_1, \ldots, \partial V/\partial x_n)$ ist der Vektor der Gegenwartswerte der Zustandsvariablen. Zum Beweis von Theorem A.1 wird nun das Zeitintervall $[t,T]$ gedanklich in zwei Teile aufgespalten: ein kurzes Intervall dt von t bis $t+dt$ und die restliche Zeit von $t+dt$ bis T. In dem kurzen Intervall dt verändert sich x um $dx = \dot{x}\,dt = g(x,u,t)dt$ auf $x + g\,dt$, μ um $d\mu = \dot{\mu}\,dt$ auf $\mu + \dot{\mu}\,dt$ und $V'(x,t)$ auf $V'(x+dx, t+dt) \equiv \mu(t+dt) = \mu + \dot{\mu}\,dt$, und es gilt bei optimaler Wahl von u:

$$V(x,t) = \tilde{f}(x,u,t)dt + V(x + g(x,u,t)\,dt, t+dt). \tag{A.8}$$

D.h.: Gegeben, daß der Kontrollvektor optimal gewählt wird, setzt sich der optimale intertemporale Nutzen ab t aus zwei Teilen zusammen, dem momentanen Nutzen $\tilde{f}(x,u,t)dt$ innerhalb des kurzen Intervalls dt und dem optimalen intertemporalen Nutzen $V(x+dx, t+dt)$ ab $t+dt$.

(A.5) erhält man nun wie folgt: Damit der Nutzen ab t maximal ist, muß u die rechte Seite von (A.8) maximieren. Ableiten und Nullsetzen liefert

$$\frac{\partial \tilde{f}}{\partial u_j}dt + V'(x + g\,dt)\frac{\partial g}{\partial u_j}dt = 0.$$

Mit $V'(x+dx, t+dt) = \mu + \dot{\mu}\,dt$ ergibt sich nach Teilen durch dt:

$$\frac{\partial \tilde{f}}{\partial u_j} + (\mu + \dot{\mu}\,dt)\frac{\partial g}{\partial u_j} = 0.$$

---

[5] Wobei hier und im folgenden die partielle Ableitung eines Skalars nach einem Vektor als Vektor der komponentenweisen partiellen Ableitungen definiert ist. Analog wird unter der Ableitung eines Vektors nach einem Skalar der Vektor der komponentenweisen ersten Ableitungen verstanden und unter der Ableitung eines Vektors nach einem Vektor die Matrix der ersten Ableitungen.

[6] Ich folge der Terminologie von Feichtinger und Hartl (1986).

Mit $dt \to 0$ folgt $\partial f/\partial u_j + \mu \cdot \partial g/\partial u_j = 0$. Die Hamilton-Funktion ist nun gerade so definiert, daß (A.5) diese Bedingung liefert. Auch wird (A.5) intuitiv klar: Der marginale Beitrag von u_j zum momentanen Nutzen ist $\partial \tilde{f}/\partial u_j$. Darüber hinaus sind bei einer marginalen Änderung von u_j nach den Übergangsgleichungen $\partial g/\partial u_j$ zusätzliche Einheiten der Zustandsvariablen x vorhanden, deren Wert durch die Multiplikatorfunktion μ gegeben ist. Die Nutzenänderung aus einer Variation von u_j, d.h. die Summe von direktem Effekt ($\partial \tilde{f}/\partial u_j$) und indirektem Effekt ($\mu \cdot \partial g/\partial u_j$) muß im Optimum verschwinden. Ansonsten wäre durch eine Änderung des Kontrollvektors ein Nutzengewinn möglich. Daher die Bedingung $\partial \tilde{\mathcal{H}}/\partial u_j \equiv \partial f/\partial u_j + \mu \cdot \partial g/\partial u_j = 0$ oder – in Vektorschreibweise – $\partial \tilde{\mathcal{H}}/\partial u \equiv \partial \tilde{f}/\partial u + \mu \cdot \partial g/\partial u = 0$.

Damit zu den Bedingungen (A.6). Ableiten von (A.8) nach x_i zeigt

$$\frac{\partial V(x)}{\partial x_i} = \frac{\partial \tilde{f}}{\partial x_i} dt + V'(x+dx)\frac{\partial(x+g\,dt)}{\partial x_i}$$

$$= \frac{\partial \tilde{f}}{\partial x_i} dt + \frac{\partial V(x+dx)}{\partial(x_i+dx_i)} + V'(x+dx)\frac{\partial g}{\partial x_i} dt.$$

Substituieren von $\partial V(x)/\partial x_i \equiv \mu_i$, $\partial V(x+dx)/\partial(x_i+dx_i) = \mu_i + \dot{\mu}_i\,dt$ und $V'(x+dx) = \mu + \dot{\mu}\,dt$ und Teilen durch dt liefert

$$\frac{\partial \tilde{f}}{\partial x_i} + \mu \frac{\partial g}{\partial x_i} + \dot{\mu}_i + \dot{\mu}\frac{\partial g}{\partial x_i} dt = 0.$$

(A.6) ergibt sich dann mit $dt \to 0$ und aus der Definition der Hamilton-Funktion. Auch hat man wiederum eine anschauliche Interpretation für (A.6): $\mu_i \equiv \partial V(x)/\partial x_i$ gibt den Anstieg des intertemporalen Nutzens ab Zeitpunkt t bei einem marginalen Anstieg von $x_i(t)$ an. Ein erhöhtes $x_i(t)$ bedeutet Mehrnutzen in allen Zeitpunkten $t + \tau$ ($\tau \geq 0$). Die Zunahme des intertemporalen Nutzens ergibt sich als Summe dieser periodenweisen Mehrnutzen. Im Zeitablauf werden aus zukünftigen Nutzen realisierte Nutzen. Weil μ_i aber in jedem Zeitpunkt gerade die zukünftigen Grenznutzen erfaßt, ist μ_i in dem Maße abzuschreiben, wie aus zukünftigen realisierte Grenznutzen werden. M.a.W.: $-\dot{\mu}_i$ entspricht dem Grenznutzen von $x_i(t)$ in t. Dieser Grenznutzen wiederum setzt sich aus zwei Komponenten zusammen: dem momentanen Mehrnutzen $\partial \tilde{f}/\partial x_i$ und dem indirekten Mehrnutzen aus den $\partial g/\partial x_i$ zusätzlich verfügbaren Zustandsgrößen, d.h. $\mu \cdot \partial g/\partial x_i$. Eben dies besagt die Bedingung $\partial \tilde{\mathcal{H}}/\partial x_i \equiv \partial \tilde{f}/\partial x_i + \mu \cdot \partial g/\partial x_i = -\dot{\mu}_i$ oder – in Vektorschreibweise – $\partial \tilde{\mathcal{H}}/\partial x \equiv \partial \tilde{f}/\partial x + \mu \cdot \partial g/\partial x = -\dot{\mu}$.

Die Transversalitätsbedingungen (A.7) verlangen schließlich, daß keine nutzenstiftenden Ressourcen in T übrigbleiben: Entweder sind die Zustandsgrößen wertlos ($\mu_i(T) = 0$), oder es wird nichts von ihnen übriggelassen ($x_i(T) = 0$). q.e.d.

Man erkennt, wie die notwendigen Bedingungen aus Theorem A.1 ein ausreichend bestimmtes Differentialgleichungssystem liefern. Eliminiert man anhand von (A.5) die Kontrollvariablen u, so bilden die Übergangsgleichungen (A.2) gemeinsam mit den notwendigen Bedingungen (A.6) ein System von $2n$ Differentialgleichungen in den $2n$ Variablen x_i und μ_i, $i = 1, \ldots, n$. Die zur Lösung benötigten $2n$ Randbedingungen sind durch (A.1) und (A.7) gegeben.

Theorem A.1 gibt notwendige Optimalitätsbedingungen bei frei wählbarem Kontrollvektor u an. Teils wird aber für einige Kontrollvariablen j Nichtnegativität verlangt: $u_j(t) \geq 0$, $t \geq 0$. Theorem A.1 charakterisiert dann weiterhin innere Lösungen, bei einer Randlösung gilt für diese j dagegen $\partial \tilde{\mathcal{H}}/\partial u_j \leq 0$. (A.5) ist dann durch

$$\frac{\partial \tilde{\mathcal{H}}}{\partial u_j} \leq 0, \; = \; , \text{falls } u_j > 0,$$

zu ersetzen.

Hinreichende Bedingungen
Ferner macht der Satz keine Aussagen über hinreichende Bedingungen. Analog zur statischen Kuhn-Tucker-Theorie ist aber Konkavität der involvierten Funktionen hinreichend dafür, daß die notwendigen Bedingungen ein Maximum beschreiben:

THEOREM A.2 *(Mangasarian (1966)): Ist $\tilde{\mathcal{H}}$ konkav in x und u gemeinsam, dann sind die notwendigen Bedingungen aus Theorem A.1 hinreichend für ein Maximum.*[7]

Beweis: Optimale Pfade werden nun durch einen „*" gekennzeichnet: u^* ist die Lösung unseres Maximierungsproblems, x^* die resultierende Zustandstrajektorie, μ^* die zugehörige Multiplikatorfunktion und $\tilde{\mathcal{H}}^* \equiv \tilde{\mathcal{H}}(x^*, u^*, \mu^*, t)$. Zu zeigen ist, daß

$$\Delta \equiv \int_0^T (\tilde{f}^* - \tilde{f})dt$$

für alle realisierbaren $\tilde{f}$ nichtnegativ ist. Gemäß der Definition von $\tilde{\mathcal{H}} \equiv \tilde{f} + \mu^* g = \tilde{f} + \mu^* \dot{x}$ gilt

$$\Delta = \int_0^T [(\tilde{\mathcal{H}}^* - \tilde{\mathcal{H}}) + (\dot{x} - \dot{x}^*)\mu^*]dt.$$

Partielles Integrieren liefert $\int_0^T (\dot{x} - \dot{x}^*)\mu^* \, dt = (x - x^*)\mu^*|_0^T - \int_0^T (x - x^*)\dot{\mu}^* dt$. Weil $x(0) = x^*(0)$ vorgegeben ist, weil gemäß (A.7) $\mu^*(T)x(T) = 0$ gilt und wegen $\mu^*(T)x(T) \geq 0$, ist $(x - x^*)\mu^*|_0^T \geq 0$ und damit

$$\Delta \geq \int_0^T [(\tilde{\mathcal{H}}^* - \tilde{\mathcal{H}}) + (x^* - x)\dot{\mu}^*]dt.$$

---
[7] Ein stärkeres Resultat zu hinreichenden Optimalitätsbedingungen geht auf Arrow (1967) zurück (der Beweis findet sich bei Arrow und Kurz (1970)), wird hier aber nicht benötigt.

Konkavität von $\tilde{\mathcal{H}}$ verlangt $\tilde{\mathcal{H}} - \tilde{\mathcal{H}}^* \leq \partial\tilde{\mathcal{H}}^*/\partial x \cdot (x - x^*) + \partial\tilde{\mathcal{H}}^*/\partial u \cdot (u - u^*)$, so daß

$$\Delta \geq \int_0^T \left[\frac{\partial \tilde{\mathcal{H}}^*}{\partial u}(u^* - u) + \left(\frac{\partial \tilde{\mathcal{H}}^*}{\partial x} + \dot{\mu}^* \right)(x^* - x) \right] dt.$$

$\Delta \geq 0$ folgt nun aus $\partial \tilde{\mathcal{H}}^*/\partial u = 0$ (wegen (A.5)) und $\partial \tilde{\mathcal{H}}^*/\partial x + \dot{\mu}^* = 0$ (wegen (A.6)). q.e.d.

Beachte, daß Konkavität von $\tilde{\mathcal{H}}$ aus Konkavität von $\tilde{f}$ und g sowie $\mu \geq 0$ folgt. D.h.: Haben die Zustandsvariablen einen nichtnegativen Wert, dann ist Konkavität der beteiligten Funktionen hinreichend für Optimalität.

Unendlicher Zeithorizont

Bisher wurde stets ein endlicher Zeithorizont $T < \infty$ angenommen. In ökonomischen Anwendungen wird dagegen meist ein unendlicher Zeithorizont $T = \infty$ gewählt. Damit stellt sich zunächst das Problem, daß das Integral (A.3) nicht konvergent sein mag. In ökonomischen Anwendungen wird dieses Phänomen ausgeschlossen, indem eine genügend hohe Diskontierung unterstellt wird. Dann stellt sich als nächstes die Frage, ob die Theoreme A.1 und A.2 weiterhin gelten. Betrachte zunächst Theorem A.1. Die notwendigen Bedingungen (A.5) und (A.6) behalten Gültigkeit, weil der „Beweis" an keiner Stelle die Annahme eines endlichen Zeithorizonts verwendete. Allerdings ist die Gültigkeit der Transversalitätsbedingungen nicht so offensichtlich, weil der Begriff des Endzeitpunkts bei unendlichem Horizont verschwimmt. Man liest oft, daß die Transversalitätsbedingungen bei unendlichem Zeithorizont nicht notwendig für ein Maximum seien, und es wurden auch Gegenbeispiele gefunden (als erstes von Halkin (1974)). In diesen Gegenbeispielen konvergiert aber regelmäßig das Integral (A.3) nicht, und Benveniste und Scheinkman (1982, Abschnitt 6) zeigten, daß bei konvergierendem Bewertungsintegral die Transversalitätsbedingungen

$$\lim_{t \to \infty} \mu_i(t) x_i(t) = 0, \quad i = 1, \ldots, n,$$

notwendig für Optimalität sind.[8] Der Beweis von Theorem A.2 gilt bei unendlichem Zeithorizont unverändert.

Autonome Probleme

In den meisten ökonomischen Anwendungen lassen sich die Übergangsgleichungen so formulieren, daß keine direkte Zeitabhängigkeit besteht: $\dot{x} = g(x, u)$. Und direkte Zeitabhängigkeit der Nutzenfunktion schlägt sich nur in Diskontierung nieder: $\tilde{f}(x, u, t) = e^{-R(t)} f(x, u)$ mit $R(t) = \int_0^t r(\tau) d\tau$ als Diskontfaktor und $r(\tau)$ als Diskontrate in τ. In diesem Fall bietet es sich an, einen Satz anzuwenden, der zu Theorem A.1 äquivalente Bedingungen

---

[8] Für den zeitdiskreten Fall lieferte Weitzman (1974) das analoge Resultat bereits früher.

Anhang: Dynamische Optimierung 269

liefert. Definiere dazu $\lambda_i \equiv \mu_i e^{R(t)}$ und $\mathcal{H} \equiv e^{R(t)}\tilde{\mathcal{H}} = f(x,u) + \lambda g(x,u)$. Damit lautet das Maximumprinzip *in Momentanwertschreibweise*:

THEOREM A.3: *Ist g zeitautonom und $\tilde{f}(x,u,t) = e^{-R(t)}f(x,u)$, dann lassen sich die notwendigen Bedingungen (A.5)-(A.7) aus Theorem A.1 äquivalent wie folgt ausdrücken:*

$$\frac{\partial \mathcal{H}}{\partial u_j} = 0, \quad j = 1, \ldots, m \tag{A.9}$$

$$\dot{\lambda}_i = r\lambda_i - \frac{\partial \mathcal{H}}{\partial x_i}, \quad i = 1, \ldots, n \tag{A.10}$$

$$0 = e^{-R(T)}\lambda_i(T)x_i(T), \quad i = 1, \ldots, n. \tag{A.11}$$

Beweis: Der Reihe nach. Äquivalenz von (A.5) und (A.9) folgt direkt aus der Definition $\mathcal{H} \equiv e^{R(t)}\tilde{\mathcal{H}}$. Zu (A.10): Nach $\lambda_i \equiv e^{R(t)}\mu_i$ gilt mit (A.6)

$$\dot{\lambda}_i = re^{R(t)}\mu_i + e^{R(t)}\dot{\mu}_i = r\lambda_i - e^{R(t)}\frac{\partial \tilde{\mathcal{H}}}{\partial x_i} = r\lambda_i - \frac{\partial \mathcal{H}}{\partial x_i},$$

d.h. (A.10). (A.11) ist wiederum per Definition gleichbedeutend mit (A.7). q.e.d.

Theorem A.3 ist (wenn es anwendbar ist) bequemer zu verwenden als Theorem A.1. (A.9) verlangt nämlich

$$\frac{\partial f}{\partial u_j} - \lambda \frac{\partial g}{\partial u_j} = 0, \quad j = 1, \ldots, m,$$

und (A.10) liefert

$$\dot{\lambda}_i = r\lambda_i - \left(\frac{\partial f}{\partial x_i} + \lambda \frac{\partial g}{\partial x_i}\right). \quad i = 1, \ldots, n.$$

Weil weder f noch g direkt zeitabhängig ist, bilden (A.2) und (A.10) nach Elimination von u mittels (A.9) ein *autonomes* System von Differentialgleichungen, d.h. ein System ohne direkte Zeitabhängigkeit.

Zur Interpretation der λ_i. $\tilde{f}(x,u,t) \equiv e^{-R(t)}f(x,u)$ gibt die auf den Startzeitpunkt $t = 0$ diskontierten Periodennutzen an. Damit die im „Beweis" von Theorem A.1 verwendete Addition von direktem Effekt $(\partial \tilde{f}(x,u,t)/\partial u_j)$ und indirektem Effekt $(\mu_i \cdot \partial g(x,u,t)/\partial u_j)$ einer Variation der Kontrollvariablen u_j sinnvoll durchgeführt werden kann, muß $\mu_i(t)$ also den ebenfalls auf $t = 0$ zurückdiskontierten Wert von $x_i(t)$ bezeichnen. $\lambda_i(t) \equiv e^{R(t)}\mu_i(t)$ gibt folglich die laufende Bewertung der Zustandsvariablen i an, d.h. den Wert von $x_i(t)$ *bezogen auf den Zeitpunkt t*. Daher wird Theorem A.1 auch als Maximumprinzip *in Gegenwartsschreibweise* bezeichnet und Theorem A.3 als Maximumprinzip in *Momentanwertschreibweise*.

Es sei ferner beachtet, daß Konkavität von $\tilde{f}(x, u, t)$ in x und u natürlich äquivalent zu Konkavität von $f(x, u)$ ist, so daß bei Konkavität von f und g sowie $\lambda \geq 0$ die notwendigen Bedingungen aus Theorem A.3 hinreichend für ein Maximum sind.

Sattelpunktstabilität

Ich verwende im laufenden Text stets das Maximumprinzip in Momentanwertschreibweise (Theorem A.3), um notwendige Optimalitätsbedingungen für intertemporale Entscheidungsprobleme zu erhalten. Die sich dabei ergebenden Systeme sind nicht nur autonom, sie haben darüber hinaus die Eigenschaft, daß sie stets so manipulierbar sind, daß sie ein Steady state besitzen, in dem sich keine Variable mehr ändert. Oft wird in der Literatur die Sichtweise von vornherein auf diese Steady-state-Lösung eingeschränkt. Dieses Vorgehen macht aber natürlich nur dann Sinn, wenn dieses Steady state früher oder später erreicht wird, d.h. wenn das Steady state *stabil* ist. Stabilität ist natürlich beweispflichtig, und daher wird in der vorliegenden Arbeit einige Mühe darauf verwendet, die Stabilitätseigenschaften der Modelle zu analysieren. Dabei löse ich die Systeme graphisch, durch sogenannte Phasendiagramme. Man erhält dann meist *Sattelpunktstabilität*, d.h. für jeden Wert der historisch vorgegebenen Zustandsvariablen (wie zum Beispiel Kapital, Humankapital oder technisches Wissen) existiert genau ein Zeitpfad für die Kontrollvariablen, so daß das Steady state erreicht wird. In Appendizes werden lokale Stabilitätsbeweise aber auch formal mit Rückgriff den folgenden mathematischen Satz geführt:

THEOREM A.4: *Sind in einem linearen Differentialgleichungssystem im Steady state alle Eigenwerte real und verschieden voneinander, und ist genau ein negativer Eigenwert dabei, dann ist das Steady state sattelpunktstabil, d.h. es existiert genau ein Pfad in das Steady state.*

Ein Beweis findet sich z.B. bei Gandolfo (1996, Kap.18). Um den Satz anwenden zu können, muß das betrachtete Differentialgleichungssystem zunächst um sein Steady state linearisiert werden. Aufgrund dieser Approximation macht der Satz nur über *lokale* Sattelpunktstabilität eine Aussage.

Literaturverzeichnis

Abel, Andrew B., N. Gregory Mankiw, Lawrence H. Summers und Richard J. Zeckhauser, „Assessing Dynamic Efficiency: Theory and Evidence", *Review of Economic Studies* 56, S.1-20.

Abramowitz, Moses (1956), „Resource and Output Trends in the United States Since 1870", *American Economic Review* 46, S.5-23.

Abramowitz, Moses (1986), „Catching Up, Forging Ahead, and Falling Behind", *Journal of Economic History* 46, S.385-406.

Aghion, Philippe und Patrick Bolton (1997), „A Theory of Trickle-Down Growth and Development", *Review of Economic Studies* 64, S.151-72.

Aghion, Philippe und Peter Howitt (1992), „A Model of Growth through Creative Destruction", *Econometrica* 60, S.323-51.

Aghion, Philippe und Peter Howitt (1993), „The Schumpeterian Approach to Technical Change and Growth", in: Horst Siebert (Hrsg.): *Economic growth in the world economy*, Tübingen: Mohr.

Aghion, Philippe und Peter Howitt (1994), „Growth and Unemployment", *Review of Economic Studies* 61, S.477-494.

Alesina, Alberto und Dani Rodrik (1993), „Distributive Politics and Economic Growth", *Quarterly Journal of Economics* 107, S.465-90.

Allais, Maurice (1947), *Economie et interet*, Paris: Imprimerie Nationale.

Allen, Roy G.D. (1968), *Macro-Economic Theory*, London: Macmillan.

Amable, Bruno und Dominique Guellec (1992) „Les Théories de la Croissance Endogène", *Revue d'Economie Politique* 102, S.313-377.

Argote, Linda und Dennis Epple (1990), „Learning Curves in Manufacturing", *Science* 247, S.920-4.

Arnold, Lutz (1995a), „Neue Wachstumstheorie: Ein Überblick", *ifo-Studien* 41, S.409-44.

Arnold, Lutz (1995b), „Stability of the Steady-State Equilibrium in the Uzawa-Lucas Model", Wirtschaftstheoretische Diskussionsbeiträge 95/10, Universität Dortmund.

Arnold, Lutz (1995c), „Imitation, Intellectual Property Rights, and Growth", Wirtschaftstheoretische Diskussionsbeiträge 95/02, Universität Dortmund.

Arnold, Lutz (1995d), „Growth, Welfare, and Trade in an Integrated Model of Human-Capital Accumulation and Research", Wirtschaftstheoretische Diskussionsbeiträge 95/13, Universität Dortmund.

Arnold, Lutz (1997a), „Stability of the Steady-State Equilibrium in the Uzawa-Lucas Model: A Simple Proof", *Zeitschrift für Wirtschafts- und Sozialwissenschaften* 117, 197-207.

Arnold, Lutz (1997b), „Basic and Applied Research", erscheint im *Finanzarchiv*.

Arnold, Lutz (1997c), „Learning by Doing: An Obstacle to Growth?", Wirtschaftstheoretische Diskussionsbeiträge 97/05, Universität Dortmund.

Arnold, Lutz (1998), „Growth, Welfare, and Trade in an Integrated Model of Human-Capital Accumulation and Research", erscheint im *Journal of Macroeconomics* 20 (1998).

Arrow, Kenneth J. (1962a), „Economic Welfare and the Allocation of Resources for Inventions", in: R.R. Nelson (Hrsg.), *The Rate and Direction of Inventive Activity*, Princeton: Princeton University Press.

Arrow, Kenneth J. (1962b), „The Economic Implications of Learning by Doing", *Review of Economic Studies* 29, S.155-173.

Arrow, Kenneth J. (1967), „Applications of Control Theory to Economic Growth", in: George B. Dantzig und Arthur F. Veinott (Hrsg.), *Mathematics of the Decision Sciences* Band 1, Providence: American Mathematical Society.

Arrow, Kenneth J. und Mordecai Kurz (1970), *Public Investment, the Rate of Return, and Optimal Fiscal Policy*, Baltimore: Johns Hopkins University Press.

Auernheimer, Leonardo und Gabriel A. Lozada (1990), „On the Treatment of Anticipated Shocks in Models of Optimal Control with Rational Expectations: An Economic Interpretation", *American Economic Review* 80, S.157-69.

Azariadis, Costas (1981), „Self-Fulfilling Prophecies", *Journal of Economic Theory* 25, 380-96.

Azariadis, Costas (1993), *Intertemporal Macroeconomics*, Cambridge: MIT Press.

Azariadis, Costas und Allan Drazen (1990), „Threshold Externalities in Economic Development", *Quarterly Journal of Economics* 105, S.501-26.

Baloff, Nicholas (1971), „Extension of the Learning Curve – Some Empirical Results", *Operational Research Quarterly*, 22, S.329-40.

Barro, Robert J. (1974), „Are Government Bonds Net Wealth?", *Journal of Political Economy* 81, S.1095-117.

Barro, Robert J. (1984), *Macroeconomics*, New York: Wiley.

Barro, Robert J. (1990), „Government Spending in a Simple Model of Endogenous Growth", *Journal of Political Economy* 98, S.S103-S125.

Barro, Robert J. (1991), „Economic Growth in a Cross Section of Countries", *Quarterly Journal of Economics* 106, S.407-43.

Barro, Robert J. und Jong-Wha Lee (1993), „International comparisons of educational attainment", *Journal of Monetary Economics* 32, S.363-94.

Barro, Robert J. und Jong-Wha Lee (1996), „International Measures of Schooling Years and Schooling Quality", *American Economic Review* 86, S.218-23.

Barro, Robert J. und Xavier X. Sala-i-Martin (1991), „Convergence Across States and Regions", *Brookings Papers on Economic Activity* 4, S.107-82.

Barro, Robert J. und Xavier X. Sala-i-Martin (1992a), „Convergence", *Journal of Political Economy* 100, S.223-51.

Barro, Robert J. und Xavier X. Sala-i-Martin (1992b), „Public Finance in Models of Economic Growth", *Review of Economic Studies* 59, S.645-61.

Barro, Robert J. und Xavier X. Sala-i-Martin (1995), *Economic Growth*, New York: McGraw-Hill.

Baumol, William J. (1986), „Productivity Growth, Convergence, and Welfare: What the Long-Run Data Show", *American Economic Review* 76, S.1072-85.

Becker, Gary S. (1964), *Human Capital*, 2. Auflage, New York: Columbia University Press.

Becker, Gary S. und Robert J. Barro (1988), „A Reformulation of the Economic Theory of Fertility", *Quarterly Journal of Economics* 103, S.1-25.

Bellman, Richard (1957), *Dynamic Programming*, Princeton: Princeton University Press.

Bencivenga, Valerie R. und Bruce D. Smith (1991), „Financial Intermediation and Endogenous Growth", *Review of Economic Studies* 58, S.195-209.

Bencivenga, Valerie R. und Bruce D. Smith (1993), „Some consequences of credit rationing in an endogenous growth model", *Journal of Economic Dynamics and Control* 17, S.97-122.

Benhabib, Jess und Kazuo Nishimura (1979), „The Hopf Bifurcation and the Existence and Stability of Closed Orbits in Multisector Models of Optimal Economic Growth", *Journal of Economic Theory* 21, S.421-44.

Benhabib, Jess und Kazuo Nishimura (1979), „Competitive Equilibrium Cycles", *Journal of Economic Theory* 35, S.284-306.

Benhabib, Jess und Roberto Perli (1994), „Uniqueness and Indeterminacy: On the Dynamics of Endogenous Growth", *Journal of Economic Theory* 63, S.113-42.

Benveniste, Lawrence. M. und José A. Scheinkman (1982), „Duality Theory for Dynamic Optimization Models of Economics: The Continuous Time Case", *Journal of Economic Theory* 27, S.1-19.

Bernheim, B. Douglas und Kyle Bagwell (1988), „Is Everything Neutral?", *Journal of Political Economy* 96, S.308-38.

Bertola, Giuseppe (1993), „Factor Shares and Savings in Endogenous Growth", *American Economic Review* 83, S.1184-98.

Blanchard, Olivier J. (1985), „Debt, Deficits, and Finite Horizons", *Journal of Political Economy* 93, S.223-47.

Blanchard, Olivier J. und Stanley Fischer (1989), *Lectures on Macroeconomics*, Cambridge: MIT Press.

Blanchard, Olivier J. und Nobuhiro Kiyotaki (1987), „Monopolistic Competition and the Effects of Aggregate Demand", *American Economic Review* 77, S.647-66.

Boldrin, Michele und Aldo Rustichini (1994), „Growth and Indeterminacy in Dynamic Models with Externalities", *Econometrica* 62, S.323-42.

Bond, Eric W., Ping Wang und Chong K. Yip (1996), „A General Two Sector Model of Endogenous Growth with Human and Physical Capital", *Journal of Economic Theory* 68, 149-73.

Boyd, John und Bruce D. Smith (1996), „The Co-Evolution of the Real and Financial Sectors in the Growth Process", Working Paper, Federal Reserve Bank of Minneapolis.

Brezis, Elise S., Paul R. Krugman und Daniel Tsiddon (1993), „Leapfrogging in International Competition: A Theory of Cycles in National Technological Leadership", *American Economic Review* 81, S.1211-19.

Brock, William A. und Leonard Mirman, „Optimal Economic Growth and Uncertainty: The Discounted Case", *Journal of Economic Theory* 4, S.479-515.

Burmeister, Edwin und A.R. Dobell (1970), *Mathematical Theories of Economic Growth*, London.

Caballé, Jordi und Manuel S. Santos (1993), „On Endogenous Growth with Physical and Human Capital", *Journal of Political Economy* 101, S.1042-67.

Caballero, Ricardo J. und Adam B. Jaffe (1993), „How High Are a Giant's Shoulders: An Empirical Assessment of Knowledge Spillovers and Creative Destruction in a Model of Economic Growth", *NBER Macroeconomics Annual*, S.15-74, Cambridge: MIT Press.

Caballero, Ricardo J. und Richard K. Lyons (1989), „The Role of External Economies in U.S. Manufacturing", unveröffentlicht, Columbia University.

Caballero, Ricardo J. und Richard K. Lyons (1990), „Internal Versus External Economies in European Industry", *European Economic Review* 34, S.805-30.

Caballero, Ricardo J. und Richard K. Lyons (1992), „The Case for External Economies", in: Alex Cukierman, Zvi Hercowitz und Leonardo Leiderman (Hrsg.), *Political Economy, Growth and Business Cycles*, Cambridge: MIT Press.

Cass, David (1965), „Optimum Growth in an Aggregative Model of Capital Accumulation", *Review of Economic Studies* 32, S.233-240.

Cass, David (1972), "On Capital Overaccumulation in the Aggregative Neoclassical Model of Economic Growth: A Complete Characterization", *Journal of Economic Theory* 4, S.100-23.

Cass, David und Karl Shell (1983), "Do Sunspots Matter?", *Journal of Political Economy* 91, S.193-227.

Chamberlin, Edward H. (1933), *The Theory of Monopolistic Competition*, Cambridge: Harvard University Press.

Chamley, Christophe (1986), "Optimal Taxation of Capital Income in General Equilibrium with Infinite Lives", *Econometrica* 54, S.607-22.

Chamley, Christophe (1993), "Externalities and Dynamics of Models of Learning or Doing", *International Economic Review* 34, S.583-609.

Chiang, Alpha C. (1992), *Dynamic Optimization*, New York: McGraw-Hill.

Coe, David T. und Elhanan Helpman (1995), "International R&D Spillovers", *European Economic Review* 39, S.859-87.

Dasgupta, Partha und Geoffrey M. Heal (1974), "The Optimal Depletion of Exhaustible Resources", *Review of Economic Studies* 41, S.3-28.

Dasgupta, Partha und Geoffrey M. Heal (1979), *Economic Theory and Exhaustible Resources*, Cambridge: Cambridge University Press.

Dasgupta, Partha und Joseph E. Stiglitz (1980), "Uncertainty, Industrial Structure, and the Speed of R&D", *Bell Journal of Economics* 11, S.1-28.

Dasgupta, Partha und Joseph E. Stiglitz (1988), "Learning-by-Doing, Market Structure and Industrial Trade Policies", *Oxford Economic Papers* 40, S.246-68.

D'Autume, Antoine und Philippe Michel (1993), "Endogenous Growth in Arrow's Learning by Doing Model", *European Economic Review* 37, S.1175-84.

David, Paul A., David C. Mowery und W. Edward Steinmueller, "Analyzing the Economic Payoffs from Basic Research", in: David C. Mowery (Hrsg.), *Science and Technology Policy in Interdependent Economies*, Boston: Kluwer Academic Publishers.

Day, Richard (1982), "Irregular Growth Cycles", *American Economic Review* 72, S.406-14.

DeLong, J. Bradford, "Productivity Growth, Convergence, and Welfare: Comment", *American Economic Review* 78, S.1138-54.

DeLong, J. Bradford und Lawrence H. Summers, „Equipment Investment and Economic Growth", *Quarterly Journal of Economics* 106, S.445-502.

Denison, Edward F. (1962), *The Sources of Economic Growth in the United States and the Alternatives Before Us*, Committee for Economic Development, New York.

Denison, Edward F. (1967), *Why Growth Rates Differ: Post-War Experience in Nine Western Countries*, Washington: Brookings Institution.

Devereux, Michael B. und Beverly J. Lapham (1994), „The Stability of Economic Integration and Endogenous Growth", *Quarterly Journal of Economics* 109, S.299-308.

Diamond, Peter A. (1965), „National Debt in a Neoclassical Growth Model", *American Economic Review* 55, S.1126-50.

Dixit, Avinash K. (1976), *Optimization in Economic Theory*, Oxford: Oxford University Press.

Dixit, Avinash K. und Joseph E. Stiglitz (1977), „Monopolistic Competition and Optimum Product Diversity", *American Economic Review* 67, S.297-308.

Domar, Evsey D. (1946), „Capital Expansion, Rate of Growth, and Employment", *Econometrica* 14, S.137-47.

Dorfman, Robert (1969), „An Economic Interpretation of Optimal Control Theory", *American Economic Review* 59, S.817-31.

Dowrick, Steve und Duc-Th. Nguyen (1989), „OECD Comparative Economic Growth 1950-1985", *American Economic Review* 79, S.1010-30.

Drandakis, E. M. und Edmund S. Phelps (1966), „A Model of Induced Invention, Growth and Distribution", *Economic Journal* 76, S.823-40.

Easterlin, Richard A. (1972), „Does Money Buy Happiness?", *Public Interest* 30, S.3-10.

Easterly, William, Michael Kremer, Lant Pritchett und Lawrence H. Summers (1993), „Good policy or good luck? Country growth performance and temporary shocks", *Journal of Monetary Economics* 32, S.459-83.

Easterly, William und Sergio Rebelo (1993), „Fiscal policy and economic growth: An empirical investigation", *Journal of Monetary Economics* 32, S.417-58.

Ethier, Wilfried J. (1979), „Internationally Decreasing Costs and World Trade", *Journal of International Economics* 9, S.1-24.

Fabricant, S. (1954), „Economic Progress and Economic Change", *34th Annual Report of the National Bureau of Economic Research*, New York.

Fagerberg, Jan (1987), „A Technology Gap Approach to Why Growth Rates Differ", *Research Policy* 16, S.87-99.

Fagerberg, Jan (1988), „Why Growth Rates Differ", in: Giovanni Dosi et al. (Hrsg.), *Technical Change and Economic Theory*, London: Pinter Publishers.

Fagerberg, Jan (1994), „Technology and International Differences in Growth Rates", *Journal of Economic Literature* 32, S.1147-75.

Faig, Manuel (1995), „A Simple Economy with Human Capital: Transitional Dynamics, Technology Shocks, and Fiscal Policies", *Journal of Macroeconomics* 17, S.421-46.

Feenstra, Robert (1990), „Trade and Uneven Growth", *NBER Working Paper* 3276.

Feichtinger, Gustav und Richard F. Hartl (1986), *Optimale Kontrolle ökonomischer Prozesse*, Berlin: De Gruyter.

Felderer, Bernhard und Stefan Homburg (1984), *Makroökonomik und neue Makroökonomik*, 4. Auflage, Berlin: Springer.

Feldstein, Martin S. (1974), „Social Security, Induced Retirement, and Aggregate Capital Accumulation", *Journal of Political Economy* 82, S.905-26.

Feldstein, Martin S. (1982), „Social Security and Private Saving: Reply", *Journal of Political Economy* 90, S.630-42.

Feldstein, Martin S. und Charles Horioka (1980), „Domestic Saving and International Capital Flows", *Economic Journal* 90, S.314-29.

Fischer, Stanley (1993), „The role of macroeconomic factors in growth", *Journal of Monetary Economics* 32, S.485-512.

Fischer, Stanley und Jacob Frenkel (1974), „Economic Growth and Stages of the Balance of Payments", in: George Horwich und Paul A. Samuelson (Hrsg.), *Trade, Stability and Macroeconomics*, New York.

Fogel, Robert (1964), *Railroads and American Economic Growth*, Baltimore: Johns Hopkins University Press.

Forrester, J.W. (1972), *World Dynamics*, Cambridge: Wright-Allen.

Futugami, Koichi und Kazuo Mino (1993), „Threshold externalities and cyclical growth in a stylized model of capital accumulation", *Economics Letters* 41, S.99-105.

Galor, Oded und Joseph Zeira (1993), „Income Distribution and Macroeconomics", *Review of Economic Studies* 60, S.35-52.

Gandolfo, Giancarlo (1996), *Economic Dynamics*, 3. Auflage, Berlin: Springer.

Glomm, Gerhard und B. Ravikumar (1994), „Equilibrium Theories of the Kuznets Curve", University of Virginia.

Greiner, Alfred und Willi Semmler (1996), „Multiple Steady States, Indeterminacy, and Cycles in a Basic Model of Endogenous Growth", *Journal of Economics* 63, S.79-99.

Griliches, Zvi (1963), „The Sources of Measured Productivity Growth, U.S. Agriculture, 1940-1960", *Journal of Political Economy* 71, S.331-46.

Griliches, Zvi (1979), „Issues in assessing the contribution of research and development to productivity growth", *Bell Journal of Economics* 10, S.92-116.

Griliches, Zvi (1984), *R&D, Patents, and Productivity*, Chicago: University of Chicago Press.

Griliches, Zvi (1988), „Productivity Puzzles and R&D: Another Nonexplanation", *Journal of Economic Perspectives* 2, S.9-21.

Griliches, Zvi (1989), „Patents: Recent Trends and Puzzles", *Brookings Papers: Microeconomics* 2, S.291-330.

Griliches, Zvi (1990), „Patent Statistics as Economic Indicators", *Journal of Economic Literature* 28, S.1661-707.

Griliches, Zvi (1992), „The Search for R&D Spillovers", *Scandinavian Journal of Economics* 94, Supplement, S.29-47.

Griliches, Zvi (1994), „Productivity, R&D, and the Data Constraint", *American Economic Review* 84, S.1-23.

Grossman, Gene M. und Elhanan Helpman (1989), „Product Development and International Trade", *Journal of Political Economy* 97, S.1261-82.

Grossman, Gene M. und Elhanan Helpman (1991a), *Innovation and Growth in the Global Economy*, Cambridge: MIT Press.

Grossman, Gene M. und Elhanan Helpman (1991b), „Quality Ladders in the Theory of Growth", *Review of Economic Studies* 58, S.43-61.

Grossman, Gene M. und Elhanan Helpman (1991c), „Endogenous Product Cycles", *Economic Journal* 101, S.1214-29.

Grossman, Gene M. und Elhanan Helpman (1991d), „Quality Ladders and Product Cycles", *Quarterly Journal of Economics* 106, S.557-86.

Grossman, Gene M. und Elhanan Helpman (1994), „Endogenous Innovation in the Theory of Growth", *Journal of Economic Perspectives* 8, S.23-44.

Grossman, Gene M. und Elhanan Helpman (1995), „Technology and Trade", in: Gene M. Grossman und Kenneth Rogoff (Hrsg.), *Handbook of International Economics* Band 3, Amsterdam: North Holland.

Grossman, Gene M. und Alan B. Krueger (1995), „Economic Growth and the Environment", *Quarterly Journal of Economics* 110, S.353-77.

Grossman, Gene M. und Noriyuki Yanagawa (1993), „Asset bubbles and endogenous growth", *Journal of Monetary Economics* 31, S.3-19.

Gurley, John G. und Edward S. Shaw (1955), „Financial Aspects of Economic Development", *American Economic Review* 45, S.515-38.

Hahn, Frank H. (1966), „Equilibrium Dynamics with Heterogeneous Capital Goods", *Quarterly Journal of Economics* 80, S.133-46.

Hahn, Frank H. und R.C.O. Matthews (1964), „The Theory of Economic Growth: A Survey", *Economic Journal* 74, S.779-902.

Halkin, Hubert (1974), „Necessary Conditions for Optimal Control Problems with Infinite Horizons", *Econometrica* 42, S.267-72.

Hamada, K. (1966), „Economic Growth and Long-Run Capital Movements", *Yale Economic Essays* 6, S.49-96.

Harrod, Roy F. (1939), „An Essay in Dynamic Theory", *Economic Journal* 49, S.14-33.

Helpman, Elhanan (1981), „International Trade in the Presence of Product Differentiation, Economies of Scale and Monopolistic Competition", *Journal of International Economics* 11, S.305-40.

Helpman, Elhanan (1992), „Endogenous macroeconomic growth theory", *European Economic Review* 36, S.237-267.

Helpman, Elhanan (1993), „Innovation, Imitation, and Intellectual Property Rights", *Econometrica* 61, S.1247-80.

Helpman, Elhanan (1994), „Technical Progress and Economic Calculus", in: Luigi L. Pasinetti und Robert M. Solow (Hrsg.), *Economic Growth and the Structure of Long-Term Development*, London: Macmillan Press.

Helpman, Elhanan und Paul R. Krugman (1985), *Market Structure and Foreign Trade*, Cambridge: MIT Press.

Hicks, John R. (1950), *A Contribution to the Theory of the Trade Cycle*, Oxford: Oxford University Press.

Hirsch, Fred (1976), *Social Limits to Growth*, Cambridge: Harvard University Press.

Holländer, Heinz (1985), „Die Theorie sozialer Wachstumsgrenzen", *Ökonomie und Gesellschaft, Jahrbuch 3*, S.14-53.

Homburg, Stefan (1995), „Humankapital und endogenes Wachstum", *Zeitschrift für Wirtschafts- und Sozialwissenschaften* 115, S.339-66.

Horgan, John (1997), *The End of Science: Facing the Limits of Knowledge in the Twilight of the Scientific Age*, Broadway Books.

Hotelling, Harold H. (1931), „The Economics of Exhaustible Resources", *Journal of Political Economy* 39.

Howitt, Peter und Hans-Werner Sinn (1989), „Gradual Reforms of Capital Income Taxation", *American Economic Review* 79, S.106-24.

Inada, Ken-Ichi (1963), „On a Two-Sector Model of Economic Growth: Comments and a Generalization", *Review of Economic Studies* 30, S.119-27.

Intriligator, Michael D. (1971), *Mathematical Optimization and Economic Theory*, Englewood Cliffs: Prentice-Hall.

Jaffe, Adam B. (1986), „Technological Opportunity and Spillovers of R&D: Evidence from Firms' Patents, Profits, and Market Value", *American Economic Review* 76, S.984-1001.

Jones, Charles I. (1994), „Economic Growth and the Relative Price of Capital", *Journal of Monetary Economics* 34, S.359-82.

Jones, Charles I. (1995a), „Time Series Tests of Endogenous Growth Models", *Quarterly Journal of Economics* 110, S.495-525.

Jones, Charles I. (1995b), „R&D-Based Models of Economic Growth", *Journal of Political Economy* 103, S.759-84.

Jones, Hywel G. (1975), *An Introduction to Modern Theories of Economic Growth*, New York: McGraw-Hill.

Jones, Larry E. und Rodolfo E. Manuelli (1990), „A Convex Model of Equilibrium Growth: Theory and Policy Implications", *Journal of Political Economy* 98, S.1008-38.

Jones, Larry E., Rodolfo E. Manuelli und Peter E. Rossi, „Optimal Taxation in Models of Endogenous Growth", *Journal of Political Economy* 101, S.485-517.

Jorgenson, Dale W. und Zvi Griliches (1967), „The Explanation of Productivity Change", *Review of Economic Studies* 34, S.249-83.

Judd, Kenneth L. (1985), „On the Performance of Patents", *Econometrica* 53, S.567-85.

Kaldor, Nicholas (1957), „A Model of Economic Growth", *Economic Journal* 67, S.591-624.

Kaldor, Nicholas (1961), „Capital Accumulation and Economic Growth", in: F. Lutz: *The Theory of Capital*, London: Macmillan.

Kaldor, Nicholas und James A. Mirrlees (1962), „A New Model of Economic Growth", *Review of Economic Studies* 29, S.174-92.

Kamien, Morton I. und Nancy L. Schwartz (1991), *Dynamic Optimization: The Calculus of Variations and Optimal Control in Economics and Management*, 2. Auflage, Amsterdam: North-Holland.

Kemp, Murray C. und Takashi Negishi (1970), „Variable Returns to Scale, Commodity Taxes, Factor Market Distortions and Their Implications for Trade Gains", *Swedish Journal of Economics* 72, S.1-11.

Kennedy, Charles (1964), „Induced Bias in Innovation and the Theory of Distribution", *Economic Journal* 74, S.541-7.

King, Robert G. und Ross Levine (1993a), „Finance, entrepreneurship, and growth: Theory and evidence", *Journal of Monetary Economics* 32, S.513-41.

King, Robert G. und Ross Levine (1993b), „Finance and Growth: Schumpeter Might be Right", *Quarterly Journal of Economics* 108, S.717-37.

King, Robert G. und Sergio Rebelo (1990), „Public Policy and Economic Growth: Developing Neoclassical Implications", *Journal of Political Economy* 98, S.S126-S150.

Koch, Karl-Josef (1995), „Local Stability in Models of Endogenous Growth", Universität Konstanz.

Koman, Reinhard und Dalia Marin (1996), „Human Capital and Macroeconomic Growth: Austria and Germany 1960-1992", Humboldt-Universität Berlin.

Koopmanns, Tjalling C. (1965), „On the Concept of Optimal Economic Growth", in: *The Econometric Approach to Development Planning*, Amsterdam: North-Holland.

Kormendi, Roger C. und Philip G. Meguire (1985), „Macroeconomic determinants of growth: Cross-country evidence", *Journal of Monetary Economics* 16, S.141-63.

Kortum, Samuel S. (1993), „Equilibrium R&D and the Patent-R&D Ratio: U.S. Evidence", *American Economic Review* 83, S.450-7.

Kremer, Michael (1993), „Population Growth and Technological Change: One Million B.C. to 1990", *Quarterly Journal of Economics* 108, S.681-716.

Krugman, Paul R. (1979a), „Increasing Returns, Monopolistic Competition, and International Trade", *Journal of International Economics* 9, S.469-79.

Krugman, Paul R. (1979b), „A Model of Innovation, Technology Transfer, and the World Distribution of Income", *Journal of Political Economy* 87, S.253-66.

Krugman, Paul R. (1981), „Intraindustry Specialization and the Gains from Trade", *Journal of Political Economy* 89, S.959-74.

Krugman, Paul R. (1987), „The Narrow Moving Band, the Dutch Disease, and the Competitive Consequences of Mrs. Thatcher: Notes on Trade in the Presence of Scale Economies", *Journal of Development Economics* 27, S.41-55.

Krugman, Paul R. (1990), *The Age of Diminished Expectations*, Cambridge: MIT Press.

Krugman, Paul R. (1994), „The Myth of East Asia's Miracle", *Foreign Affairs*, November/Dezember, S.62-78.

Kuznets, Simon (1956); „Economic Development and Cultural Change", unveröffentlicht.

Kuznets, Simon (1966), *Modern Economic Growth: Rate, Structure, and Spread*, Yale: Yale University Press.

Kuznets, Simon (1973), „Modern Economic Growth: Findings and Reflections", *American Economic Review* 63, S.247-58.

Kydland, Finn E. und Edward C. Prescott (1977), „Rules Rather than Discretion: The Inconsistency of Optimal Plans", *Journal of Political Economy* 85, S.473-92.

Kydland, Finn E. und Edward C. Prescott (1982), „Time to Build and Aggregate Fluctuations", *Econometrica* 50, S.1345-70.

Landau, Daniel (1983), „Government Expenditure and Economic Growth: A Cross-Country Study", *Southern Economic Journal* 49, S.783-92.

Lee, Tom und Louis L. Wilde (1980), „Market Structure and Innovation: A Reformulation", *Quarterly Journal of Economics* 85, S.429-36.

Léonard, Daniel und Ngo Van Long (1992), *Optimal Control Theory and Static Optimization in Economics*, Cambridge: Cambridge University Press.

Lessat, Vera (1994), *Endogenes Wirtschaftswachstum: Theoretische Modelle und wirtschaftspolitische Implikationen*, Frankfurt a.M.: Lang.

Levhari, David (1966a), „Further Implications of Learning by Doing", *Review of Economic Studies* 33, S.31-8.

Levhari, David (1966b), „Extensions of Arrow's Learning by Doing", *Review of Economic Studies* 33, S.117-31.

Levine, Ross und David Renelt (1992), „A Sensitivity Analysis of Cross-Country Growth Regressions", *American Economic Review* 82, S.942-63.

Lichtenberg, Frank (1992), „R&D Investment and International Productivity Differences", in: Horst Siebert (Hrsg.), *Economic growth in the world economy*, Tübingen: Mohr.

Lichtenberg, Frank und Donald Siegel (1991), „The Impact of R&D Investment on Productivity: New Evidence Using Linked R&D-LRD Data", *Economic Inquiry* 29, S.203-29.

Lieberman, Marvin B. (1984), „The learning curve and pricing in the chemical processing industries", *Rand Journal of Economics* 15, S.213-28.

Long, John und Charles Plosser (1983), „Real Business Cycles", *Journal of Political Economy* 91, 39-69.

Loury, Glenn C. (1979), „Market Structure and Innovation", *Quarterly Journal of Economics* 84, S.395-410.

Lucas, Robert E. Jr. (1977), „Understanding Business Cycles", in: Karl Brunner und Allan H. Meltzer (Hrsg.), *Stabilization of the Domestic and International Economy*, AMsterdam: North-Holland.

Lucas, Robert E. Jr. (1988), „On the Mechanics of Economic Development", *Journal of Monetary Economics* 22, S.3-42.

Lucas, Robert E. Jr. (1990a), „Why Doesn't Capital Flow from Rich to Poor Countries?", *American Economic Review* 80, S.92-6.

Lucas, Robert E. Jr. (1990b), „Supply-Side Economics: An Analytical Review", *Oxford Economic Papers* 42, S.293-316.

Lucas, Robert E. Jr. (1993), „Making a Miracle", *Econometrica* 61, S.251-72.

Maddison, Angus (1982), *Phases of Capitalist Development*, Oxford: Oxford University Press.

Maddison, Angus (1987); „Growth and Slowdown in Advanced Capitalist Economies: Techniques of Quantitative Assessment", *Journal of Economic Literature* 25, S.649-98.

Mangasarian, Olvi L. (1966), „Sufficient Conditions for the Optimal Control of Nonlinear Systems", *SIAM Journal of Control* 4, S.139-52.

Mankiw, N. Gregory (1994), *Macroeconomics*, 2. Auflage, New York: Worth Publishers.

Mankiw, N. Gregory (1995), „The Growth of Nations", *Brookings Papers* 8, S.275-326.

Mankiw, N. Gregory, David Romer und David Weil (1992), „A Contribution to the Empirics of Economic Growth", *Quarterly Journal of Economics* 106, S.407-37.

Mansfield, Edwin J. (1985), „How Rapidly Does New Technology Leak Out", *Journal of Industrial Economics* 34, S.217-23.

Mansfield, Edwin J. (1986), „Patents and Innovation: An Empirical Study", *Management Science* 32, S.173-81.

Mansfield, Edwin (1991), „Academic research and industrial innovation", *Research Policy* 20, S.1-12.

Mansfield, Edwin (1992), „Academic research and industrial innovation: A further note", *Research Policy* 21, S.295-6.

Mansfield, Edwin, J. Rapoport, A. Romeo, Samuel Wagner und G. Beardsley (1977), „Social and Private Rates of Return from Industrial Innovation", *Quarterly Journal of Economics* 91, S.221-40.

Mansfield, Edwin, Mark Schwartz und Samuel Wagner, „Imitation Costs and Patents: An Empirical Study", *Economic Journal* 91, S.907-18.

Marshall, Alfred (1890), *Principles of Economics*, London: Macmillan.

Marx, Karl (1867/1951), *Das Kapital*, Berlin: Dietz.

Maußner, Alfred und Rainer Klump (1996), *Wachstumstheorie*, Berlin: Springer.

Meadows, Donella H. et al. (1972), *The Limits to Growth: A Report for the Club of Rome's Project on the Predicament of Mankind*, New York: Universe Books.

Mill, John S. (1848/1965), *Principles of Political Economy*, Toronto: University of Toronto Press.

Mino, Kazuo (1996), „Analysis of a Two-Sector Model of Endogenous Growth with Capital Income Taxation", *International Economic Review* 37, S.227-51.

Modigliani, Franco und Merton H. Miller (1958), „The Cost of Capital, Corporation Finance, and the Theory of Investment", *American Economic Review* 48, S.261-97.

Mowery, David C. und Nathan Rosenberg (1989), *Technology and the Pursuit of Economic Growth*, Cambridge: Cambridge University Press.

Mulligan, Casey B. und Xavier X. Sala-i-Martin (1993), „Transitional Dynamics in Two-Sector Models of Endogenous Growth", *Quarterly Journal of Economics* 108, S.737-73.

Murphy, Kevin M., Andrei Shleifer und Robert W. Vishny (1989), „Industrialization and the Big Push", *Quarterly Journal of Economics* 106, S.503-30.

Murphy, Kevin M., Andrei Shleifer und Robert W. Vishny (1991), „The Allocation of Talent: Implications for Growth", *Quarterly Journal of Economics* 106, S.503-30.

Negishi, Takashi (1975), „Foreign Investment and the Long-Run National Advantage", *Economic Record* 31, 732-38.

Nelson, Charles and Charles Plosser (1982), „Trends and random walks in macroeconomic time series", *Journal of Monetary Economics* 10, S.139-62.

Oniki, H. und Hirofumi Uzawa (1965), „Patterns of Trade and Investment in a Dynamic Model of International Trade", *Review of Economic Studies* 32, S.15-38.

Pack, Howard und Larry E. Westphal (1986), „Industrial Strategy and Technological Change: Theory Versus Reality", *Journal of Development Economics* 22, S.87-128.

Pagano, Marco (1993), „Financial markets and growth: An overview", *European Economic Review* 37, S.613-22.

Pavitt, Keith und Luc G. Soete (1982), „International Differences in Economic Growth and the International Location of Innovation", in: Herbert Giersch (Hrsg.), *Emerging Technologies: Consequences for Economic Growth, Structural Change, and Employment*, Tübingen: Mohr.

Persson, Torsten und Guido Tabellini (1994), „Is Redistribution Harmful for Growth?", *American Economic Review* 84, S.600-21.

Phelps, Edmund S. (1961), „The Golden Rule of Accumulation: A Fable for Growthmen", *American Economic Review* 51, S.638-43.

Phelps, Edmund S. (1962), „The New View of Investment: A Neoclassical Analysis", *Quarterly Journal of Economics* 76, S.548-67.

Phelps, Edmund S. (1965), „Second Essay on the Golden Rule of Accumulation", *American Economic Review* 55, S.793-814.

Phelps, Edmund S. (1966), „Models of Technical Progress and the Golden Rule of Research", *Review of Economic Studies* 33, S.133-45.

Phelps, Edmund S. (1968), „On Second-Best National Saving and Game-Equilibrium Growth", *Review of Economic Studies* 35, S.185-99.

Piketty, Thomas (1997), „The Dynamics of the Wealth Distribution and the Interest Rate with Credit Rationing", *Review of Economic Studies* 64, 173-89.

Pontryagin, Lev S., G. Boltyanskii, R. V. Gamkrelidze und E. F. Mishchenko (1962), *The Mathematical Theory of Optimal Processes*, New York: Wiley.

Powell, Raymond (1968), „Economic Growth in the U.S.S.R.", *Scientific American*, Dezember.

Pugachev, V.F. (1963), „O kriterii optimal'nosti ekonomiki", in: A.L. Vainshtein (Hrsg.), *Ekonomiko-mathematicheskie metody. Ngrodnokhoziastvennye modeli: Teoreticheskie voprosy potrebleniia*, Moskau.

Quah, Danny T. (1996), „Empirics for economic growth and convergence", *European Economic Review* 40, S.1353-75.

Ramser, Hans Jürgen (1993), „Grundlagen der neuen Wachstumstheorie", *Wirtschaftswissenschatliches Studium*, S.117-23.

Ramsey, Frank (1928), „A Mathematical Theory of Saving", *Economic Journal* 38, S.543-59.

Rebelo, Sergio (1991), „Long-Run Policy Analysis and Long-Run Growth", *Journal of Political Economy* 99, S.500-21.

Reinganum, Jennifer F. (1989), „The Timing of Innovation: Research, Development, and Diffusion", in: Richard Schmalensee und Robert D. Willig, *Handbook of Industrial Organization* Band 1, Amsterdam: North-Holland.

Rivera-Batiz, Luis A. und Paul M. Romer (1991a), „Economic Integration and Endogenous Growth", *Quarterly Journal of Economics* 106, S.531-55.

Rivera-Batiz, Luis A. und Paul M. Romer (1991b), „International trade with endogenous technological change", *European Economic Review* 35, S.971-1004.

Robinson, Joan (1962), *Essays in the Theory of Economic Growth*, London: Macmillan.

Romer, Paul M. (1986), „Increasing Returns and Long-Run Growth", *Journal of Political Economy* 94, S.1002-1037.

Romer, Paul M. (1987a), „Growth Based on Increasing Returns Due to Specialization", *American Economic Review* 77, S.56-62.

Romer, Paul M. (1987b), „Crazy Explanations for the Productivity Slowdown", *NBER Macroeconomics Annual*, S.163-202, Cambridge: MIT Press.

Romer, Paul M. (1989a), „Human Capital and Growth: Theory and Evidence", *NBER Working Paper* 3173.

Romer, Paul M. (1989b), „Capital Accumulation in the Theory of Long-Run Growth", in: Robert J. Barro, *Modern Business Cycle Theory*, Cambridge: Harvard University Press.

Romer, Paul M. (1989c), „What Determines the Rate of Growth and Technical Change?", *The World Bank Policy, Planning and Research Working Paper* WPS 279.

Romer, Paul M. (1990a), „Endogenous Technological Change", *Journal of Political Economy* 98, S.S71-S102.

Romer, Paul M. (1990b), „Capital, Labor, and Productivity", *Brookings Papers on Economic Activity: Microeconomics* 10, S.337-67.

Romer, Paul M. (1993), „Idea gaps and object gaps in economic development", *Journal of Monetary Economics* 32, S.543-73.

Romer, Paul M. (1994), „The Origins of Endogenous Growth", *Journal of Economic Perspectives* 8, S.3-22.

Romer, Paul M. (1996), „Why, Indeed, in America? Theory, History, and the Origins of Modern Economic Growth", *American Economic Review* 86, S.202-6.

Rosen, Sherwin (1987), „Human Capital", in: John Eatwell, Murray Milgate und Peter Newman (Hrsg.), *The New Palgrave: A Dictionary of Economics*, London: Macmillan.

Rosenstein-Rodan, Paul N. (1943), „Problems of Industrialisation of Eastern and South-eastern Europe", *Economic Journal* 53, S.202-11.

Ruffin, Roy J. (1979), „Growth and the Long-Run Theory of International Capital Movements", *American Economic Review* 69, S.832-42.

Sala-i-Martin, Xavier X. (1990), „Lecture Notes on Economic Growth I and II", *NBER Working Papers* 3563 und 3564.

Sala-i-Martin, Xavier X. (1996a), „Regional cohesion: Evidence and theories of regional growth and convergence", *European Economic Review* 40, S.1325-52.

Sala-i-Martin, Xavier X. (1996b), „A Positive Theory of Social Security", *Journal of Economic Growth* 1, S.277-304.

Sala-i-Martin, Xavier X. (1997), „I Just Ran Two Million Regressions", *American Economic Review* 87, S.178-83.

Samuelson, Paul A. (1939), „Interactions between the Multiplier Analysis and the Principle of Acceleration", *Review of Economic Statistics* 21, S.75-8.

Samuelson, Paul A. (1958), „An Exact Consumption-Loan Model with or without the Social Contrivance of Money", *Journal of Political Economy* 66, S.467-82.

Samuelson, Paul A. (1965), „A Theory of Induced Innovation along Kennedy-Weizsäcker Lines", *Review of Economics and Statistics* 47, S.343-56.

Samuelson, Paul A. (1975), „Optimum Social Security in a Life-cycle Growth Model", *International Economic Review* 16, S.539-44.

Sarel, Michael (1996), „The Asian Economic Miracle", *UBS International Finance*.

Sato, Kazuo (1966), „Capital Theory – Discussion", *American Economic Review* 56, S.78-80.

Schmookler, Jacob (1965), „Technological Change and Economic Theory", *American Economic Review* 55, S.333-41.

Schmookler, Jacob (1966), *Invention and Economic Growth*, Cambridge: Harvard University Press.

Schneider, Johannes und Thomas Ziesemer (1995), „What's New and What's Old in New Growth Theory: Endogenous Technology, Microfoundation and Growth Rate Predictions", *Zeitschrift für Wirtschafts- und Sozialwissenschaften* 115, S.429-72.

Schumpeter, Joseph A. (1939), *Business Cycles: A Theoretical, Historical and Statistical Analysis of the Capitalist Process*, New York: McGraw-Hill.

Schumpeter, Joseph A. (1942/1946), *Kapitalismus, Sozialismus und Demokratie*, 3. Aufl., München: Franke.

Scott, Maurice FitzGerald (1989), *A New View of Economic Growth*, Oxford: Clarendon Press.

Segerstrom, Paul S. (1991), „Innovation, Imitation, and Economic Growth", *Journal of Political Economy* 99, S.807-27.

Segerstrom, Paul S., T.C.A. Anant und Elias Dinopoulos (1990), „A Schumpeterian Model of the Product Life Cycle", *American Economic Review* 80, S.1077-92.

Seierstad, Atle und Knut Sydsaeter (1987), *Optimal Control Theory with Economic Applications*, Amsterdam: North-Holland.

Shell, Karl (1966), „Toward a Theory of Inventive Activity and Capital Accumulation", *American Economic Review* 56, S.56-62.

Shell, Karl (1967), „A Model of Inventive Activity and Capital Accumulation", in: Karl Shell (Hrsg.): *Essays on the Theory of Optimal Growth*, Cambridge: MIT Press.

Shell, Karl (1969), „Applications of Pontryagin's maximum principle to economics", in: H. W. Kahn und G. P. Szego, *Mathematical Systems Theory and Economics* Band 1, S.241-92, Berlin: Springer.

Shell, Karl und Joseph E. Stiglitz (1967), „The Allocation of Investment in a Dynamic Economy", *Quarterly Journal of Economics* 81, S.592-609.

Sheshinski, Eytan (1967a), „Tests of the Learning by Doing Hypothesis", *Review of Economics and Statistics* 49, S.568-78.

Sheshinski, Eytan (1967b), „Optimal Accumulation with Learning by Doing", in: Karl Shell (Hrsg.), *Essays on the Theory of Optimal Economic Growth*, Cambridge: MIT Press.

Sidrauski, Miguel (1967), „Rational Choice and Patterns of Growth in a Monetary Economy", *American Economic Review* 57, S.534-44.

Smith, Adam (1776/1963), *The Nature and Causes of the Wealth of Nations*, Aalen: Otto Zeller.

Solow, Robert M. (1956), "A Contribution to the Theory of Economic Growth", *Quarterly Journal of Economics* 70, S.65-94.

Solow, Robert M. (1957) „Technical Change and the Aggregate Production Function", *Review of Economics and Statistics* 39, S.312-20.

Solow, Robert M. (1960), „Investment and Technical Progress", in: Kenneth J. Arrow, Samuel Karlin und Peter Suppes (Hrsg.): *Mathematical Methods in the Social Sciences, Proceedings of the First Stanford Symposium, 1959*, Stanford.

Solow, Robert M. (1970), *Growth Theory: An Exposition*, Oxford: Oxford University Press.

Solow, Robert M. (1974), „Intergenerational Equity and Exhaustible Resources", *Review of Economic Studies* 41, S.29-45.

Solow, Robert M. (1994), „Perspectives on Growth Theory", *Journal of Economic Perspectives* 8, S.45-54.

Spence, Michael E. (1976), „Product Selection, Fixed Costs, and Monopolistic Competition", *Review of Economic Studies* 43, S.217-36.

Srinivasan, T.N. (1964), „Optimal Savings in a Two-Sector Model of Growth", *Econometrica* 32, S.358-73.

Stauvermann, Peter (1997), *Endogenes Wachstum in OLG-Modellen: Normative und positive Aspekte der „Neuen Wachstumstheorie"*, Wiesbaden: Gabler.

Stiglitz, Joseph E. (1969), „Distribution of Income and Wealth Among Individuals", *Econometrica* 37, S.382-97.

Stiglitz, Joseph E. (1974a), „Growth with Exhaustible Natural Resources: The Competitive Economy", *Review of Economic Studies* 41, S.139-52.

Stiglitz, Joseph E. (1974a), „Growth with Exhaustible Natural Resources: Efficient and Optimal Growth Paths", *Review of Economic Studies* 41, S.123-37.

Stokey, Nancy L. (1988), „Learning by Doing and the Introduction of New Goods", *Journal of Political Economy* 96, S.701-17.

Stokey, Nancy L. (1991), „Human Capital, Product Quality, and Growth", *Quarterly Journal of Economics* 105, S.587-616.

Stokey, Nancy L. (1995), „R&D and Economic Growth", *Review of Economic Studies* 62, S.469-89.

Stokey, Nancy L. und Sergio Rebelo (1995), „Growth Effects of Flat-Rate Taxes", *Journal of Political Economy* 103, S.519-50.

Summers, Robert und Alan Heston (1988), „A New Set of International Comparisons of Real Product and Price Levels: Estimates of 130 Countries", *Review of Income and Wealth* 34, S.1-25.

Summers, Robert und Alan Heston (1991), „The Penn World Table (Mark 5): An Expanded Set of International Comparisons, 1950-1988", *Quarterly Journal of Economics* 106, S.327-68.

Swan, Trevor W. (1956), „Economic Growth and Capital Accumulation", *Economic Record* 32, S.334-61.

Sweezy, Paul M. (1972), *Theorie der kapitalistischen Entwicklung*, 3. Auflage, Frankfurt a.M.: Suhrkamp.

Tirole, Jean (1982), „On the Possibility of Speculation Under Rational Expectations", *Econometrica* 50, S.1163-81.

Tirole, Jean (1985), „Asset Bubbles and Overlapping Generations", *Econometrica* 53, S.1499-1528.

Tirole, Jean (1988), *The Theory of Industrial Organization*, Cambridge: MIT Press.

Trajtenberg, Manuel (1990), „A penny for your quotes: patent citations and the value of innovations", *Rand Journal of Economics* 21, S.172-87.

Uhlig, Harald und Noriyuki Yanagawa (1996), „Increasing the capital income tax may lead to faster growth", *European Economic Review* 40, S.1521-40.

Uzawa, Hirofumi (1960), „Neutral Inventions and the Stability of Growth Equilibrium", *Review of Economic Studies* 27, S.117-24.

Uzawa, Hirofumi (1963), „On a Two-Sector Model of Economic Growth II", *Review of Economic Studies* 30, S.105-18.

Uzawa, Hirofumi (1964), „Optimal Growth in a Two-Sector Model of Capital Accumulation", *Review of Economic Studies* 31, S.1-24.

Uzawa, Hirofumi (1965), „Optimum Technical Change in an Aggregative Model of Economic Growth", *International Economic Review* 6, S.18-31.

Varian, Hal R. (1984), *Microeconomic Analysis*, 2. Auflage, New York: Norton & Company.

Vernon, Raymond (1966), „International Investment and International Trade in the Product Cycle", *Quarterly Journal of Economics* 80, S.190-207.

Vogt, Winfried (1968), *Theorie der Wirtschaftlichen Entwicklung*, München: Vahlen.

Wälde, Klaus (1996), „Transitional dynamics, convergence and international capital flows in a two-country model of innovation and growth", *Journal of Economics* 64, S.53-84.

Walz, Uwe (1995), „Endogenous innovation and imitation in a model of equilibrium growth", *European Journal of Political Economy* 11, S.709-23.

Walz, Uwe (1996), „Growth (Rate) Effects of Migration", *Zeitschrift für Wirtschafts- und Sozialwissenschaften* 116, S.199-221.

Wan, Henry Y. (1971), *Economic Growth*, New York: Harcourt.

Weitzman, Martin (1974), „Duality theory for infinite horizon convex models", *Management Science* 19, S.783-9.

Woodford, Michael (1989), „Imperfect Financial Intermediation and Complex Dynamics", in: William A. Barnett, John Geweke, and Karl Shell (Hrsg.), *Economic Complexity: Chaos, Sunspots, Bubbles, and Nonlinearity*, Cambridge: Cambridge University Press.

Wright, Theodore P. (1936), „Factors Affecting the Cost of Airplanes", *Journal of the Aeronautical Sciences* 3, S.122-8.

Xie, Danyang (1991), „Increasing Returns and Increasing Rates of Growth", *Journal of Political Economy* 99, S.429-35.

Xie, Danyang (1994), „Divergence in Economic Performance: Transitional Dynamics with Multiple Equilibria", *Journal of Economic Theory* 63, S.97-112.

Yaari, Menahem E. (1965), „Uncertain Lifetime, Life Insurance, and the Theory of the Consumer", *Review of Economic Studies* 32, S.137-50.

Young, Allyn (1928), „Increasing Returns and Economic Progress", *Economic Journal* 38, S.527-42.

Young, Alwyn (1991), „Learning by Doing and the Dynamic Effects of International Trade", *Quarterly Journal of Economics* 106, S.369-405.

Young, Alwyn (1993a), „Substitution and Complementarity in Endogenous Innovation", *Quarterly Journal of Economics* 108, S.775-807.

Young, Alwyn (1993b), „Invention and Bounded Learning by Doing", *Journal of Political Economy* 101, S.443-72.

Young, Alwyn (1994), „Lessons from the East Asian NICs: A contrarian view", *European Economic Review* 38, S.964-73.

Young, Alwyn (1995), „The Tyranny of Numbers: Confronting the Statistical Realities of the East Asian Growth Experience", *Quarterly Journal of Economics* 110, S.641-80.

Zarnowitz, Victor (1992), „What Is a Business Cycle?", in: Michael T. Belongia und Michelle R. Garfinkel, *The Business Cycle: Theories and Evidence. Proceedings os the Sixteenth Annual Economic Policy Conference of the Federal Reserve Bank of St. Louis*, Boston: Kluwer Academic Publishers.